한국의
교사와
교사 되기

별도의 표시가 없는 한 교육공동체 벗이 생산한 저작물은 크리에이티브 커먼즈
[저작자표시-비영리-변경금지 4.0 국제 라이선스]에 따라 이용하실 수 있습니다.
http://creativecommons.org/licenses/by-nc-nd/4.0

한국의 교사와 교사 되기
우리 교사와 학생들이 세계의 BTS The best teacher and student 가 되기를 꿈꾸며

ⓒ 이혁규, 2021

2021년 11월 11일 처음 펴냄
2023년 6월 19일 초판 4쇄 찍음

글쓴이 | 이혁규
편집부장 | 이진주
기획·편집 | 서경, 공현
출판자문위원 | 이상대, 박진환
디자인 | 이수정, 박대성
제작 | 세종 PNP

펴낸이 | 김기언
펴낸곳 | 교육공동체 벗
이사장 | 조성실
사무국 | 최승훈, 이진주, 설원민, 서경, 공현
출판등록 | 제2011-000022호(2011년 1월 14일)
주소 | (03971) 서울시 마포구 성미산로1길 30 2층
전화 | 02-332-0712
전송 | 0505-115-0712
홈페이지 | communebut.com
카페 | cafe.daum.net/communebut

ISBN 978-89-6880-155-6 93370

우리 교사와 학생들이
세계의 BTS The best teacher and student 가 되기를 꿈꾸며

한국의 교사와 교사 되기

이혁규 씀

교육공동체벗

| 차례 |

책을 펴내며 · 8

1장 '교사, 청소년들의 직업 희망 1순위'가 의미하는 것 · · · · · · 16
첫날 첫 수업의 풍경화 · · · · · · · · · · · · · · · · 36

2장 미국은 지금 '무능한 교사'와의 전쟁 중, 한국은? · · · · · · · 38
국제 비교 교육 연구의 중요성에 대해서 · · · · · · · · · · 60

3장 교사와 교사 교육의 제도적 기반에 대하여 · · · · · · · · · 62
제도 개혁이 우선일까, 사람 교육이 우선일까 · · · · · · · · 82

4장 왜 우리 헌법은 '교원의 지위 보장'을 언급하고 있을까? · · · · · 84
교권은 누구에 의해서 침해되고 있는가? · · · · · · · · · · 106

5장 교사 성장 없는 한국의 교장 승진 제도 · · · · · · · · · · 108
교장실일까, 총장실일까? · · · · · · · · · · · · · · · 136

6장	사회적 통념을 넘어 교사 전문성 다시 생각하기	138
	배우고 나누는 즐거움이 있는 연수	172
7장	국가 교육과정 개정 방식의 문제와 교사의 새로운 역할	174
	교육과정, 쿠레레, 공부와 나의 관계	220
8장	교육대학교가 걸어온 길, 목적형 교원 양성 제도를 위한 변론	222
	교원 양성 대학에서 배운 것이 현장에서 별로 도움이 되지 않는다!	256
9장	교사 교육의 유전자gene가 부족한 중등 교원 양성 체제	258
	내 젊은 교사 시절의 교과서	290
10장	한국 교사의 자기 효능감은 왜 낮은가?	292
	현장의 교육 실천을 이끄는 교사 저자들의 베스트셀러	322
11장	패러다임 전환에 기반한 교사 교육 개혁 방안	324
	어느 명문 대학(?!) 청소 노동자의 휴게 공간	348

더 나은 교육을 위한 정책 제안들 · 350

1	최소 30년을 내다보는 장기 계획을 세우고 일관성 있게 추진하자.
2	모범적 교육 사례를 사례 조사(benchmarking)부터 철저히 하자.
3	교원 양성 체제 개편의 큰 방향에 대한 공통 인식이 필요하다.
4	자율과 협치가 조화되는 교육적 의사결정의 새로운 패러다임을 구축해야 한다.
5	교원 양성 대학의 정원 관리는 질 높은 교사 교육을 위한 전제 조건이다.
6	교원 양성 대학 교수진의 교사 교육자로서의 정체성을 강화해야 한다.
7	교육 실습 제도의 개편은 교원 양성 체제 개혁의 맥점(脈點)이라 볼 수 있는 중요 사항이다.
8	교원 전문성 기준을 제정하여 교원의 상, 역할, 전문성 신장의 방향을 정립해야 한다.
9	전문성 기준에 기반하여 임용 시험 제도를 혁신해야 한다.
10	생애사적 교원 성장의 관점에서 교원 승진 제도의 틀을 다시 짜야 한다.
11	상치 교사를 없애기 위해서 교과의 교사 자격과 교원 양성 과정을 일치시켜야 한다.
12	국가 교육과정과 교과서 개발 관행을 근본에서 재검토해야 한다.
13	코로나19 팬데믹과 기후 위기 문제 등 위기를 다루는 교육 내용을 대폭 강화해야 한다.
14	지방 소멸을 막기 위해서 '권역별 대학 정원 관리제(쿼터제)'와 '권역별 취업 할당제'라는 과감한 발상의 전환이 필요하다.

특별 개혁 과제

학부 5년제 모델을 대안으로 제안하며 · 390

에필로그 우리 교사와 학생들이

세계의 BTS$^{\text{The best teacher and student}}$가 되기를 꿈꾸며 · · · · · · · · 418

권장 도서	426
감사의 글	431
미주	435

돋보기

한국의 교원 양성 교육은 국제적으로 어떻게 평가받고 있나?	26
학습자의 발달(성장) 과정에 대한 이해 : 교사 전문성의 정수(精髓)	46
개방형 vs 목적형, 부적절한 언어적 대비가 일으키는 혼선	70
교과와 과목의 차이 및 교과(과목) 이기주의의 문제	156
중등에 의한 초등 교육과정의 식민화(?!)	180
호모 파베르(Homo Faber) : 교과서를 따라서 vs 교과서를 넘어서	190
교육과정 문서 형식 논쟁 : 대강화(大綱化) vs 상세화(詳細化)의 대립을 넘어서	210
교육대학교의 사회적 가치에 대하여	246
사범대학 무용론에서 얻어야 할 교훈	280
교사의 수업 전문성 신장 활동 성향 체크리스트	314
'교사 교육자(teacher educator)' 개념이 열어 주는 가능성	340

일러두기

'교사'와 '교원', '교사 양성'과 '교원 양성'은 일상에서는 잘 구분하지 않고 사용한다. 그러나 법적으로 '교원'은 교사, 수석교사, 교감(원감), 교장(원장), 총장을 포함하는 넓은 개념이다. 책에서는 일상의 관례를 존중하여 혼용하였다. 다만, 필요한 경우에는 '교원'은 포괄적 의미로, '교사'는 협의의 의미로 사용하였다.

책을 펴내며

지난해 3월에는 올해 이 책을 출간하리라고 상상하지 못했다. 오랜 계획 없이 갑자기 집필하게 된 책이다. 그래서 독자들께 집필 동기를 먼저 말씀드리는 것이 좋을 듯하다. 2020년 3월 27일부터 대학 총장직이라는 낯선 일을 맡게 되었다. 새로운 일을 시작하면 누구나 스트레스를 받는다. 나라고 예외겠는가? 게다가 코로나19 사태로 혼란스러운 가운데 직무를 시작했다. 당연히 취임식도 없었다. 그래서 이 시기에 임명받은 총장들을 '코로나 총장'이라고 부르기도 한다.

전례 없는 사태로 인해서 처음부터 힘든 의사결정을 많이 해야 했다. 초·중등학교와 달리 대학은 학사 일정을 자율적으로 결정한다. 본부 보직자들과 어떤 결정을 내릴 때마다 어김없이 학생들로부터 이런저런 항의 메일을 받았다. 그런데 정작 힘들었던 것은 항의성 메일이 아니었다. 봄꽃은 농염하게 피어 있는데, 학생의 그림자도 밟을 수 없는 텅 빈 캠퍼스가 견디기 힘들었다. 주인 없는 교정에 내려앉은 침묵에 마냥 우울했다. 이렇게 익숙한 일상이 붕괴하자 좀 더 근본적인 질문이 자연스럽게 머리를 맴돌았다. 우리는 그동안 교사 교육을 제대로 해 온 것일까? 이 위기의 시대에 어떤 변화가 필요할까?

책을 내게 된 좀 더 직접적인 계기가 있다. 2020년 9월부터 국가교육회의의 '미래 학교와 교육과정에 적합한 교원양성체제 발전 방향 숙의단'의 일원으로 핵심 당사자 집중 숙의 과정에 참여하면서이다. 나는 32명으로 구성된 숙의단에 전국교원양성대학교총장협의회 대표 자격으로 참석하였다. 약 3개월간의 집중 숙의 과정에서 처음에 인상적이었던 것은 파편화된 다양한 의견들이었다. 교육 문제가 흔히 그렇듯이 교사와 교사 교육의 바람직한 상(像)에 관한 생각이 참석자들마다 매우 달랐다. '특정한 직업의 양성 문제와 관련하여 이렇게 합의 수준이 낮은 예도 있을까?' 이런 생각을 하다가 문득 미국 교직의 역사를 다룬 다나 골드스타인 Dana Goldstein의 책 제목이 생각났다. 《교사 전쟁 The teacher wars: A history of America's most embattled profession》이라는 책이다. 2014년 미국에서 처음 책을 접했을 때 제목이 신기했다. 교사가 왜 논쟁적인 직업이지? 우리 주변에 너무 당연하게 있는 직업이 아니던가? 숙의 과정을 경험하면서 한국에서도 교사는 논쟁적인 직업임을 새삼 깨달았다. 그리고 공교육 교사의 특수한 전문성과 교사 교육의 개혁에 관한 연구가 필요함을 절실히 느꼈다.

나는 우리나라 교사들을 대하면 두 가지 양립하기 어려운 감정을 느낀다. 하나는 자랑스러움이고 다른 하나는 안타까움이다. 우선, 나는 열심히 하는 교사들을 보면 매우 자랑스럽다. 온라인 서점에서 교육 서적들을 검색해 보라. 베스트셀러 상위 목록을 교사 저자들이 거의 차지하고 있다. 다른 나라에 비견한 예가 있는지 나는 잘 알지 못한다. 또 나는 수업 비평가로서 창의적 실천을 하는 교사들의 수업을 보면 감탄할 때가 많다. 역량 있는 교사들이 즐비하다. 그러나 한편으로 교직 사회 전체 문화를 생각하면 안타까운 심정이다. OECD에서 5년 주기로 조사하는 "교수·학습 국제조사Teaching and Learning International Survey: TALIS"가 있다. 권위 있는 국제 조사 연구이다. 여기서 한국은 계속 조사 대상 국가들의 평균보다 낮은 교사 효능감을 보인다. '가능하다면 다른 학교로 전근 가고 싶다'라는 문항에 긍정적으로 응답하는 비율도 비교 대상 국가에 비해 높다. 세계에서 가장 우수한 자원이 교직에 입문하는 나라임을 고려하면 놀라운 결과이다. 원인이 무엇일까?

우리나라 교사들을 생각하면 **"좁은 벽장에 갇힌 거인"**의 이미지가 떠오른다. 갇혀 있으니 거인의 능력을 마음껏 발휘할 수가 없다. 좁은 벽장은 누가 만들었을까? 대부분은 타자가 만들었다. 중앙 정부의 오랜 관료적 통제, 성적만을 중시하는 경쟁적 입시 풍토, 교사를 불신하는 학부모, 교사에게 너무 많은 것을 요구하는 사회 분위기 등……. 그러나 일부 벽은 교사 자신들이 축조하였다. 열심히 하는 동료 교사를 반기지 않는 분위기, 자신의 수업을 개방하지 않는 개인주의적이고 고립주의적 풍토, 교사 성장과는 유리된 비본질적인 승진 경쟁 등은 교사 집단 스스로가 만든 벽이다. 이 벽을 안과 밖에서 힘차게 부수지 않으면 거인은 영원히 묶여 있게 될 것이다.

참, 외부가 만든 벽에는 부실한 교사 교육의 벽도 있다. 예비 교사들이 전문학습공동체에서 협력하는 문화를 제대로 배워 신규 교사로 임용되었다면 학교 혁신이 이토록 어렵지는 않을 것이다. 30년 넘는 나의 연구와 관찰 경험을 종합해서 판단해 보자면 한국은 교사 교육이 부실한 나라이다. 특히, 한국의 중등 교원 양성 교육은 교사 교육이라고 부르기 민망한 수준이다. 중등 교원 양성 교육은 초기의 과잉 공급으로 인한 모순을 몇십 년째 해결하지 못하고 있다. 군대에서 10명을 대상으로 장교 교육을 한 후에 1명만 임관시키는 경우를 한번 상상해 보라. 너무 이상한 제도 운용이 아닌가? 그뿐만 아니라 교육이 제대로 되겠는가? 그런데 우리나라 중등 교원 양성 상황이 그렇다. 여기에 더하여 중등 교원 양성 대학들은 교사를 양성한다는 목적의식 자체가 너무 부족하다. 사범대학 교수진의 압도적 다수를 차지하는 내용학 교수들은 교사 교육자 teacher educator라는 자의식조차 없는 경우가 많다. 정도의 차이는 있지만 교육학자와 교과교육학자 중에도 그런 학자들이 적지 않다. 교육의 질이 교사의 질에 의존하듯이 교사 교육의 질은 교사 교육자의 질에 의존한다. 따라서 내용학 교수들을 포함하여 교원 양성 대학 교수의 역할이 바뀌지 않는 한 교원 양성 교육 기관의 개혁은 요원할 것이다.

사범대학 출신으로 교육대학교 교수로 있는 나는 교원 양성 교육의 측면에서 교육대학교 시스템이 중등 교원 양성 시스템보다 훨씬 낫다고 판단한다. 한국의 초등과 중등 교원 양성 기관이 역사적으로 걸어온 경로를 보면 내 판단이 이해될 것이다. 이 책의 해당 부분 (8장 〈교육대학교가 걸어온 길, 목적형 교원 양성 제도를 위한 변론〉, 9장 〈교사 교육의 유전자^{gene}가 부족한 중등 교원 양성 체제〉)을 참고하기 바란다. 그러나 교육대학교 체제가 중등 교원 양성 체제보다 우월하다는 주장에서 그친다면 나는 기득권자에 불과하다. 교사 교육을 잘하는 나라들과 비교하면 교육대학교도 개선할 것이 많다. 가끔 한국의 교원 양성 시스템이 세계적 수준이라고 주장하는 사람들이 있다. 정말 그럴까? 여러 문헌을 검색해 보았다. 내가 문외한인지 우리나라 교원 양성 시스템이 세계적으로 본받을 만하다고 주장하는 외국 연구물을 아직 발견하지 못했다. 세계에서 유례없이 우수한 자원들이 교직에 입문하는 부러운 나라라고 소개하는 것이 전부다. 그런 우수한 자원을 우리는 제대로 교사로 길러 내고 있을까? 정부는 교원 양성이 중요하다고 생각하고 충분히 지원한 적이 있는가?

그러나 실망할 필요는 없다. 나는 한국 사회의 역동성을 믿는다. 꿈은 높을수록 좋다고 했던가? 2021년 7월 2일 유엔무역개발회의 United Nations Conference on Trade and Development: UNCTAD가 한국의 지위를 개발 도상국에서 선진국 그룹으로 격상했다. 유엔무역개발회의 설립 이래 개발 도상국에서 선진국 그룹으로 올라선 유일한 사례라고 한다. 2021년 영국에서 열린 G7 정상회담에 한국은 내빈^{guest}으로 공식 초청을 받았다. K팝을 위시한 한류의 영향력도 아시아권뿐 아니라 전

세계 젊은이들에게 미치고 있다. 영국의 시사 주간지 〈이코노미스트 The Economist〉가 매년 발표하는 민주주의 지수democracy index에서 한국은 아시아 1위를 차지할 때가 많다. 일본은 물론 미국보다 높은 순위에 종종 위치한다. 백범 김구가 〈나의 소원〉에서 꿈꾸었던 '아름다운 나라', '높은 문화의 힘을 지닌 나라'가 마침내 현실에서 성취된 것일까? 선뜻 동의하지 않는 사람이 많을 것이다. 세계 최고 수준의 자살률, 점점 심해지는 경제적 양극화, 낮은 국민 행복지수 등 한국 사회의 어두운 단면을 일일이 열거하지는 않겠다. 교육자로서 나는 아름다운 나라의 꿈은 우리 교육이 세계 교육의 모범국이 되는 날 비로소 실현되리라 본다. 교육이야말로 인간의 전인적 성장과 공동체의 조화로운 발전을 가능케 하는 힘이기 때문이다. 참고로 「교육기본법」 제2조에 명시된 우리 교육 이념은 "민주국가의 발전과 인류공영(人類共榮)의 이상을 실현하는 데에 이바지"하는 것이다. 우리 교육이 세계인들의 매력을 끌게 되는 날, 많은 사람이 우리 교육을 배우려 문전성시를 이루는 날이 오면 문화 민족의 꿈은 비로소 완성되리라. 교육학자로서 나는 그런 미래를 꿈꾼다.

　이 책은 내가 쓴 여섯 번째 단행본이다. '한국 교직의 특성과 교사 전문성', '한국 교사 교육의 문제', '교육 개혁의 방향과 제안' 등을 담고 있다. 책을 내는 사람들은 자신의 책이 널리 읽히기를 바란다. 이 책이 널리 읽혔으면 하는 바람은 이전 책들보다 더 크다. 그만큼 절실한 마음으로 썼다. 나아가서 책 뒷부분의 여러 정책 제안들이 진지하게 검토되고 실현될 수 있기를 바란다. 내가 옳다고 주장할 생각은 없다. 대신 진지한 논의와 실천이 이어지기를 갈망한다.

　이 책 제목의 '교사 되기'라는 용어를 설명하면서 글을 맺을까 한다. 교사가 학생들을 대상으로 정답이 담긴 교과서를 가르치는 것! 이것은 근대 공교육의 원형이다. 여기에는 계몽된 사람과 계몽을 당해야 할 사람, 그리고 이성과 과학으로 검증된 객관적 지식이라는 근대적 기획이 잘 반영되어 있다. 그러나 이 모델은 더 유지되기 어려운 낡은 것이다. 시간 단위로 폭주하는 정보와 끊임없이 해체되고 재구성되는 지식 생태계의 사정을 고려하면 정답으로서의 정전적正典的 지식은 점점 소멸해 가고 있다. 이러한 지식 생태계는 이미 모든 것을 잘 알고 학습자를 가르치는 안정적인 교사의 위치를 허용하지 않는다. 초등학생 중에도 다양한 영역에서 교사보다 더 많이 아는 학생들이 즐비하다. 그렇다면 20대쯤 4년을 배워서 얻은 교사 자격증으로 평생 학생을 가르칠 수 있다는 인식 자체가 근본에서 해체되어야 하지 않을까? 이 점에서 미래의 교사는 잘 가르치는 사람이 아니라 잘 배우는 사람이어야 한다. 교사는 계몽의 주체로 학생 앞에 서 있는 사람이 아니라 학생들과 더불어 배우기를 잘하는 존재여야 한다. 따라서 한번 교사는 영원한 교사라는 말은 틀린 말이다. 교사는 매일매일 '되기'를 연습하는 역동적인 학습자여야 한다. 여기서 '되기'는 철학자 들뢰즈와 가타리Gilles Deleuze & Pierre-Félix Guattari에게 배운 개념이다. 되기는 하나의 정체성에 안주하는 것이 아니라 변이와 창조, 새로운 것의 탐색과 실험을 끊임없이 추구하는 과정이다. 이런 '교사 되기'를 평생의 과업으로 삼는 이가 더 많아지면 한국 교사들은 마침내 좁은 벽장을 힘차게 깨고 나와 더 넓은 초원을 달리고 광활한 창공을 비상할 것이다. 그리고 거인의 어깨에 앉아서 학습자들은 각자 자신의 되기를 연습하며 새로운 세상을 여는 힘 있는 주체들로 성장할 것이다. 그런 역동적 '되기'의 공동체 — 학습자 되기, 교사 되기, 교사 교육자 되기, 민주 시민 되기 등 — 로 함께 만나는 날을 꿈꾼다.

2021년 11월
청주 구룡산 자락에서 이혁규

1장

'교사, 청소년들의
직업 희망 1순위'가
의미하는 것

내 초등학교 때 꿈은 로봇을 만드는 과학자였다. 〈철인 28호〉, 〈로보트 태권V〉 같은 만화 영화의 영향이었으리라. 문과 적성임을 알게 된 고등학생 때는 판검사가 되는 것이 막연한 꿈이었다. 어릴 때 조모께서 나를 업고 다니시면서 판사가 되라고 자주 말씀하셨던 기억도 난다. 일제 강점기를 경험했던 세대가 상상할 수 있던 최고의 직업이었던 모양이다. 고3 학력고사를 보기 전까지 내 꿈은 그 언저리를 맴돌았다.

그런데 고등학교 때의 꿈과 관계없이 나는 지금 34년째 교편을 잡고 있다. 꿈이 바뀐 이유는 지극히 간단하다. 학력고사 점수가 적게 나왔기 때문이다. 나는 83학번으로 학력고사 세대이다. 학력고사 결과가 나오면 대학을 지망하던 시절이었다. 당시 문과생으로 공부를 잘하는 축에 드는 아이들은 대부분 법대, 경영대를 염두에 두었다. 나도 예외가 아니었다. 그런데 학력고사 결과가 안정권이 아니었다. 고민하다가 1지망 경영대, 2지망 인문대로 원서를 썼다. 그런데 접수 하루 전에 부친께서 1지망 합격이 불확실하니 2지망을 안전하게 낮추어서 쓰자고 하셨다. 그래서 2지망을 사범대학 사회교육과로 바꾸었다. 이렇게 하룻밤에 내 인생 진로가 바뀌게 되었다. 희망하는 직업도 명확하지 않았고 진로교육도 체계적이지 않던 시절 이야기이다. 요즘 학생들은 어떻게 진로를 택할까? 과거보다 체계적인 진로·직업교육이 이루어지고 있으니 상황이 좀 나아졌을까?

청소년들이 희망하는 직업

청소년의 장래 희망 직업에는 청소년 개인의 희망만 투영되는 것이 아니다. 부모들의 선망이 많이 반영된다. 조사 당시 직업의 지위나 직업의 위세도 영향을 미친다. 사회 구조 변화나 미래 직업 전망도 영향을 준다. 따라서 청소년 희망 직업의 추세 변화에는 다양한 직업군에 대한 사회적 선호와 미래 전망이 함께 녹아 있다. 마치 주식 시세로 상장 기업들의 현재 가치와 미래 가치가 수치화되는 것처럼 말이다.

지금도 그렇지만 예전에도 언론사, 연구 기관 등이 청소년들의 장래 희망 직업을 조사하곤 했다. 그러다가 정부가 진로교육을 체계화하기 위한 정책의 하나로 2006년 '진로교육 지표'를 개발하고 난 후 거의 매년 청소년의 희망 직업을 포함하는 광범위한 진로교육 현황 조사가 이루어지고 있다. 2015년 「진로교육법」이 제정된 후에는 진로교육 현황 조사의 법적 근거까지 마련되어 체계적인 조사가 이루어지고 있다. 이 조사를 보면 청소년들이 희망하는 직업의 변화를 알 수 있다. 2007년 조사와 2020년 조사의 결과를 비교하여 〈표 1〉로 제시하여 보았다.

13년이면 역동적인 한국 사회에서는 적지 않은 세월이다. 그러나 학생들의 희망 직업은 전체적으로 보아서 아주 큰 변화를 보이지는

표 1 학생들의 희망 직업 비교(2007년/2020년)[1]

(단위 : %)

순위	초등학생		중학생		고등학생	
	2007년	2020년	2007년	2020년	2007년	2020년
	직업명	직업명	직업명	직업명	직업명	직업명
1	교사(15.7)	운동선수(8.8)	교사(19.8)	교사(8.9)	교사(13.4)	교사(6.3)
2	의사(10.5)	의사(7.6)	의사(9.4)	의사(6.2)	회사원(7.0)	간호사(4.4)
3	연예인(9.9)	교사(6.5)	연예인(6.2)	경찰관(4.5)	공무원(6.2)	생명·자연과학자 및 연구원(3.6)
4	운동선수(9.4)	크리에이터(6.3)	법률가(법조인)(4.4)	군인(3.5)	자영업/개인 사업(3.7)	군인(3.4)
5	교수(6.5)	프로 게이머(4.3)	공무원(3.8)	운동선수(3.4)	간호사(3.3)	의사(3.2)
6	법률가(법조인)(5.4)	경찰관(4.2)	교수(3.6)	공무원(3.1)	의사(3.0)	경찰관(3.0)
7	경찰(5.2)	조리사(요리사)(3.6)	경찰(3.6)	뷰티 디자이너(2.9)	연예인(2.7)	컴퓨터 공학자/소프트웨어 개발자(2.9)
8	요리사(4.2)	가수(2.7)	요리사(3.2)	간호사(2.5)	경찰(2.5)	뷰티 디자이너(2.7)
9	패션 디자이너(2.8)	만화가(웹툰 작가)(2.5)	패션 디자이너(2.8)	컴퓨터그래픽 디자이너/일러스트레이터(2.4)	공학 관련 엔지니어(2.3)	의료·보건 관련직(2.5)
10	프로 게이머(2.2)	제과·제빵사(2.3)	운동선수(2.6)	조리사(요리사)(2.3)	패션 디자이너(2.2)	공무원(2.0)
합계 비율	71.8	48.8	59.6	39.7	46.2	34.0

않는다. 교사, 의사, 경찰관, 공무원 등 전통적인 직업들이 상위에 올라 있다. 물론, 시대 변화를 보여 주는 지표들도 눈에 보인다. 프로게이머, 크리에이터, 뷰티 디자이너, 컴퓨터 공학자/소프트웨어 개발자, 생명·자연과학자 및 연구원 등은 모바일 환경, 인공 지능, 바이오 산업 등에 대한 새로운 관심을 반영한다.

눈에 띄는 중요한 변화 중 하나는 상위 10대 희망 직업이 차지하는 비율이다. 2007년 조사에서는 초등학생 71.8%, 중학생 59.6%, 고등학생 46.2%였는데, 2020년 조사에서는 초등학생 48.8%, 중학생 39.7%, 고등학생 34.0%로 낮아졌다. 이러한 누적 비율의 감소는 일반적으로 학생들이 희망하는 직업이 다양해지고 있음을 의미한다.

교사, 청소년들의 희망 직업 1순위

청소년들이 희망하는 직업 1순위는 무엇일까? 2007년 조사부터 현재까지 교사가 1위를 달리고 있다. 운동선수가 초등학생들에게서 최근에 1순위를 차지하는 것이 예외라면 예외이다. 그렇지만 교사를 희망하는 비율이 줄어들고 있는 것도 눈여겨볼 대목이기는 하다.

"라떼는 말이야"에 해당하는 이야기겠지만 내가 사범대학을 지망했던 1980년대만 해도 교직이 그다지 인기 있는 직업은 아니었다. 우리나라 경제가 고도 성장을 구가하는 동안 교사를 포함한 공무원과 대기업의 임금 격차는 상당한 수준이었다. 그래서 교사를 하다가 대기업으로 이직하는 예도 적지 않았다. 그러나 이런 사정은 1998년

IMF 외환 위기 후 상당히 변화하였다. 신자유주의적 노동 시장 구조 변화가 본격화한 후에 직업의 안정성이 매우 중요하게 부상한다. 공무원들의 처우 개선이 꾸준히 이루어지면서 대기업과의 상대적인 임금 격차도 줄어들게 된다. 이런 여러 가지 조건들이 맞물리면서 교직은 청소년들이 희망하는 직업의 수위를 안정적으로 차지하게 되었다.

특히, 최근 들어서 더 악화하는 청년 고용 사정은 많은 청년이 교직을 희망하도록 하는 사회적 유인이 되고 있다. 그래서 대학을 다니다가 다시 교대 입시를 준비하는 장수생長修生들도 늘어나고 있다. 내가 근무하는 청주교육대학교만 해도 20대 후반이나 30대에 다시 교대에 입학한 학생들이 적지 않다. 일부 학생들의 경우 서울의 '유명' 대학에서 석사 학위까지 마치고 재입학하기도 한다.

이미 2010년에 세계적 경영 컨설팅 회사 맥킨지사는 교육 강국인 핀란드, 싱가포르, 한국의 공통적인 특징 중 하나로 고등학교 졸업자를 기준으로 우수한 학생들이 교직에 입문한다는 점을 들었다.[2] 그중에서도 한국은 독보적이다. 핀란드는 성적 상위 20%, 싱가포르는 30% 수준의 학생들이 교직을 지원하는 데 비해 한국은 상위 5% 내외의 학업 성취를 보이는 학생들이 지원한다. 10년 전 조사이지만 지금도 그런 경향은 대체로 유지되고 있다.

다른 나라 청소년들은 어떤 직업을 희망할까?

한국 청소년들의 희망 직업 1순위가 교직이라는 것과 관련하여 비판적인 시각이 있다. 교직을 포함하여 공무원과 같은 안정적인 직업에 몰리는 것에 대한 부정적인 의견이 대표적이다. 청소년들에게 도전 정신이 없어지고 있다는 걱정 어린 시선이 함께한다. 교직으로 더 범위를 좁혀서 이야기할 경우, 학교 성적 1, 2등급의 우수한 학생들이 교직에 진출하는 것에 대해 우려하는 시각도 있다. 교직에 그 정도로 우수한 인력이 있어야 할 필요가 없다는 주장이다. 이런 사람들은 우수한 인력이 이공계로 진출해서 과학이나 기술 발전에 공헌해야 우리 사회의 경쟁력이 더 높아질 것이라고 주장한다. 우수한 이과생들이 의대로만 몰리는 것에 대해서도 동일한 비판이 종종 제기된다.

성적이 우수한 인재들이 교직을 희망하는 것을 어떻게 보아야 할까? 청소년들이 도전 정신이 없고 안정적인 삶을 희구하기 때문일까? 그것은 국가의 장래에 바람직하지 않은 것일까? 이런 질문에 대한 정해진 답은 없다. 다만, 같은 연령대에 대한 국제 비교를 보면 우리나라의 사정을 어느 정도 객관화시킬 수 있다. 이와 관련하여 참고할 수 있는 OECD의 《희망 직업은? Dream jobs?》이라는 보고서가 있다. 이 보고서는 전 세계의 15세 학생들을 대상으로 장래 희망을 조사한 내용을 분석하고 있다. 원 자료는 학업성취도 국제비교연구Program for International Student Assessment: PISA* 관련 자료이다. 가장 유명한 국가 간 학생들의 학업 성취도 비교 평가인 PISA는 학생들의 배경 변인도 광범위하게 조사한다. 이 중에는 "학생들이 30세가 되었을 때 희망하는 직업"을 묻는 문항도 있다. 《희망 직업은?》은 2000년과

2018년 PISA 자료를 바탕으로 41개국 학생들의 희망 직업의 변화를 비교하고 있다.

〈표 2〉를 보면 다른 나라에서도 교사가 희망 직업에서 매우 높은 순위를 차지하고 있음을 알 수 있다. 여학생의 경우는 2000년 1위, 2018년 2위를 기록하였고, 남학생의 경우도 2000년과 2018년 모두 6위를 기록하였다. PISA 성적 우수자만 뽑아서 분석한 결과를 보면 2000년 2위, 2018년 3위를 기록하여 역시 높은 순위를 보인다. 직업 교육이 잘 이루어지고 있는 나라로 알려진 독일도 여학생 희망 직업 1순위, 남학생 희망 직업 5순위가 교사였다. 따라서 청소년들이 교사를 희망하는 것은 우리나라만의 현상이라고 보기는 어렵다.

청소년의 희망 직업 순위가 던지는 과제는?

《희망 직업은?》이 이 조사를 통해 정작 문제 삼는 부분은 무엇일까? 많은 나라에서 청소년들의 희망 직업이 몇 안 되는 직업에 집중되어 있다는 점이다. 조사 대상 41개국에서 남학생의 47%, 여학생의 53%가 상위 10개 직업 중 하나를 희망하고 있었다. 보고서는 이런 현상에 대해 우려

* 경제협력개발기구(OECD) 본부 주도로 회원국을 포함한 세계 각국이 공동으로 시행하는 '학업성취도 국제비교연구'로, 의무 교육 종료 시점에 있는 만 15세 학생들의 읽기, 수학, 과학적 소양(literacy) 등의 성취 수준을 평가한다. 청소년의 학업 성취에 대한 국제적인 프로파일을 파악하고, 이들의 학업 성취에 영향을 주는 배경 요인을 밝혀내며, 학업 성취의 프로파일과 배경 요인들이 국가별, 혹은 문화권별로 어떤 차이가 있는가를 규명하여 정책 결정자들에게 교육 정책 수립의 기초 자료를 제공하는 것이 목적이다. 평가는 보통 3년 주기로 시행된다.(출처 : [네이버 지식백과] 국제학업성취도평가(시사상식사전, pmg 지식엔진연구소) 참조)

표 2 41개국 15세 학생들의 희망 직업 비교(2000년/2018년)[3]

(단위 : %)

순위	여학생		남학생		우수한 학생	
	2000년	2018년	2000년	2018년	2000년	2018년
	직업명	직업명	직업명	직업명	직업명	직업명
1	교사(11.1)	의사(15.6)	비즈니스 관리자(6.8)	엔지니어(7.7)	의사(9.2)	의사(14.1)
2	의사(11.0)	교사(9.4)	ICT 전문가(6.1)	비즈니스 관리자(6.7)	교사(8.5)	엔지니어(6.6)
3	법률가(6.2)	비즈니스 관리자(5.0)	엔지니어(4.9)	의사(6.0)	ICT 전문가(6.4)	교사(5.6)
4	심리학자(3.9)	법률가(4.6)	의사(4.5)	ICT 전문가(5.5)	법률가(4.7)	ICT 전문가(5.6)
5	간호사/조산원(3.2)	간호사/조산원(4.5)	운동선수(4.0)	운동선수(4.9)	엔지니어(4.6)	법률가(4.3)
6	비즈니스 관리자(3.0)	심리학자(3.7)	교사(3.9)	교사(4.6)	작가/저널리스트(3.5)	디자이너(3.3)
7	수의사(2.9)	디자이너(3.0)	법률가(2.7)	경찰관(4.0)	심리학자(3.5)	심리학자(3.1)
8	작가/저널리스트(2.6)	수의사(2.8)	자동차 정비사(1.9)	자동차 정비사(2.8)	비즈니스 관리자(2.8)	건축가(2.7)
9	비서(2.6)	경찰관(2.3)	건축가(1.9)	법률가(2.4)	디자이너(2.6)	작가/저널리스트(2.6)
10	미용사(2.5)	건축가(2.1)	경찰관(1.9)	건축가(2.2)	수의사(2.5)	수의사(2.4)
합계 비율	49.0	52.9	38.4	46.8	48.3	50.2

를 표명한다. 학생들이 희망하는 직업들이 대부분 19~20세기에 탄생한 직업으로 현재 변화하는 직업 세계를 반영하지 못하고 있다는 것이다. 특히, 2000년과 비교하여 2018년에 이런 직업 집중도가 더 심화하였다. 나라별 차이도 주목할 만하다. 직업교육이 발달하지 않은 브라질(63%), 인도네시아(68%), 태국(57%) 등은 상위 10개 직업에 집중도가 높은 데 반하여, 직업교육이 잘 발달한 것으로 알려진 독일(38%), 스웨덴(38%) 등은 상대적으로 낮은 비율을 보인다. 한국은 2000년에는 62%로 가장 높은 나라 중 하나였다가 2018년 조사에서는 52%로 개선되었다. 그러나 아직도 다른 나라들에 비해 희망 직업 집중도가 상대적으로 높은 비율이다. 한편 이 보고서는 현재 청소년들이 30세가 되어서 갖기를 희망하는 직업 중 39% 정도가 10~15년 내 자동화될 것으로 전망하고 있다.[4] 한마디로 표현하자면 지금 청소년들이 희망하는 직업과 이들이 실제로 일할 직업 세계 간에 심각한 불일치가 발생할 가능성이 크다는 것이다. 이것은 직업교육에 대한 완전히 새로운 발상과 접근을 요구하고 있다.

이상을 살펴볼 때 직업교육과 관련하여 여러 가지 더 깊은 논의가 필요하겠다. 하지만 글의 주제인 청소년의 교직 희망 문제로 논의를 좁혀 보자. 청소년들이 교직을 희망하는 것은 우리나라만의 특징은 아니다. PISA 연구의 결과에 의하면 대부분의 나라에서 교사를 희망하는 청소년들이 많다. 그 이유는 무엇일까? 우선 수많은 직업 중에 학생들에게 가장 직접 무수한 시간 동안 노출되는 유일한 직업이 교직이다. 학생이 하루의 1/3 혹은 1/4 이상의 시간을 학교에

한국의 교원 양성 교육은 국제적으로
어떻게 평가받고 있나?

한국인이 자주 무시하는 한국의 특수성 가운데 하나는 세계 최고인 대외의 존도(무역의존도)다. 2012년 4월 한국은행과 지식경제부가 발표한 자료를 보면, 2011년 (중략) 대외의존도가 96.9퍼센트에 이르는 것으로 나타났다. (중략) 미국과 일본의 대외의존도가 20퍼센트 안팎이라는 점을 감안컨대, 이런 추세가 지속된다면, 대외 지향성은 한국의 숙명일 수밖에 없다. (중략) 한국처럼 대외의 존도가 높은 나라에선 밖을 바라보고 살 수밖에 없으며 또 마땅히 그렇게 해야 한다. 그러나 지켜야 할 조건이 하나 있다. 한국에 대한 공부도 병행하면서 비교 연구적 관점에서 밖을 바라봐야 한다는 것이다.[5]

본문에서 청소년의 희망 직업을 타국과 비교하여 보았다. 이러한 비교 연구는 많은 유익을 준다. 강준만이 위 인용문에서 언급한 것처럼 대외의 존도가 심한 한국에서 비교 연구는 선택이 아니라 생존의 조건일지도 모른다. 그러면 한국에서 교원 교육 분야에 대한 깊이 있는 국제 비교 연구가 이루어지고 있는가? 그런 것 같지는 않다. 관련 논문이나 연구 보고서들을 보면 외국의 사례나 동향을 소개하고는 있다. 그러나 비슷한 수준의 문헌 연구가 대부분이다. 문헌 검색으로 얻을 수 있는 정보를 넘어서 외국의 교사 양성 교육의 속내를 깊이 들여다본 연구를 구하기는 쉽지 않다. 내가 미국의 교사 양성 교육을 이해하게 된 것도 연구년 동안 실제 참여 관찰을 하고 나서이다. 두 번의 참여 관찰을 통해서 나는 미국과 비교하여 우리나라 교원 양성 교육이 강점 못지않게 약점이 많음을 발견했다. 국제적으로 높은 평가를 받지 못하고 있는 미국의 교사 양성 교육을 들여다보아도 배울 점이 적지 않은데, 핀란드나 싱가포르처럼 여러 문헌에서 호평하는 나라의 사례를 깊이 연구하면 더 많은 시사점을 얻을 것 같다. 그러나 그런 국내 연구를 찾기는 어렵다.

학자 중에는 우리나라 교원 양성 교육이 세계 최고 수준이라고 주장하는 이가 간혹 있다. 그러나 나는 한국의 교원 양성 교육이 우수하다고 평가하는 해외 문헌을 아직 발견하지 못했다. 내가 문외한이라서 그럴까? 고등학교 우수 졸업자가 교직을 지망하는 것을 부러워하는 문헌은 종종 있다. 미국의 오바마 대통령처럼 한국 교사의 질을 높이 평가하는 예도 있다. 그러나 그것이 한국의 수준 높은 교원 양성 교육 때문이라고 연관 짓는 문헌은 찾지 못했다. 그래서 문득 궁금해진다. 우리는 어디쯤 있을까?

이에 대해 간접적 정보를 얻을 수 있는 국제 비교 연구가 있다.[6] 앞서 소개한 OECD의 TALIS이다. 주 조사 대상은 중학교 교원이며 최근 초등학교 교원도 포함하였다. 조사 문항에는 교원 양성 교육을 비교 연구하는 범주도 있다. 이 측정 문항들은 크게 '양성 교육 단계 교육 내용', '준비도', '전문성 개발 필요성'으로 범주화되어 있다. 2018년 조사 결과를 요약하자면, '양성 교육 단계 교육 내용'에서 한국은 담당 교과 내용과 교수 방법을 배웠다는 응답은 비교 국가에 비해서 높았지만, '학생 생활 지도 및 학급 관리', '학생의 발달 및 학습 모니터링'과 같이 학생 특성 이해나 지도와 관련한 교육은 상대적으로 적게 받았다고 답했다. 그리고 교원들은 다른 국가에 비해서 전문성 개발의 필요성을 상대적으로 높게 인식하고 있었다. 이것이 교원의 전문성 개발에 대한 높은 열망 때문인지, 양성 교육의 현장 연계성 부족 때문인지는 좀 더 엄밀한 추가 분석이 필요하다. 학교 급별로 보면 우리나라 초등 교사들은 '양성 교육 단계 교육 내용'의 영역별 교육받은 교사의 비율과 '준비도'에 있어서 중학교 교사들보다 결과가 높았으며 국제 비교에서도 다른 국가에 비해서 상대적으로 높았다. 다만, 중등에 비해 조사 참여국이 많지 않은 점, 집단 간 평균 차이에 대한 통계 검정을 거치지 않은 점은 해석 시 고려되어야 한다. 잠정적으로 나는 이런 결과가 초등 교원 양성 체제가 중등 교원 양성 체제보다 정원 관리도 잘하고 교원 양성의 목적도 분명하게 운영하였기 때문이라고 생각한다. 물론, 초등 교원 양성 교육도 개선해야 할 여지는 많다.

한편 나는 청주교육대학교 교육연구원에서 한국연구재단의 지원을 받아서 9년 동안 동료와 함께 〈교사의 자기주도적 교수역량 강화 및 확산을 위한 PDS(Professional Development System) 구축 연구〉를 수행하였다. 연구 내용에는 외국의 우수 수업 동영상에 자막을 입힌 후에 한국 교사들과

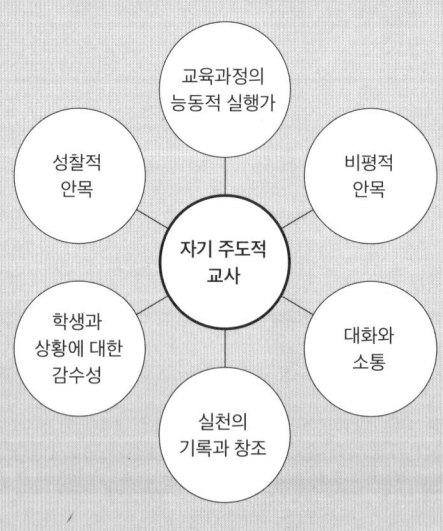

자기 주도적 교사 개념

함께 분석하는 연수 모듈 개발도 있었다. 연수 참여 교사들은 유사한 주제를 자신들과 다르게 가르치는 외국의 수업 사례를 관찰하는 것이 도움이 많이 된다고 진술하였다. 이런 연수 프로그램 개발을 통해서 강준만이 언급한 것처럼 한국과 다른 나라가 어떻게 다른지 공부하는 것이 유익함을 반복해서 확인할 수 있었다. 앞으로 외국 사례에 관한 철저한 비교 연구와 함께 그로부터 배운 교훈을 다양한 교육 프로그램으로 변환하는 데 체계적인 노력을 경주할 필요가 있다.

우리 연구소가 한국연구재단 인문사회분야 중점연구소로 지정되어 9년 동안 진행한 연구에서 동료들과 나는 중심 개념으로 '자기 주도적 교사'를 제안하였다. 자기 주도적 교사는 교과서를 따라서 수업하는 교사가 아니라 교육과정의 능동적인 실행자이며, 관행화되고 고착화된 방식으로 수업하는 사람이 아니라 자신의 수업 실천을 끊임없이 관찰하여 개선하는 성찰적 안목을 가진 존재이며, 교사 중심의 독백적 수업을 하는 교사가 아니라 학생과 상황에 민감한 감수성을 가지고 친상황적 수업을 하는 교사이며, 기존 이론이나 수업 방법을 무반성적으로 적용하는 교사가 아니라 예술적 감식안과 비평 능력을 갖추고 새로운 수업 실천을 기획할 수 있는 비평적 안목을 가진 교사이다. 또 자기 주도적 교사는 자신의 수업 실천에 대한 기록을 정리하고 남겨 두는 교사이며, 동료 교사와의 대화와 소통을 통해 공동 성장을 하는 교사이다.[7]

한국의 (예비) 교사들이 이런 '자기 주도적 교사'로 성장할 수 있는 문화와 제도가 갖춰지고, 그 속에서 예비 교사와 현직 교사 교육이 이루어진다면 우리나라 교원 양성 교육도 세계가 부러워하는 단계로 진화할 것이다. 그런 비전을 향해서 함께 힘을 모아 나아가야 하지 않을까?

서 보내며 교사와 접촉한다는 것을 고려한다면 이 노출 효과는 독보적이라고 할 수밖에 없다. 거기에 더하여 의무 교육이 보편화된 오늘날 단일 직종으로 교사만큼의 인원수를 가지고 있는 직업을 찾기는 쉽지 않다.* 직업으로서 접근 가능성의 문턱도 낮은 편인 셈이다. 여기에 존 듀이 John Dewey가 사람의 능력을 신장시키고 사회에 봉사하게 만드는 일을 '최고의 예술 supreme art'이라고 비유했듯이[8] 교사가 하는 일은 직관적으로도 보람 있고 가치 있는 일로 느껴진다. 따라서 많은 청소년이 교사를 희망하는 것은 어찌 보면 당연하다고 하겠다.

위에서 다른 나라 청소년 중에도 교사를 희망하는 학생들이 많다고 했다. 그러나 희망이 실제 직업 선택으로 이어지지 않는 예도 많다. PISA는 중학교 3학년인 15세 학생들을 대상으로 조사한다. 중학교 3학년은 대다수 학생이 자신의 인생에서 진로를 처음 선택하기 약 3년 전이다. 이 3년 동안에 많은 변화가 일어난다. 교직이 청소년 희망 직업 순위 1순위인 많은 나라가 실제로는 교사 부족에 시달린다. 심지어는 교원 양성 대학의 경쟁률이 약 10대 1에 달하는 핀란드조차도 수학과 같은 교과에서는 교사 부족 현상이 존재한다.[9] 우수한 학생들이 교직을 선택하지 않는 것도 많은 나라의 고민이다. 희망과 실제 선택 간에 괴리가 존재하는 데는 여러 가지 까닭이 있을 것이다. 많은 나라가 재정 부담으로 인해 교사에게 경제적 보상을 충분히 하지 못하는 것도 중요한 원인이다.

* 참고로 우리나라는 2020년 기준 전체 공무원 1,131,796명 중 361,218명이 교원으로 32.6%에 달한다. 여기에는 사립 학교 교원은 포함되어 있지 않다.(출처 : 정부조직관리정보시스템(www.org.go.kr/psncpa/pbsvnt/selectAll.do))

교사 지망생이 부족한 다른 나라와 한국은 사정이 아주 다르다. 중등 교사는 오히려 과잉 공급이 오랫동안 문제가 되고 있다. 더구나 맥킨지 보고서를 비롯한 여러 연구가 언급하듯이 한국은 고등학교 졸업자를 기준으로 아주 상위에 있는 학생들이 교직을 지망하는 매우 독특한 나라다. 수학과 과학 교과도 마찬가지이다. 문제를 못 푸는 교사들로 골머리를 앓는 다른 나라 정부의 고민을 한국에서는 거의 할 필요가 없다. 교사의 전문성을 점점 강조하는 세계 교육계의 추세를 고려할 때 우수한 학생들을 유인할 수 있는 것은 우리나라 교직의 강점 중 하나임이 틀림없다.

다만 《희망 직업은?》이 언급했듯이 교직도 공교육이 보편화하면서 등장한 19세기의 낡은 직업에 속한다. 직업 세계의 변화를 고려할 때 여기에는 우려할 만한 요소가 있다. **청소년들이 교직을 포함하여 몇몇 소수의 전통적 직업에 갇히는 문제 말이다. 이런 문제를 해결하기 위해서는 학교가 학생들에게 다양한 직업 세계를 더 능동적으로 탐색할 수 있게 기회를 제공해야 한다.**

액체 근대에서 교사의 직업적 안정성이 지닌 딜레마

OECD의 각종 비교 자료에 의하면 한국은 다른 나라에 비해서 교사의 급여가 높다.[10] 교직이 사회적으로 우대받는 직업이기도 하다. 여기에 더하여 교원의 직업적 안정성이야말로 학생들이 교직을 지망하는 중요한 변인이다. **여기서 21세기 교사의 직업적 딜레마가**

발생한다. 가장 안정적인 직업인인 교사가 '평생 직업'이 사라진 세상을 유영遊泳**해야 하는 새로운 세대를 교육하는 역설이 생겨나는 것이다.** 전문가들은 학생들이 생애 주기 동안에 평균적으로 10번 이상 직업 이동을 경험할 것으로 예상한다. 그런 세상을 살아갈 학생들에게 직업 안정성의 정점에 있는 교사들이 제대로 된 진로교육을 할 수 있을까? 딜레마는 직업교육이나 진로교육에 한정되지 않는다. 일과 삶을 대하는 태도의 근본적인 변화를 요구하는 문제이기 때문이다. 사회학자 지그문트 바우만Zygmunt Bauman은 현대 세계의 유동성을 설명하기 위해서 '**액체 근대**Liquid Modernity'라는 용어를 발명하였다.[11] 산업혁명 이후 대규모 공장을 배경으로 수많은 노동자가 정주하면서 탄생한 근대 사회는 무겁고, 고정되어 있고, 예측과 통제가 가능한 시대였다. 그러나 오늘날은 가볍고, 불안정하고, 예측 불가능한 후기 근대성의 시대이다. 이러한 '액체 근대'의 도래는 인간 조건의 모든 측면에 심오한 변화를 불러왔다고 바우만은 말한다.

이러한 액체 근대에는 익숙한 근대 교육의 기획도 재검토할 수밖에 없다. 교사가 지식을 독점하고 무지한 학생을 계몽하는 교실 풍경은 장차 박물관의 전시물이 될 예정이다. 폭발적으로 증가하는 정보와 유동하는 지식 생태계로 인해서 정답인 지식을 교과서에 담아서 가르치는 전통적 관습은 유효성을 상실하고 있다. 촘촘하게 연결된 전 세계적 네트워크를 통해서 정보와 지식을 습득하는 디지털 신세대들은 교사보다 이미 더 많은 것을 알고 있는 경우도 적지 않다. 그렇다면 누구는 항상 가르치고 누구는 항상 배우는 고정적 관계가 가능할까? 교사는 가르치는 존재이고 학생은 배우는 존재라는 역할 고정 자체가 공교육의 위기를 심화시키는 것은 아닐까? 액체 근대에 필요한 교사는 어떤 교사일까? 교사는 가르치는 존재라는 낡은 정체성을 폐기하는 것이 근본적 혁신이 아닐까? **액체 근대의 교사는 평생 잘 배우는 학습자로서 자기 정체성을 재기획해야 한다.** 그런 교사의 교실에서 학생과 교사는 함께 배우는 도반道伴이다. 때로는 교사가 가르치고 때로는 학생이 가르친다. 모두가 가르치고 모두가 배운다. 그런 교실에서는 교사가 지식이 많아서 학생보다 우위에 서는 것이 아니다. 자기 앎의 한계를 자각하고 끊임없이 새롭게 배우고자 하는 삶의 태도와 열정이 있어야 비로소 교사는 스승이 된다. 이렇게 더불어 성장하는 학습공동체가 21세기 교실의 모습이다. 그것은 교학상장敎學相長의 21세기 버전이다. '재미있어서 공부하는 사람이 어디 있니? 공부 안 하면 깡통 찬다', '고등학교 3년만 고생하면 평생 호강한다'라는 말로 학생을 닦달하던 옛 스승들은 구시대의 반면교사反面敎師들이다. 21세기 교학상장의 본질을 간파할 때만 '성적은 높으나 흥미와 열정은 없는 한국형 공부의 시대가 종언'을 고할 것이다.

교사의 직업적 안정성에 대한 사회 일반의 정서에 연관된 이야기를 하는 것으로 마무리하려고 한다. 평균 10번도 넘게 직장이 바뀌는 세상에서 교사들 — 그리고 공무원과 공기업 직원들 — 은 평생 직장이 보장된다. 바우만의 용어로 표현하면 액체 근대 시대에 고체 근대적 특징을 지닌 직업으로 존재하는 셈이다. 이 때문에 교직은 부러움과 질시의 대상이 된다. 우리는 불안한데 왜 너희들만 안전하냐는 항변이다. 나태하거나 문제 있는 교사들에 대한 소식을 접하면 이런 정서는 기름에 불을 붙이는 것처럼 삽시간에 증폭된다. 이런 대중의 정서는 교사 평가를 강화하고, 문제 교사를 영구 퇴출하고, 교사 자격을 주기적으로 갱신해야 한다는 주장으로 이어진다. 이런 주장에는 분명 귀담아들어야 할 구석이 있다. 그러나 나도 비정규직이니 너도 비정규직이 되라는 심리라면 재고할 필요가 있다. 그런 심리의 저변에는 공멸로 가는 불안감이 도사리고 있기 때문이다. 일자리의 유연성이 만들어 내는 이런 불안감의 이유를 바우만은 다음과 같이 설명한다.

사람들이 불안감을 느끼는 이유는 일자리가 줄어들기 때문만은 아니다. 지금 있는 일자리들도 예측할 수 없는 미래의 위험으로부터 더 이상 보호되지 않기 때문이다. 오늘날 일자리란 그 일자리가 불필요해지는 상황을 매일 예행 연습하는 일이나 마찬가지이다. '불안정의 정치경제'는 전통적인 방어막을 허물어뜨렸고 그 방어막을 지키던 군사도 뿔뿔이 흩어졌다. 노동은 '유연'해졌다. 이는 직설적으로 말하자면 고용주가 보상금도 주지 않고 마음대로 피고용인을 해고할 수 있고, 부당하게 해고당한 사람을 변호해 주던 노조의 효율성과 연대감은 점점 허망한 꿈처럼 느껴진다는 뜻이다. '유연성'은 또한 안정의 부재를 뜻한다. 점점 더 많은 일자리들이 시간제이거나, 계약직이고, 대부분의 계약은 재계약까지의 기간이 너무 짧아서 점점 강화되는 유연성에 대처해 상대적인 안정성에 대한 권리를 보장받으려는 노력을 방해한다. '유연성'이 높아지면서, 특화된 기술이

장기간 수요가 있을 것이라는 희망을 갖고 그 기술에 시간과 노력을 투자하는 기존의 삶의 전략이 점점 타당성을 잃고 있다. 따라서 한때 안정적인 삶을 원하는 사람들이 가장 많이 취하던 합리적인 선택이 더 이상 가능하지 않게 되었다.[12]

이러한 바우만의 통찰을 바탕으로 생각해 보면 21세기 교사의 역할이 새로운 형태의 교학상장을 추구하는 것만으로 충분치 않음을 알 수 있다. 끊임없이 너의 능력을 기르라는 성과주의로 귀결될 위험이 크기 때문이다. 오늘날 사회 변동을 고려할 때 모든 사람을 정규직화하는 것은 유토피아적 기획에 가깝다. **오히려 수많은 직업 세계를 불안감 없이 자유롭게 유영할 수 있도록 든든한 사회적 안전망을 구축하는 것이 올바른 개혁 방향이다.** 개인의 어깨 위에 무거운 책임을 온통 지우는 대신에 연대와 공존의 새로운 미래를 열어 가야 한다. 이를 위해서는 각자도생하는 외로운 개인들을 자율적인 공적 영역으로 불러내는 새로운 정치가 필요하다. 직업적 안정성이 높은 교사들은 그런 자율적인 공공 영역에 참여하기에 유리한 조건에 있다. 교사를 비롯하여 안정적 직업에 종사하는 이들은 이 불안의 시대에 자신만이 구원 방주에 올라탔다는 특권 의식을 버려야 한다. 대신에 모두를 함께 태울 수 있는 크고 넉넉한 배를 건조하는 데 참여해야 한다. 교사의 시야가 교육을 넘어 바람직한 사회와 국가의 건설로 넓어져야 하는 필연적 이유가 여기에 있다.

● 첫날 첫 수업의 풍경화 ●

2015년(왼쪽 위)과 2019년(왼쪽 아래) 청주교육대학교 첫 시간 수업 장면과 2015년 충북 어느 중학교의 연수 장면(오른쪽)

김홍도는 서당 그림으로 유명하다. 풍경화는 삶의 한 장면을 예리하게 포착한다. 김홍도가 21세기로 살아온다면? 아마 그림을 그리지 않고 사진을 찍을지도 모르겠다. 김홍도가 21세기 한국 교육을 풍자하는 사진을 찍는다면? 아마 첫날 첫 수업의 풍경을 찍지 않을까 한다. 그 풍경에 21세기 교육 문화의 밈(meme)이 오롯이 들어 있다고 보기 때문이다.

왼쪽의 사진 두 장은 각각 2015년과 2019년의 청주교육대학교 3학년 학생 대상 첫 수업 시간 장면이다. 학생들은 앞자리는 모두 비우고 뒷자리부터 채운다. 어느 교실이나 예외가 없다. 왜 그럴까? 우리 교육 문화의 심층을 드러내기 위해 질문해 본다. "만약 공유, 송중기, 송혜교 중 한 사람이 오기로 예정되어 있으면 어디에 앉고 싶니?"

혹은 "BTS가 온다면?" 앞자리라는 답은 얌전한 축에 속한다. 며칠 전부터 텐트를 치고 기다릴 판이다. 어떻게 나를 그런 스타와 비교할 수 있으리오.

문제는 첫날 첫 수업 시간에 배움에 대한 기대와 설렘이 있는가 하는 것이다. 새로운 배움에 대한 기대와 열망이 한류 스타를 만나고자 하는 욕망의 10분의 1이라도 있다면 어디에서부터 앉을까? 교육대학교에는 고등학교 성적 기준 1, 2등급 학생들이 많이 들어온다. 초경쟁적 입시 체제에서 성공하고 살아남은 사람들이다. 그렇다면 "공부는 잘하는데, 흥미는 느끼지 못하는 Made in Korea" 제품이 아닐까? **교사 되기**는 이 근본적 성찰에서 출발해야 한다.

참, 이런 좌석 점유는 어디서나 볼 수 있다. 학교 단위 연수에서도 볼 수 있는 전형적 풍경이다. 오른쪽 사진은 2015년 충북의 어느 중학교 교내 연수 장면이다. 교장 연수도 마찬가지이다. 좌석을 지정하지 않는 한 같은 현상이 나타난다. 그리고 연수생들은 대개는 강사의 질문에 적극적으로 반응하지 않는다. 가끔 나는 이런 현상 자체를 강의의 소재로 삼는다. "선생님은 왜 앞자리에 안 앉으시나요?", "선생님은 강사가 질문하면 싫은가요, 좋은가요?" 이런 물음에 많은 교원이 질문을 받는 것 자체가 싫다고 쿨(cool)하게 인정한다. 고백하자면 나도 연수생 신분이라면 뒷자리가 편하고 질문을 받는 것이 싫을 것 같다. 그렇다면 교실 개혁은 바로 이 지점에서 출발해야 하지 않을까? 질문을 받는 것이 두려워서 뒷자리부터 채우는 것이 편한 우리 몸의 습관은 어디서 생겨난 것일까? 그 원인을 제대로 규명하는 것! 그리고 배움에 대한 기대로 앞자리부터 채울 수 있는 **새로운 몸 만들기** ― **교원과 학생 모두의** ― 에서부터 수업 혁신이 시작되어야 하는 것은 아닐까?

어느 책 제목처럼 "두려움과 배움은 함께 춤출 수 없다".

2장

미국은 지금 '무능한 교사'와의 전쟁 중,* 한국은?

한국인은 서양인의 눈에 비친 자신의 모습에 민감하다. 근대화가 늦어서 식민지 지배를 당해야 했던 지난 100년의 역사를 생각해 보면 지극히 당연해 보인다. 이런 모습은 교육도 예외가 아니다. 소위 서양 석학들의 한국 교육에 대한 언급을 무비판적으로 받아들이는 경향이 있다. 한국은 세계 최고 교육열, 학업 성취도, 대학 진학률을 보인다. 그런데 우리에게 이는 그다지 자랑스러운 일이 아니다. 이런 장점보다는 서양 학자들이 지적하는 약점에 더 민감하다. 2007년 앨빈 토플러는 "한국 학생들은 하루 10시간 이상을 학교와 학원에서 미래에 필요하지도 않은 지식과 존재하지도 않을 직업을 위해 시간을 낭비하고 있다"고 말했다.[13] 이 말은 지금도 우리 교육에 대한 비판으로 반복 재생되고 있다.

그런데 한국 교육을 긍정적으로 평하는 사람도 있다. 대표적인 이가 미국 전 대통령 오바마이다. 오바마는 자신의 연설에서 거의 스무 번 가까이 한국 교육을 언급하였다고 한다. 그중 2011년 신년 국정 연설의 한 부분을 인용하면 다음과 같다.

또한 부모 다음으로 자녀의 성공에 가장 큰 영향을 미치는 것은 교실 앞의 교사로부터 오는 것임

* 이 제목은 미국의 다나 골드스타인이 쓴 《교사 전쟁》의 서문 제목인 "세계는 지금 '무능한 교사'와의 전쟁 중"에서 따왔다.

을 기억합시다. 한국에서 교사는 "국가 건설자들"로 알려져 있습니다. 여기 미국에서 우리가 아이들을 교육하는 사람들을 나쁜 사람들로 취급할 때에 말입니다. 많은 베이비 붐 세대가 교실에서 은퇴하게 되는 향후 10년 동안, 우리는 과학, 기술, 공학, 수학 분야에서 10만 명의 새로운 교사들을 준비시키려고 합니다.[14]

이 외에도 오바마는 '미국 학생들이 한국 학생보다 1개월이나 수업 일수가 적다', '한국의 아이들은 비디오 게임이나 TV를 보는 데 시간을 허비하지 않고 수학·과학·외국어를 공부한다', '한국 교사의 급여는 의사 수준이고 존경도 받는다' 등과 같은 찬사를 늘어놓았다.

'선진국 콤플렉스'를 지니고 있는 한국 사람들은 오바마의 이런 한국 칭찬이 어리둥절하다. 오바마의 한국 칭찬에 대해 많은 교육 평론가들은 오바마가 한국 교육을 잘못 알고 있다고 반응한다. 정말 그럴까? 오바마의 한국 교육 칭찬도 미국 공교육을 개혁하려는 그의 관심사의 반영일 따름이다. 예를 들어 교육의 분권화가 우리가 가려는 개혁 방향인 데 반하여 미국은 교육의 표준화가 지향하는 개혁 방향 중 하나이다. 우리 옛 속담에 "남의 떡이 커 보인다"는 말이 있다. 어느 나라의 교육도 완벽할 수는 없다. 따라서 지나친 자기 폄하도, 근거 없는 우월감도 바람직하지 않다. 서로 배우면서 자극을 받는 시대에 우리는 살고 있다. 타자의 눈에 비친 우리 교육을 냉정하고 객관적인 시각으로 바라보는 균형 감각이 필요하다. 그러기 위해서는 우리 교육에 대해서도 잘 알아야 하지만 다른 나라 교육에 대해서도 피상적인 이해를 넘어서는 깊이 있는 이해가 필요하다. 이 글에서는 미국의 교사 교육이라는 창을 통해서 미국 공교육을 잠시 들여다보고자 한다. 이는 다시 우리 교사 교육에 대해 사유할 수 있도록 해 줄 것이다.

미국 공교육의 초기 장면

나는 소위 미국파가 아니다. 미국 유학을 한 적이 없다. 나의 미국 경험은 2007년 오하이오 주립 대학, 2014년 캘리포니아 주립 대학 산타바바라에서 연구 교수로 각각 1년씩 보낸 경험이 전부이다.* 미국에 머무는 동안 나는 질적 연구자의 호기심으로 자녀들이 다니는 미국 공립 학교를 가능한 한 자주 방문해서 관찰하려고 노력했다. 산타바바라에 있을 때는 대학의 교사 양성 과정도 주기적으로 참여 관찰하였다. 그러나 영어의 한계 때문에 미국 학교의 깊은 속내까지 들여다보기는 어려웠다.

2014년 어느 날 미국의 라디오 방송(NPR)을 듣고 있는데 베스트셀러 소개가 나왔다. 《교사 전쟁 The teacher wars: A history of America's most embattled profession》이라는 눈길을 끄는 제목의 책이었다. 저자 인터뷰 내용도 꽤 흥미 있었다. 그러나 당시 책 내용을 깊게 섭렵하지

* 이 방문에서 내가 관찰한 교사 교육은 〈미국교사양성대학에 대한 참여관찰연구〉(2009), 〈현장중심 미국 교사교육 프로그램에 대한 관찰 연구〉(2014)라는 2편의 논문으로 정리하여 청주교육대학교 교내 학술지에 게재하였다.

는 못했다. 상당히 두꺼운 영어 책이라는 핑계를 대야 하겠다. 다행히 2019년에 한국어 번역본이 나왔다. 다음은 제1장 첫머리에 묘사된 미국 공교육 태동기의 풍경이다.

> 1815년 코네티컷에 위치한 멋진 사립 학교인 리치필드여학교(The Litchfield Female Academy)에서 전도 집회가 열을 올리고 있었다.
> 당시에는 소위 진정한 의미의 '공립' 학교가 미국에 거의 없었다. 그때까지 미국 헌법에 교육이 권리로 명시되어 있지 않았고, 학교 출석은 학생들의 의무가 아니었다. 일반적으로 마을 위원회, 마을 교회, 도시복지재단, 혹은 변방에 가까운 곳일 경우 마을의 특정 그룹들이 학교를 만들어 운영했다. 출석하는 학생들의 등록금과 지방세 등이 학교의 운영 자금으로 충당되었다. 전국 학생들의 3분의 2 정도가 교실이 하나뿐인 학교로 등교했는데, 대체로 그 교실에서 5~16세 연령대의 70명에 이르는 아이들이 한꺼번에 모여 공부했다. 게다가 교사 한 명이 이들을 맡았는데, 이러한 상황을 쉽게 통제하지 못했다. 대체로 그 교사는 남자였다. 1년에 약 12주 정도만 수업이 이루어졌는데, 6주는 여름에, 나머지 6주는 겨울에 진행되었다. 교과서를 갖고 있는 학생들은 거의 찾아보기 어려웠다. 교사들이 학생들에게 내 주는 가장 흔한 숙제는 성경 구절을 암기하고 암송하는 것이었다. 말썽꾸러기들은 매질을 당하거나, '바보 모자'를 쓰고 교실 한구석에 서 있어야 했다.[15]

〈뉴욕 타임스 The New York Times〉 기자 다나 골드스타인이 쓴 이 책은

200여 년 미국 공교육 역사와 교사에 대해 다룬다. 앞의 인용을 보면 1945년 해방 후 비로소 공교육을 시작한 한국과 미국의 출발 상황이 꽤 달랐음을 알 수 있다. 1815년경 미국 헌법에는 교육의 권리가 명시되어 있지 않았다. 막 태동한 보통학교들은 학생 등록금과 지방세에 의존했다. 한 학기는 6주 남짓밖에 되지 않았다. 교사들이 대체로 남자라는 점도 특이하다. 교사 교육 기관도, 정규 교사 자격증도 당연히 없던 시절이다. 이후 공교육의 발달 과정에서 교사라는 직업은 어떤 변화를 겪었을까?

가장 논쟁적인 직업, 교직의 탄생[16]

골드스타인은 교사를 미국에서 가장 논쟁적인 직업이라고 언급한다. 그녀의 책은 교사라는 직업을 조망하면서 미국 공교육 역사를 드러낸다. 공교육 혁신이나 교사 교육에 관심이 있는 분들은 일독을 권한다. 여기서는 이 책과 여러 자료를 참고하여 미국의 공교육과 교사에 대해 개관하고자 한다.

의무 교육이 필요하다는 생각은 1800년 초만 해도 미국에서 보편적이지 않았다. 교육 개혁가들은 보통 교육이 필요하다고 사람들을 설득해야 했다. 그것은 공짜 점심이 아니었다. 기꺼이 세금을 부담하겠다는 납세자의 동의를 필요로 했다. 이는 쉬운 일이 아니었다. 따라서 보통 교육에 비용이 많이 들지 않는 방안을 고안해야 했다. 매사추세츠주 초대 교육감을 지낸 호러스 만Horace Mann은 여성을 교사로 고용하는 방법으로 탈출구를 찾았다. 여교사들은 남교사에 비해 낮은 임금으로 고용할 수 있기 때문이다. 만은 또한 여성 교육자들이 이타적이며 도덕적이고 자기 절제력이 뛰어난 천사 같은 공무원이라고 묘사했다. 만의 이러한 생각은 캐서린 비처Catharine Beecher라는 여성의 영향을 많이 받았다. 캐서린은 여학생뿐 아니라 남학생에게도 여교사가 남교사보다 더 적합하다고 대중을 설득하였다. 그녀는 미국 동부 해안의 신앙심이 깊은 젊은 여성들을 선발하여 교육한 후에 서부 변방의 학교로 보내는 운동도 전개하였다. 이러한 당시 상황은 이후 미국 교사의 직업적 특성에 상당한 영향을 미쳤다. 교직은 가사에 갇혀 있던 여성들이 사회에 당당히 진출할 수 있는 길을 열었다. 그러나 이것은 교직이 여성들이 주로 담당하는 저임금의 직업이라는 인식을 심어 주게 된다.

한편 호러스 만은 미국보다 앞서 공교육을 시작한 프러시아를 본받아 사범학교를 설립하였다. 1840년까지 만은 3개의 사범학교를 설립하였는데 이 중 가장 괜찮은 사범학교는 매사추세츠주 렉싱턴에 위치한 학교로 지금의 프레이밍햄 주립 대학교이다. 이 학교에는 여학생만 입학해서 3년 동안 교육을 받았다. 20세기 초까지 사범학교에는 대략 6~7년의 교육을 받은 초등학교를 졸업한 여성들이 입학했다. 이때까지 사범학교는 인문계 고등학교나 대학에 대한 대안적 선택으로 여겨졌다. 이후 여러 주에서 교사 자격으로 대학 졸업장을 요구하는 법령을 통과시킨다. 이에 1920년에서 1960년 사이에 많은 사범학교가 주립 대학으로 변모한다. 이런 대학들은 연구 중심 대학보다 낮은 입학 요건을 요구했다. 골드스타인은 "대부분의 미국 교사들은 사람들이 그다지 많이 선호하지 않는 대학교 학부에서 교육학을 공부한 뒤 교사로 임용되었고, 지금도 이와 다르지 않다. 대체로 지금의 교사 양성 제도는 보통학교 운동 시기에 만들어진 것이다"라고 말한다.[17]

《위기에 처한 국가》와 교사 전쟁의 지형 변화

보통학교가 대중화되고 교사들의 숫자도 늘어났다. 이와 함께 임금 인상과 근무 조건 개선을 위한 교사들의 투쟁도 시작되었다. 처음에는 여교사와 남교사의 임금 격차를 해소하기 위한 운동이 있었다. 남북전쟁 후에는 흑인이 교사로 진출할 수 있는 길이 열리고 인종 차별 철폐가 주요 의제로 부상하였다. 이후 교사운동은 교사들의 권익 증진을 위한 교원 노조 결성으로 이어진다. '공립 학교 교사의 노동조합 결성'은 미국 역사상 가장 강력하고 논쟁적인 노동운동 중 하나가 되었다. 교사 노동운동은 인종 대립 문제와 함께 누가 학교를 통제해야 하는지 하는 지역 통제 문제를 둘러싼 복잡한 논쟁의 연속이었다. 그것은 폭력을 수반할 만큼 격렬하였다. 1960~1970년대의 인종 문제가 가미된 교사 파업은 대개 노조의 승리로 끝났다. 이로 인해 교사들의 임금과 복지 혜택은 늘어났다. 근무 시간의 축소, 교육 외의 잡무로부터의 해방, 부당한 해고로부터의 신분 보장 등 교원의 권리도 크게 신장되었다.[18]

학습자의 발달(성장) 과정에 대한 이해
교사 전문성의 정수(精髓)

교사 교육이라는 분야는 '가르치는 일을 배우는 것(learning to teach)이 어렵다'라는 인식에 기반하고 있다. 이 인식이 학문계에서 수용되는 데는 오랜 세월이 걸렸다. 핀란드가 중학교 졸업장만 있으면 교사를 할 수 있었던 초창기 교사 교육에서 5년제 석사 과정을 통해 현장 연구(action research) 역량을 지닌 교사를 양성하는 교사 교육 모델로 진화하는 배경에는 '가르치는 일을 배우는 것'이 전문적인 일이라는 인식의 진화가 있었다. 그러나 불행히도 우리 사회는 아직도 일반인뿐 아니라 학자들조차 '내용 전문가라면 누구나 잘 가르칠 수 있다'라는 소박한 생각에 사로잡혀 있다. 그런 분들은 초등학교 교과서 내용은 누구나 가르칠 수 있다고 생각한다. 그러나 이런 인식은 가르치는 자의 체험과 동떨어져 있다. 운전 교습 경험을 한번 떠올려 보라. 운전에 익숙한 사람은 운전을 처음 배우는 사람이 왜 그 쉬운 작동을 못 하는지 답답하다. 그래서 참지 못하고 화를 내게 된다. 자신의 올챙이 시절을 기억하는 사람은 많지 않다.

수학을 예로 들어 보자. 초등학교 2학년 수학에서는 '자릿값', '받아올림이 있는 덧셈', '받아내림이 있는 뺄셈'을 다룬다. 성인들은 이런 쉬운 내용이 '학습 과제'라는 것 자체가 잘 이해되지 않을 것이다. 그러나 어떤 학생들에게 이는 매우 어려운 과제이다. 우선 '자릿값'을 알지 못하면 '받아올림(받아내림)'이 있는 과제로 나아갈 수가 없다. 예를 들어, '62-5='는 얼마인지를 세로식으로 풀라고 했더니 '12'라는 답을 얻은 학생은 '자릿값' 개념이 없는 학생이다. 가르치는 처지에서는 답답해서 기가 막힐 노릇이지만, 엄연히 적지 않은 학생들이 뛰어넘어야 하는 학습 과제이다. 이 학습 과제를 학생들이 잘 배우도록 조력하려면 교사는 학습자의 눈높이로 낮아져야 한다. 그러나 눈높이에 그냥 머물러 있어서는 안 된다. 성장으로 나아가는 길을 안내하는 조력자 역할을 잘 수행해야 한다. 여기에 교사 전문성의 정수(精髓)가 있다. 아무리 내용 전문가라고 하더라도 학습자의 눈높이로 내려가서 그 발달(성장) 과정을 이해하고 성장을 촉진하는 능력이 없으면 잘 가르칠 수가 없다. 교사는 학생이 학습 사태에서 보이는 반응을 잘 해석하고 이에 맞는 적절한 피드백을 제공할 수 있어야 한다.

아동(학습자)의 발달 과정에 관한 선구적인 연구자는 스위스의 심리학자 피아제(Jean Piaget)이다. 교사 중에 피아제를 모르는 사람은 없을 것이다. 그러나 피아제처럼 학생들이 범하는 실수의 유형에 관심을 가지고 그 추론 과정을 호기심 있게 연구하는 교사를 찾기는 쉽지 않다. 피아제가 발명한 여러 개념 중에 '보존' 개념을 예로 들어 보자. 아동의 '보존' 개념은 '어떤 대상 혹은 사물의 외양(수, 양, 길이, 면적, 부피 등)이 바뀐다고 해도 그 속성이나 실체는 변하지 않는다는 것을 이해하는 능력'이다. 예컨대, 이 개념을 획득하지 못한 아동은 동일한 양의 물을 모양이 다른 그릇에 담으면 질량이 바뀐다고 이해한다. 만약 아동의 발달 과정에 대한 이런 이해 없이 가르치려고 들다가는 낭패를 당하게 된다. 인권 의식이 없던 시절에는 발달 단계에 도달하지도 않은 학습자에게 폭력적인 방법으로 학습을 강요하는 몰교육적(沒教育的) 사태로 이어지기도 했다. 그런데 교사들이 피아제에게서 배워야 할 것은 결과로서의 지식이 아니다. 즉, 구체적 조작기 이전에는 보존 개념을 획득할 수 없다는 내용을 외우는 게 중요한 것이 아니다. 학습자들이 학습 사태에서 보이는 다양한 반응을 관찰하고 해석할 수 있는 안목과 능력을 형성하는 것이 더 중요하다. 이는 매우 어려운 과제이다. 예를 들어, 대학자 피아제의 생후 1년 아동의 영속성 개념에 대한 해석조차도 후대 학자들에 의해서 '개념적 오류'와 '운동적 오류'를 구분하지 않은 데이터에 기반한 해석이라는 비판을 받는다. 쉽게 표현하자면, 아동들이 대상의 영속성 개념을 획득하고 있지만 그것을 표현할 운동 능력이 없을 수도 있다는 것이다. 이처럼 학습자(아동)가 학습 과정에서 보이는 반응을 정확히 이해하고 해석하는 일에는 전문적 감식안이 필요하다.

달리는 말(The Horse in Motion) Eadweard Muybridge, 1878

이 글을 쓰다가 문득 떠오른 사진기 발명 초기의 사진이 있다. 에드워드 머이브리지(Eadweard Muybridge)의 〈달리는 말〉 사진이다. 당시에는 순간 포착을 할 수 있는 성능 좋은 카메라가 존재하지 않았다. 그래서 사람들은 말이 질주할 때 다리의 위치를 정확히 알지 못했다. 그냥 다리를 쭉쭉 뻗

으리라고 추측했다. 그런데 머이브리지의 연속 촬영 사진은 당시의 상식을 무너뜨렸다. 그는 몇 년의 노력 끝에 말의 움직임을 촬영할 수 있는 장치를 구안하였다. 말이 달리면서 각 지점에 설치된 끈을 끊으면 카메라의 셔터가 작동하는 방식이다. 그 결과로 얻은 사진을 통해 비로소 사람들은 말이 달릴 때 네 발이 공중에서 모인다는 사실을 처음 확인하게 되었다.

당시 사람들이 달리는 말의 움직임에 무지했던 것처럼 21세기에 사는 우리도 학습자의 발달(성장) 과정을 여전히 잘 모르고 있다. 관심이 적고 잘 들여다보지 않는 탓이 크다. 이제라도 천천히 자세히 들여다보기 위해 노력해야 하지 않을까? 다행히 오늘날은 훨씬 고성능의 다양한 도구들이 우리의 탐구를 도울 수 있다.

최근 고교 학점제 도입과 관련하여 교사 자격증이 없는 내용 전문가에게 문호를 개방해야 하느냐를 둘러싸고 일부 사회적 논란이 있다. 나는 이런 문제가 밥그릇 싸움의 논리로 귀결되지 않기를 바란다. 특정한 분야에서는 내용 전문가의 도움이 필요할 것이다. 그러니 그 경우에도 '학습자의 발달(성장) 과정에 대한 전문성'이 필수적이라는 점은 놓치지 말아야 한다. 어디 내용 전문가뿐이겠는가? 현직에 있는 많은 교사도 이런 전문성이 부족한 분들이 적지 않다. 그 점을 솔직하게 인정하는 것이 공부에 대한 흥미 부족으로 고통받는 학생들이 너무 많은 한국의 수업과 학교를 혁신하기 위한 초석(礎石)이 될 것이다.

인종 차별과 흑백 분리 문제가 사회적 이슈가 되는 동안에도 미국 교육은 지방 분권적 전통을 유지하고 있었다. 1976년에 비로소 연방 정부에 교육부가 만들어졌다.[19] '초·중등교육법Elementary and Secondary Education Act: ESEA' 제정을 통해 연방 정부가 초·중등교육에 개입할 근거가 마련된 것은 1965년 존슨 대통령 때이다. 그러나 이 법 제정 이후에도 연방 정부의 개입은 대개는 정책과 예산 지원을 연계시키는 간접적 방식으로 이루어지고 있다. 1980년 공화당 정권인 레이건 대통령은 교육부 폐지를 공약하기도 했다. 이러한 상황은 1983년《위기에 처한 국가A Nation at Risk》[20]라는 역사상 가장 영향력 있는 보고서 중 하나가 발간되면서 달라지기 시작한다.

《위기에 처한 국가》는 여러 자료를 바탕으로 미국 교육이 위기에 처했다고 진단한다. 비교 대상 국가보다 열등한 국제 성취도 시험 성적, 기능적 문맹인 성인의 숫자, SAT 점수의 하락, 수학과 과학 성적의 하락 등이 위기의 증거로 열거되었다. 보고서는 이런 위기로 인해서 미국 학생들이 어른 세대보다 지적으로 열등한 최초의 세대가 될 것이라고 경고한다. 그리고 평범함을 넘어서 수월성에 초점을 맞추어야 한다고 권고한다. 수학, 영어, 과학, 사회 등 필수 과목을 강화한 고등학교 교육과정, 수업 일수의 연장, 더 많은 과제 부과, 더 엄격한 대학 입학 기준, 학생들을 위한 더 많은 시험, 더 높은 교사 자격 기준, 교사 성과급제 도입 등 개혁 과제들도 제시한다. 반응은 즉각적이고 압도적이었다. **교육의 실패가 경제를 약화시키고 경쟁 국가와의 경쟁에서 밀려나게 할지 모른다는 보고서의 수사학이 보수와 진보**

를 떠나서 많은 미국인들의 마음을 사로잡았다. 그것은 연방 정부의 개입을 강화하는 길을 열었다. 보고서가 나온 지 몇십 년이 지난 지금도 이 보고서의 서사는 미국 교육을 지배하고 있다.[21]

아동낙오방지법NCLB에서 모든 학생의 성공법ESSA까지

1965년 제정된 초·중등교육법은 시대 상황에 따라서 3~5년 주기로 수정되어 새로운 이름으로 명명되었다. 이 중 가장 많이 알려진 수정법이 2002년 제정된 '아동낙오방지법No child left behind: NCLB'이다. 아들 부시 대통령이 서명한 이 법은 연방 보조금을 매개로 연방 정부의 강력한 개입을 시도하였다. 표준화된 학업 성취도 도입, 학부모의 학교 선택권 강화, 효율적인 교수-학습 방법의 강조, 결과에 대한 책무성의 강조 등이 중요한 특징이다. 주와 지방 정부는 아동낙오방지법에서 요구하는 학업 성취를 달성해야 하는 강한 책무를 부여받았다. 이 법에서 요구하는 기준에 미달되는 학교의 경우 학생과 학부모가 다른 학교를 선택할 수 있게 하였다. 학업 성취도 기준에 미달하는 학교와 교사들은 낮은 성과급을 받았으며 해고를 당하거나 학교가 폐쇄되는 경우가 생겨나기도 하였다. 그런데 매년 표준화 시험을 치르고 이에 따라 교사를 평가하는 시스템은 의도하지 않은 많은 부작용을 초래하였다. 교사들은 인성이나 창의성은 제쳐 놓고 시험 준비에 매달렸다. 예체능 과목의 시수는 줄어들고 당장 시험 대비에 필요한 영어, 수학, 과학 시수가 기형적으로 늘어나는 비교육적

현상도 나타났다. 여기에 더하여 광범위한 지역에서 학생들의 성적을 조작하는 범죄 행위가 발생하였다.[22]

이러한 부작용에도 불구하고 '미국 경제의 위기는 미국 학생들의 낮은 학업 성취에 원인이 있기 때문에 경쟁, 소비자 선택, 책무성 등과 같은 시장주의적 원리를 교육에 도입해야 한다'는 생각은 계속 이어진다. 진보적 성향을 띤 오바마 정부도 예외는 아니었다. 오바마 정부 2기인 2015년에 수정된 초·중등교육법인 '모든 학생의 성공법Every Student Succeeds Act: ESSA'은 아동낙오방지법의 지나친 개입을 완화시키는 내용을 담고 있다. 그러나 교육과정의 표준화와 책무성에 대한 강조라는 기본 기조는 여전히 유지되었다.[23] 실제로 오바마 행정부 기간 동안에 각 주는 전국에 통일적으로 적용될 수 있는 **공통 핵심 교육과정 기준**Common Core State Standards을 채택하도록 계속 압력을 받았다. 공통 핵심 교육과정 기준은 2007년에 논의가 시작되어 2010년 완성본이 배부되었다. 영어와 수학 과목 교육과정만 개발되어 보급되었다. 2021년 현재 41개 주와 수도 워싱턴 D.C., 4개의 해외속령territories, 미 국방부 자치 교육 지역에서 실행되고 있다.* 공통 핵심 교육과정 기준이 보급

* www.corestandards.org는 공통 핵심 교육과정 기준을 소개하는 공식 사이트이다. 한국 자료로는 [홍원표(2011). 오바마 이후 미국 교육과정 정책의 동향과 쟁점: 국가 교육과정을 향한 긴 여정과 불확실한 결과. **교육과정연구**, 29(4), 137~160쪽]을 참조하라. 헌법에 교육에 대한 중앙 정부의 개입 근거가 우리나라보다 약한 미국의 공통 핵심 교육과정 기준 개발과 보급 과정은 우리나라와는 차이가 있음을 유념할 필요가 있다. 미국은 중앙 정부가 교육과정을 개발하는 것이 위헌의 소지가 있었기 때문에 공통 핵심 교육과정 기준은 주지사협의회 산하 현장개선센터(NGA Center)와 각주 교육대표자협의회(Council of Chief State School Officers: CCSSO)가 주도적인 역할을 하여 개발하였다.

되었을 때 교사들의 사직을 포함하여 많은 저항이 있었다고 알려져 있다. 그러나 2015년에 수행된 한 연구는 교사들이 대체로 공통 핵심 교육과정 기준의 도입에 긍정적이라고 보고하고 있다.[24]

오바마는 한국 교육을 정말 부러워했을까?

다시 처음의 질문으로 돌아가자. 오바마는 한국 교육을 정말로 부러워했을까? 적어도 한국의 높은 교육열과 교사에 대해서는 그러하다고 나는 본다. 물론, 다소 과장된 수사학도 있다. 한국 교사의 월급은 의사처럼 높지 않다. 한국 교사들을 국가 건설자 Nation builder로 시민들이 존경하는가도 의문이다. 그러나 국제적으로 비교하면 한국 교직은 부러워할 만하다. 골드스타인이 언급했듯이 대부분의 미국 교사들의 SAT 수준은 평균 이하이고 많은 교사들이 그다지 잘 알려지지 않은 대학을 졸업했다. 그리고 직업 초기 이직률도 매우 높다. 도시 지역의 교사들이 부족해서 선교사들이 해외에 가서 몇 년 봉사하는 것과 유사한 단기 교사 배출 통로(대표적으로 Teach for America*)가 존재한다. 일반적으로 교사의 급여 수준도 상당히 낮은 편이다.

이에 비하면 한국의 교직 사회는 형편이 매우 다르다. 고등학교 졸업자를 기준으로 높은 성취도를 보이는 학생들이 교직에 입문

* TFA(Teach For America)는 미국 전역의 명문 대학 졸업생을 선발하여 단기 교육 후에 주로 저소득층 지역 학교의 학생들을 최소 2년 동안 가르치도록 하는 봉사 프로그램을 운영하는 비영리 단체이다. 자세한 내용은 www.teachforamerica.org를 참고하라.

한다. 교직 발령 후 이직률은 매우 낮다. 교사들의 평균 급여도 비교 대상 국가에 비해서 높은 수준에 있다. 정년이 될 때까지 직업의 안정성도 탄탄히 보장된다. 국제 비교 연구에 의하면 교직은 가치 있는 직업으로 사회에서 존중받는다. 그리고 적어도 단기 양성 과정을 통해서 교사가 양성되는 일은 거의 없다.

종합적으로 판단하건대 무능한 교사가 미국 교육의 오랜 숙제라면 한국에서는 그런 교사는 찾기 어렵다. 대신에 무책임하거나 게으른 교사가 문제라면 문제일 수도 있지만 말이다. 오바마는 이런 한국 교육을 부러워했다고 나는 본다. 다만 그 부러움은 미국의 문제를 해결하려는 시각에서 나온 부러움이다. 우리는 우리 교육의 고유한 문제들을 지니고 있다. 그 문제를 해결하기 위해서 세계의 교육으로부터 지혜를 배우려는 열린 마음이 필요하다.

훌륭한 교사를 어떻게 키울 것인가?

골드스타인의 책으로 돌아가 보자. 골드스타인은 미국의 교육 개혁들이 줄곧 교사의 질을 문제 삼고 그것을 비난하는 데 집중해 왔다고 언급한다. 책의 서문은 〈세계는 지금 '무능한 교사'와의 전쟁 중〉이라는 제목과 함께 다음과 같은 문장으로 시작한다.

이 책은 2011년 초의 단순한 관찰에서 시작되었다. 관찰의 대상은 미국에서 가장 논란이 많은 직업인 공립 학교 교사였다. 위스콘신, 오하이

오, 인디애나주의 공화당 주지사들과 더불어 매사추세츠주와 같이 오랫동안 민주당이 강세를 보였던 지역의 민주당 주지사들도 교사들의 단체교섭권을 축소하거나, 아예 없애려고 들었다. 덴버(Denver)에서 탤러해시(Tallahassee)에 이르기까지 주 의회들은 교사들의 정년 보장을 두고 열띤 논쟁을 벌였다. 오바마 대통령은 상하원 의회 연설에서 형편없는 교사들을 향해 "그 어떤 변명거리도 허용하지 않겠다"고 선언했다.[25]

이 묘사처럼 **교사의 낮은 질은 미국 교육 개혁의 단골 주제이다.** 짧게는 《위기에 처한 국가》에서 현재에 이르기까지 미국 교육 개혁은 질 낮은 교사를 해고하고 질 높은 교사를 확보하기 위한 눈물겨운 노력에 맞추어져 있다. 여기에 동원된 것들이 학부모의 학교 선택권, 학업 성취도와 연계된 교사 성과급, 교사 해고의 유연화 등과 같은 신자유주의적 정책들이었다. 그러나 진보주의적 학자들은 공교육의 위기를 모두 교사들의 어깨에 지우는 이런 태도를 비판한다. 골드스타인도 교사에 대한 이런 부정적인 태도를 "능력주의 실현을 위한 수단으로 인식되고 있는 공교육을 향한 찌를 듯한 우리의 열망과, 교사와 학교를 포함한 공적 영역에 충분히 투자하지 않으려는 우리의 반복적인 태도 사이에서 벌어진 긴장과 관련이 깊다"[26]고 진단하고 있다. 요약하자면 투자는 너무 적게 하면서 교사의 어깨에 과도한 짐을 올려놓고 있다는 지적이다.

200여 년 미국 공교육의 역사에서 교사운동은 아동의 보편적 교육권의 확대, 여성과 흑인의 권리 신장, 교사노동조합을 통한 노동권 운동, 일상적 빈곤과 차별에 대한 도전 등과 깊은 관련을 가지면서 전개되었다. 그러나 미국에서 가장 조직화된 노조운동으로 평가받는 교사운동도 공교육에 대한 불신과 교사들의 질에 대한 사회적 우려를 불식시키지는 못했다. 그리고 《위기에 처한 국가》 이래 미국 교육은 교사 책무성 강화를 지향하면서 신자유주의적 개혁으로 일관해 왔다. 그러나 40년 가까이 지속된 이런 정책 기조가 소기의 성과를 달성했다는 증거는 별로 보이지 않는다. 그리고 여러 시행착오를 거쳐서 미국의 정책은 교사의 자율성을 믿고 집단적 전문성을 강화하는 방향으로 서서히 방향 전환을 시도하고 있다.

골드스타인 책의 에필로그 제목은 〈훌륭한 교사를 어떻게 키울 것인가〉이다. 여기에는 '교사 급여는 중요하다', '실천공동체를 만들어라', '교수활동 관심을 유지시켜라', '사범학교의 유산을 추구하라', '교사만큼 교장에 초점을 두어라', '시험을 진단 도구로만 사용하던 시대로 돌아가라', '교사들이 서로의 교육 활동을 참관하는 것에서부터 혜택을 받아라', '보다 많은 남교사와 유색 인종 교사를 모집하고 선발하라', '낡은 노동조합의 존속을 끝내라', '많은 정책들이 꽃피도록 하자', '제도의 한계를 인식하라'라는 11개의 제안이 들어 있다.[27] 완독하지 않고는 저자가 제안하는 의미를 완벽하게 이해하지 못할 수도 있다. 그러나 몇몇 제안들은 한국 교사들에게도 익숙하다. 10년이 넘는 한국의 혁신 교육 운동에서 접하던 언어들이기 때문이다. 예컨대, 행정보다 교육 활동의 본연에 더 집중해야 하며 고립주의를 벗어나서 전문학습공동체를 추구해야 한다. 성공적인 학교를 만들기 위해서는 헌신적이고 존경받는 교장이 있어야 한다는 것 또한 자명하다. 위로부터 강제되는 개혁 방식이 실패할 수밖에 없었다는 제도의 한계 또한 한국 교육계가 반복해서 겪은 문제이다. 이런 문제들은 근대 공교육 질서를 넘어서려는 한국 공교육도 동일하게 안고 있는 과제이다.

80년이 채 안 되는 공교육의 역사에서 많은 기간 한국의 교사들은 중앙 정부의 엄격한 통제하에 있었다. 1989년 전국교직원노동조합(전교조) 탄생 등 교사들의 엄청난 희생이 수반된 교육운동을 통해 비로소 권위적인 정부의 반교육적 통제를 벗어나는 계기를 마련할 수 있었다. 그러나 불행히도 전교조 교사가 담임인 것이 마냥 자랑스럽던 초기의 그 신뢰를 한국의 교원단체들도 많이 상실하고 말았다. '가르치는 일을 의식적 헌신에서 천박한 노동으로 바꿔 버렸다는 비판을 받는 미국 교원노조 100년의 역사'*에서 우리는 무엇을 배울 수 있을까? 우리는 1970~1980년대 권위주의 정부의 억압적 통치에 절규해야 했던 시대와는 많이 다른 시대적 위기 — 지구적 기후 위기, 사회적 양극화의 심화, 인구 감소와 노동 시장의 급격한 변화, 능력주의에 포획당한 교육, 기성세대와 신

* 이 표현은 Goldstein, D.(2014)의 번역본 (유성상·김민조·박미희·임영신 옮김(2019). 교사 전쟁. 살림터)의 옮긴이 서문에 적혀 있다. 이 책에서 교원노조 관련 부분을 살펴보면, "1970년대 중반까지 미국에서는 교직이 가장 노조화된 직종이었다. 공립 학교 교사의 90%가 전미교원연맹(American Federation of Teachers: AFT)이나 전국교육협회(Nation Education Association: NEA)에 가입되어 있었다. 그리고 1960년과 1980년 사이에 미국 전역에서는 1,000건이 넘는 교사 파업이 발생했다. 공무원 파업이 불법으로 규정된 대부분의 주에서 교사들은 불합리한 상황의 개선을 바라며 기꺼이 감옥에 갈 것을 작정하고 파업을 진행하였다. 공격적으로 실행한 파업은 대개 성과가 있어서 교사

세대의 소통 불가능성의 증대 등 — 를 맞고 있다. 그런데 이런 위기가 착실히 진행되는 동안에도 미국의 영향을 엄청나게 받는 사회적-학문적 구조에서 신자유주의적 교육 정책들은 지난 수십 년간 우리 교육계에 적지 않은 위력을 발휘하였다. 그것은 원래부터 국가 통제의 전통이 강했던 우리 교육계의 문제를 심화시키고 개혁의 방향을 표류하도록 만들었다.

미국과는 비교할 수 없는 안정적인 근무 조건과 더불어 뛰어난 역량을 지닌 한국의 교사들은 이런 위기를 뚫고 새로운 '참교육'의 이정표를 세울 수 있을까? 이런 질문을 하는데 왜 내 머릿속에는 '낡은 노동조합의 존속을 끝내라'라는 골드스타인의 말이 자꾸 소환되는 것일까? 한국교원단체총연합회(한국교총)와 전교조를 비롯한 다양한 한국의 교원단체들은 무엇을 가장 중시하고 있을까? 외부로부터 강제되는 교사 책무성을 넘어서 자율에 기반한 교사 권한 강화가 다시 강조되는 즈음에 한국의 교사들은 교원의 좁은 이익을 넘어서는 대동의 연대를 만들어 낼 수 있을까? 혁신학교에서 시작된 운동은 학교 개혁과 교육 개혁으로 꽃피어 교육의 시대 전

임금도 올라가고 학급당 학생 수도 줄어들어 학생들에게도 혜택이 되었다."(Goldstein, D.(2019). 앞의 책. 207~208쪽 요약) 그러나 골드스타인은 "어떻게 학급당 학생 수 감소와 인종에 따른 차별이 없는 학교 통합, 교육 예산 증가와 같은 주제에 동의하는 노조원 교사들과 도심 지역 학부모 활동가들이 1960년대 후반의 학교 개혁에서는 서로 다른 입장을 취하게 되었는가? 그리고 왜 교사 권력의 부상은 교사와 교원노조에 대한 대중의 신뢰 감소와 동시에 일어났는가?"(Goldstein, D.(2019). 앞의 책. 209쪽)라는 질문을 제기한다. 미국 교사운동을 심층적으로 다루는 문제는 이 글의 범위를 벗어난다. 다만, 한국의 교사운동도 다른 나라의 교사운동을 깊게 연구하면서 교사의 이익에만 매몰되지 않고 학생과 시민 사회 일반의 이익을 균형 있게 고려하는 지혜를 배워야 할 것이다.

환을 성취해 낼 수 있을까? **인간과 자연의 공멸을 시험하는 현재의 천박한 자본주의를 넘어서서 모든 인간과 생물의 생존과 존엄이 보장되는 새로운 교육이 이 땅에서 태동하고 꽃필 수 있을까?** 질문의 무게가 무거워서 여기서 멈춘다.

• 국제 비교 교육 연구의 중요성에 대해서 •

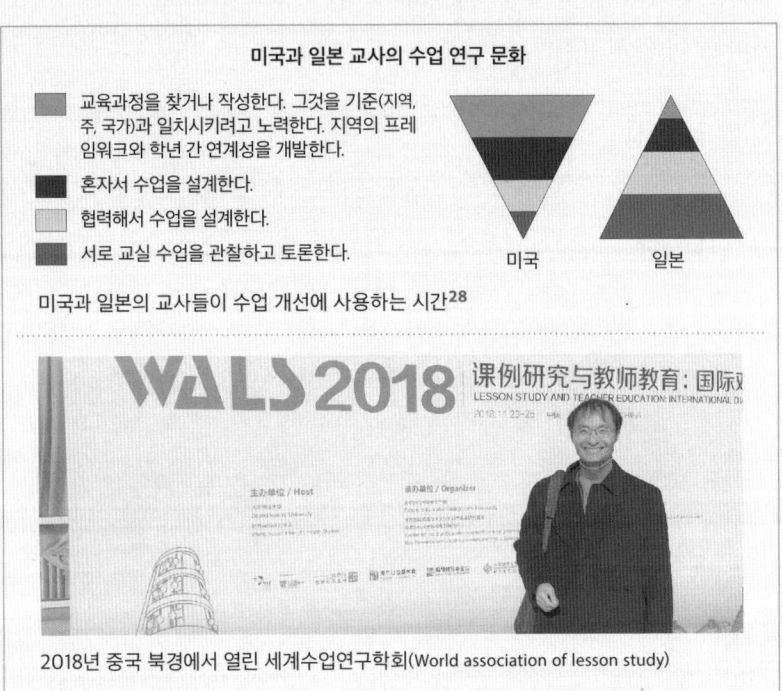

미국과 일본의 교사들이 수업 개선에 사용하는 시간[28]

2018년 중국 북경에서 열린 세계수업연구학회(World association of lesson study)

    삼성 스마트폰은 미국 애플사의 아이폰과 치열한 경쟁 관계이다. 최근에는 중국의 샤오미폰, 오포폰, 리얼미폰 등의 추격이 거세다. 삼성은 시장을 수성하기 위해서 엄청난 연구·개발을 할 것이다. 산업계에서는 살아남기 위해서 경쟁사 제품을 철저히 분석하는 것이 필수적이다. 그런데 교육계는 어떨까? 다른 나라의 교육 실천을 열심히 비교 분석하고 배우려는 노력을 하고 있을까? 안타깝지만 아닌 듯하다.
    오늘날 공교육 체제가 직면하고 있는 문제는 어느 나라나 유사하다. 따라서 외국의 다양한 사례를 들여다보는 비교 연구의 중요성은 아무리 강조해도 지나치지 않다. 첫 번째 그림은 미국 교사와 일본 교사들이 교수 활동을 개선하기 위해서 어디에 시간을 많이 쓰고 있는지를 비교한 것이다. 흥미롭게도 완전히 반대이다. 미국 교사들은 교육과정을 작성하거나 문해(文解)하는 데 시간을 가장 많이 쓴다. 반면에 일본 교사들은 동료의 수업을 함께 관찰하고 토론하는 데 시간을 가장 많이 쓴다. 그렇다면 위의 네 가지 목록 중에서 한국 교사들은 어디에 시간을 가장 많이 사용할까? 두 번째 항목인 개인적으로 수업을 설계하는 데 시간을 가장 많이 쓴다. 나의 독자적 견해라기보다는 내가 만나는 교사들 대부분이 그렇게 생각하고 있다. 그렇다면 **우리는 미국 교사로부터는 교육과정을 분석하는 문화를, 일본 교사로부터는 수업을 함께 공유하는 문화를 배워야 하지 않을까?**

이 중 일본의 공동체적 수업 연구 전통은 오랜 역사를 지니고 있다. 일본의 공교육 시스템 전체가 높은 평가를 얻고 있는 것 같지는 않지만, 교사들의 수업 연구 문화만큼은 수십 년 전부터 세계의 주목을 받았다. 교사뿐 아니라 대학교수 중에서 수업 연구를 하는 사람의 숫자도 우리와 비교가 되지 않는다. 일본의 부설학교를 방문할 때마다 교실을 관찰하거나 직접 시범 수업을 하는 교수를 만날 수 있었다. 2003년 쓰쿠바대학교 부속소학교를 방문하였을 때는 마침 이 학교 교사들이 운영하는 수업 연구회 100주년 행사를 접하기도 했다. 이처럼 협력적 수업 연구는 일본에서 오랜 역사를 지닌다. 그래서 일본의 수업 연구는 고유 명사 격인 "Lesson study"로 번역되어 통용된다. 두 번째 사진은 내가 2018년에 참석했던 세계수업연구학회 연차학술대회 기념사진이다. 일본에 기원을 둔 이 학회에 서구의 수많은 연구자가 참여하고 있었다. 수업 연구만큼은 한류(韓流)가 아니라 일류(日流)가 유행하는 셈이다. 우리는 어떤 실천으로 세계 사람들의 매력을 얻고 인류의 교육에 공헌할 수 있을까?

3장

교사와 교사 교육의 제도적 기반에 대하여

오늘날 교사 교육에 관해 오가는 미사여구에도 불구하고, 교사 교육에 대한 투자가 성과를 낼 것이라는 진정한 믿음이나 자신감은 부재한 것 같다. 아마도 많은 리더들이 가슴 깊은 곳에서는 가르치는 일이 그다지 어렵지 않다고 느끼고 있을 것이다.[29]

어떻게 1980년대에 별로 두각을 나타내지 않았던 교육 시스템을 가진 나라가 불과 몇십 년 만에 세계적인 클래스의 수장으로 급부상했을까? 연구와 경험에 따르면 핀란드 시스템의 한 요소는 다른 모든 요소를 압도한다: 훌륭한 교사들과 지도자들.[30]

교사의 질이 공교육의 수준을 높이는 데 중요하다는 것을 부정하는 나라는 없다. 그러나 경제적인 형편, 사회적 여건, 문화적 전통 등으로 인해서 교사가 중요하다는 말은 실제 정책으로 이어지지 않는 허언에 머무는 경우가 많다. 국가의 입장에서는 더 시급하게 투자해야 할 분야가 많기 때문이다. 따라서 교사 전문성과 교사 교육의 중요성을 자각하고 일찍부터 투자한 핀란드의 경우는 드문 사례에 해당하지 않을까 한다. 한국은 위 두 인용문 중에 어느 쪽에 더 가까울까? 교사와 교사 교육을 수사적으로만 강조해 왔을까, 아니면 교사와 교사 교육의 질을 높이기 위해서 실질적인 노력을 해 왔을까?

한국의 교육열은 세계 최고 수준이다. 당연히 질 높은 교원 양성에도 사회와 정부가 높은 관심을 기울일 것이라 짐작할 것이다. 그러나 실제 사정은 다르다. 지난 수십 년 동안 정부는 교사 교육 개선에 관심을 둔 적이 별로 없다. 정부가 바뀔 때마다 다양한 교육 정책 및 공약이 나온다. 교원 양성 문제도 이와 함께 언급된다. 그러나 거기서 그친다. 질 높은 교원 양성을 위한 공약들은 대개는 구두선에 머문다. 만약 우리 사회가 교원 양성 문제를 정말로 중요하게 생각했다면 십 대 일, 많게는 수십 대 일에 달하는 과잉 중등 교사 공급 상황을 수십 년째 방치했을 리가 없다. 수많은 중등 '예비 교사'들이 도대체 몇 명을 선발할지도 모르는 임용 시험을 밤새워 준비하면서 희망 고문을 당했다. '임용 시험 사전 예고제'가 도입된 것은 겨우 2011년부터이다. 1년 동안 임용 시험을 준비하다 시험을 불과 한 달 앞둔 시점에 임용 계획이 전혀 없다는 사실을 알게 된 한 예비 교사의 서명 운동과 1인 시위를 통해서다.[31]

교사 교육 개혁에 대한 무관심은 다른 전문직의 제도 개선 사례와 비교하면 더 자명해진다. 법학전문대학원(법전원)과 의학전문대학원(의전원) 도입이 대표적 비교 사례이다. 법전원의 도입은 우리나라 고등교육 개혁 사례 중 제도 정착에 성공한 대표적인 사례이다. 법전원 도입 과정은 김영삼 정부에서의 쟁점화, 김대중 정부에서의 구체화, 노무현 정부에서의 도입 결정, 이명박 정부에서의 도입이라는 장기간의 과정을 거쳐서 진행되었다. 의전원의 도입도 마찬가지로 여러 정부에 걸쳐서 논의되고 추진되었다. 이는 법학 교육과 의학 교육 개혁에 대한 의지가 진보와 보수 정부를 통틀어 강력하게 지속되었음을 의미한다. 심지어 의전원의 도입은 의료인 스스로가 그 필요성을 별로 느끼지 못하는 상황에서 정부가 주도권을 쥐고 추진하다가 실패한 경우이다.[32] 이런 사례에 비추어 보면 교사 교육 개혁에 대한 정부의 의지는 참으로 박약하다.*

여기서 잠깐 제도 도입에 성공한 법전원의 목적을 살펴보자. 법전원 설립의 기본 목적은 다양한 전공의 학부 졸업자를 대상으로 대학원 수준의 전문 법률가 양성 및 심화된 학문 연구를 위한 법학 교육을 시행하는 것이다. '시험을 통한 법률가 선발'이 아니라 '교육을 통한 법률가 양성'도 지향하는 바였다. 이를 통해 '전 대학의 고시 학원화', '고시 낭인'으로 상징되는 법률가 선발 제도의 사회적 문제도 해결하려고 하였다.[33] 여기서 나의 관심을 끈 것이 '고시 학원화', '고시 낭인' 등의 표현이다. 오랫동안 전국 고시촌에는 사법 고시를 통해 등용문에 오르기를 희망하는 수없이 많은 젊은이가 있었다. 짧게는 몇 년, 길게는 십수 년을 시험에 붙들려 있는 이들을 내버려 둬서는 안 된다는 절박한 문제의식이 함의된 표현이다. 이와 비교하여 볼 때, 때로 수십 대 일이 넘는 경쟁률을 보이는 중등 임용 시험의 상황은 어떠한가? '고시 학원', '고시 낭인'이라 불리던 사법 시험의 사회적 폐단보다 그 정도가 덜 할까?

* 법학전문대학원이나 의학전문대학원의 사례를 들어서 교원 양성을 교육전문대학원에서 하는 것이 옳다고 주장하려는 것은 아니다. 이에 대해서는 8장과 11장, 그리고 〈특별 개혁 과제〉에서 자세하게 기술하였다.

과잉 공급의 지속은 우리 교사 교육이 양적 확대에서 질적 심화로 전환하는 데 실패했음을 증명한다. 이를 개선하려는 진지한 노력은 왜 여전히 부재한가? 질 좋은 교사 확보와 교사 교육의 중요성에 대한 낮은 인식 때문이 아닐까? **교육열은 높으나 공교육 교사의 자질에 관해서는 관심이 적은 역설!** 여기에는 공교육을 위협하는 사교육의 기형적 발달, 가르치는 일의 전문성에 대한 사람들의 통념, 그런 통념이 반영된 교육 제도와 그 운영 등 여러 가지 복합적인 요소가 작용하고 있다. 이 글은 이러한 여러 요소 중 헌법과 법령 등 제도적 차원을 중심으로 논의하려고 한다. 그리고 제도적 차원 근저에 놓여 있는 사회적 통념에 대해서 살펴볼 것이다. 마지막에는 비교의 차원에서, 우수한 성과를 내는 다른 나라는 우리와 어떻게 다른지 간략히 비교해 보려고 한다.

학교교육과 관련된 헌법과 법령 제정

근대 공교육 제도는 누구나 교육을 받는 보편적 국민 교육에 기반해 있다. 이는 인류 역사상 유례없는 새로운 시도였다. 이 제도를 담당하기 위해서 직업적 교사 양성 기관도 출현하였다. **공교육과 함께 탄생한 교사라는 직업도 역사가 200년을 넘지 않는 비교적 새로운 직종인 셈이다. 그리고 이 직업은 국가의 법체계에 의해서 규율된다.** 교사 교육 또한 그러한 제도의 산물이다. 따라서 한 국가의 교사와 교사 교육을 이해하려면 교육과 관련된 국가의 법체계를 살펴보는 것에서 시작해야 한다.

우리나라의 근대 교육은 조선 시대 말, 일제 강점기, 미군정기를 거쳐서 형성되었다. 그 질곡의 과정을 다 기술하는 것은 이 글의 주제를 벗어나는 일이다. 여기서는 정부 수립 후 제헌 헌법과 교육 관련 법령 중 핵심 내용만 간략히 살펴보겠다. 제헌 헌법의 교육 조항은 제16조 "모든 국민은 균등하게 교육을 받을 권리가 있다. 적어도 초등교육은 의무적이며 무상으로 한다. 모든 교육기관은 국가의 감독을 받으며 교육제도는 법률로써 정한다"이다. 이 조항은 모든 국민이 균등하게 교육받을 권리와 함께 이를 구현하는 한 수단으로 초등교육을 의무 무상 교육으로 한다고 규정하였다. 이를 위해서 교육기관에 대한 국가의 감독권을 부여하고 교육제도 법률주의를 택하고 있다. 제헌 헌법의 교육 조항은 이후 몇 차례 개정되었다.*

제헌 헌법의 규정에 따라서 1949년 12월 31일 「교육법」이 제정된다. 여기에는 교육 목적, 국가와 지방자치단체의 교육에 대한 책무, 교원의 정의와 종류, 학교의 종류와 수업연한, 학기와 수업 일수 등 교육 제도에 대한 기본 사항이 규정되어 있다. 이에 근거하여 학교 제도가 마련되고 교원의

* 1948년 제정(제16조) : 균등하게 교육받을 권리; 초등교육 의무 및 무상; 교육기관은 국가의 감독을 받고 교육제도는 법률로 정함, 1962년 개정(제27조) : '능력'을 균등한 교육의 준거로 삽입; 교육의 자주성과 정치적 중립성 보장 추가; 교육기관 국가 감독은 삭제; 교육제도 외 '운영'의 기본적인 사항은 법률로 정함, 1972년 개정(제27조) : 의무교육 확대 근거 설정(초등교육 외 '법률이 정하는 교육' 추가), 1980년 개정(제29조) : 교육의 전문성 보장 추가; 평생교육 진흥 의무 설정; 교육제도와 운영에 학교교육 외 '평생교육'을 명시; 교육재정 및 교원의 지위를 교육제도 법정주의 사항으로 추가, 1987년 개정(제31조) : 대학의 자율성 보장 추가. 이 요약은 [조석훈(2020). **학교와 교육법**(제3판). 교육과학사. 17쪽]을 인용한 것임.

지위와 역할도 규율되게 된다. 「교육법」은 이후 여러 차례 개정되다가 1997년 「교육기본법」이 제정되면서 폐기된다. 「교육기본법」은 교육에 관한 기본을 정한 법이다. 교육 관련 법률의 실질적 기준을 제시하고 교육 정책의 방향을 제공해 준다. 「교육기본법」은 '누구나, 언제, 어디서나 원하는 교육을 받을 수 있는 길이 활짝 열려진 열린교육사회, 평생학습사회 건설'이라는 비전을 내세우고 기존 교육 철학으로부터의 전면적인 전환을 꾀하였다.[34] 「교육기본법」의 이런 철학을 바탕으로 「유아교육법」, 「초·중등교육법」, 「고등교육법」, 「평생교육법」 등이 새롭게 제정된다. 이에 의하여 유아교육, 초·중등교육, 고등교육의 성격이 새롭게 규정되고 교사 및 교사 교육 관련 내용들도 새롭게 정비된다. 교사와 밀접하게 관련 있는 법령으로는 이 외에도 「국가공무원법」, 「교육공무원법」, 「사립학교법」, 「교원의 지위 향상 및 교육활동 보호를 위한 특별법」 등이 있다.

학제의 정립과 교사 교육 기관의 위상

1949년 「교육법」 제정으로 학제에 관한 사항도 정비된다. 학제學制는 일반적으로 '한 사회의 여러 교육 수준과 종류의 학교들이 제도적으로 상호 관련되고 각 위치가 자리매김되는 체제', 즉 '학교 체제school system'를 가리킨다. 학제는 한 사회에서 영위되는 학교교육의 팽창, 취학 규모, 형식과 내용에 영향을 미치는 가장 기본적인 틀이다.[35]

현행 한국의 학제는 6-3-3-4제로 미국 학제의 영향을 받은 것으로 일반적으로 알려져 있다. 그러나 현행 학제의 정착 과정에는 다양한 논쟁이 있었다. 주목할 점은 1949년 최초 제정된 「교육법」의 학제는 6-4-2-4제와 6-4-4제의 두 가지였다는 것이다. 이후 여러 차례 논의를 거쳐서 6-3-3-4제가 최종 채택된 것은 1951년 3월 20일 제2차 「교육법」 개정 때였다.[36]

  여러 번에 걸친 복잡한 논의 과정은 당시의 우리 현실을 반영하기 위한 노력의 일환이었다. 그러므로 6-3-3-4제 채택이 미군정의 뜻에 의한 것이라고 보기는 어렵다. 학제 제정 과정을 심층적으로 연구한 오성철에 의하면 한국의 학제는 '교육의 기회 균등'이라는 이념적 원리만이 아니라 학교 보급의 효율성과 실업교육의 강화 등 실제적 원리에 추동되어 법제화되었다. 또 일반적으로 알려진 것과 달리 전기 중등교육 수준까지만 단선형 원리를 따르고 있다. 후기 중등교육 단계에서는 법률적으로는 단선형이나 실질적으로는 복선형이 병존하는 '분지형分肢型' 학제의 모습을 띠고 있다.[37]

  그러면 이런 기본 학제 내에서 교사 교육 기관은 어디쯤 위치하고 있었을까? 1949년 제정된 「교육법」 제81조는 학교의 종류를 열거하고 있는데 '국민학교, 중학교, 고등학교, 대학'과 별개로 '사범학교, 사범대학'을 명기하고 있다. 교사 교육이라는 특수 목적을 수행하는 학교를 별도로 둔 것이다. 동법 제118조는 "사범학교와 사범대학은 국민학교, 중학교, 고등학교의 교원을 양성함을 목적으로 한다"라고 규정하고 있다. 사범학교의 수업연한은 2년이며, 사범대학의 수업연한

개방형 vs 목적형
부적절한 언어적 대비가 일으키는 혼선

　교사 양성 체제 개편과 관련하여 소위 '개방형'과 '목적형' 논쟁이 있다. '개방형' 양성이란 교원 양성에 특화된 대학을 통하지 않고 다양한 경로로 교사를 양성하는 것을 말한다. '목적형' 양성은 교육대학교나 사범대학과 같이 교사 양성이라는 특수한 목적으로 설립된 기관을 통해서만 교사를 양성하는 것이다. 1949년 「교육법」에는 '사범학교', '사범대학'이 명시되어 있어 목적형 양성 제도를 채택하였다. 그러나 극심한 교사 부족 현상으로 인해서 법 취지와 달리 단기 양성소를 통하거나 일반대학 졸업장만 있으면 교사 자격을 얻도록 하는 사실상의 개방형 양성 방식이 오래 지속되었다.

　그런데 개방형과 목적형이 서로 대립하는 양성 방식일까? 좀 더 분석적으로 살펴보면 용어의 문제가 드러난다. 국어 사전상 '개방형'의 반대는 '폐쇄형'이고, '목적형'의 반대는 '비목적형'이다. 이 반대되는 용어들을 좌표 삼아 분류해 보면 다음과 같은 네 개의 범주가 나온다.

| 개방형 - 목적형 | 폐쇄형 - 목적형 |
| 개방형 - 비목적형 | 폐쇄형 - 비목적형 |

　네 가지 범주로 나누어 현실의 교원 양성 기관을 대입시켜 보자. 교육대학교와 사범대학은 '폐쇄형-목적형'에 가깝다. 일반대학 졸업자를 대상으

로 단기 교육을 하여 교사로 봉사하게 하는 미국의 TFA(Teach for America) 같은 프로그램은 '개방형- 비목적형'에 가까울 것이다. 과거 우리나라의 임시교원양성소도 이에 가까웠다. '폐쇄형-비목적형' 범주는 실제로는 존재하기 어렵다. 특별하게 선발해 놓고 목적성을 지닌 교육을 제공하지 않는 기관은 상상할 수 없기 때문이다. '개방형-목적형'은 어떤 모습일까? 한국의 교육대학원 교원 양성 과정과 일반대학 교직 과정이 여기에 해당한다고 할 수 있을까?

어쨌든 현실에서는 '개방형-목적형', '폐쇄형-목적형', '개방형-비목적형'의 세 가지 범주가 남는다. 그런데 교사 교육의 전문성을 점차 중시해 가는 세계 교육계의 동향에 비추어 볼 때 임시교원양성소나 TFA 같은 프로그램을 좋은 교원 양성 과정이라고 보기는 어렵다. 결과적으로 고려할 수 있는 현실적 모델은 '개방형-목적형', '폐쇄형-목적형'의 두 가지이다. 이렇게 분석해 놓고 보니 '개방형'과 '목적형'의 대립이 이상하게 느껴지지 않는가? 여전히 '개방형'이 '목적형'과 대립하는 개념이라고 주장한다면 '개방형'이라는 용어가 '비목적형'을 우아하게 부르는 말임을 고백하는 셈이다.

'개방형'이라는 용어가 굳이 의미를 지닌다면, 교원 양성 대학에서 예비교사를 선발할 때 다양한 경력과 배경을 지닌 학생을 선발해야 한다고 주장할 때이다. 이는 학생 선발의 문제이지 양성 프로그램의 성격을 지칭하는 것은 아니다. 결론적으로 '개방형' vs '목적형'의 대립은 부적절하다. 다른 직업 양성 과정에서 이런 용어를 사용한 대립이 존재하지 않는 점도 이 때문일 것이다. '개방형'을 계속 주장하는 것은 교원이 전문적인 교육을 받아야 수행할 수 있는 직업이라는 점을 인정하지 않는 낡은 태도이다. 다만, 다양한 경력과 배경을 지닌 학생을 선발하는 의미라면 현재의 교육대학교와 사범대학도 소위 '개방형-목적형' 방식을 적극적으로 수용할 수 있다.

은 2년 또는 4년이었다. 즉, 중학교 졸업자나 동등 학력이 있는 자가 사범학교 2년 교육을 받으면 초등 교사가 될 수 있었으며, 고등학교 졸업자가 사범대학 2년 내지 4년의 교육을 받고 중등 교사가 되었다. 1950년 3월 10일 법 개정을 통해서 사범학교의 수업연한은 3년으로 늘어난다. 1963년 8월 7일 전문 개정을 통해서 비로소 2년제 교육대학이 탄생한다. 또한, 중등 교사는 4년의 대학교육을 받아야 교사 자격을 얻게 되었다. 1981년 2월 13일에는 제120조 전문 개정을 통해서 교육대학의 수업연한이 4년으로 연장된다. 4년제 대학 수준에서의 초등 교원 양성은 이때부터 시작되었다. 그러나 이런 학제 규정과는 별개로 해방 후 교원 수요의 폭증으로 인해서 수없이 많은 교원이 임시교원양성소를 통해서 배출되었다. 이에 대해서는 아래에서 살펴볼 것이다.

「교육법」상 교사의 직무 및 「임시교원양성소 규정」

1949년에 제정된 「교육법」은 제75조 제1항에 교원의 임무에 관한 조항을 두고 있다. 여기에는 교장, 교감, 교사의 법적 역할이 다음과 같이 명시되어 있다.

국민학교, 중학교, 고등학교, 사범학교, 기술학교, 고등기술학교, 공민학교, 고등공민학교와 특수학교에는 교장, 교감과 교사를 둔다. 교장은 교무를 통할하고 소속직원을 감독하며 학생을 교육한다. 교감은 교장의 명을 받아 교무를 정리하며 학생을 교육하고 교장유고시는 교장을 대리한다. 교사는 교장의 명을 받아 학생을 교육한다.

이 중 눈에 띄는 대목이 "교사는 교장의 명을 받아 학생을 교육한다"라는 교사의 임무에 관한 규정이다. 이런 권위주의적 조항은 어디에서 기원했을까? 일본제국의 법조문이 바로 그 연원이다. 1941년 일본제국은 「소학교령」을 「국민학교령」으로 개정한다. 이 「국민학교령」 제17조에 "훈도는 학교장의 명을 받아 아동의 교육을 담당한다"라고 규정되어 있다.[38] 개정되기 전에는 "정교원은 아동의 교육을 담임하고 이에 속하는 사무를 담당한다"라고 되어 있었다.[39] 개정된 조문은 일본이 전시 총동원을 위해서 식민지 교육을 극단까지 밀어붙였던 4년 남짓 존재했다. 해방된 조국에서 그 내용이 청산되지 않고 이어진 것이다. 이 규정의 존속에 대해 오성철은 이렇게 기술하고 있다.

일제의 국가주의 교육이 최절정기에 달한 시기에 교육에 대한 철저한 감시와 통제를 위해 새롭게 도입된 이 규정은 식민지 조선에도 적용되었다. 전후 일본에서는 '학교장의 명을 받아'라는 부분을 삭제했지만 문교부의 초안 작성자들은 그 부분을 다시금 '의도적으로' 초안에 부활시킨 것이다. 이 부분은 '5인위원회'의 초안 재작성에서도 문교사회위원회의 검토에서도, 국회 본회의에서도 전혀 문제시되지 않은 채 유지되었다. 이렇게 하여 법제화된 '교장의 명을 받아 학생을 교육한다'는 제75조 조항은 한국 교육에서 50여 년간 교사의 교권을 제한하는 대표적인 문제 조항으로 작용했다. 그것이 개정된 것은 한국 정치의 민주화 이후인 1996년의 일이었다.[40]

식민지 잔재인 대표적 독소 조항이 해방 후 50년 넘도록 한국 교사를 법적으로 옭아맨 것이다. 실제로 이 법조문은 정부의 관료적 통제를 관철하는 역할을 충실히 수행했다. 1997년 「교육기본법」이 제정되면서 역사의 뒤안길로 사라질 때까지 정부는 이 조항으로 민주화를 갈망하는 교사들을 탄압하고 재갈을 물렸다.*

「교육법」 제75조가 정부의 교원에 대한 관료적 통제를 상징하는 조항이었다면, 교원의 전문성에 대한 우리 사회의 인식 수준을 보여 주는 것은 임시교원양성소 관련 조문이다. 「교육법」 제124조는 "문교부장관은 필요에 따라 대통령령의 정한 바에 의하여 임시로 교원양성기관 또는 교원재교육기관을 설치할 수 있다"라고 규정하고 있다. 해방 후 폭증하는 교원 수요에 대응하기 위한 제도적 조치였다. 임시교원양성소를 통해 1950년대 후반까지 많은 교사들이 배출된다. 1966년에는 「교육법」 제124조에 근거하여 「임시교원양성소 규정」도 제정된다. 임시교원양성소는 4~6개월의 단기 교육을 통해서 현장에서 부족한 교원을 배출하였다. 세계에서 유래를 찾아볼 수 없을 정도로 공교육에 대한 수요가 폭증한 당시 실정을 고려할 때 임시교원양성소는 어쩔 수 없는

* 현재는 「초·중등교육법」 제20조 제4항에 "교사는 법령에서 정하는 바에 따라 학생을 교육한다"라고 규정하고 있다.

대응의 측면이 있다. 그러나 대학 졸업의 학력을 가지면 누구나 교직이론 몇 과목만 이수해도 교원 자격증을 취득할 수 있고 또 교사가 될 수 있다는 교직의 전문성에 대한 잘못된 인식을 심어 주었다.[41]

더 큰 문제는 임시교원양성소 관련 법조문이, 교원 적체가 엄청나게 심각할 뿐 아니라 교원 전문성에 대한 인식 또한 크게 높아진 현재에도 유지되고 있다는 사실이다. 「고등교육법」 제46조 제1항은 "교육부장관은 교원의 수요·공급상 단기간에 교원양성이 필요한 경우에는 대통령령으로 정하는 바에 따라 임시교원 양성기관과 임시교원 연수기관을 설치하거나 이의 설치를 인가할 수 있다"라고 규정하고 있다. 이어지는 제46조 제2항은 교육대학, 사범대학, 종합교원양성대학이 요건을 갖추어 신청하면 교육부장관이 인가하도록 규정하고 있다. 대통령령 제24423호로 「임시교원양성소 규정」도 존속하고 있다. 동 규정 제3조 제1항에는 "교육부장관은 초등학교 교원 또는 중등학교 교원의 수급상 필요한 때에는 대학(전문대학을 포함한다)에 초등교원양성소 또는 중등교원양성소를 부설할 수 있다"라고 되어 있다. 제4조 제1항은 "초등교원양성소의 정교사반에 입소할 수 있는 자는 전문대학졸업자 또는 이하 동등이상의 학력이 있다고 인정되는 자로 하고, 초등교원양성소의 준교사반에 입소할 수 있는 자는 고등학교 졸업자 또는 이와 동등이상의 학력이 있다고 인정되는 자로 한다"라고 규정하고 있다. 임시교원양성소에 입학할 수 있는 최소 학력 조건은 수십 년째 그대로이다. 이 조항은 1978년 12월 30일 개정되어 현재까지 유지되고 있다.

교사와 교사 교육의 제도적 기반과 사회적 통념

제도와 사회적 통념은 상호 영향을 미친다. 때로 새로운 제도는 사람들의 통념을 깨뜨리고 계몽하는 역할을 한다. 반대로 사람들이 가진 사회적 통념은 그에 맞는 제도를 잉태하려는 힘으로 작용한다. 이런 상호작용 속에서 제도와 사회적 통념은 앞서거니 뒤서거니 영향을 받으며 종국에는 상호 수렴되는 경향을 보인다.

이런 일반적 경향에 비추어 보면 교사와 교사 교육에 관한 법령과 제도 또한 대중의 상식이라고 부를 수 있는 사회적 통념과 깊이 관계 맺고 있다. 나는 이런 사회적 통념을 크게 두 가지로 파악한다. 하나는 "가르치는 일은 아무나 할 수 있다"라는 통념이다. 다른 하나는 "학교급이 낮아질수록 가르치는 전문성이 덜 필요하다"라는 통념이다.

전자부터 살펴보자. 나는 임시교원양성소 규정이 아직도 남아 있는 데는 "가르치는 일은 아무나 할 수 있다"라는 대중의 믿음이 자리하고 있다고 생각한다. 일반적으로 의사나 법조인은 전문직으로 분류된다. 이에 비해 전문직으로서 교원의 지위는 그다지 확고하지 않다. 1966년에 발표된 유네스코의 〈교원의 지위에 관한 권고 Recommendation concerning the Status of Teachers〉는 교원을 전문직이라고 천명하고 있다. 그러나 우리나라의 현실은 여전히 그렇지 못하다. "교장을 명을 받아"라는 50년 이상 존속했던 법 규정도 교사를 전문직이 아닌 행정 조직의 말단 관리로 보는 의식의 투영물이다.

교사는 누구나 할 수 있다는 신화가 광범위하게 존재하는 이유는 무엇 때문일까? 넓은 의미의 교직은 굉장히 오랜 역사를 지니고 있다. 그러나 교직을 담당하기 위해 별도의 전문적 교육이 필요하다는 생각은 근대에 등장하였다. 당연히 교사를 위한 교육학도 근대 학문의 산물이다. 직업적 교사 교육이 늦게 등장한 것은 부분적으로는 가르치는 일이 너무나 보편적인 인간 활동이라는 점에 기인하기 때문이다. 교육 활동 없이는 인간 사회 자체의 유지가 불가능하다. 태어나면서 죽을 때까지 우리는 삶의 곳곳에서 가르침을 주는 사람들을 만난다. 대중 강연자, 종교인, 언론인, 연예인, 학자 등 우리는 수많은 사람으로부터 귀한 배움을 얻으면서 산다. 이들은 대부분 특별한 교사 자격증을 지닌 자들이 아니다. 이런 일상적 경험은 가르치기 위해서 특별한 자격증을 지녀야 한다는 생각을 낯설게 만든다. "가르치는 일은 아무나 할 수 있다"라는 꽤 근거 있는 상식은 이런 현실에 기반하고 있다.

학교교육으로 범위를 좁혀도 사정은 크게 달라지지 않는다. 사설 학원 강사 중에는 교사 자격증을 소지하지 않은 사람이 적지 않다. 그런데도 사설 학원 강사가 학교 교사보다 훨씬 더 잘 가르치는 경우가 왕왕 있지 않은가? 소위 '일타 강사'라고 알려진 인물 중에는 교원 양성 대학 졸업자가 아닌 사람들도 많다. 이런 점을 고려하면 교사 자격이나 교사 교육을 강화해야 한다는 주장은 교육학계의 기득권 수호를 위한 책략 정도로 여겨질 수 있다.

다음으로 "학교급이 낮아질수록 가르치는 전문성이 덜 필요하다"라는 통념을 살펴보자. 이 생각은 대학교수, 고등학교 교사, 중학교 교사, 초등학교 교사, 유치원 교사의 순으로 전개되는 전문성의 위계를 자연스럽게 만들어 낸다. 우리 법령의 교사 교육 기관도 이런 위계를 반영하고 있다. 앞에서 살펴보았듯이 중등 교사는 1949년 「교육법」 제정 당시부터 대학 수준에서 양성되었다. 반면에 초등 교원 양성은 고등학교에도 미치지 못하는 수준에서 출발하여 1980년대 초반에 비로소 4년제 대학 수준에 도달한다. 유치원 교사의 경우는 이보다 더하다. (구)「교육법」*에서는 유치원 교사의 양성에 관한 법 조항을 아예 찾을 수조차 없다. 우리나라 교사와 교사 교육을 규율해 온 제도는 이런 의심스러운 사회적 통념에 대한 깊이 있는 성찰 없이 80년 가까이 지속되고 있다.⁴² 이상의 두 가지 통념에 대해서 나는 다른 견해를 지니고 있다. 왜 그런지는 간단히 답할 수 있는 문제가 아니다. 이 주제는 6장에서 별도로 자세히 다룰 것이다.

여기서는 이 통념들에 대해서 생각을 해 볼 기회를 드리기 위해 약간의 단서를 제공하고자 한다. 먼저 첫 번째 통념 관련이다. 우리 헌법에는 교원의 지위에 관한 규정이 있다. 우리나라뿐 아니다. 벨기에, 그리스, 포르투갈, 멕시코, 필리핀 등 여러 나라가 헌법에 교원에 관한 규정을 두고 있다. 교원이 특권 계급이라서가 아니다. 국민의 교육받을 권리를 보장하는 중차대한 책무를 교사들이 담당하고 있기 때문이다. 만약 이런 일

* 「교육법」은 1949년 12월 31일 법률 제86호로 제정되어 교육 제도·교원·교육 기관 등 교육에 관하여 필요한 제반 사항을 규율하였다. 11장 177개 조와 부칙으로 구성된 「교육법」은 1997년 12월 13일 「교육기본법」이 법률 제5437호로 제정되면서 폐지·대체되었다.

을 아무나 할 수 있다면 굳이 헌법에 교원에 관한 규정을 둘 이유가 없지 않을까? 참고로 우리나라 헌법은 의사, 약사, 변호사, 회계사 등 여타 전문직에 관한 규정을 두고 있지 않다. 두 번째 통념과 관련하여서는 다음을 생각해 보라. 동요나 동화를 쓰는 일과 소설이나 수필을 쓰는 일 중 어느 쪽이 더 어려울까? 사실 이런 비교 자체가 우습다. 서로 다른 전문성이 요구되는 일이기 때문이다. 나는 학술 논문, 대학 교재, 고등학교 교과서, 중학교 교과서, 초등학교 교과서까지 다 집필해 본 경험이 있다. 경험을 하기 전에는 학술 논문이나 대학 교재가 가장 어려울 줄 알았다. 그러나 중학교나 초등학교 교과서를 쓰는 일도 그에 못지않게 힘들었다. 약간의 단서를 제시하였으니 여러분들 스스로 생각을 전개해 보시기 바란다. 물론, 나와 다르게 생각하는 것 또한 독자의 몫이다.

높은 성취를 보이는 학교 시스템을 가진 다른 나라들은 어떤가?

다른 나라들이 어떠한지를 살펴보면 우리가 걸어온 길을 평가하는 데 도움이 될 것이다. 이를 위해 각국의 교육을 비교 연구하는 과업을 설립의 중요 목적 중 하나로 정하고 있는 미국의 국립교육경제센터The National Center on Education and the Economy: NCEE의 자료를 살펴보자. 이 단체 설립자 터커Marc Tucker는 2019년에 《높은 성취 수준을 보이는 학교 시스템Leading high-performance school systems》이라는 책을 출간하였다. 이 책에서 저자는 미국 교육이 다른 경쟁국에 비해 뒤처져 있고 교사 교육도 실패했다고 진단한다.[43] 그리고 핀란드, 캐나다, 싱가포르, 상하이(도시)를 벤치마킹해야 할 모범 사례로 분석하고 있다. 학생들이 높은 성취를 올리는 이들 국가 모두는 교사의 질과 교사 교육을 매우 중요하게 생각한다. 엄격한 입학 절차를 통해 자질 있는 학생들을 입학시킨다. 핀란드나 싱가포르의 교사 양성 대학에 입학하려면 약 십 대 일의 경쟁률을 뚫어야 한다. 단순히 성적뿐 아니라 여러 단계의 면접을 통해서 교사 되기에 적합한 적성과 자질을 지니고 있는지를 꼼꼼히 사정査定하여 입학시킨다. 입학 후에는 양질의 교사 교육을 받도록 한다. 예컨대, 핀란드는 수십 년 전부터 5년제 석사 과정으로 교사를 양성하고 있으며 1년이 넘는 실습 기간을 운영하고 있다. 핀란드를 포함하여 사례로 제시된 국가들은 이론과 실습이 유기적으로 연계된 형태로 교사 교육을 운영한다. 임상을 중시하는 의사 교육과 유사하다고 할까? 그리고 교사로 임용된 후에는 팀으로 협력하면서 전문가로서 성장할 수 있는 환경을 제공받는다. 수많은 공문에 파묻혀 관료제의 말단처럼 대접받았던 우리와는 사정이 다른 셈이다. 터커는 또한 높은 성취를 올리는 나라들은 교사에 대한 높은 기준을 설정하고 있으며 이를 낮추는 대안적인 양성 코스를 허용하지 않는다고 했다. 우리의 경우 「임시교원양성소 규정」은 언제쯤 폐지될 수 있을까?

터커는 이런 나라들과의 비교를 통해서 한때 세계 교육을 선도하던 미국 교육이 어떤 방향으로 나아가야 하는지 해답을 찾고 있다. 책을 읽으면서 한국에 대한 언급이 있는지 궁금해서 살펴보았다. 한국이 언급되는 부분이 있었다. 고등학교 졸업자를 기준으로 상위 5%의 학생이 교원 양성 기관에 입학한다는 내용이었다.[44] 그 외의 다른 곳에서는 한국에 관한 적극적인 언급을 찾을 수 없었다. 적어도 이 책의 시각에서는 한국의 교사 교육이나 학교 문화에서 미국이 배울 점이 별로 없다는 의미이기도 하다.

우리가 교사 교육의 진화 경로에서 이탈한 이유는 무엇일까? 나는 "가르치는 일은 아무나 할 수 있다"거나, "학교급이 낮아질수록 가르치는 전문성이 덜 필요하다"는 사회적 통념과 이에 포박되어 있는 제도 운영 때문이 아닐까 생각한다. 세계 많은 나라가 교사의 대우가 좋지 않아 교사 부족 현상을 겪고 있다. 우리나라처럼 교사가 인기 있는 직종이라 높은 성적의 학생들이 몰려오는 경우는 드물다. 그러나 중등의 경우 과잉 공급 문제를 해소하지 못하여 우수한 입학생들이 제대로 된 교사 교육을 경험하지 못하고 현장에 배출된다. 이 문제는 9장에서 부연하겠다. 초등의 경우도 중등과의 비교 우위에 안주하는 동안에 시대 변화에 맞는 교사 교육을 하는 데 부족한 점이 적지 않다. 결과적으로 초등이나 중등이나 신임 교사들은 충분히 준비되지 않은 상태로 현장에 서게 된다. 그리고 아직도 "교장의 명을 받아 교육"했던 시대의 여진이 남아 있는 현장에서 자신의 잠재력과 역량을 충분히 발휘하지 못하고 살아간다. 이런 안타까운 현실은 언제쯤 바뀔 수 있을까?

• 제도 개혁이 우선일까, 사람 교육이 우선일까 •

내공 있는 교사들의 현장 실천이 잘 드러나 있는 《공감 수업》[45](왼쪽)
미국 공교육 개혁의 역사를 다룬 수작 《미국의 공교육 개혁, 그 빛과 그림자》[46](오른쪽)

　　초보 교사는 자신이 수업을 잘할 수 있는지를 주로 고민한다. 일종의 생존 단계라고 해야 할까? 이 단계를 넘어서면 교과의 내용이 잘 전달되고 있는지를 고민한다. 좀 더 성숙해지면 학생들의 성장으로 관심이 옮아간다. 학생의 개별성에 대한 감수성이 증가하고 학생 한 명 한 명을 돌보고자 한다. 교사의 내공이 좀 더 깊어지면 학생들이 성장해서 살아갈 교육 생태계 전체를 더 좋은 곳으로 만들고자 고뇌하게 된다. 이 단계가 되면 교사는 좋은 사회를 상상하고 자신의 교육 실천을 좋은 사회를 위한 실천과 연결시키고자 노력한다.[47]

　　《공감 수업》은 제주에 사는 부부 교사 김홍탁과 강영아가 쓴 책이다. 위의 인용문은 추천사를 부탁받고 쓴 내용 중 일부이다. 이 책에는 열악한 제도적 여건에서도 깊은 내공을 보이는 두 교사의 현장 실천이 담겨 있다.

세상을 개혁하려는 이들이 하는 질문이 있다. 사람을 잘 길러 내는 것과 제도를 잘 갖추는 것 중 어느 쪽이 더 중요할까? 물론, 둘 다 필요하다. 선택해야 할 상황이라면? 많은 사람이 제도 개혁을 택한다. 그러나 나는 사람 교육이 우선이라고 생각한다. 맞고 틀리고의 문제가 아니다. 잘못된 제도를 개혁하려고 진심으로 노력하는 이들을 나는 존경한다. 그렇지만 내 성향은 후자이다. "제도도 중요하다. 그런데 좋은 제도를 만들고자 노력하는 사람은 어떻게 길러질까?" 내가 종종 던지는 질문이다. **교육 실천가는 궁극적으로 사람의 마음을 통해 세상과 대결하는 사람이라고 나는 믿는다.**

《미국 공교육 개혁, 그 빛과 그림자》는 미국 공교육 개혁의 역사를 다룬 수작(秀作)이다. 다이앤 래비치(Diane Ravitch)는 미국 보수 정부의 정책에 큰 영향을 끼친 인물이다. 그는 한동안 경쟁 원리를 도입하는 정책을 적극적으로 지지했다. 이 책은 그가 한때 열렬히 지지했던 이런 정책들을 통렬히 비판하는 내용이자 자기반성의 고백이다. 그런 정책들이 교육 현장에서 어떤 부작용을 낳는지를 생생하게 봤기 때문이다. 이 책을 읽는 내내 상당히 부러웠다. 한국의 고위 관료와 유명 학자들은 자신이 지지하던 정책이 원치 않는 결과를 가져올 때 자기반성과 성찰의 목소리를 내는가? 정책 결정에 참여하는 사람들이 《미국 공교육 개혁, 그 빛과 그림자》와 같은 자기반성적이면서도 통찰력 있는 책을 출간하는 것이 일반화된다면 우리의 교육 정책을 만들고 실행하는 과정도 분명 달라져 있을 것이다.

4장

왜 우리 헌법은 '교원의 지위 보장'을 언급하고 있을까?

나는 2020년 3월부터 청주교육대학교 총장 직무를 수행하고 있다. 이 소식을 들은 현장 교사 중에는 수업과 학교 혁신을 연구하는 사람이 총장이 된 것에 다소 의외라는 반응을 보이는 분도 있었다. 농담 반 진담 반으로 당신이 총장을 하면 수업 연구는 누가 하느냐고 묻기도 했다. 여기서 내가 24년 근무해 온 청주교육대학교 내부 사정과 나의 출마 동기를 다 설명할 수는 없다. 총장 4년의 임기를 수행하는 동안 합리적이고 민주적인 리더십을 행사하기 위해서 최선을 다할 것이다. 임기가 끝나면 다시 수업을 열심히 하는 교수로, 수업과 학교 혁신 연구자로 돌아갈 것이다.

원래 내 임기 시작은 2020년 3월 1일부터였다. 그런데 임명장을 받은 것은 3월 27일이다. 인사 검증에 시간이 걸리고 국무회의 의결을 거쳐야 하는 절차가 있었기 때문이다. 총장 임명의 마지막 단계로 국무회의 의결 절차가 있다는 것은 익히 알고 있었다. 그런데 '국립 대학교 총장'이 헌법에 명시되어 있는지는 몰랐다. 법학전문대학원 교수를 하는 후배가 알려 주어서 알게 되었다. 궁금증이 발동해서 헌법에 나와 있는 직업들을 쭉 한번 살펴보았다. 이를 바탕으로 독자들에게 문제를 내 보겠다. "① 검찰 총장 ② 대법원장 ③ 교원 ④ 교육감 ⑤ 도지사 중 헌법에 명시되어 있지 않은 직업은 무엇일까?" 답은 2개다. 정답은 알려드리지 않겠다. 오랜만에 공부도 할

겸 대한민국 헌법을 찬찬히 읽어 볼 기회를 드리겠다.

교원 지위에 관한 헌법 조항의 등장

대한민국 헌법은 1948년 7월 17일에 제정되었다. 후발국의 이점이라고 해야 할까? 모든 국민이 균등하게 교육받을 권리가 건국 헌법에 바로 명시되었다. 제헌 헌법 제16조는 "모든 국민은 균등하게 교육을 받을 권리가 있다. 적어도 초등교육은 의무적이며 무상으로 한다. 모든 교육기관은 국가의 감독을 받으며 교육제도는 법률로써 정한다"라고 규정하고 있다. 광복 직후는 극도로 빈궁한 상황이었다. 그런 상황에서도 모든 국민이 품고 있던 교육에 대한 열망이 "적어도"라는 수식어에서 묻어나는 듯하다.* 헌법 제16조는 균등하게 교육받을 권리를 실현하기 위해서 국가가 교육 기관을 감독할 권한을 부여하고 교육 제도를 법률로써 정하도록 하였다. 이에 근거하여 이후 여러 학교 제도와 교사 교육 기관에 대한 법규도 마련되었다.

* "적어도"라는 용어가 삽입된 연원은 다음과 같다; 1948년 5월 유진오가 제안한 헌법 초안 제16조는 "모든 인민은 균등하게 교육을 받을 권리가 있다. 초등교육은 의무적이며 무상으로 한다. 모든 교육기관은 국가의 감독을 받으며 교육제도는 법률로써 정한다. 종교교육을 목적으로 하는 학교 이외의 학교에서는 종교에 관한 학과를 강제적으로 과할 수 없다"라고 되어 있었다. 헌법 안이 국회에서 논의되는 과정에서 박순석 의원이 초등교육에 한정하는 문제점을 지적하고 주기용 의원이 '적어도 초등교육은 의무적이며'로 수정안을 제안하여 통과되었다([고전(2017). 교육기본권 관점에서의 헌법 개정 논의. **교육법학연구**, 29(2), 4쪽]에서 인용. 고전은 헌법 개정 시 '적어도'라는 표현이 구어적인 표현임으로 '최소한'으로 수정되는 것이 바람직하고 의무 교육의 범위도 현재 진학률을 감안하여 초등교육에서 초·중등교육으로 확대될 필요가 있다고 하였다(고전(2017). 앞의 논문. 23쪽).

1987년 개정된 현행 헌법도 제헌 헌법의 기본 원리를 이어받고 있다. 현행 헌법의 교육 조항인 제31조는 모두 여섯 항으로 구성되어 있다.* 교육을 받을 권리, 의무 교육과 무상 교육, 교육의 자주성·전문성·정치적 중립성, 평생교육 진흥 의무, 교육 제도와 교육 재정 및 교원지위 등의 법정주의法定主義가 주요 내용이다. 이 중에서 이 글의 주제와 직접 관련되는 내용인 "교원 지위에 관한 기본적인 사항을 법률로 정한다"라는 원칙을 법학계에서는 **"교원지위 법정주의"**라고 부른다.**

이 조문은 전두환이 집권했던 1980년 헌법에 처음 등장하였다. 당시 정당·사회단체에서 제출한 주요 헌법안으로는 공화당안, 신민당안, 6인 연구회안, 대한변협안 등이 있었다. 이 중 대한변협안 제29조 제6항에 "교육에 관한 제도, 재정, 그 운영과 교원의 지위에 관한 기본적인 사항은 법률로 정한다"라는 내용이 들어 있었다.[48] 헌법 개정 당시 이 조문의 도입을 둘러싼 큰 논쟁은 확인되지 않는다. 헌법연구반 보고서에는 신설 찬성 의견으로 "교육의 중요

* ① 모든 국민은 능력에 따라 균등하게 교육을 받을 권리를 가진다. ② 모든 국민은 그 보호하는 자녀에게 적어도 초등교육과 법률이 정하는 교육을 받게 할 의무를 진다. ③ 의무교육은 무상으로 한다. ④ 교육의 자주성·전문성·정치적 중립성 및 대학의 자율성은 법률이 정하는 바에 의하여 보장된다. ⑤ 국가는 평생교육을 진흥하여야 한다. ⑥ 학교교육 및 평생교육을 포함한 교육제도와 그 운영, 교육재정 및 교원의 지위에 관한 기본적인 사항은 법률로 정한다.

** '교원지위 법정주의'는 '교육제도 법률주의'의 한 부분이라고 할 수 있다. 제헌 헌법 제16조는 교육제도 법률주의를 천명하고 있다. 그러나 교원의 지위에 관한 사항은 언급하지 않았다. 김재윤은 "제헌 헌법에 따라 교육에 관한 사항을 규정하기 위해 1949년에 교육법이 제정되었고, 이 법 제13조에서 교원의 사회적 지위의 우대와 신분 보장에 관한 규정이 처음 나타나게 되었다. 그러나 이 당시에는 교원의 지위에 대한 개념 인식은 아직 엿보이지 않았고, 단지 우수한 교원을 확보하기 위해서 교원의 신

성을 감안할 때 교육의 질적 향상을 도모하기 위하여는 처우 개선 등 교원의 지위를 특히 우대할 필요가 있으므로 이를 보장하기 위하여 헌법에 규정할 필요가 있다"라는 대한교총 등의 신설 찬성 의견과 "이를 헌법에 규정함으로써 오히려 특권·특수층으로 오해받기 쉬울 뿐만 아니라 평등권 위배라는 문제도 제기되므로 구태여 헌법에 규정할 필요가 없다"라는 신설 반대 의견이 있었다고 기술하고 있다.[49]

소위 신군부라고 불리는 전두환 정권이 헌법 개정 과정에서 이 규정을 왜 받아들였는지는 명확하지 않다. 폭압적으로 권력을 장악한 세력은 대개 도덕적 정당성이 없다. 이때 집권 세력은 도덕적 정당성의 결여를 대중의 인기에 호소하는 대중영합주의로 해결하려고 한다. 문화, 체육 정책과 함께 교육 정책도 여기에 자주 활용되는 정책 분야이다. 전두환 정권의 '7.30 교육개혁 조치'도 그런 정치적 배경하에서 나왔다. 과외 금지 조치, 대학 입학 정원 확대, 졸업 정원제 시행 등이 '7.30 교육개혁 조치'의 핵심 내용이었다. 망국적 과외의 폐단을 줄여서 학부모들의 교육비 부담을 줄이고, 누적되는 재수생 문제를 완화하려고 대학 입학 정원을 한꺼번에 30% 이상 확대하였다. 그리고 늘어난 대학생들에 대해서 학사 관리를 엄격 분을 보장하는 데 중점을 두었던 것으로 볼 수 있다. 그런데 동법 제80조에서 교원은 경제적 또는 사회적 지위를 향상시키기 위하여 교육회를 조직할 수 있도록 하였다. 이것은 교육법 제정 당시에 이미 교원의 경제적 또는 사회적 지위 향상에 대한 법적 인식이 있었다는 것을 의미하지만, 아직 이러한 인식을 '교원의 지위'라는 개념으로 연결하지는 못하고 있었다. 그러다가 1981년 2월에 교육법을 개정하면서 교원의 경제적 지위의 우대에 관한 규정이 처음 신설되었다"라고 1980년 헌법 이전의 상황을 정리하였다(김재윤(2018). 헌법상 교원지위 법정주의(제31조 제6항)에 관한 비판적 연구. 울산대학교 대학원 법학 박사 학위 논문. 7쪽).

히 하여 졸업을 어렵게 만들겠다는 아이디어였다.[50] 당시 엄청난 교육 개혁 드라이브를 선택한 정권의 입장에서는 교원들의 환심을 사야 했을 것이다. 제5공화국 헌법에 교원 지위에 관한 사항이 포함된 것도 이러한 시대 배경과 연관이 깊지 않을까 한다.

다른 나라 헌법에도 교사 관련 조항이 있을까?

다른 나라도 교사나 교원에 대한 사항을 헌법에 규정하고 있을까? 김철수 외(2014)의 《세계비교헌법》을 살펴보았다. 이 책의 〈3장 국민의 권리와 의무〉의 "교육받을 권리" 항목에는 대한민국, 러시아, 멕시코, 필리핀, 독일, 벨기에, 스위스, 터키, 포르투갈 등 총 9개국의 헌법 조문이 열거되어 있다. 이 중 교사 혹은 교원에 대한 헌법 조문을 포함하고 있는 나라는 우리나라 외에도 멕시코, 벨기에, 필리핀, 포르투갈이 있었다.

멕시코 헌법
제3조 제3항 국가는 교육 자료 및 교수법, 학교 조직, 교육 기반 시설 및 교사와 교장의 적절성을 통하여 학생이 최고의 배움을 받을 수 있는 의무 교육의 질을 보장해야 한다.

필리핀 헌법
제14조 제4항 국가는 직업적 향상에 대한 교사의 권리를 증진시킨다.

비교수 학문 및 비학문 인력은 국가의 보호를 향유한다.

제5항 국가는 예산상 교육에 가장 높은 우선순위를 배정해야 하며, 적절한 급료와 그 밖의 직업 만족 및 실현 수단을 통해 가용한 최고 인재 중 적절한 수를 교직에 유지하고 보존하여야 한다.

포르투갈 헌법

제77조 (민주적 참여) 제1항 교사와 학생들은 법률에 정한 바에 따라 학교의 민주적 운영 과정에 참여할 권리가 있다.

제2항 교사 단체, 학생 단체, 학부모 단체와 지역 사회 기관 및 과학 기관이 교육 정책을 마련하는 과정에 참여하는 방식은 법률로 정한다.

벨기에 헌법

제24조 제2항 공동체는 유효투표의 2/3 이상의 찬성으로 채택된 연방 법률에 의해서만 조직화된 기관의 자격으로 1개 이상의 자치단체에 권한을 위임할 수 있다.

제4항 모든 학생, 학부모, 교직원 또는 교육 기관은 법률 또는 연방 법률 앞에 평등하다. 법률과 연방 법률은 특히 적절한 취급을 정당화하는 각 조직과 기관의 특성을 비롯한 객관적 차이점을 고려한다. 특히 적절한 조치를 보장하고자 하는 조직 기관의 특성을 비롯한 객관적 차이를 고려해야 한다.[51]

이 중 '직업적 향상에 대한 교사의 권리 증진', '적절한 급료와 직업 만족 및 실현 수단' 등을 언급하고 있는 필리핀 헌법이 우리 헌법의 교원 지위 보장 조항과 취지가 유사해 보인다. 물론, 우리 헌법은 교원의 지위에 대한 구체적인 내용은 **법률유보***하고 있다. 또한, 필리핀 헌법은 국가 예산 중 교육 예산에 우선순위를 두어야 한다고 명시하고 있다. 이런 수단들을 통해서 '가용한 최고 인재 중 적정한 수를 교직에 유지하고 보존'해야 할 국가의 책무를 규정하고 있다. 멕시코 헌법도 '교사와 교장의 적절성'을 언급하고 있으며 그것이 '학생들이 최고의 배움을 받을 수 있는 의무 교육의 질 보장'을 목적으로 함을 분명히 하고 있다.

이에 비해 포르투갈과 벨기에 헌법은 다른 입법례를 보여 준다. 포르투갈 헌법은 민주적 참여에 방점을 두고 있다. 교사와 학생이 학교의 민주적 운영 과정에 참여할 수 있는 권리를 보장하고 있으며, 여러 교육 관련 주체들이 교육 정책 마련에 참여할 수 있는 근거를 법률로 정하도록 하고 있다. 한편, 벨기에 헌법은 학생, 학부모, 교직원, 교육 기관이 법 앞에 평등하다고 규정하고 있다. 일반적으로 알려진 기본권인 '법 앞에 평등의 원리' 외에 이 조항을 별도로 규정한 이유가 궁금하다. 학교나 교육 기관의 운영에 대해 관련 교육 주체들이 평등하게 참여할

* 법률유보는 국민의 권리를 제한하거나 의무를 과하는 사항은 반드시 국회의 의결을 거친 법률로써 규정하여야 한다는 원칙이다. 법률유보에는 기본권을 제한하는 것을 목적으로 하는 기본권 제한적 법률유보와 법률이라는 법적 형식으로 기본권의 형성 또는 구체화 작업을 하는 기본권 형성적 법률유보가 있다. 헌법 제31조 제6항은 기본권 형성적 법률유보라고 보는 판례들이 있다([정필운(2021). **전환기의 교육헌법**. 박영사(2021년 12월 발행 예정)] 제2장 참조).

권리를 보장하기 위한 것으로 추정된다. 우리나라에서도 민주적 학교 운영 및 교육 정책 결정 과정에의 민주적 참여가 점점 강조되고 있다. 따라서 교육 주체들이 교육에 참여할 권리를 법적으로 명확히 할 필요가 있다. 향후 헌법 개정을 염두에 두고 비교 헌법 혹은 비교 법적 연구가 충분히 이루어지면 좋겠다. 이 글의 목적과 관련하여 교원에 대한 사항을 헌법에 규정하는 것이 우리나라만의 특별한 입법례가 아님을 확인하였다. **여러 나라에서 교사를 헌법에 언급하고 있는 것은 교원의 질이 국민의 교육받을 기본권 보장과 밀접하게 관련이 있기 때문이다.**

참고로 1998년에 새로 제정된 「교육기본법」은 제14조에 교원 조항을 두고 있다. 제1항은 "학교교육에서 교원(教員)의 전문성은 존중되며, 교원의 경제적·사회적 지위는 우대되고 그 신분은 보장된다"라고 하여 교원의 전문성 존중, 경제적·사회적 지위 우대 및 신분 보장에 관하여 규정하고 있다. 제2항에서 제6항까지는 교원의 품성과 자질, 교원의 윤리 의식, 정치적 중립성 의무, 겸직 금지 규정, 교원의 임용·복무·보수 및 연금 등 필요한 사항을 법률로 정함 등을 규정하고 있다.*

교원과 교원 지위의 법적 의미

우리나라에서 일반적으로 학생을 가르치는 사람을 지칭하는

---

* 참고로 교원의 자격에 관한 사항은 처음에는 「교육공무원법」에 두고 사립 학교 교원에게 준용하도록 하는 방식이었으나, 공·사립 학교 모두에 공통 사항임을 고려하여 1972년에 「교육공무원법」에서 (구)「교육법」으로 옮겨 규정한 후 현재에는 「초·중등교육법」과 「유아교육법」에 위치하고 있다(조석훈(2020). 앞의 책. 17쪽).

용어는 훈장, 접장, 사부, 스승, 선생, 교사, 교원, 교육자 등 다양하다. 이 중 우리 헌법은 '교원'이라는 용어를 채택하고 있다. 교원에는 누가 포함될까? 교장, 교감, 대학 총장, 부총장도 교원에 포함될까? 「초·중등교육법」 제19조는 교장·교감·수석교사 및 교사*를, 「고등교육법」 제14조는 총장, 학장, 교수, 부교수, 조교수, 강사를 교원에 포함하고 있다. 따라서 교장이나 총장도 교원에 포함된다. 헌법의 교원 개념에는 원칙적으로 모든 학교급의 교원이 포함된다.** 다만 연구 문헌들을 보면 이 조항이 기본권으로서의 교육받을 권리에 더 직접 관련되는 「초·중등교육법」상의 교원을 의미한다고 해석하는 경우가 더러 있다.

'교원의 지위'가 의미하는 바는 무엇일까? 우리 헌법이나 법률은 교원의 지위를 정의하고 있지 않다. 일반적으로 교원의 지위에 대해서는 유네스코United Nations Educational, Scientific and Cultural Organization: UNESCO와 국제노동기구International Labour Organization: ILO가 1966년에 공동 작성하여 정부 간 특별회의에서 채택된 〈교원의 지위에 관한 권고Recommendation concerning the status of teachers〉가 자주 인용된다. 이 권고문에서는 "'교원'이라 함은 학교 내에서 학생의 교육에 책임을 지고 있는 모든 사람을 가리키며, 교원의 '지위'라는 말은 교원의 직무의 중요성 및 그 직무 수행 능력에 대한 인식의 정도에 따라서 그들에게 주어지는 사회

* 「초·중등교육법」 제21조는 교사를 정교사(1급·2급), 준교사, 전문상담교사(1급·2급), 사서교사(1급·2급), 실기교사, 보건교사(1급·2급) 및 영양교사(1급·2급)로 나누고 있다.

** 교육행정기관에 근무하는 장학관, 장학사 그리고 교육기관, 교육행정기관, 교육연구기관에 근무하는 교육연구관, 교육연구사와 같은 교육전문직원은 교원의 범위에서 제외된다(「교육공무원법」 제2조).

적 대우 또는 존경과 다른 직업 집단과 비교하여 본 교원의 근무 조건, 보수 및 그 밖의 물질적 혜택 등 두 가지를 다 의미한다"라고 정의하고 있다.*

우리 헌법재판소도 판례에서 이 유네스코의 권고문을 그대로 따르고 있다. 헌법재판소는 교원의 지위에 대하여 1991년 결정문에서부터 최근까지 일관된 견해를 견지하고 있다. 헌법재판소에 의하면 '교원의 지위'란 교원 직무의 중요성 및 그 직무 수행 능력에 대한 인식의 정도에 따라서 그들에게 주어지는 사회적 대우 또는 존경과 교원의 근무 조건·보수 및 그 밖의 물적 급부 등을 모두 포함하는 의미라고 한다. 이는 유네스코의 권고문을 그대로 계승하고 있는 것이다.[52]

교원의 지위는 제대로 보장되고 있는가?

교원의 지위에 관한 사항을 법률로 정한다는 내용은 1980년 헌법 제29조 제6항에서 처음 등장하였다. 그러나 이에 대한 입법은 1991년 5월에 제정된 「교원지위향상을 위한 특별법」을 통해서 비로소 이루어진다. 법 제정

* (a) the word 'teacher' covers all those persons in schools who are responsible for the education of pupils; (b) the expression 'status' as used in relation to teachers means both the standing or regard accorded them, as evidenced by the level of appreciation of the importance of their function and of their competence in performing it, and the working conditions, remuneration and other material benefits accorded them relative to other professional groups. (www.unesco.or.kr/data/standard/view/56)

이유는 "교원의 사회적·경제적 지위가 우대되도록 예우하고 교육회가 교육감 또는 교육부장관과 교원의 처우개선 및 복지후생 등에 관하여 교섭·협의할 수 있도록 함으로써 교원의 지위향상을 도모하려는 것"이라고 되어 있다.[53] 이 법이 1991년에 제정된 배경 중 하나로 1989년 전교조 설립과 대량 해직 사태를 들 수 있다. 교사운동에 큰 위기를 느낀 정부가 그에 대한 대응 조치의 하나로 「교원지위향상을 위한 특별법」을 제정한 것으로 보인다. 이 특별법은 여러 번의 개정 과정을 거쳐서 현재는 「교원의 지위 향상 및 교육활동 보호를 위한 특별법」으로 명칭이 변하였다.

이렇게 특별법까지 만들어 두었는데 현실에서 교원의 지위는 제대로 보장되고 있는가? 그런데 현실을 들여다보기 전에 먼저 다룰 것이 있다. '교원의 지위'를 다루는 현행 법체계의 문제점이다. 이에 대한 여러 논의를 이 글에서 다 소개할 수는 없다. 여기서는 김재윤의 박사 학위 논문 〈헌법상 교원지위 법정주의(제31조 제6항)에 관한 비판적 연구〉의 견해를 요약하겠다. 교원 지위에 관해서는 그동안 수많은 연구가 있었으나 아직도 그 법적 성격과 개념이 명확하게 규명되지 않았다.* 헌법이 특별히 규정하여 법률에 위임하고 있는 교원지위 법정주의의 원칙은 가장 중요한 「교육기본법」에 규정되어야 마땅하다. 그러나 그러지 못하고 특별법인 「교원의 지위 향

---

* 김재윤은 다음과 같이 기술하고 있다. "헌법 제31조 제6항은 '교원의 지위'가 무엇을 의미하는지에 대하여는 아무런 언급이 없다. 다만 그 기본적인 사항을 법률로 위임하고 있을 뿐이다. 이에 우리 헌법이 정하고 있는 '교원의 지위'의 개념, 내용, 제한과 한계 등에 관하여 학계에서 많은 논의가 진행되어 왔다. 이러한 논의는 무엇보다도 헌법 제31조 제1항에서 정하고 있는 학생의 학습

상 및 교육활동 보호를 위한 특별법」에 규정되어 있고 그 내용도 상당히 미비한 상태이다. **교원 지위의 핵심적 내용은 교원의 교육권이라고 할 수 있다. 교원의 교육권의 법적 지위 역시 명확히 규명되어 있지 않다. 교원의 사회적·경제적 지위의 보장도 여러 법률에 나누어 규정되어 있으며, 내용이 추상적이거나 매우 미흡한 실정이다.** 이런 문제점을 해소하기 위해서는 복잡하게 나뉘어 있는 교원지위 법정주의에 대한 법 제도를 체계적이고 일관된 법체계로 재구성할 필요가 있다. 「교육기본법」에 교원의 권리와 의무에 대한 별도의 장을 마련해야 한다. 여기서 교원의 교육권, 사회적 지위, 경제적 지위, 신분 보장, 근무 조건과 근로권 등 교원의 권리에 해당하는 내용뿐 아니라 학생의 학습권을 저해하지 아니할 의무와 책임에 관해 모두 규정해야 한다.[54]

이상 간략히 소개한 김재윤의 주장을 이해하는 데 큰 어려움은 없을 것이다. 전두환 정권 시기에 헌법에 교원 지위에 관한 사항이 포함되고, 이후 전교조 해직 사태에 대한 대응의 하나로 「교원지위 향상을 위한 특별법」이 제정된 역사를 참작해 보라. 정치 상황에 따라 그때그때 만들어진 여러 법 조항들이 체계적으로 정리되어 권을 실질적으로 보장하기 위한 것이어야 한다. 왜냐하면 헌법 제31조의 각 조항들은 서로 밀접한 관련을 맺으면서 하나의 통일된 가치 체계를 이루고 있는 것으로 보아야 하기 때문이다. 따라서 교원의 지위는 학생의 학습권을 보장할 수 있도록 교원의 교육 활동에 관한 권리를 중심으로 이루어져야 한다. 교원의 사회적·경제적 지위는 학생의 학습권을 보장하기 위한 교원의 교육 활동을 간접적으로 돕는 것에 불과하다고 할 수 있다. 그러나 지금까지는 교원의 '지위'라는 개념에 함몰된 나머지 이것을 교원의 교육권으로 연결하는 시도는 잘 이루어지지 않은 것으로 보인다."(김재윤(2018). 앞의 논문. 129쪽) 매우 중요한 지적이다.

있기를 기대할 수 없다. 내가 교육법 전공자가 아니므로 교원 지위와 관련한 여러 다른 법적 견해를 판단할 식견은 없다. 독자들을 위해서 비전공자의 무지를 하나 고백하겠다. 나는 특별법이면 특별해서 좋은 것인 줄 알았다. 그러나 특별법은 예외적인 사항들을 위한 법 제정 형식이다. 따라서 교육에서 차지하는 교원의 지위를 고려하여 볼 때 그것은 특별법이 아니라 헌법을 구체화하는 「교육기본법」에서 규정하는 것이 타당하다.* 특별법에 두는 것이 꼭 좋은 것만은 아님을 이번에 알았다.**

다시 김재윤의 주장으로 돌아가 보자. 그는 교원의 지위에 관한 내용에 교원의 권리뿐 아니라 교원의 의무와 책임에 대한 사항도 포함해야 한다고 주장한다. 교원의 지위의 핵심 내용인 교육권은 학생의 학습권을 보장하기 위해서 존재하는 것이기 때문이다. 나는 이 견해에 전적으로 공감한다. 헌법재판소도 여러 판례에서 "헌법 제31조 제6항은 단순히 교원의 권익을 보장하기 위한 규

* 김재윤은 이에 대해서 다음과 같이 평가하고 있다. "우리 헌법 제31조 제6항은 "교원의 지위에 관한 기본적인 사항은 법률로 정한다"라고 규정하고 있다. 이를 교원지위 법정주의의 원칙이라 한다. 이에 따라 교원의 지위에 관한 보다 상세한 내용들은 현재 「교원지위법」에 규정되어 있다. 그러나 우리나라의 교육에 관한 법제는 「교육기본법」, 「초·중등교육법」 그리고 「고등교육법」의 3법과 「교원지위법」을 중심으로 기타 여러 가지 법률들로 구성되어 있는데, 이 중 가장 중요한 법률은 위의 교육 3법이고, 그중 가장 핵심적인 것은 「교육기본법」이라 할 수 있다. 그러므로 헌법이 특별히 규정하여 법률에 위임하고 있는 교원지위 법정주의의 원칙은 가장 중요한 「교육기본법」에 규정되어야 마땅한 것인데 실제로는 이곳이 아니라 특별법이라 할 수 있는 「교원지위법」에 규정되어 있고, 그 내용은 상당히 미비한 상태에 있다."(김재윤(2018). 앞의 논문. 국문 요약)

** 기본법의 성격에 대해서는 [정필운(2021). 헌법 이론의 관점에서 본 기본법의 정당성과 기능 : 교육기본법의 정당성과 기능에 대한 평가. **한국법학연구**, 33(1), 63~85쪽]을 참고하기 바란다. 참고로 정필운 교수는 필자의 이 글을 읽고 친절한 코멘트를 해 주었다. 깊이 감사드린다.

정이라거나 교원의 지위를 행정 권력에 의한 부당한 침해로부터 보호하는 것만을 목적으로 한 규정이 아니고, 국민의 교육을 받을 기본권을 실효성 있게 보장하기 위한 것까지 포함하여 교원의 지위를 법률로 정하도록 한 것이다"라고 밝히고 있다.[55] 그렇다면 '교원의 지위가 잘 보장되고 있는가'라는 질문은 '학생의 실질적 학습권 보장을 위해서 교원의 권리 및 의무와 책임이 잘 보장되고 있는가'로 고쳐 물어야 한다. 이 고쳐 쓴 질문에 기반하여 향후 정부, 시민 사회, 전문가의 공동 논의를 통해서 산만한 법체계를 다시 정비해야 할 과제가 남아 있다.

왜 교원의 지위를 보장해야 하는가?

이제 우리 현실을 살펴보자. 현실에서 교원의 지위는 잘 보장되고 있는가? 이 질문에 대해서 무엇을 중시하느냐에 따라서 대답이 달라질 수 있다. 근무 조건과 신분 보장, 사회경제적 예우, 노동자의 권리, 외부의 부당한 간섭을 받지 않을 교육의 자유, 학생이나 학부모의 교권 침해 방지 등 다양한 요소가 포함되어 있기 때문이다. 가장 큰 교원단체인 한국교총은 어떤 요소를 강조하고 있을까? 한국교총은 매년 '교권보호 및 교직상담 활동 보고서'를 발간한다. 가장 최근 보고서는《2020년도 교권보호 및 교직상담 활동 지침서》이다. 여기에는 교권과 교권 보호를 다음과 같이 개념 정의하고 있다.

교권(敎權)이란, 교원이 역할을 수행함에 있어 일정 기간의 훈련을 통하여 획득한 전문 지식과 능력의 소유자로서 권위를 인정받고, 부과된 책임과 임무를 이행하는 데 있어서 부당한 간섭과 침해로부터 자신과 자신의 업무를 보호하고, 전문직에서의 안정된 생활과 최대한의 능률을 기하기 위한 신분상의 보장을 주장할 수 있는 권리를 가지는 것이다. 따라서 교권침해(敎權侵害)란, 이러한 교권에 반하는 행위로 교육 행정 기관, 상급자, 동료, 학부모, 학생 등이 학교 교육 활동과 관련하여 교사의 가르칠 권리(학생의 학습권 보장)와 사회 윤리적·전문적 권위를 침해 또는 무시하는 행위를 말하는 것이라 할 수 있다.[56]

이러한 '교권'과 '교권침해'의 개념에 기반하여 여러 조사 자료와 한국교총의 다양한 활동 내용을 수록하고 있다. 이 보고서가 파악하고 있는 교권침해 실태는 점점 나빠지고 있다. 보고서의 서문은 그런 실태를 다음과 같이 요약하고 있다.

> 교육부가 발표한 자료에 따르면 최근 5년(2015~2019년)간 교사를 폭행하거나 성희롱을 하는 등 학생, 학부모에 의한 교권침해가 무려 1만 3,756건으로 연평균 3천 건에 달하는 것으로 나타났습니다. 특히 학생에 의한 폭행이나 성범죄 등 심각한 교권침해가 최근 5년간 2배 이상 증가하는 등 교권침해가 매우 심각한 상황입니다. 이러한 학교의 현실을 반영하듯 선생님들은 매년 반복되는 심각한 교권침해에 극심한 정신적 스트레스와 육체적 고통 등을 호소하며 심할 경우에는 의원면직 및 명예퇴직 신

청 등을 통해 교단을 떠나기까지 하고 있습니다.

본회에 접수되는 교권침해 상담 사례 또한 지난 2006년까지 100건대였으나, 2007년 이후에는 200건대에 달하기 시작했고 2012년을 기점으로 300건대, 2014년에는 400건대를 기록하면서 2016년에는 600건대에 육박하기도 했습니다. 2019년에는 513건, 2020년에도 402건으로 감소하였습니다. 다만 이는 코로나19로 인한 개학 연기, 등교 수업 제한 등 특수한 상황에 따른 예외적 결과일 수 있을 것으로 분석됩니다.[57]

실제로 내가 만나는 교사 중에는 다양한 교권침해 사례로 인해서 학교 현장이 점점 더 어려워지고 있다고 호소하는 이들이 많다. 오래전이기는 하지만 나도 현장 교사로 10년을 넘게 근무했다. 따라서 교사들의 고통에 대해서 이해하고 공감하는 바가 많다. 현장에서 여러 가지 이유로 부당한 어려움을 당하고 있는 교사들에게 깊은 위로를 드리고 싶다. 동시에 힘을 내서 잘 극복하고 다시 일어서기를 기원한다.

한국교총은 교권 보호를 위해서「교원의 지위 향상 및 교육활동 보호를 위한 특별법」,「아동복지법」,「학교폭력예방 및 대책에 관한 법률」등 소위 '교권 3법'을 개정하는 데 적극적으로 참여하였다. 한국교총이 '교권 3법' 개정에 나선 이유는 "무분별한 교권침해로부터 교원의 가르칠 권리와 학생의 학습권을 보장하고, 학교교육을 정상화하기 위해서"라고 기술하고 있다. 교사들은 잠자는 학생을 흔들어 깨워도 학대로 몰리고, 각종 민원·소송에 속수무책으로 시달린다고 한다. 자신을 성추행한 학생의 뺨을 때린 교사만 「아동복지법」위반으로 해임 위기에 처하는 일도 벌어지고, 학교폭력대책자치위원회 처리 건수만도 한 해 3만여 건에 달하고 재심·소송 처리까지 겹쳐 수업에 지장을 초래하는 상황이라는 것이다. 이런 문제를 해결하기 위해 개정한 '교권 3법'의 주요 내용에 대해서는 다음과 같이 요약하고 있다.

지난해 개정된 교원지위법은 학부모 등의 폭언·폭력 등 교권침해에 대해 관할청의 고발 조치 의무화와 관할청의 법률지원단 구성·운영을 의무화한 것이 핵심입니다. 또한 학부모가 특별교육·심리치료를 미이수할 경우, 최고 300만 원의 과태료를 부과하는 내용도 담았습니다. 아울러 교권침해 학생 징계에 학급 교체, 전학이 추가되었습니다. 이에 따라 교권침해 예방 및 대응 강화는 물론 피해 교원이 오히려 학교를 옮기는 일도 없어지게 될 것으로 생각합니다.

한국교총은 또한 2018년도에 아동복지법 개정을 실현해 냈습니다. 아동학대 관련 범죄로 벌금 5만원형이라도 선고·확정되면 예외 없이 10년간 취업 제한하는 조항에 대해 2018년 6월 헌법재판소 위헌 결정을 이끌어 낸 데 이어 같은 해 11월 국회에서 판사가 10년을 상한선으로 취업 제한 기간을 선고하되 재범의 위험이 낮거나 특별한 사정이 있는 경우에는 취업 제한을 하지 않도록 법률 개정을 실현했습니다.

이 외에도 한국교총은 교원의 교육 활동 보호를 위해 '학교폭력예방법' 개정을 실현했습니다. 경미한 학교폭력의 경우, 전담기구 확인을 거쳐 자체 종결하는 '학교자체해결제' 도입이 골자입니다. 올해 3월부터 학교를 민원·소송의 장으로 만들었던 학교폭력대책자치위원회는 교육지원청으로 이관되었습니다. 이에 따라 경미한 학폭에 대해서는 교원이 교육적 지도와 학생간 관계 회복이라는 본연의 역할에 충실하게 되고, 중대한 학폭은 교육지원청에서 심의함으로써 학폭 처분의 전문성과 신뢰도를 높일 수 있게 될 것입니다.

법률의 개정만으로 모든 문제가 해결되지는 않겠지만 그럼에도 교권 보호를 위한 3대 법률 개정을 실현하여 선생님들의 교육 활동을 보호하는 데 상당한 효과를 거둘 것으로 기대합니다.[58]

소위 '교권 3법'의 개정 내용에 대해서 독자들은 어떻게 생각하는가? 교사와 학부모의 입장이 갈릴 수 있을 듯하다. 물론, 교사와 학부모 집단 내에서도 다양한 목소리가 존재할 것이다. 내 의견을 말하자면 일단은 개정 내용에 대해서 긍정적이다. 특히, 「학교폭력예방 및 대책에 관한 법률」의 개정 내용에 대해서는 환영한다. 기존의 「학교폭력예방 및 대책에 관한 법률」은 학생들의 다툼에 대한 교육적 지도 자체를 매우 어렵게 하였다. 사안이 발생하면 교육이 개입할 여지가 없이 법적 판단과 처벌의 프레임이 작동했기 때문이다. 그 폐해는 이만저만 큰 것이 아니었다. 앞으로도 사례 연구에 기반하여 무엇이 최선의 방안인지를 계속 찾아가야 한다.

자, 원래의 물음으로 다시 돌아가 보자. 현실에서 교원의 지위는 잘 보장되고 있는가? 한국교총의 보고서를 보면 '아니다'가 답이다.

소위 '교권 3법'을 개정해야 할 정도로 많은 교원이 고통을 호소하고 있다. 그런데 여기서 아쉬운 점이 있다. 한국교총의 보고서가 정의 내리고 있는 '교권'과 '교권침해' 개념에서는 학생의 학습권이 주변화되어 있다.* 물론, "교사의 가르칠 권리(학생의 학습권 보장)"라고 하여 괄호 안에 학생의 학습권 보장을 병기하고 있기는 하다. 그러나 교사의 교권 또는 교육권이 학생의 학습권 보장을 위해 존재하는 권한이라는 점을 생각하면 구색 맞추기처럼 보인다. 한국교총을 비롯한 많은 교원단체는 교권 보호에 기울이는 만큼의 노력을 학생의 학습권이나 인권 보장에 기울이고 있을까? 물론, 열심히 노력하는 단체도 있을 것이다. 판단은 전문가와 일반 시민의 몫이다. 문제는 소위 '교권 3법'과 같은 법을 계속 만들고 개정하는 노력을 한다고 교권침해 문제가 해결 가능할까 하는 점이다. **교사와 학생, 학부모의 신뢰 관계가 회복되지 않는 이상 이런 입법적 보호는 궁극적인 해결책이 되지 못할 것이다.**

현재 많은 교사가 부당한 교권침해로 고통당하고 있다. 그러면 학생들은 어떨까? 학생인권단체의 자료를 보면 수없이 많은 학생이 부당한 인권침해로 인해서 고통당하고 있다. 현재 우리나라 학교에서 교사도 학생도 별로 행복하지 않다. 여기서 잠깐 세계에서

* 학생의 학습권이 주변화됨으로써 교권침해라는 개념도 균형을 잃게 된다. 김재윤은 '교원의 지위에 대한 침해의 유형'을 '학생의 학습권과 교원 지위의 침해', '학부모와 국가에 의한 교원 지위의 침해', '입법부작위에 의한 교원 지위의 침해'의 세 가지로 분류하고 있다(김재윤(2018). 앞의 논문. 135~138쪽). 한국교총의 교권침해 개념은 이 중 학생과 학부모의 침해에 훨씬 큰 무게중심을 두고 있다. 그러다 보니 교육의 자유를 침해하는 국가의 부당한 간섭이나 입법부가 '교원지위 법정주의'라는 헌법의 요구를 반영하는 적극적인 입법을 하지 않아 발생하는 침해를 제대로 다루지 못하고 있다.

가장 행복하다는 덴마크 교육을 살펴보자. 오마이뉴스의 오연호 대표는 여러 해 전부터 덴마크의 행복 교육을 한국에 열심히 소개하고 있다. 마르쿠스 베르센(Markus Bernsen)이 쓰고 오연호가 기획·번역한 《삶을 위한 수업 - 행복한 나라 덴마크의 교사들은 어떻게 가르치는가?》에는 덴마크 교사의 수업과 수업 철학이 잘 묘사되어 있다. 오연호는 책의 서문에 덴마크 교사들이 공유하는 수업 철학 열한 가지를 열거하고 있다. 이 중 이 글의 주제와 관련이 깊은 것을 소개하겠다.

1. 학생 이전에 인간이다. 공부 이전에 관계가 중요하다. 교사와 학생 사이에 인간적인 관계 형성이 중요하다. 친밀감과 신뢰감이 있어야 한다.
3. 학생을 경쟁의 노예로 만들지 않는다. 좋은 경쟁을 유도한다. 나쁜 경쟁이 나만을 위한 것이라면 좋은 경쟁은 나와 우리 모두를 위한 것이다.
4. 상위 10퍼센트에 들지 않아도 괜찮다. 뒤처진 학생들도 끝까지 챙긴다. 학생 모두에게 크고 작은 성취감을 안겨 주면서 주눅이 들지 않게 한다.
6. 교실에서 교사와 학생이 권력을 분점한다. 교사의 자율권을 중요하게 여기는 만큼 학생의 자율권도 보장한다. 학생을 '젊은 어른'으로 취급한다. 비판 정신을 길러 준다.
10. 교실은 입시 전쟁터가 아니라 '웰빙(well-being)'을 체험하는 생활공

동체다. 학교와 교실은 집같이 편안해야 하고 왕따와 폭력이 없는 안전한 공간이어야 한다.
11. 학교는 민주주의를 '가르치는' 곳이 아니다. 민주주의를 '실천하는' 삶의 현장이 되어야 한다. 학교 운영에 대한 학생들의 참여가 보장되어야 한다.[59]

첫 번째 나오는 문장을 몇 번 소리를 내서 읽어 보라. "학생 이전에 인간이다." "학생 이전에 인간이다" 너무 당연한 말 아닌가? 학생은 학생이나 학습자이기 이전에 인간이다. 교사도 교사이기 이전에 인간이다. 학생이나 교사나 인간으로서 존엄을 보장받고 행복을 추구할 권리가 있다. **학습권과 교권이라는 상호 충돌하는 것처럼 보이는 권리를 인권과 행복추구권이라는 더 넓은 기본권의 지평 위에 놓으면 새로운 길이 열린다.** 학교에서 교사와 학생을 포함하여 모두가 행복해야 한다. 그러한 행복 가득한 학교를 가꾸어 갈 소중한 책무가 교사의 어깨 위에 놓여 있다.

• 교권은 누구에 의해서 침해되고 있는가? •

그동안 '교권'이라는 말을 아무 생각 없이 받아들였다. 그러다가 단어를 곰곰이 곱씹어 보니 갑자기 낯설다. '가르칠 권리'는 너무 당연한 것이 아닌가? 다른 직업도 자신이 하는 일을 보호받기 위해서 특별한 권리 보장을 주장할까? 예컨대, '대통령의 대통령권', '판사의 판결권', '검사의 검찰권', '경찰의 경찰권' 등. 이런 조어들을 해 놓고 나니 너무 낯설다. 교사라는 직업에만 특수하게 교권이 보장되어야 하는 이유는 무엇일까? 그것은 본문에서도 밝혔듯이 국민의 교육받을 기본권 혹은 학습권을 보장하기 위해서이다.

그렇다면 우리의 '교권' 논의는 이 본질적 요소를 충분히 고려하고 있을까? 한국교총 보고서의 '교권'과 '교권침해' 개념에는 이 본질적 요소가 부족하다. '학생의 학습권 보장'이 (   )에 묶여 있는 것은 학습권 보장이 (잉여)에 불과하다는 것을 오히려 적나라하게 드러내는 것이 아닐까? 한국교총만 그럴까? 다른 교사단체들은 어떨까? 교권을 법으로 힘겹게 보장받아야 하는 현실은 무엇을 폭로하고 있는 것일까?

이화여대 김언순(2014)의 〈기본권으로서 교권에 대한 논의 : 교권보호의 출발점〉은 현 상황에 대해서 "학생인권과 교권은 대립한다는 교권침해 담론과 그에 기초한 정부의 교권 보호 정책은 학생과 교사의 기본권 제약을 전제하고 있다"라는 비판을 내놓고 있다. 또, "그동안 우리 사회에서는 공교육과 교권 개념에서 인권 요소를 배제시킨 결과, 학생과 학부모에 의한 교권침해만 부각되었고 국가 권력의 교육 지배를 관철시키기 위한 교권침해는 간과되어 왔다", "헌법 정신에 기초해 교사의 교육의 자유와 정치적 자유가 최대한 보장되어야 함에도 불구하고, 현행 법률은 학생의 미성숙함과 교사의 공무원 신분을 이유로, 기본권적 성격을 갖는 교육의 자유와 정치적 자유를 제한하고 있으며, 학교장을 중심으로 한 관료적 교육 행정을 통해 교권을 심각하게 침해해 왔다"라고 주장한다.

다시 근본으로 돌아가서 질문해 보자. 교권 이전에 교사와 학생 모두 인간으로서 기본적인 인권이 보장되어야 한다. 그 토대 위에서 학습권과 교권이 존재한다. **교권침해가 심해진다고 아우성치는 때에 잠시 멈추어 서서 교권을 침해하는 존재가 누구인지를 근본에서 재검토해야 한다.** 교육의 자유! 정치적 자유! 학생의 인권 보장! 당신은 무엇이 더 중요하다고 생각하는가? 아니면 이 모든 것이 동시에 성취되어야 할까?

5장

교사 성장 없는 한국의 교장 승진 제도

1급 정교사 자격 연수 강사로 초빙을 받을 때가 있다. 일반적으로 이 연수는 교직 발령 3~5년 차 정도의 교사들이 받는다. 언제부터인가 연수 참여 교사들에게 하는 질문이 하나 있다. "당신은 어떤 모습으로 정년을 맞고 싶은가"라는 질문이다. 평교사, 교감, 교장, 수석교사, 연구사, 연구관 등 여러 선택지를 제시하고 손을 들어 보라고 한다. 제시한 선택지 중에서 3~5년 차 교사들은 어디에 손을 가장 많이 들까? 많은 사람이 교장으로 정년을 마치는 쪽에 손을 많이 들 것으로 추측한다. 그러나 정반대이다. 평교사로 교직 인생을 마무리하겠다는 선택에 손을 드는 교사들이 압도적으로 많다. 예를 들어, 약 200명 정도의 연수생이 있다고 하면 교장을 선택하는 비율은 채 10명을 넘지 않는 경우가 많았다. 여러 지역에서 동일한 질문을 여러 번 해 보았는데 결과는 유사했다.

이 대목에서 약간의 의심이 생긴다. 연수생들의 속마음도 정말 그럴까? 우리나라는 욕망을 노골적으로 드러내는 것을 좋아하지 않는다. 따라서 승진에 대한 진짜 마음을 숨길 수도 있다. 그래서 좀 더 안전하게 답할 수 있는 질문을 계속 던져 보았다. "만약 10년이나 15년쯤 지나서 여러분이 중견 교사가 되었을 때 제가 똑같은 질문을 한다면 교장으로 정년을 맞이하겠다는 사람이 지금보다 늘어날까요, 줄어들까요?" 이번에는 늘어날 것으로 추측하는 쪽이 상당히 많아진다. 이 또한 어느 지역에서나 유사한 반응이다. 그다음에 나는 다소 곤혹스러운 질문을 하나 더 던진다. "경력이 늘어남에 따라서 교장이 되겠다는 사람이 증가하는 것은 자연스러운 성장의 결과일까요, 아니면 욕망의 타락일까요?"

자연스러운 성장일까, 욕망의 타락일까?

위 질문을 하면 연수생들 사이에는 한바탕 웃음이 터져 나온다. 웃음의 의미가 무엇일까? 이 질문이 한국의 교원 승진 제도의 곤혹스러운 한 단면을 건드리고 있기 때문이다. 연수생들의 웃음 이후에 나는 분위기에 따라 이 양자택일의 질문에 다시 손을 들어 보게 한다. 결과는 어떨까? 한쪽으로 의견이 완전히 수렴되지는 않는다. 욕망의 타락 쪽에 손을 드는 교사들도 적지 않다. 왜 일군의 교사들은 교장 승진이 욕망의 타락이라고 생각할까? 사실 한국의 교원 승진 제도의 문제점을 지적하는 글이나 학술 자료들은 무수히 많이 있다. 여기서는 《교사가 교사에게》라는 책을 쓴 이성우의 글을 인용해 보고자 한다.

삶은 주로 선택의 문제라 생각합니다. 그리고 선택은 필연적으로 갈등을 동반하기 마련입니다. 이 땅에서 교사인 사람이면 누구나 겪게 되는 선택과 갈등은 '승진'이라는 문제입니다. 이 땅에 교사는 승진을 이룬 사람과 승진을 포기한 사람이 있을 뿐 이 두 존재 양식을 벗어난 경우는 드물 것입니다. 단언컨대, 교사치고 승진을 한 번쯤 생각해 보지 않은 사람은 없다 하겠습니다. 이렇듯 승진을 꿈꾸는 이는 많은데 승진 자리는 적기 때문에 승진의 길은 이런저런 추함과 부조리를 파생시킵니다. 학교교육에 약간의 고민이라도 품고 살아가는 교사라면, 학교에서 일어나는 대부분의 문제가 바로 이 승진 제도에서 기인한다는 문제의식을 품을 겁니다.

아이들을 벗어나기 위해 승진에 성공한 사람은 웃음 짓고 승진에 실패해서 우울한 사람은 교실을 지키는 곳에서, 전자가 후자를 통솔하는 시스템 속에서, 교육의 밝은 미래는 생각할 수 없습니다. 때문에 이 땅의 교육이 바로 서기 위해 하루속히 이 불합리한 시스템은 혁파되어야만 하지만, 그와 무관하게 우리 교사들은 승진 집착과 승진 포기라는 1차원적인 존재 양식을 뛰어넘어 바람직한 교직 삶을 위한 나름의 교사상을 정립해 가야 합니다.[60]

이성우는 책의 이곳저곳에서 승진 제도의 문제점을 지적하고 있다. 〈좋은 교사가 되기 위해서 하지 말아야 할 것들〉이란 글에서는 승진 제도의 문제점을 논리적 측면, 도덕적 측면, 철학적 측면의 세 가지 차원에서 논한다. 내용 분량이 다소 많으므로 내가 이해한 바를 요약하여 기술하고자 한다.[61]

첫째, 논리적 측면이다. 교사는 가르치는 사람이다. 다시 표현하면 학생들의 성장을 돕는 사람이다. 따라서 교사의 존재는 교실 안에서 아이들의 성장을 지향하며 아이들과 더불어 있을 때 그 의미를 부여받는다. 그런데 교사의 승진이 교실을 탈출하고 아이들에게서부터 벗어나는 길이라면 이는 논리적으로 앞뒤가 맞지 않는 길이다. 따라서 승진 제도 자체는 논리적인 모순 덩어리이다.

둘째, 윤리적 측면이다. 조직 이론의 측면에서 승진 시스템은 구성원이 조직 발전을 위해 바람직한 행동을 하도록 유도하는 보상 체계이다. 조직원은 그 승진 시스템에 순응함으로써 조직의 발전에도 기여하고 자신의 전문성도 높여 간다. 그런데 승진 제도의 논리적 모순은 이를 어렵게 만든다. 현행 제도하에서 승진을 위해서 노력하는 것은 교사를 그만두는 길을 향해 나아가는 일이기 때문이다. 이는 자가당착적 모순이다. 따라서 승진을 추구하는 교사는 분열적인 삶을 살 수밖에 없다. 승진 욕구와 교육 혼은 양립하기 어렵다. 승진에 혈안이 될수록 아이들을 가르치는 것과 멀어지는 윤리적 딜레마에 처하게 된다.

셋째, 철학적 측면이다. 여기서 잠깐 이성우가 철학적 측면이라고 했을 때 무엇을 의미하는지 의문이 드는 면이 있다. 사실 논리나 윤리는 철학의 중요한 하위 영역이기 때문이다. 아마도 이성우는 논리와 윤리를 포괄하는 좀 더 근본적인 비판을 하고 싶었던 것으로 보인다. 이를 위해 이성우는 칼 마르크스와 스피노자를 소환한다. 속물적 가치를 쫓아서 점점 자신의 본래성에서 멀어져 가는 것을 소외라고 부르는 칼 마르크스, 그리고 더 나은 것을 향하는 포부는 야망이지만 잘못된 야망은 자기 정념의 노예가 갖는 빗나간 열정에 불과하다고 비판하는 스피노자를 인용한다. 이를 통해 현 제도에서 교사가 승진을 추구하는 일이 소외를 부르는 동시에 자기 정념의 노예가 되는 길이라고 주장한다.

이성우는 〈교사는 무엇으로 사는가〉라는 글에서도 승진 제도의 문제점을 설득력 있게 비판한다. 현행 승진 제도가 과업 그 자체의 흥미나 즐거움으로 추동되는 내발적 동기가 아니라 돈이나 점수 따위의 보상 혹은 강압이나 위협 같은 외재적 동기에 기반한다고 비판한다.

> 교사는 '승진'이라는 이름의 외발적 동기에 사로잡히는(passive) 순간 더 이상 선량한 교사이기를 그칩니다. 학교에서 발생하는 온갖 반교육적 작태들의 대부분은 이 '승진'이라는 외발적 동기에 터해 빗나간 정념(passion)에 사로잡힌 교사들, 왜곡된 피라미드 구조의 상층부에 있는 소수의 승진파들에 의해 빚어십니다.[62]

우리나라의 교원 승진 제도는 어떻게 되어 있나?

도대체 한국의 교원 승진 제도는 어떻게 되어 있길래 이런 비판이 제기되는 것일까? 교원의 승진은 「교육공무원법」 제13조(승진), 제14조(승진후보자명부), 제42조(연수 실적 및 근무성적의 평정)와 「교육공무원 승진규정」 등에 근거하여 이루어진다. 〈그림 1〉은 교원 승진 제도를 핵심 내용 중심으로 도식화한 것이다. 점선이나 실선 옆에 적혀 있는 숫자는 승진에 필요한 최소 근무 연수이다.

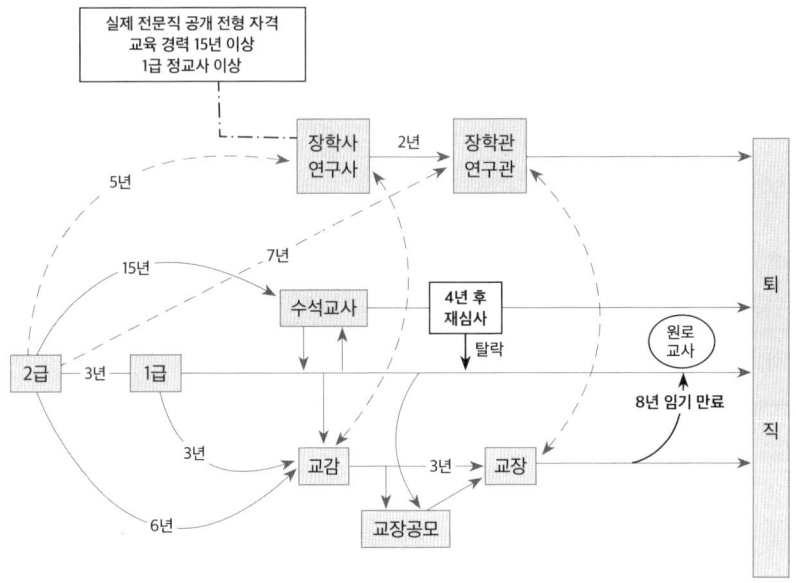

※ 이 내용은 김무영 교수(경운대)가 「초·중등교육법」의 제21조(교원의 자격)와 [별표 1] 교장·교감 자격 기준, [별표 2] 교사 자격 기준, 그리고 「교육공무원법」 제29조의 2(교장 등의 임용)와 [별표 1] 교육전문직원의 자격 기준 등을 참고하여 작성한 내용을 수정 보완하여 도표화한 것이다. 햇수는 법적 최소 연한이며, 점선으로 표시한 것은 전직(轉職)에 해당하는 이동이다. 자세한 내용은 법령을 참고하라.

그림 1 한국 교원의 경력 사다리(carrier ladder)

 내용을 간단히 설명하고자 한다. 교원 양성 대학을 졸업하고 임용 시험에 합격하고 나면 2급 정교사가 된다. 현장에서 3년 경력이 지나면 1급 정교사 자격 연수(1정 연수)를 받고 1급 정교사가 된다. 이후에 교사가 택할 수 있는 길은 몇 갈래로 나뉜다. 크게 네 가지로 정리해 보겠다. 첫째, 교실에서 학생들을 열심히 가르치다가 평교사로 정년을 맞이하는 것이다. 인원수로 볼 때 가장 많은 교사가 이 길을 걷는다. 둘째, 승진 점수를 열심히 획득하여 교감, 교장으로 승진하는 길이 있다. 이를 위해서는 경력, 근무 성적, 연수 성적, 가산점 등을 성실하게 관리해야 한다. 셋째, 공개 시험을 통해서 장학사, 연구사와 같은 교육 전문직으로 전직하는 길이 있다. 여기서 '전직轉職'이라는 말이 생소할지 모르겠다. 교육 전문직은 법령상 교원이 아니므로 전직에 해당한다. 일반인들 대부분 그리고 적지 않은 교사들도 이 사실을 잘 모른다. 교감, 교장과 교육 전문직이 서로 순환하면서 근무하기 때문이다. 넷째, 수석교사가 되는 길이 있다. 수석교사제는 가장 최근에 신설된 제도이다. 2011년에 법제화되어 실제 운영에 들어갔다.*

한국의 교원 승진 제도가 가지고 있는 모순은 수석교사제를 신설한 이유에서도 확인할 수 있다. 수석교사제의 시행은 교단에서 가르치는 교사를 우대하는 풍토를 조성하며 왜곡된 교원 승진 체계를 개선하자는 논의와 밀접하게 관련되어 있다. 〈그림 1〉에는 여러 길이 평면적으로 나열되어 있다. 그러나 교사들에게 가장 중요한 승진 루트는 '2급 정교사 - 1급 정교사 - (부장 교사) - 교감 - 교장'으로 나아가는 길이다. 여기서 모든 승진의 최종 목적지는 교장으로 향해 있다. 물론, 연구사와 장학사 시험을 통한 길도 있다. 이 경우에도 전문직이 적성에 맞아서라기보다는 더 빨리 교장이 되려는 동기가 작용한다. 이런 문화 때문에 이성우는 교사는 교장을 희망하는 교사와 교장을 포기한 교사로 나뉠

* 「초·중등교육법」 제20조 제3항은 "수석교사는 교사의 교수·연구 활동을 지원하며, 학생을 교육한다"라고 규정하고 있다.

수 있다고 말했다.

일반적으로 교감이 되면 교장이 되기는 어렵지 않다. 그래서 부장 교사에서 교감으로 승진하려는 경쟁이 매우 치열하다. 4대 평정 요소 중 경력 평정, 연수 성적 평정의 경우 교직 경력이 쌓이고 직무 및 자격 연수를 거치면서 교원들 간에 어느 정도 평준화가 이루어진다. 결국 승진은 근무 성적 평정과 가산점 경쟁을 통해서 결정된다고 말할 수 있다.[63]

문제는 이런 근무 성적 평정과 가산점 경쟁이 별로 교육적이지 못하며, 교장으로서 리더십을 기르는 데도 별로 도움이 안 된다는 점이다. 이와 관련하여 교사들이 현행 승진 제도를 어떻게 인식하고 있는지 비교적 최근의 논문 몇 편을 살펴보자. 엄문영(2018)은 〈교원 승진제도에 대한 교사들의 경험이야기 : 행동적 의사결정론의 관점에서〉에서 승진 제도에 대한 교사들의 경험을 연구하였다. 개별 심층 면담과 초점 집단 면담의 방법을 활용하여 교육대학원에 재학 중인 초등학교 교사 12명의 경험을 들었다. 연구 결과, 교사들은 현행 승진 제도를 '다양한 업무 경험을 유도하는 승진 제도', '관리직에 대한 동경과 낙오하기 싫은 마음을 유발하는 승진', '교육 활동과 교직 생활을 멀리하게 만드는 승진 제도', '정치적 관계 형성과 치열한 부장 경쟁을 유발하는 승진 제도'의 특징을 지니는 것으로 인식하고 있었다. 이런 주제어들은 전체적으로 긍정적인 의미를 담고 있지 않다. 승진을 하려면 누구나 기피하는 학교에 근무하거나 어려운 업무를 마다하지 않고 다양한 업무 경험을 쌓아야 한다. 이렇게 학교에 대한 헌신의 결과로 주어지는 보상이 관리직이지만, 점수 관리에 치중하게 만들어서 수업이나 학생 지도로부터 멀어지게 하고, 승진 가산점 획득을 둘러싸고 비교육적 경쟁도 발생한다는 것이다.[64]

전수빈·이효정·장환영(2019)은 〈승진에 대한 교원의 인식과 교직문화 탐색〉에서 교원이 승진과 승진 제도에 대해서 어떤 의미를 부여하는지를 연구하였다. 연구 대상은 학교급, 교육 경력, 승진 준비 여부 등을 고려하여 5개 집단으로 묶인 28명의 교사였다. 초·중·고등학교 교사, 남교사와 여교사, 다양한 교육 경력의 교사, 승진을 준비하는 교사와 그렇지 않은 교사가 골고루 참여하였다. 이 연구의 방법도 초점 집단 면담법이었다. 연구 결과를 보면, 교원들은 학교장이 되는 승진을 '교육관의 실현 : 자신만의 교육 철학을 실현하는 교직 생활의 정점'으로 인식하고 있었다. 그러나 승진 과정은 승진할 만한 사람에게 점수를 몰아주는 관행으로 인해서 어느 학교에 배치되는가와 같은 자신의 노력과는 상관없는 '운칠기삼'의 성격을 지니고 있다고 보았다. 그로 인해 '승진에 대한 자조적 태도가 만연'되어 있다고 하였다. 그래서 **교사들은 '잘 가르치는 교사가 승진할 수 있는 승진 제도', '승진하지 않아도 고경력 교사가 대우받을 수 있는 학교 문화 형성'을 희망하고 있었다.**[65]

교원 승진 제도 개선을 위해 어떤 시도들이 있었나?

그동안 교원 승진 제도 개선을 위한 어떤 시도들이 있었는가? 이에 대해서도 이 짧은 글에서 다 담을 수는 없다. 내가 생각하기에 핵심적인 내용을 중심으로 기술하겠다. 현재의 교원 승진 제도에서 점수를 축적하려면 적어도 10~20년이 넘는 기간 동안 유무형의 노력을 하고, 여기에 운도 따라야 한다. 이런 기존 제도하에서 열심히 점수를 쌓은 사람들이 있다. 이들은 중립적인 의미에서 일종의 기득권층이다. 따라서 제도 개혁은 쉽지 않다. 교원 승진 제도 개혁은 현장 교사들 간에 이해관계가 대립하는 문제일 수밖에 없다.

이와 관련하여 교장이 조직의 중추 역할을 하는 한국교총과 최근까지 평교사들이 중심인 전교조는 서로 다른 목소리를 내 왔다. 한국교총은 기존 교원 승진 제도 개혁에 소극적이었다. 정부나 지방자치단체의 개혁 시도에 반대 목소리를 높이기도 했다. 대신에 한국교총은 수석교사제의 도입에 적극적이었다. 원론적으로 말하면 제대로 된 수석교사제의 도입은 교장을 정점으로 하는 승진 체계를 허물고 가르치는 교원이 존중받는 교직 문화를 조성한다는 점에서 훨씬 더 근본적인 성격을 지닌다. 그런 수석교사제를 한국교총은 왜 적극적으로 옹호했을까? 여기에는 전략적 선택이 어느 정도 개입되었다고 본다. 교장 그리고 교장이 되기 위한 점수를 축적한 회원들이 적지 않은 비중을 차지하고 있는 한국교총의 입장에서 현행 승진 제도 자체를 뒤흔드는 것은 어려운 일이다. 따라서 현행 승진 제도의 틀을 유지하는 상태에서 경력이 높으면서도 승진을 하지 못한 교사들을 위한 대안적인 제도를 구안하는 것이 더 나은 접근이라고 판단했을 것이다. 교장을 정점으로 하는 일원화된 승진 제도를 이원화하는 것은 명분상으로도 밀리는 주장이 아니다. 따라서 초기에 한국교총은 수석교사제의 도입에 적극적인 태도를 보였다.[66]

이에 비해서 전교조는 관료적인 관리자를 양산하는 교장 승진 제도 자체를 부정하는 입장이다. 전교조는 수석교사제 또한 교직 사회에 또 하나의 계층 혹은 계급을 만드는 제도라고 판단한 것으로 보인다. 이런 입장에서 전교조가 현행 승진 제도의 대안으로 일관되게 주장한 것은 교장선출보직제이다.[67] 학교 구성원이 교장을 직접 선출해야 민주적 리더십을 담보할 수 있다고 판단한 것이다. 여기에 더하여 교장 임기가 끝나면 평교사로 돌아가서 학생을 가르치는 일을 해야 한다고 보았다. 이것이 보직제의 뜻이다. 이런 주장을 할 때 전교조는 대학 구성원이 선거를 통해 총장을 뽑으며 임기 수행 후 다시 교수로 돌아가는 국립 대학교의 사례를 모델로 들었다. 그러나 전교조의 이런 주장은 20년이 넘도록 받아들여지지 않고 있다. 정책 당국의 보수성도 작용하였겠지만 적어도 다수 대중을 설득하는 데 실패한 결과라고 본다. 교장선출보직제는 아직까지도 전교조가 표방하는 방안이다.

진보 교육감이 전체 교육감 가운데 압도적인 다수를 차지하게 된 상황에서 교장선출보직제에 대한 대안으로 부상한 것이 내부형 공모제를 확대하는 것이다. '내부형' 공모제는 교장 자격증 유무와 관계없이 교육 경력 15년 이상의 교원은 누구나 교장에 지원할 수 있는 제도를 말한다. 그러나 '자율학교 및 자율형 공립고'로 지정된 학교 중 교장 결원이 발생한 곳의 15% 이내에서만 내부형 공모를 할 수 있어서 절대적 숫자가 많지 않았다. 그러던 것이 2018년 이후 법령 개정으로 그 비율이 15%에서 50%까지 확대되었다. 이는 의미 있는 비율 확대이기 때문에 비로소 내부형 공모제가 본격 시행되었다고 할 수 있다. 일정한 기간이 지나면 이런 제도 변화로 인한 내부형 공모제의 성과를 가늠해 볼 수 있을 것이다.[68]

한편 교장을 포함한 교원 승진 제도 개선에 관한 연구는 경기도교육청에서 비교적 활발히 이루어졌다.[69] 경기도교육청의 지역적 상황이 반영된 것이기는 하지만 함께 살펴볼 가치가 있다. 단기 개선 방안으로는 '교감 자격 면접시험의 강화와 면접 대상자 확대', '특정 지역 교감 우선 발령제', '교육 전문 직원 직무 전문성 강화를 위하여 보직형 장학사 확대', '중간 평가 도입' 등을 제시하였다. 중·장기 개선 방안으로는 '교감 자격증 소지자 대상 교감 공모제 도입', '교사 대상 공모를 통한 교감 자격 연수 대상자 선발', '내부형(교사 대상) 교장 공모제 제한 비율 삭제', '교장 임기 4+4제', '교장·교감 리더십 아카데미 도입' 등을 제안하였다. 가장 최근의 자료로는 전국시도교육감협의회의 연구 자료가 있다.[70] 여기에도 여러 가지 개선 방안이 담겨 있다. 눈여겨볼 대목은 동료 다면 평가 강화, 1정 연수 성적 반영 비율 축소, 교감의 교장 승진 방식 개선, 교장 중임 심사 실효성 강화 등이다. 더 자세한 내용은 자료를 참고하기를 바란다. 최근 논의들이 교장 승진 제도에서 벗어나서 교원 승진 제도 전체로 시야를 넓히고 있는 점은 평가할 만하다.

전체적으로 보면 한국교총은 기존의 제도를 옹호하는 위치에서 있고, 전교조는 민주적 선출이라는 담론에서 크게 못 벗어나고 있다. 이에 비해서 경기도교육청 등 일부 교육청의 논의가 더 진전된 것으로 보인다. 다음에서 살펴보겠지만 **학교장은 조직의 리더로서 합당한 전문성과 민주성을 동시에 갖추어야 한다. 전문성이 민주성을, 민주성이 전문성을 자동으로 담보해 주지 못한다. 이 점에서 기존의 논의들은 시대적 한계를 극복하지 못하고 있다.** 교감 공모제 등 새로운 제도를 도입할 때도 민주성과 전문성 문제를 균형 있게 고려해야 한다.

다른 나라 교원 승진 제도는 어떻게 되어 있을까?

여기서 다른 나라의 교원 승진 제도는 어떻게 되어 있는지를 간략히 살펴보자. 이를 비교하기에 좋은 자료를 제공하는 곳은 1988년 미국 뉴욕주에 설립된 비영리 정책 분식 및 개발 기관인 국립교육경제센터이다. 이 기관에서 운영하는 팀 중 하나가 국제교육비교분석센터The Center on International Education Benchmarking이다. 국제교육비교분석센터는 홈페이지에서 국제적으로 높은 학업 성취도를 올리고 있는 10개국 — 캐나다, 에스토니아, 핀란드, 홍콩, 일본, 폴란드, 상하이(중국), 싱가포르, 한국, 대만 — 의 교육 전반에 대해서 비교적 간명하고 친절한 설명을 제공하고 있다. 우수한 다른 나라의 교육에 대해서 궁금한 사람들에게 추천하고 싶은 좋은 입문 사이트이다.[71] 제공하는 정보에는 교사와 교장의 질 관리teacher & principal quality에 관한 사항도 포함된다. '교사 충원과 보수', '교사 교육과 연수', '교사 승진 제도', '교사 전문성 개발', '학교 지도자 육성'의 다섯 가지 주제로 나누어서 각 나라의 상황을 간략히 개관한다. 이 중 '교사 승진 제도', '교사 전문성 개발', '학교 지도자 육성' 항목이 이 글과 관련되는 주제이다.

내용을 살펴보면 10개국 모두의 사정이 제각각 다르다. 예를 들어, 승진과 관련하여 캐나다, 핀란드, 대만 등은 공식적인 승진 사다리 career ladder가 없거나 명확히 정의되어 있지 않은 나라이고, 홍콩, 에스토니아 같은 나라는 원래 경력 사다리가 없었으나 새로운 승진 제도가 설계되거나 논의되고 있는 경우이고, 상하이(중국), 일본 등은 공식적인 경력 사다리가 존재하는 나라에 속한다. 또, 교사의 수행이 보수와 연계되지 않는 예도 있고, 성과 평가와 상당히 연계되는 예도 있다. 교사 전문성 개발과 관련하여서도 특별한 의무 사항이 존재하지 않고 교사의 자발성에 위임되는 사례가 있는가 하면, 최소 전문성 개발 시간이 정해져 있고 중국, 일본 등과 같이 일정한 주기로 교원 자격증을 갱신하는 예도 있다. 교장의 경우는 거의 모든 나라에서 교사 경력을 요구하고 있으며, 거기에 더하여 일정 정도의 행정 경력 및 전문적 학위나 자격증을 요구하는 경우가 대부분이다. 교장 리더십 과정은 강화되는 추세에 있는데 이는 학교 지도자의 역할이 점점 더 복잡해지고 있기 때문이다. 전체적으로 보아서 특정한 제도의 공통성을 찾기는 어려우나 교원의 경력 사다리를 교원 전문성 개발과 연계시키려는 시도와 함께 학교 관리자 대상의 연수와 교육도 강화하는 경향을 보인다.

우리나라 교원 승진 제도의 문제점부터 분명히 하자

다른 나라 교원 승진 제도에 대해서 아주 간략히 살펴보았다. 나라마다 제도가 다양하다. 그러나 공통점에도 주목할 필요가 있다. 학생 성장에 이바지하는 성공적 학교가 되려면 학교장에게 특별한 지도력이 있어야 한다는 데는 많은 나라의 인식이 같다. 그래서 모범적인 나라들은 교장 자격 제도도 개혁하고, 연수 프로그램에 대한 투자도 늘리고 있다. 그러면 우리는 어떻게 해야 할까? 몇십 년 동안 유지해 온 낡은 제도를 계속 고수해야 할까? 아니면 시대에 맞는 새로운 틀을 짜야 할까?

흔히 개혁을 못 하는 원인으로 기득권층의 저항을 말한다. 기득권층은 전문가들을 동원해서 기득권을 정당화하고 공익으로 포장하는 데 능하다. 그래서 오랫동안 관례화된 제도를 바꾸기가 쉽지 않다. 그러나 곰곰이 따져 보면 교장 승진 제도를 바꾸는 일은 다른 사회경제적 개혁 과제에 비해 상대적으로 쉽다. 예컨대, 경제적 불평등 문제를 생각해 보자. 소득과 자산 불평등 문제는 매우 심각하다. 이는 세대를 이어 가며 재생산된다. 그래서 문제의 심각성에는 모두 공감하지만 가진 자의 저항을 뚫기가 어렵다. 사적 소유권 문제는 자본주의 핵심 가치와 맞닿아 있기 때문이다. 현행 헌법의 관련 조문들도 서로 충돌하는 부분이 있다. 따라서 합의 가능한 제도를 만들기가 쉽지 않다. 이런 구조적 문제에 비하면 교장 제도는 상대적으로 바꾸기 쉽다. 현재 교장은 대개 8년가량 직을 수행하면 원로 교사로 근무하거나 정년을 맞이한다. 자식에게 물려줄 수 있는 자리도 아니다. 따라서 실체를 따져 보면 그다지 강고한 기득권이 아니다. 기존 제도 아래에서 남들이 싫어하는 벽지 근무도 하고 현장 연구도 해서 점수를 누적해 온 사람들이 제도를 바꾸면 손해를 입는 정도이다. 물론 제도는 안정적으로 운영되는 것이 좋다. 그러나 관행을 모두 존중한다면 사회는 영원히 바꿀 수 없다.

현행 교장 제도의 문제점은 오래전부터 제기되어 왔다. 따라서 이제는 테이블에 올려놓고 큰 방향을 정하여 개혁하는 것이 옳다고 본다. 보통 정치적 협상을 할 때는 쉬운 것부터 합의해 간다. 교장 제도 개선에 관해서도 합의 가능한 지점에서 출발하면 어떨까? 나는 현행 교장 승진 제도의 문제점에 대한 공통 인식에서 출발하면 좋다고 본다. 문제점에 동의하면 해결책은 비교적 쉽게 찾을 수 있다. 왜 교장 승진 제도가 문제인지 정리해 보자. 위계질서가 분명한 군대를 예로 들어 보겠다. 의무 복무제가 아니고 직업 군인제로 운영되는 나라를 하나 상상해 보자. 이 나라는 병사 중에서 장교를 선발하는 제도를 운용한다. 병사들은 장교가 되려면 미리 정해진 기준에 따라 여러 해 동안 점수를 모아야 한다. 다른 병사보다 점수를 더 따야 하는 상대 평가 제도이다. 점수는 크게 근무 연수, 근무 성적, 훈련 경력, 가산점의 네 영역으로 구성되어 있다. 그런데 일정한 복무 기간이 지나면 근무 연수와 훈련 경력은 모든 장병이 비슷해진다. 따라서 장교 선발을 좌우하는 것은 근무 성적과 가산점이다. 그런데 두 평가 영역이 장교 선발에 적절한지가 문제다. 근무 성적은 왜 문제일까? 상급자가 평정자들이다. 위계질서가 엄격한 군대에서 성적 평정 권한까지 상관이 행사하니 선배에게 잘 보여야 하는 것은 당연지사이다. 일사불란한 군대 운영을 생각하면 이것은 장점이다. 그러나 불합리한 지시에도 항의하기 어렵다는 단점이 있다. 결과적으로 근무 평정이 높은 장병들은 순응적 성향일 가능성이 크다. 다음으로 가산점 운영 방식이다. 다른 사람이 근무를 꺼리는 지역에 배치되거나 고된 일을 하게 되면 보너스 점수를 받는 식이다. 예를 들어, 견디기 힘든 한지寒地에서 근무하거나, 심야에 불침번을 서면 점수를 더 많이 받는다. 이런 방식이 무슨 문제냐고 생각할 수도 있다. 봉사하고 희생했으니 점수를 당연히 더 받아야 하지 않는가? 맞는 말이다. 상식적인 제도로 보인다. 하지만 한 발 더 들어가서 생각해 보자. 보상하는 것은 나쁘지 않다. 그런데 왜 장교가 될 자격을 주는 것이 보상일까? 심야에 불침번을 더 선다고 장교로서 지도력이 함양되는가? 더욱이 본인 희망이 아니라 부대 사정으로 배치받을 때에도 가산점을 받는다면 어떤가? 이 나라의 장교 선발 방식이 지극히 불합리해 보이지 않는가?

현행 교장 자격 부여 방식이 바로 그렇다. 핵심은 현재의 교원 평정 제도가 교장 리더십과는 하등 관계없는 요소들로 주로 구성되어 있다는 점이다. 이것은 심각한 문제이다. 만약 지금 비유로 설명한 교장 승진 제도의 문제점에 관해 다른 의견이 있다면 경험적이고 논리적인 반론을 기대한다. 첨언을 하자면 교육부가 현재의 제도를 통해서 도서 벽지와 같이 열악한 환경에 있는 학생들에게 양질의 교사를 배치해 온 것은 평가할 만하다. 이로 인해 많은 외국의 사례에서 목도할 수 있는 열악한 지역의 교사 부족 현상이 한국에는 없다. 이는 평등하게 교육받을 권리와 관련하여서도 칭찬할 일이다. 그러나 그런 지역에 복무하였다는 사실이 교장의 자격을 얻는 조건에 중요하게 작용하는 것이 논리적으로 정당화되기는 어렵다.*

교장 승진 제도 개선 이전에 먼저 고민해야 할 것들

문제점에 동의한다면 해결책을 찾기도 어렵지는 않을 것이다. 이 글에서 아주 구체적인 해결책은 제시하지 않을 것이다. 사실 그런 역량도 없다. 다만 좋은 교장이 양성될 수 있도록 기본적인 제안을 두 가지만 하려고 한다. 첫째, **교장이 무슨 역할을 하는지를 분명히 정할 필요가 있다.** 「초·중등교육법」 제20조 제1항은 "교장은 교무를 총괄하고, 소속 교직원을 지도·감독하며, 학생을 교육한다"라고 규정하고 있다. 이 규정만으로는 교장의 역할을 정확히 파악하기 어렵다. 반면에 일부 선진국들은 교장의 직무 수행에 대한 상세한 기준을 제정하여 운영하고 있다. 우리나라도 교장의 **직무 수행 기준**부터 만들어야 하지 않을까? 교장이 무슨 책임을 지는 사람인지 명확히 하면 누구를 교장으로 임명할지도 분명해질 것이다.

둘째, **교장을 비롯한 학교 관리**

---

* 교장 승진 제도와 관련하여 또 하나의 매우 중요한 통로는 장학사 시험에 합격하여 일정 기간 근무한 후 교장으로 나아가는 경로이다. 전체 교장의 30% 이상을 차지하는 이 방법이 어떤 장단점이 있는지는 이 글에서는 다루지 않는다. 다음 과제로 남겨 두려고 한다.

자 대상으로 질 높은 연수 프로그램을 개발하는 일이다. 교육계에는 아직도 연구·개발 기반 연수 프로그램research and development based training program이라는 아이디어가 낯설다. 교원 연수는 대부분 강사의 개인기에 의존한다. 나는 여러 해 전부터 연수가 연구를 통해 개발되어야 한다고 주장해 왔다.* 당연히 학교 관리자 대상 연수도 그렇다. 독자들의 이해를 더하고자 미국 사례를 하나 소개하겠다. 국립교육경제센터가 1999년부터 교장 리더십 프로그램을 개발하는 과정이다.[72] 국립교육경제센터는 카네기 재단, 포드 재단, 교육부 합동 논의의 결과로 교장을 위한 연수 프로그램 개발을 의뢰받았다. 제안을 받고 나서 국립교육경제센터는 미국을 비롯하여 전 세계의 교장 리더십 프로그램을 수소문하였으나 좋은 사례를 찾지 못하였다. 이에 교육계 외부에서 지혜를 얻고자 했다.

눈을 돌려 살펴본 쪽이 군대와 경영계였다. 그 결과 위계질서가 명확한 군대의 프로그램보다 비즈니스 쪽에서 교훈을 얻을 수 있다고 판단했다. 그래서 센터 담당자들은 하버드경영대학원Harvard Business School: HBS 프로그램을 참관하였다. 당시 하버드경영대학원은 새로운 정보 기술이 MBA 과정 내의 사업 관리 프로그램business

* 나는 동료 교수와 교원들과 함께 교육부 '2016~2018 통합사회 교과 선도 교원 연수'와 '2019 교원의 민주시민교육 역량 강화를 위한 연수(학교장, 교사)'를 일종의 실행연구 방식으로 개발하였다. 이에 관하여는 [이혁규·곽영순·박윤경·신영준(2018). **2015 개정 교육과정의 현장교원 연수 분석을 통한 연수체제 개선 방안 연구**. 교육부; 이혁규·박윤경·길현주·이효인(2019). 2015 개정 통합사회 교원연수 프로그램의 특징 및 적용 가능성 분석 : 교원연수 프로그램 개발의 패러다임 전환. **열린교육연구**, 27(3), 119~144쪽; 박윤경·이혁규·박새롬·심소현·박경수(2021). 민주적 학교공동체 교사 역량 강화를 위한 연수 프로그램의 개발과 적용. **시민교육연구**, 53(1), 27~56쪽]를 참고하라.

adminstration program을 어떻게 개선할 수 있는지를 실험하고 있었다. 이 프로그램은 사례 기반이었다. 하버드는 사례 하나를 발굴하는 데 80만 달러를 사용했다. 발굴된 사례를 실시간 교육을 위한 대화형 버전으로 변환하는 데는 100만 달러를 소비했다. 이런 개발 과정에 착안하여 국립교육경제센터도 교장 리더십을 신장시키기 위한 온·오프라인 프로그램 개발에 착수한다. 2년 동안 1200만 달러가 투입되었다. 그 결과 사례 연구, 시뮬레이션, 게임, 그리고 실행 연구 프로젝트를 중심으로 하는 12~15개월의 프로그램이 개발되었다. 이 프로그램은 이후 여러 주로 확산하였다. 이 프로그램을 이수한 교장이 경영하는 학교는 학생의 성취도에 있어서 통계적으로 유의미한 결과를 보였다. 연구팀은 이후에도 프로그램을 계속 개선하고 있다.

2010년대에 들어와서 연구팀은 개선해야 할 두 가지 주요 사항을 발견한다. 첫째, 교장뿐 아니라 교육장, 교육감을 포함하는 리더십 네트워크 전체를 함께 바꾸어야 한다는 것, 둘째, 높은 성취를 보이는 다른 나라를 모범 삼아 교육 시스템 전체를 개혁하는 요소를 강화하는 것이다. 이런 개선 사항이 반영되어 2015년부터 새로운 프로그램이 개발·적용되고 있다. 연구·개발을 통한 프로그램이 무엇인지를 잘 보여 주는 사례이다. 우리나라의 학교 관리자 프로그램도 이런 과정을 통해 개발되어야 한다. 요약하자면 교장의 전문성 수행 기준을 제정하고, 학교 관리자의 역량을 강화하기 위한 프로그램 개발에 지금보다 훨씬 많은 투자를 해야 한다.

교장 승진 제도를 교사 성장이라는 큰 그림 속에 위치시키기

글을 마무리하려고 한다. 그 전에 생뚱맞은 질문을 하나 제기하겠다. 왜 교사들은 교장 승진 제도에 관심이 많을까? 당연한 것을 묻는다고 의아해할 사람도 있을 것이다. 최고 리더의 역할이 중요하다는 것은 누구나 인정하는 사실 아닌가? 그 점을 부정할 생각은 전혀 없다. 내가 궁금한 점은 교장 승진 제도에 관심을 두는 동기이다. 앞에서 미국 교장 리더십 프로그램 개발 과정을 소개했다. 이 프로그램 개발의 동기 중 하나는 교장 지망자가 줄어들고 현직 교장들이 조기 은퇴하는 상황에 대한 위기감이다.

반면에 한국은 교장이 되려는 경쟁이 매우 치열한 나라이다. 교장이 인기 있는 이유는 무엇 때문일까? 교장의 역할을 잘해서 존경받기 때문일까? 아니면 누릴 것이 많고 편하기 때문일까? 즉답하지는 않겠다. 대신 생각의 실마리는 약간 제공하려고 한다. 우리나라의 교장 제도 개선에 대한 현장의 목소리들을 살펴보라. 교장의 역할과 전문성 문제에 관한 치열한 고민*보다는 교장을 누가 해야 하는지에 대한 논쟁이 상대적으로 훨씬 많다. 한 교장은 이런 현상

* 교장의 전문성을 담보하기 위한 직무 기준이 필요하다는 주장은 간간이 있었으나 본격적인 논의는 거의 이루어지지 않았다. 이에 대한 논문으로는 [유길한(2018, 12). 학교장의 한국형 직무표준 : 교장의 역할 변화에 대한 이해. **한국교육행정학회 연차학술대회 발표 자료집**]이 있다. 내가 아는 한에서 한국에서 교장의 직무 기준을 최초로 작성한 시도는 '사단법인 징검다리교육공동체'가 2021년 9월 19일 개최한 '학교장의 민주적 리더십을 위한 정책 토론회'에서 발표한 〈학교장의 민주적 리더십 : 교직 직무가이드라인을 중심으로〉이다. 이를 계기로 학교장의 직무 기준에 대한 논의가 본격화되어 새로운 시대에 맞는 교장을 선발하고 양성하는 계기가 되기를 희망한다.

을 '의자 뺏기 놀이'와 비슷하다고 언급하기도 했다.

나는 학교 현장을 관찰하면서 정말 좋은 교장도 적잖이 만났다. 그러면서 현재의 교장 승진 제도가 이들에게도 짐이 됨을 확인하곤 한다. 앞에서 이성우가 지적했듯이 교육적으로 정당화되기 어려운 맹점을 지니고 있기 때문이다. **제도의 모순 때문에 좋은 교장들도 악조건 속에서 시작해야 한다. 교육에는 관심 없고 승진 점수만 쫓아서 그 자리에 올랐다는 교사 일반의 불신을 마주해야 하기 때문이다.** 그런 불신을 해소하고 신뢰를 쌓는 데만 6개월에서 1년은 족히 걸리곤 한다. 현행 교장 승진 제도는 좋은 교장들이 훌륭한 꿈을 펼치는 데도 장애물인 셈이다.

이 글의 제목은 "교사 성장 없는 한국의 교장 승진 제도"이다. 교장 승진 제도를 **교사의 생애사적 성장**이라는 패러다임 속에서 논하는 것이 필요하다고 보기 때문이다. 교장 승진 제도 논의는 교사의 성장 담론의 한 부분으로 다루어져야 한다. 이와 관련하여 다음 두 나라 중에 어느 쪽이 우리가 지향해야 할 큰 방향일까?

핀란드 시스템은 학교와 교사의 자율성에 중점을 두기 때문에 교직은 경력 사다리(career ladder)가 명확하게 정의되어 있지 않다. 교사들은 교실, 수업 계획, 수업 외 시간에 대한 통제권을 가지고 있다. 그러나 2016년에 새로운 교육과정을 도입하면서 정부는 튜터-교사(tutor-teacher)직을 신설하여 2,200여 개 종합학교(comprehensive school)에 배치할 것을 제안했다. 튜터-교사들은 동료 교사를 지도(peer-to-peer guidance)하고, 새로운 교육과정 실행, 다교과적 학습 모듈의 설계, 디지털 교수법의 융합, 그리고 다른 교육 및 학습 영역에 관한 지원을 제공한다. 2016~2019년 사이에 정부는 튜터-교사를 훈련하고, 이들이 아이디어를 공유하는 지역 네트워크를 구축할 수 있도록 2,300만 유로(미화 2,800만 달러)를 지원하였다.

성공적인 교사들은 지역의 시 당국에 의해 교장으로 임명될 수 있다. 교장들은 학교 예산과 행정의 다른 측면을 감독하지만, 교사들에 대한 권한은 많지 않다. 핀란드에는 평가를 위해 교장이 교사를 관찰하는 전통은 없다. 소규모 학교에서는 교장들이 다른 임무에 더하여 수업 부담(teaching load)을 질 수 있다.[73]

싱가포르의 잘 알려진 세 가지 경력 사다리 트랙은 교원 전문성 신장 시스템의 핵심 요소이다. 초·중등 교사들은 새로운 임무를 수행하고자 하는 열망과 준비 — 일반적으로 근무 경력 3년 이내 — 가 된 이후에는 세 가지 직업 트랙 — 교원 트랙(teaching track), 지도자 트랙(leadership track), 전문가 트랙(specialist track) — 중 하나를 선택할 수 있다. 교원 트랙에서는 교사는 주요 수석 교장(Principal Master Teachers)의 위치까지 승진할 수 있다. 지도자 트랙에서는 교사는 학교 내의 지도자에서 감독관(Director-General of Education)으로까지 승진할 수 있다. 전문가 트랙에서 교사들은 연구 및 교육 정책에 집중하며, 최고 전문가(Chief Specialist) 지위까지 오를 수 있다. 교사들은 어떤 경로에서든 자동으로 다음 단계로 승진하지 않는다. 새로운 역할과 책임을 맡기 위해서는 필요한 교육이나 멘토링을 받아야 한다. 또 교육자성과관리시스템(Educator Performance Management System: EPMS)을 통해 직무를 잘 수행하는 데 필요한 지식, 기술, 역량을 갖추고 있음을 입증해야 한다. 관리시스템(EPMS)은 전문적 실천, 리더십 관리, 그리고 개인적 효율성의 세 영역에 대한 연차 평가를 포함하고 있다. 교사들은 업무에 대한 개인적 목표를 설정하고 충족시켜야 하며, 그들의 교수 행위에 대한 관찰을 통해서 평가 루블릭(rublic)으로 역량의 향상을 입증해야 한다.

관리시스템은 교사가 해당 트랙에 적합한지 판단할 수 있는 자료도 제공한다. 교장과 장학진들은 이 자료를 바탕으로 3년 동안 관찰하여 정보를 제공하며 교사는 관리 시스템 점수, 관찰 결과, 자신의 선호를 반영하여 트랙을 변경할 수 있다. 교사들의 임금은 첫 3년 동안만 자동으로 인상된다. 그 후에도 물가 등을 반영한 임금 인상이 있지만, 실질적인 임금 인상은 각 트랙에서의 승진과 연계되어 있다. 각 트랙에는 급여 인상이 이루어지는 13개의 단계가 있으며, 반드시 교장의 추천에 기반하여 승진이 이루어진다. 우수한 성과에 대해서는 교원 연봉의 10~30%에 달하는 보너스를 준다.[74]

두 나라 모두 국제적으로 학생들의 학업 성취가 매우 높은 나라이다. 또 교사 교육도 잘하는 나라로 인정받고 있다. 그런데 교사의 질 관리와 성장 방식은 완전히 극과 극이다. 핀란드는 승진의 사다리 자체가 불명확하다. 교사는 고도의 자율성을 가지고 상호 협력한다. 작은 학교 교장이라면 수업도 직접 해야 한다. 반면에 싱가포

표 3 근무 연수에 따른 교사 효능감[75]

	근무 연수	평균	표준편차
교사 효능감	1~5년	3.70	0.68
	6~10년	3.81	0.65
	11~15년	3.85	0.63
	16~20년	3.83	0.72
	21~25년	3.72	0.75
	26년 이상	3.76	0.78

르는 승진의 사다리가 너무 명확하다. 초경쟁적 시스템으로 교사의 전문성을 단련해 간다. 이를 통해 국제적으로 인정받는 교사의 질을 유지하고 있다. 그렇다면 한국은 어디로 가야 할까?

그 전에 2017년에 내가 전국시도교육감협의회의 위탁으로 진행한 《한국의 수업 혁신, 현황과 전망》 연구의 결과를 하나 인용하겠다. 이 연구는 층화표집에 의해 전국 약 3만 명의 교사에게 배포되어 약 5,000명이 응답한 대규모 조사였다. 여기서 나는 근무 연수에 따라서 교사 효능감이 어떻게 변화하는지 살펴보았다. 그 내용은 〈표 3〉과 같다.

5점 만점 척도에서 평균은 3.70~3.85 사이에 있다. 11~15년 차 교사들이 가장 높은 교사 효능감 점수를 보이고 이후는 다시 하강한다. 이는 교사가 생애 주기 내내 성장하지 못하고 있음을 보여 준다. 그렇다면 교사 성장의 문화와 제도를 점검하고 재구축해야 하지 않을까? 이와 관련하여 최근 몇몇 연구들이 교사의 생애 주기별 성장에 관심을 가지는 것은 고무적인 일이다.[76] 이 연구들은 교사의 생애사적 발달에 관심을 가지고 이를 지원하기 위해서 선임교사, 전문교사 등 새로운 제도 도입을 주장하고 있다. 예를 들어, 이동엽 외(2020)는 생애 주기 전문성 개발을 위해 '임시교사 자격 → 정교사 자격 → 선임교사 자격(5~7년 주기로 3차까지 갱신)' 안을 제안하고 있다. 김성천 외(2021)도 선임교사 및 전문교사제 도입을 위해 네 가지 안을 제시하고 있다. 이런 방안을 포함하여 심도 깊은 교원 성장을 위한 제도 개혁 논의가 필요하다.

나의 연수 강사 경험 이야기로 돌아가 보자. 나는 1정 연수 교사들에게 "지금 손 든 사람들보다 교장이 되겠다는 열망을 지닌 사람이 더 많았으면 좋겠다"라고 말한다. 독자 중에는 이런 말을 하는 것이 이해가 안 되는 분도 있을 것이다. 평소 수업이 가장 중요하다고 주장하는 사람 아니던가? 인내하고 조금 더 들어 보시라. "저는 현장을 관찰하면서 좋은 선생님을 많이 만났습니다. 좋은 학생들도 많았고요. 하지만 상대적으로 좋은 교장은 적었던 것 같습니다. 반짝거리는 원석과 같은 장영실은 많은데 그것을 알아보고 키워 줄 수 있는 세종이 없는 셈이라고 할까요? 교육 분야뿐 아닙니다. 우리 사회 전체가 좋은 리더십에 목마릅니다. 그런데 좋은 리더십은 하루아침에 길러지지 않습니다. 좋은 학교를 꿈꾸며 공부하고 준비하는 사람이 지금보다는 더 많았으면 합니다."

이어서 정말 하고 싶은 말을 한마디 덧붙인다. "좋은 교장은 어떤 교장일까요? 교장 자신의 정년 퇴임식보다 평교사의 정년 퇴임식이 더

화려하고 의미 있도록 학교를 경영하는 사람입니다. 공교육의 최전선에 있는 분들이 평교사들입니다. 이분들이 관리직으로 승진하지 못했다고 패배자라고 느끼는 학교 문화를 만들어서는 안 됩니다. 평교사가 정년을 맞이할 때 보람과 자부심을 느끼면서 성장의 정점에서 아쉬움과 환대를 받으며 떠날 수 있는 학교! 당신은 그런 학교의 교장을 열망하시나요?" 나는 요즘 교장 연수에서도 이 말을 반복한다.

내가 잘 아는 교사들 몇몇은 학교의 교사들을 세 부류로 나눌 수 있다고 했다. 교장으로 상징되는 승진을 지향하는 교사, 승진보다는 수업과 학생 성장에 집중하는 교사, 양쪽에 다 관심이 없고 안빈낙도安貧樂道를 즐기는 교사가 그것이다. 그리고 마지막 부류가 증가하고 있는 것도 교직 사회의 큰 문제라고 했다. 우리의 시야를 교원 승진 제도라는 좁은 범위에서 교사 전체의 성장이라는 지평으로 넓혀야 할 까닭이 여기에 있다.

선임교사나 전문교사제의 도입과 같은 제도를 통해서 이 문제를 다룰지, 교사의 자발성과 높은 수준의 전문적 자본에 의해서 이 문제를 해결할지는 신중한 논의가 필요하다. 촘촘한 승진 제도를 두는 싱가포르 모델이 있는가 하면, 교사의 높은 자율성을 중심으로 하는 수평적인 핀란드 모델도 있기 때문이다. 무엇이 우리에게 적합한 방향인지 교직 사회 내 생산적이고 열린 논의가 필요하다. 그러나 교원 모두가 평생 성장하는 체계를 갖추어야 한다는 대원칙 아래에서 합의가 이루어져야 할 것이다.

• 교장실일까, 총장실일까? •

조직의 최고 책임자의 집무실은 어떤 모습일까

어느 교장 연수에서 위 사진을 보여드리고, 어디인지 맞혀 보라고 질문했다. 많은 교장 선생님들이 교장실이라고 추측하였다. 내가 직무하는 총장실의 한 부분이다. 학교장들이 이 사진을 보고 교장실이라고 생각한 이유는 교장실의 가구 배치와 거의 유사하기 때문이다.

교장과 총장의 역할이 무엇인지 법조문을 한번 살펴보자. 「초·중등교육법」 제20조 제1항은 "교장은 교무를 총괄하고, 소속 교직원을 지도·감독하며, 학생을 교육한다"라고 되어 있고, 「고등교육법」 제15조 제1항은 "총장 또는 학장은 교무(校務)를 총괄하고, 소속 교직원을 감독하며, 학생을 지도한다"라고 되어 있다. 법령상으로 교장과 총장은 거의 동일한 역할을 수행하고 있다. 그래서일까? 총장을 1년 반 하고 나니 교장 선생님들에게 감정 이입이 많이 된다. 얼마나 고생이 많을까? 그 많은 민원은 어떻게 해결하나? 나누고 싶은 이야기가 참 많다.

참, 사족을 하나 달자면 교사들은 국립 대학의 총장 직선제를 부러워하는데 여기도 유토피아는 아니라는 점을 말씀드린다. 총장 선거 후유증이 적지 않은 대학들이 많다. 하나의 제도를 도입하는 것으로 좋은 리더도 얻고 바람직한 문화도 조성할 수 있으면 얼마나 좋겠는가? 하지만 현실은 만만치 않다. 국립 대학교 총장 선거 제도에서 고질적 갈등은 교원, 직원, 학생의 투표 환산율을 정하는 문제이다. 청주교육대학교를 예로 들자면, 교수 69명, 직원 75명, 학생 약 1,500명(대학원 포함)이다. 이러한 인구 구성비를 고려할 때 1인 1표 방식은 정답이 아니다. 문제는 모두가 합의 가능한 대안이 없다는 점이다. 그래서 선거 때마다 많은 대학이 홍역을 앓는다. 급기야 국회가 개입하여 총장을 직접 선출할 경우, '해당 대학 교원의 합의'가 아니라 '해당 대학 교원, 직원 및 학생의 합의'된 방식과 절차에 따르도록 2021년 9월 「교육공무원법」(제24조 제3항 제1호)을 개정하였다. 지면의 제약으로 자세히 설명할 수는 없지만 이러한 개정은 문제를 악화시킬 위험성이 더 높다. 초·중등학교에서도 만약 선출 보직제를 도입한다면 방식과 절차에 대해 심각하게 고민해야 할 것이다.

한편 내 총장 임기는 4년이다. 우리 대학은 4년 단임제로 되어 있다. 누군가는 이 제도도 부러워하려나? 한 사람이 오래 하는 것이 좋은 것이 아니듯 리더십의 교체가 잦은 것도 꼭 좋은 것만은 아니다. 독일의 메르켈 총리 같은 사례를 생각해 보라. 그런데 누가 나보고 더 하라고 한다면? 솔직히 나쁘지 않을 것 같다. 그러나 그것 못지않게 강단이 그립다. 민주적이고 합리적인 총장 노릇 하기에 힘쓰다가 학생들과 더불어 배우는 자리로 돌아갈 날을 가끔은 군대 제대 날짜처럼 기다린다. 교장 선생님들은 어떠하신가? 혹은 총장님들은 어떠하신가?

6장

사회적 통념을 넘어 교사 전문성 다시 생각하기

국가교육회의는 교원 양성 체제 개편과 관련하여 몇 차례 여론 조사를 진행하였다. 이 중 교사 전문성에 대한 일반 시민들의 인식을 짐작할 수 있는 조사 결과를 하나만 인용해 보겠다. 2021년 6월 22일 국가교육회의는 '2022 개정 교육과정을 위한 국민 참여 설문' 결과를 발표하였다. 문항 중에는 '교원 자격증은 없으나 일정 기준을 충족하는 해당 분야 전문가'가 한시적으로 단독 수업을 하는 것에 대해 찬반을 묻는 문항이 포함되어 있었다. 총 10만 명이 넘는 인원이 응답한 이 설문에서 51.5%가 찬성 의견을, 37.2%가 반대 의견을 표하였다.* 이런 여론 조사 결과는 우리 국민의 교사 전문성에 대한 인식의 한 단면을 보여 준다. 만약 정부가 '의사 면허증은 없으나 일정 기준을 충족하는 해당 분야 전문가가 한시적으로 단독 진료를 하는 것'에 대해 찬반을 묻는 설문을 진행한다고 생각해 보자. 그러한 발상을 했다는 것만으로 의료계에서는 난리가 날 것이다. 의사뿐이겠는가? 다른 전문직도 이런 설문 자체를 용납하려 하지 않을 것이다.

한편 2020년 11월 15일 국가교육회의가 '교원 양성 체제 발전

* 설문 문항은 다음과 같다. "고등학교에서 많은 학생이 과목 개설을 희망하지만 담당 교사가 없을 경우, "교원 자격증이 없으나 일정 기준을 충족하는 해당 분야의 전문가"가 한시적으로 단독 수업을 하는 것에 대해 어떻게 생각하십니까? 현재 학교에서는 교원 자격증이 없으면 정규 교사와 협력하여 수업을 같이 하고 있습니다."(원문 출처 : www.eduforum.or.kr/homepage/participation/results/31)

방향 정책 집중 숙의' 과정에서 검토 그룹을 대상으로 "교원 양성의 현장 적합성과 전문성 향상을 위해 양성 기간 연장"을 해야 하는지를 묻는 문항에 대해서 찬성 48%, 반대 49%로 반대가 약간 많았다.* 지난 세월 교사의 전문성에 대한 사람들의 낮은 인식을 고려할 때 이 정도도 상당히 달라진 인식을 반영하고 있다고 나는 판단한다. 설문 결과를 보면서 만약 사범학교가 2년제 교육대학으로 바뀐 1962년과 4년제 교육대학으로 승격한 1981년에 초등 교원 자격을 얻는 데 필요한 수업연한에 대한 여론 조사를 했다면 결과가 어떠했을지 궁금해졌다. 아마도 많은 사람이 수업연한 연장을 반대하지 않았을까? 초등 교원 양성 기관의 수업연한 연장이 박정희, 전두환이라는 막강한 권위주의 정권 시절에 단행된 것이 단지 우연일까?

다른 전문직과 달리 교직에 대해서만은 특별한 훈련이나 자격이 필요하다는 생각에 적지 않은 사람들이 회의적인 태도를 보인다. 그 이유는 무엇일까? 대략 세 가지 정도 — 가르치고 배우는 활동의 보편성, 특정 분야 전문가는 교육도 잘할 것이라는 생각, 사교육 시장의 과도한 발달 — 를 생각해 볼 수 있다. 다른 장에서 이미 설명한 내용도 있으므로 간략히 살펴보겠다. 첫째, 가르치고 배우는 활동의 보편성이다. 《논어論語》의

* 온라인 숙의 및 조사는 2020년 10월 대국민여론조사에 참여한 2,000명 중 성별·연령·지역을 기준으로 294명을 선발하여 11월 14~15일 이틀 동안에 이루어졌다. 이들을 대상으로 교원 양성 체제 전반에 대한 사전 교육을 하고, 하루 동안 온라인 숙의를 진행한 후 핵심 당사자 집중 숙의에서 도출한 쟁점에 대해서 의견을 조사했다(대통령 직속 국가교육회의(2020). **미래학교와 교육과정에 적합한 교사양성체제 발전방향 수립을 위한 조사·숙의 백서**. 14~15쪽).

〈술이편述而篇〉에 "삼인행 필유아사三人行必有我師"라는 말이 있다. 어디에나 배울 수 있는 사람이 있다는 것이다. 굳이 교사 자격증이 필요 없지 않은가? 우리는 곳곳에서 스승을 만날 수 있다. 둘째, 특정한 분야의 전문가이면 곧바로 그 내용을 잘 가르칠 수 있다는 생각이다. 2025년 고교 학점제 시행을 앞두고 해당 분야 전문가가 단독 수업을 하는 것에 50% 이상이 찬성하는 데는 이런 통념이 반영되어 있다. 셋째, 우리나라는 입시 사교육 시장이 엄청나게 발달해 있는 나라이다. 유명 학원 강사들은 일반 교사보다 입시 교육에서 훨씬 경쟁력이 있다. 이 중에는 교사 자격증이 없는 사람도 많다. 그런데 왜 교사 교육이 필요할까?

이런 사회적 통념에는 어느 정도 타당성이 있다. 그러나 이런 통념이 양질의 교사 교육을 받지 않고도 공교육 교사를 할 수 있다는 근거가 될 수는 없다. 공교육은 매우 특수한 형태의 가르침과 배움이 일어나는 공간이다. 따라서 공교육 교사들에게는 그 목적에 맞는 특수한 직업적 전문성이 요청된다. 물론, 이런 관념은 공교육 초기부터 생겨난 것은 아니다. 공교육 태동기에는 교원 양성 교육이 아예 없었거나 충분히 발달하지 못했다. 역사가 진행되면서 학습과 교수의 본질에 대한 이해가 심화하였다. 이와 더불어 교사 교육과 교사 전문성 개념도 진화해 왔다. 문제는 우리 사회의 통념이 이런 역사적 발달 과정을 반영하지 못하고 있다는 점이다. 교원 양성 대학의 교수진조차 '내용만 잘 알면 잘 가르칠 수 있다'라는 낡은 관념을 고수하고 있는 경우가 많다. 이제부터 나는 위에서 열거한 세 가지 통념에 대해서 논박하려고 한다. 그리고 공교육 교사에게 필요한 특별한 전문성에 관해 이야기할 것이다.

교육은 있으나 수업은 없던 시대

인간은 교육적 동물이다. 교육이 존재하지 않는 사회는 상상할 수 없다. 인간 유아는 무기력한 상태로 태어난다. 무기력한 유아가 배우지 않고 성인으로 성장하기는 불가능하다. 원시 사회는 생존을 위한 채집과 사냥이 학습의 주된 내용이었으리라. 채집과 사냥은 대개는 집단 협력을 통해서 이루어졌다. 어린아이들은 부족의 어른을 따라다니면서 모방을 통해서 배웠을 것이다. 때로 별도의 훈련 과정도 수반되었으리라 추정된다. 그러나 생산 활동과 온전히 분리되어 학습이 일어나는 일은 드물었을 것이다. 교육학 용어로 표현하자면 비형식적 교육非形式的 敎育 혹은 비공식적 교육非公式的 敎育이 지배적인 양식이었다. 인류 역사의 대부분 동안 학습은 이런 형식의 교육으로 이루어졌다. 즉, 가르치는 일을 전문으로 하는 직업이 분화되어 있지 않았다.

체계적인 교육이 없이도 배움이 어떻게 가능했을까? 인류의 독특한 학습 능력 때문이다. 동물도 제한된 범위에서 학습할 수 있다. 유인원의 학습은 더 고차원적이다. 그러나 인간 학습에는 사회적 학습 능력이라는 결정적으로 다른 차원이 존재한다.[77] 이 고도의 사회적 학습 능력을 활용하여 인간은 선대先代의 지식을 모방하면서 세대를 이어 갈 수 있었다. 학습 능력이 교육의 선행 조건인 셈이다. 그래서 **인간은 교육적 동물이기 이전에 학습하는 동물이다.** 형식 교육이 지배적 활동 양식이 된 오늘날도 스스로 깨쳐 가는 자기 학습은 여전히 우리 삶의 중요한 부분을 차지한다. "삼인행 필유아사"라는 말도 그런 현실을 지칭하는 것이리라. 어디서나 배울 수 있고 어디서나 가르칠 수 있다. 그 점에서 '교육의 질은 교사의 질을 뛰어넘을 수 없다'라는 명제는 절반의 진실만을 반영한다. 인간은 스스로 학습하는 동물이다. 적어도 잠재성의 차원에서는 그러하다. 첫 번째 통념에는 그런 우리 삶의 경험이 반영되어 있다.

수업의 출현과 교수적^{敎授的} 고민의 발화

그렇다면 형식 교육으로서 수업은 언제 발명되었을까? 이에 대한 정확한 고고학적 증거를 찾기는 어렵다. 아마도 기록 문화가 존재하기 전에 수업 현상이 출현하였을 것이다. 독일 교육학자 쉰켈^{Wolfgang Sünkel}은 역사적 고증 대신 철학적 방식으로 이 문제를 설명한다. 쉰켈은 우선 **"수업은 역사적 현상이지 인간학적 현상이 아니다"**라고 말한다.[78] 그리고 '수업의 기원'에 대한 하나의 일화를 발명함으로써 역사적으로 수업이 출현하는 현상을 묘사한다. 그 시기는 인간 삶이 복잡해져서 사회적 분업이 필요해지는 시기와 맞물린다. 그 일화를 간단히 소개해 보겠다.[79] 이 에피소드는 내가 이전에 쓴 《수업, 누구나 경험하지만 누구도 잘 모르는》에서 언급하기도 했다.

배경은 신석기 시대쯤이다. 어느 마을에 활 제작의 명인이 산다. 그는 활을 만드는 기술을 거의 예술의 경지까지 심화시킨 사람이다. 그는 작업을 방해받지 않기 위해 마을에서 떨어져 혼자 지낸다. 그런데 어느 날 한 소년이 활 제작 기술을 배우고 싶어 찾아온다. 초대하지 않은 불청객이다. 활 제작자는 이 불청객을 계속 쫓아 버린다. 그러나 소년은 단념하지 않고 날마다 찾아온다. 어느 순간 소년의 끈기와 열정에 활 제작자의 마음이 움직인다. 소년을 제자로 받아들이게 된다. 그리고 활 제작 외에 따로 시간을 내어 소년을 가르치기 시작한다. 여기서 수업의 원형이 탄생한다. 이제 학습은 일상 활동이 진행되는 동안 관찰과 모방을 통해서 비형식적으로 일어나지 않는다. 일상 활동과 분리되어 배우고 가르치는 것 자체를 고유한 목적으로 하는 새로운 활동 양식이 출현한다.

이런 수업의 출현은 교사의 탄생을 예고한다. 이 일화에서 활 제작자는 활을 잘 만드는 일과 소년을 잘 가르치는 일이 전혀 다른 차원의 일임을 깨닫게 된다. 특정한 분야의 명인이라고 해서 곧바로 그것을 잘 가르치지는 못한다. 잘 아는 것은 잘 가르치기 위한 필요조건에 불과하다. 그래서 일정한 시간을 내어서 소년을 가르치는 방법을 고민하게 된다. 형식 교육의 교수 방법에 대한 인류 최초(?)의 고민인 셈이다. 교사가 하는 원형적 고민이 이 일화에 잘 담겨 있다. 쉰켈의 일화는 교사라는 직업의 분화와 교수법을 비롯한 교육학의 탄생을 예고한다.

가르치는 직업과 도제식 교육

쉰켈의 이야기는 수업의 탄생에 대한 원형적 이야기이다. 가르치는 일에 대한 원초적인 고민도 잘 반영되어 있다. 여기서 가르치는 사람이 활 제작의 명인이라는 점을 기억해 보라. 명인이라면 그 분야에서 최고의 기술을 가지고 있는 사람이다. 활 만드는 모든 것에 대한 노하우를 다 알고 있는 사람이다. 그러니 아이를 가르치기에 가장 적합한 사람이 아닌가? 그러나 실제 이야기는 전혀 다르다. 다소 긴 인용이지만 중요한 통찰을 담고 있으므로 해당 부분을 직접 인용을 하겠다.

그는 아이에게 시험 삼아 그리고 일단은 잠시만 볼 것을 허락했다. 그러나 아이는 잠자코 있질 못했다. 아이는 질문을 했고, 그 질문은 제법 똑똑한 것이었다. 활 제작자는 작업 도구를 잠시 옆으로 내려놓고 이런저런 도구와 재료들을 손에 들고서 열심히 설명했다. 이제는 아이가 흥분을 하기 시작했다. 아이도 직접 활을 다듬고 싶어진 것이다. 제작자는 이를 허락한다. 아이는 서투른 솜씨로 일을 하다가 그만 귀중한 재료를 망치고 만다. 활 제작자는 화를 낸다. "이렇게 비싼 활을 망치다니!" 쓸데없는 녀석이라고 욕을 퍼붓는다. 아이는 슬피 울기 시작한다.

여기쯤에서 이야기가 끝날 수도 있을 것이다. 사실 이런 식으로 끝나는 이야기들이 수없이 많다. 그러나 우리의 활 제작자는 잘못이 아이에게 있는 것이 아니라 자기 자신에게 있음을 깨닫는다. 아이가 제대로 깎을 수 없는 건 당연한 일 아닌가! 자기 작업이 얼마나 복잡하고 체계적인 것인지를 갑자기 깨달으면서 현재의 자기의 기술 수준에 도달하기 위해 자신이 얼마나 많은 시행착오를 겪었는지를 기억해 낸다. 그는 아이를 안아 주면서 위로한다. **"우리 처음부터 시작하는 게 좋겠다."**

여기서 보듯이 아주 처음부터 시작하는 것은 시간을 필요로 한다. 아이는 매일 찾아왔다. 활 제작자는 매일 한두 시간씩 작업을 중단하고 아이를 가르친다. 그는 아이에게 재료를 어떻게 얻을 수 있는지에 대한 지식을 조금씩 전달한다. 그리고 도구들을 설명하면서 도구들을 만드는 법도 가르쳐 준다. 손으로 잡는 법, 모양 잡기, 깎기를 보여 주는데 처음에는 단순한 것에서부터 점점 어려운 것들을 가르쳐 준다. 처음에는 망친 재료를 갖고 연습하게 하고 점점 숙달이 될수록 싼 재료에서 값진 재료로 옮겨 가며 구성과 깎기를 해 보게 한다. **이 과정에서 활 제작자는 그 기술의 체계적 전수에 관한 새로운 인식과 통찰을 얻는다.**[80](강조는 필자)

여기에는 가르치는 일에 대한 평범하지만 심오한 진실이 담겨 있다. 자기가 잘 알거나 잘할 수 있다고 해서 곧바로 다른 사람을 잘 가르칠 수는 절대 없다. 자전거 타기, 수영하기, 운전하기 등을 가까운 사람에게 가르쳐 본 경험을 떠올려 보라. 활 제작자처럼 화를 벌컥 내는 일은 누구나 경험했을 만한 일상사이다. 그리고 많은 사람이 분을 참지 못하고 교육을 단념한다. 현명한 활 제작자처럼 '잘못이 아이에게 있지 않고 자기 자신에게 있음을 깨닫는 사람'은 많지 않다. 이 깨달음에 도달한 활 제작자는 가르치는 일에 관해서 숙고하기 시작한다. 여기서 "우리 처음부터 시작해 보는 게 좋겠다"는 말은 중의적 표현이라고 나는 해석한다. 아이도 처음부터 시작해야 하지만 장인도 처음부터 다시 생각해야 한다. "기술의 체계적 전수에 관한 새로운 인식과 통찰"은 그런 과정을 통해서 힘들게 주어진다. 특정한 분야의 전문가이면 곧바로 잘 가르칠 수 있다고 생각하는 분들은 이 일화를 깊이 반추해 보시길 바란다. 쉰켈은 이 책에서 이야기의 속편도 제공하고 있다.[81] 세월이 흐름에 따라서 활 제작을 하는 일은 여러 공정으로 나누어져 분업화된다. 그리고 여러 사람이 각 공정에 해당하는 일을 전문적으로 하게 된다. 이 단계가 되면 중세 장인들의 도제식 교육과 유사한 모습을 띤다.

도제徒弟, apprenticeship는 중세 유럽 도시의 수공업 기술자 양성 제도에서 유래한 것으로 알려져 있다.* 노동자, 장인, 기계공 등을 훈련하는 데 주로 사용하던 방법으로 장인이 되고자 하는 사람이 장인의 수하에 들어가서 수년간 관찰과 지도 아래 일하면서 배우는 과정을 의미한다. 수업 기간은 유럽 대륙에선 2~8년, 영국에선 약 7년이었는데, 이 기간에는 장인 집에서 숙식을 함께하면서 기술을 연수하였다. 산업혁명 이후로 많이 쇠퇴했으나 여전히 주요한 기술의 가르침과 전수에 중요

* 도제 교육의 역사는 실제로 이보다 훨씬 이전으로 약 4,000년 전 바빌로니아의 함무라비 법전에도 장인이 도제를 입양했다는 기록이 남아 있다고 한다. 또 B.C. 18년에서 A.D. 3세기 사이의 기록으로 추정되는 고대 이집트의 파피루스에서도 도제에 관한 아홉 가지 계약이 기록되어 있었다. 파피루스에는 직조, 못 제조, 플루트 연주, 속기, 이발 분야 계약이, 함무라비 법전에는 직조, 제빵, 석공, 직물 축융 분야에서의 계약이 기록되어 있다고 한다. [김한미(2009). 도제식 교수-학습의 방법과 구조에 관한 질적 연구 : 성악 레슨을 중심으로. 서울대학교 교육학과 박사 학위 논문. 28쪽] 참조.

한 방법으로 사용되고 있다.[82] 지금도 기능을 연마하는 분야나 음악, 미술, 체육 분야에서는 도제식 교육이 많이 사용되고 있다. 사회적 분업의 측면에서 보면 일부 도제식 교육은 생산 활동과 교육 활동이 분리되지 않고 결합하여 진행된다. 이는 때론 장점으로, 때론 단점으로 작용한다.

공교육 초기에 영국은 이런 도제식 교육 방식으로 교사를 충원하였다는 점도 언급할 가치가 있다. 흔히 '벨과 랭캐스터 방법Bell-Lancaster method' 혹은 '감독 시스템monitorial system'으로 알려진 모델이다. 산업혁명이 시작되고 나서, 영국에서는 노동자 계층의 자녀들에게 대규모 교육을 해야 할 필요성이 증가하였다. 이즈음 영국의 교육자 앤드류 벨Andrew Bell과 조셉 랭캐스터Joseph Lancaster는 각각 독자적으로 유사한 방법을 개발하였다. 상대적으로 나이가 많은 학생들이 미리 배운 내용을 다른 학생들에게 전달하는 방식이다. 학생 교사pupil teacher는 대략 13세에 선발되어 일반적으로 5년 정도의 도제 교육을 받았다. 이들이 동료 학생을 가르치는 동안 학교의 수석교사는 이들의 교수 장면을 감독하였다. 이 제도는 영국의 국가 교육 시스템에도 채택되었다. 이를 통해 영국은 공교육의 초기 확장기에 숙달된 성인 교사의 공급을 늘리지 않고 빠르게 학교를 확대할 수 있었다. 내용 지식과 교수법의 원리에 대한 깊은 이해가 강조되면서 이 모델은 역사의 뒤안길로 사라진다. 그러나 도제식 교육은 학교 기반 훈련school based training의 형태로 여전히 교사 교육 개혁에 때때로 영향을 미치고 있다.[83]

공교육 제도와 교사의 어려움

위에서 다룬 내용은 공교육이 보편화되기 전 상황이다. 앞서 공교육은 매우 특수한 형태의 가르침과 배움이 일어나는 공간이라고 언급했다. 19세기경 서양에서 출현한 근대 공교육은 몇 가지 점에서 이전 시대 교육과 다른 특징을 지닌다. 첫째, 교육에 대한 국가의 전면적 개입이다. 가족, 지역 사회, 종교단체 등이 담당하던 교육 기능의 상당 부분이 국가에 의해 흡수되었다. 따라서 국가의 성격이 교수와 학습 상황을 결정적으로 규정할 수밖에 없다. 당연히 교사의 책무도 국가에 의해 크게 영향을 받는다. 둘째, 모든 아동이 교육받는 대상이 되었다. 이 또한 유례가 없던 일이다. 누구나 교육받을 수 있는 길이 열렸다는 점에서 이는 인류 역사의 거대한 진보이다. 그러나 공교육 교사가 천하의 영재만을 얻어서 선택적으로 교육하는 득천하영재 이교육지得天下英才 而教育之* — 군자의 즐거움을 누리기는 불가능하게 되었다. 셋째, 일정 기간 의무 교육을 받는다는 점도 새로운 특징이다. 이 또한 전에 없던 수혜이지만 학습자의 처지에서 보면 원치 않는 내용을 강제적으로 배워야 함을 뜻한다. 넷째, 나라마다 약간의 차이는 있지만, 대개는 동일 연령대의 학생들이 함께 교육받게 되었다. 이는 그 이전 교육과는 확실히 다른 특징이다. 학급[84]이 발명되면서 교사도 혼자서 가르치는 환경이 되었다. 열린 작업장에

---

* 《맹자(孟子)》〈진심상편(盡心上篇)〉에 나오는 말로 군자의 세 가지 즐거움 중에서 '천하의 영재를 얻어서 교육하는 것'이 세 번째 즐거움이다. '교육(教育)'이라는 단어가 바로 맹자의 이 문장에서 유래하였다.

서 숙달도가 다른 여러 사람과 어울리면서 교수-학습이 이루어지던 도제식 교육과는 다른 작업 환경이다. 다섯째, 사회가 복잡해지고 근대 학문이 발달하면서 학교에서 다루는 내용의 추상성이 상당히 높아졌다. 이로 인해 눈에 보이는 기술이나 기능을 배우는 것과 다르게 학습자들이 교과의 가치를 직관적으로 이해하기가 점점 어려워지게 되었다.

이상과 같은 변화는 공교육 제도의 교사에게 새로운 어려움을 발생시켰다. 교육학자 라바리David F. Labaree는 교사뿐 아니라 교사 교육자가 직면하는 어려움을 다음과 같이 묘사하고 있다.

> 교사 교육자로서 우리의 실천에 대한 하나의 단순한 역설이 교사 교육의 정치학 속에 있다; 가르치는 것(더 나아가 사람들에게 가르치는 방법을 가르치는 것)은 쉬워 보이지만, 전문적 실천의 지극히 어려운 형태이다. 사람들이 효과적으로 가르치는 방법을 배우는 것을 매우 어렵게 만드는 몇 가지 요소를 고려해 보라. 첫째, 교사는 학생들이 교사와 협력하도록 설득함으로써만 성공할 수 있다; 혹은 다른 식으로 말하면 학생들은 동기 부여가 된 경우에만 배운다. 둘째, 학생들은 자신들의 의지에 반하여 교실에 앉아 있다. 셋째, 가르치는 것은 학생들과의 복잡한 정서적 관계를 포함한다. 넷째, 교사는 동료 교사들과 격리된 상태에서 가르쳐야 한다. 다섯째, 교사는 다른 어떤 직업보다 큰 불확실성 속에서 일해야 한다. 마지막으로 교사는 누가 고객인지 불확실한 가운데 학생, 학부모, 지역 사회의 필요와 요구를 동시에 충족시켜야 한다. 그러나 불행히도 교사나 교사

교육자 모두 그들이 일하는 상황의 어려운 문제에 대한 공로를 인정받지 못한다.[85]

공교육 제도의 특징을 고려하면 쉬켈이 만든 일화의 몇몇 부분은 수정이 불가피하다. 우선, 학생이 자기 발로 찾아오는 가장 중요한 설정부터 바꾸어야 한다. 학생들은 억지로 잡혀 와 있다. 그리고 제자가 한 명인 경우와 달리 비자발적인 학생들이 교실에 가득 앉아 있다. 교사가 가르치는 내용도 활 제작법같이 실용적인 것이 드물다. 수학이나 과학처럼 학생들에게 왜 배워야 하는지 설명하기 난해한 추상적 지식이 대부분이다. 더욱이 교사는 활 제작자처럼 그 분야의 장인이 아니다. 오늘날 지식의 축적과 변화 속도를 고려할 때 누구도 최고 장인의 경지에서 오랫동안 지도하는 것은 불가능하다. 그렇다면 이런 바뀐 상황에서 공교육의 교사에게 필요한 전문성은 어떤 것일까?

교수적 삼각형, 교사 전문성 논의를 위한 개념 틀

공교육 제도의 교사에게 필요한 전문성에 대한 논의를 위해 유용한 개념 틀을 하나 활용하려고 한다. 쉬켈의 책에 소개된 '교수적 삼각형'이라는 정삼각형이다. 활 제작자 일화가 수업 발생의 역사적 기원을 담고 있다면 교수적 삼각형은 수업 상황의 근본 구조를 설명한다. 현실에서 관찰할 수 있는 다양한 수업 양태는 이 근본 구조의

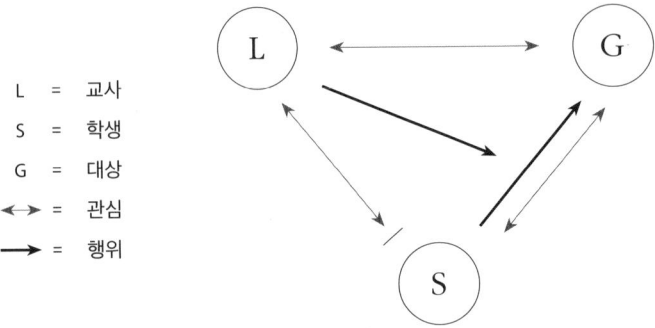

그림 2 교수적 삼각형[86]

변종이라고 할 수 있다. 따라서 수업의 근본 구조를 기반으로 논하면 교사 전문성의 핵심을 이야기하기 쉬울 듯하다. 먼저, '교수적 삼각형'이 무엇인지 간단히 소개하겠다. 이어서 각 요소와 연관 지어 내가 생각하는 교사 전문성을 풀어내 보겠다.

교수적 삼각형은 교사, 학생, 수업 대상의 세 점으로 구성된다. 모형이 정삼각형으로 표상되는 것은 수업에서 교사, 학생, 대상이 똑같이 중요함을 의미한다. 즉, 이 중 하나만 없어도 수업 상황은 사라진다. 쉰켈은 이를 **"이 셋은 동일한 수업적 존엄성을 갖는다"**라고 표현하였다.[87] 교수적 삼각형의 세 점은 관심과 행위로 인해 이어진다. 〈그림 2〉를 보면 행위에는 두 가지가 있다. 하나는 학생이 대상을 향하는 행위이고, 다른 하나는 그것을 향하는 교사의 행위이다. 다시 쉽게 풀어 보자. 수업은 교사, 학생, 배울 내용(대상)의 세 가지로 구성된다. 수업의 목적은 학생이 대상을 학습하도록 하는 것이다. 교사는 교수 활동을 통해 학생에게 학습이 일어나도록 돕는다. 자, 그림에 대한 이해가 어느 정도 되었는가? 이제 각 구성 요소를 중심으로 교사 전문성을 설명해 보겠다. 현재의 공교육 제도를 반영하여 논의를 전개하고자 한다.

수업 대상으로서 교과에 대한 전문성

교수적 삼각형의 한 꼭짓점은 '수업 대상(G)'이다. 인간의 모든 활동이 수업의 대상이 되지는 않는다. 쉰켈은 '오직 성인에 의해서 수행되는 모든 일반적 사회적 활동에 비해 그 수행의 복잡성의 정도가 심하여 그저 따라 하기만 해서는 충분히 빠르면서도 제대로 배울 수 없는 객관적인 (작업, 행위, 반성) 활동'만이 수업의 대상이 된다고 언명하였다.[88] 이 말은 상당히 어렵게 느껴진다. 그러나 활 제작자의 일화를 떠올리면 이해가 쉽다. 아이는 스스로 활 제작술을 배우려고 왔다. 혼자서는 습득할 수 없는 기술이었기 때문이다. 동시에 활 제작술은 그 사회가 유지되고 발전되는 데 유용한 기술이다. 활 제작술의 사례처럼 수업의 대상은 학습자가 혼자서는 배울 수 없는 가치 있는 사회적 활동 정도로 이해해 두자.

공교육 제도에서 '대상'은 일반적으로 '교과'라고 불린다. 물론, 비교과 활동도 있으나, 전체 학교교육에서 차지하는 비중이 아주 낮다. 따라서 공교육 교사는 '대상'의 특수한 형태인 '교과'에 대한 이해가 있어야 한다. 이것은 공교육 교사가 갖추어야 할 특수한 전문성이다. 최근 위상이 다소 하락하고 있지만, 학문 생산과 유통의 주된 장소는 여전히 대학이다. 교사를 비롯하여 여러 분야에서 가르치는 일을 담당하는 사람 대부분이 대학에서 양성된다. 대학이 아카데미즘을 지배하는 환경에서 학교교육에 대한 거대한 사회적 통념이 탄생했다. 학생들에게 가르쳐야 할 '대상'은 '학문'이라는 생각과 초·중등학교에서 배우는 '교과'는 '학문'을 순차적으로 단순화한 것이라는 통념이다. 교사 전문성은 이런 사회적 통념을 넘어서 '학문'과 '교과'가 다름을 인식하는 데서 출발한다.

수학, 철학, 문학 등 학문 자체가 가치 있다는 생각은 매우 오랜 역사를 지닌다. 학문의 위상은 세상을 일반화된 법칙으로 설명하는 자연과학을 필두로 한 근대 학문이 탄생하면서 더 강화되었다. 현대 사회에서 학문의 가치가 워낙 확고하다 보니 교과는 곧 학문이거나 혹은 교육적 목적으로 학문을 단순화한 것이라는 생각이 일반화되었다. 수학이나 과학과 같은 학문의 가치를 신봉하는 이들은 학생들이 수학, 과학을 싫어해도 학교에서 강제로 가르쳐야 함을 추호도 의심하지 않는다.

그러나 학교 교과는 학문보다 훨씬 넓은 인간 활동으로부터 자양분을 공급받는다. 학교 교과의 역사적 변화 과정을 연구한 굿슨Ivor F. Goodson에 의하면 학교 교과는 크게 세 유형 — 이론적·추상적 지식을 추구하는 학문적academic 교과, 실제 생활에의 유용성을 중시하는 실용적utilitarian 교과, 아동의 개인적·사회적 지식을 중시하는 교수법적pedagogical 교과 — 으로 구분된다.[89] 어떤 성격의 교과가 학교에서 더 큰 비중을 점유하는지는 시대마다 달랐다. 동서고금을 막론하고 시대를 초월하는 보편적 교과는 존재하지 않았다. 학문 내재적 가치로 인해 스스로 정당화되는 교과라는 환상은 교과의 실제 역사와는 거리가 멀다. 오늘날 학교에서 가장 중시되는 수학, 과학도 학교교육 전체의 역사를 보면 언제나 그 지위를 탄탄하게 보장받지는 못했다. 미래에 어떻게 될지 또한 알 수 없다. 이런 사실을 바탕으로 굿슨은 학교 교과는 거시적인 사회·정치·경제적 맥락의 제약 속에서 다양한 이해 관심을 가진 교육 관련자들의 타협과 절충의 결과로 만들어지는 사회적 구성물이라고 말한다.

그럼 교사가 지녀야 할 교과 전문성은 무엇인가? '해당 교과에 대한 이해', '해당 교과에 대한 메타적 이해', '비교 교과적 안목과 교과 일반에 대한 이해'를 들 수 있다.[90] 첫째, **'해당 교과에 대한 이해'**는 교사가 담당 교과 내용을 잘 알아야 한다는 뜻이다. 이는 너무 자명해서 설명이 불필요하다. 수학 교사가 수학 내용을, 사회 교사가 사회 내용을 모르고도 잘 가르칠 수는 없다. 다만 '교과에 대한 이해'와 관련하여 하나 더 언급하고 싶은 것은 해당 교과와 해당 교과의 배경이 되는 학문과의 관계와 차이를 인식하는 것의 중요성이다. 이 인식은 왜 가르치며 어떻게 가르쳐야 하는지에 대한 교사의 이해에 심대한 영향을 미친다. 물론 이는 둘째, 셋째 항목과도 깊은 관련이 있다. 둘째, **'해당 교과에 대한 메타적 이해'**란 해당 교과에 관해서 잘 알아야 함을 의미한다. 교과 자체의 형성과 정당화와 관련된 철학적 이해, 교과의 생성과 변화와 관련된 역사적 이해, 교과와 그 배경

교과와 과목의 차이 및
교과(과목) 이기주의의 문제

'교과'와 '과목'이 어떻게 다른지를 아는 사람은 별로 많지 않다. 사전을 찾아보아도 사정은 마찬가지이다. 국어 사전에서 '교과'는 '학교에서 교육의 목적에 맞게 가르쳐야 할 내용을 계통적으로 짜 놓은 일정한 분야'를 말하고, '과목'은 '가르치거나 배워야 할 지식 및 경험의 체계를 세분하여 계통을 세운 영역'이라고 되어 있다. 이 내용만으로는 양자가 구분되지 않는다. 교육학 용어 사전조차 양자를 구분하지 않는다. 그러나 '교과'와 '과목'은 엄연히 다르다. 과목은 교과의 하위 영역이다. 국어 교과 내에는 화법, 작문, 독서, 문법, 문학 등의 과목, 과학 교과 내에는 물리, 화학, 생물, 지구과학 등의 과목이 존재한다. 학교 교육과정은 대부분 다양한 과목들을 포함하는 교과들로 구성되어 있다.

따라서 교육과정 전체가 잘 구성되려면 교과 간의 상호 소통과 협업이 중요하다. 그러나 우리나라는 협업은커녕 '교과 이기주의'라고 불리는 대립만 만연하다. 이런 상황에서는 학생의 전인적 성장을 위한 고려가 개입되기가 어렵다. 이 문제를 좀 더 객관적으로 이해하기 위해서 우선 현재의 학교 교과들의 성격을 한번 살펴보자. 다음 그래프는 내가 학교 교과들을 이해하기 위해서 만들어 본 분류도이다.

이 중 '교과 이기주의'를 둘러싼 논쟁은 학문 지향적 교과보다는 실천 지향적 교과, 단일 배경 교과보다는 다배경적 교과에서 더 많이 발생하는 경향이 있다. 전자가 후자보다 상대적으로 안정적인 지위에 있기 때문이다. 교육과정 개정 때마다 발생하는 주요 대립은 시수 배분을 둘러싼 논란이다. 시수 배분은 특정 교과를 담당하는 교사 수요와 직결되어 있다. 따라서 교사 공급을 담당하는 양성 기관에서는 시수 조정 문제가 나오는 순간 이성을 상실한다. '이성을 상실한다'라는 표현은 다소 과격하지만, 이보다 더 적합한 표현이 있을까? 이해 관계자들은 학생들은 안중에도 없고 자기 교과를 수호하기 위해서 온갖 논리를 동원한다. 교육과정 개정 작업은 이 싸움으로 매번 엄청난 홍역을 치른다.

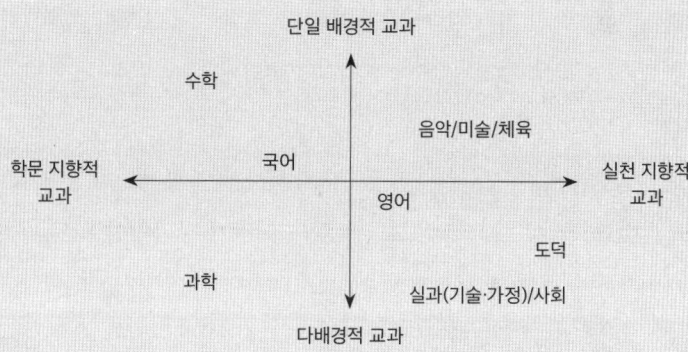

※ 단일 배경/다배경 분류는 주로 '교과명'과 대학 학부에 개설된 '전공명'의 관계를 기준으로 함

학교 교과의 분류도[91]

그런데 자세히 들여다보면 시수 배분을 둘러싼 싸움은 교과보다는 교과 내 과목 간에 훨씬 더 치열하다. 즉, 영어, 국어, 수학, 사회, 과학 등 교과 사이의 싸움보다는 사회 교과 내의 역사, 지리, 일반사회 사이의 싸움이 더 뜨겁다. 따라서 때에 따라서 '교과 이기주의'보다는 '과목 이기주의'라는 용어가 더 정확한 표현이다.

과목들은 교과 내에서 더 넓은 영토를 차지하고, 나아가서 독립 교과가 되기를 꿈꾼다. 거기에 가장 근접한 과목이 '역사' 과목일 것이다. 사회 교과 내의 역사 교과는 사실상 독립 교과인 것처럼 행동하고 또 독립 교과이기를 갈망한다. 그러나 그 꿈은 온전히 실현되지 않고 있다. 우리나라처럼 강력한 민족주의를 배경으로 '역사교육'에 국민 다수가 우호적인 환경에서도 왜 그것이 불가능할까?

여기서 어떤 과목이 교과의 지위를 얻기 위한 조건을 잠시 생각해 보자. 우선, "가르쳐야 할 내용을 계통적으로 짜 놓은 특정한 분야"가 학교에서 가르칠 가치가 있음이 널리 받아들여져야 한다. 그것이 충족되면 과목의 지위는 얻을 수 있다. 여기서 다시 교과의 지위로 올라서려면 중요한 관문이 존재한다. 의무 교육 단계인 초등학교부터 중학교까지 매 학년 주당 2~3시간 정도를 가르칠 가치가 있다는 사회적 동의를 확보해야 한다. 왜 주당 2~3시간일까? 이보다 적으면 교사 양성과 배치의 비효율성이 급격하게 증가한다. 학생 처지에서도 1시간 분량의 교과가 많아지면 깊이 있는 학습의 기회가 줄어든다. 극단적으로 모든 교과목이 1시간 이수 단위라면 중학생들은 한 학기에 30명가량의 교사를 만나야 한다. 얼마나 비효율적이겠는가? 요즘처럼 심층 학습(deep learning)이 강조되고 프로젝트형 수업이 장려되는 상황에서는 학습자의 학습에도 도움이 될 리가 없다. 작은 학교라면 교사의 책임 시수 확보도 어렵다.

따라서 이 관문은 생각보다 중요한 교과의 성립 기준이다. 문학, 물리, 역사 등이 독립 교과의 지위를 얻기 어려운 까닭이 이 때문이다. 문학, 물리, 역사를 매년 주당 2시간씩 가르치는 나라는 없다. 만약 모든 과목이 그만큼의 가치를 주장한다면 학생들은 주당 100시간쯤 수업을 들어야 한다. 화학, 지리, 정치, 경제도 유사한 지분을 주장할 것이기 때문이다. 그 점에서 주당 2시간 이상의 수업 시수를 확보하기 어려운 과목들이 교과가 되려는 욕망은 이기적이며 비교육적이다. 이런 현실을 종합적으로 고려한다면 과목을 교과로 독립시키려는 노력을 중단하고 사실상 상치相馳 과목 교사를 양성하는 현행 교원 양성 체제를 혁신하는 것이 올바른 길이다. '사회' 교과는 '사회' 교과답게, '과학' 교과는 '과학' 교과답게, '기술·가정' 교과는 '기술·가정' 교과답게 교사를 양성해야 한다. 세 교과를 꼭 집어서 열거한 이유는 교과와 교사 양성이 일치하지 않는 대표적 교과이기 때문이다. 참고로 「초·중등교육법 시행령」 제43조는 중학교와 고등학교 교과를 "국어, 도덕, 사회, 수학, 과학, 기술·가정, 체육, 음악, 미술 및 외국어와 교육부 장관이 필요하다고 인정하는 교과"라고 명시하고 있다. 이런데 사회, 과학 교사를 양성하는 전공은 어느 사범대학에도 존재하지 않고, 기술·가정교육 전공을 둔 사범대학도 거의 없다. 이 세 교과의 비중을 고려하면 학습자들은 특히 중학교 단계에서 약 20% 정도의 교과를 사실상 상치 교사로부터 배우는 셈이다.

엄격하게 말하면 이는 국가의 책무를 방임하는 법 위반의 문제이다. 80년 동안 방치된 이 문제 해결을 위해서 국민 토론회가 필요할지 모른다. 필요하면 법률 제정이나 개정도 포함해서 1년쯤 열린 논의를 하고 결론을 내리면 어떨까? 이 문제가 해결되지 않으면 앞으로도 교육과정 개정 작업의 상당 부분은 이기적 논쟁으로 점철될 것이다. 그리고 학생들은 '나는 지리 전공자이지 역사 전공자가 아니니(혹은 나는 일반사회 전공자이지 지리 전공자가 아니니) 사회 교과서 중 이 부분은 대충 가르치겠다', '나는 기술은 모르니 이 부분은 너희가 공부하고, 나는 가정이나 열심히 가르치겠다'라고 고백하는 교사를 계속 만나게 될 것이다. 이런 비극은 이제 끝날 때도 되었다.

을 이루는 학문과 인간 활동의 관계에 대한 이해, 교과와 그 형성을 둘러싼 사회문화적 맥락 이해 등이 여기에 해당한다. 메타적 이해가 있어야 과거, 현재, 미래로 이어지는 교과의 역사적 지평 위에 현재의 실천을 정초定礎할 수 있다. 셋째, '**비교 교과적 안목과 교과 일반의 가치에 대한 이해**'이다. 학교 교육과정은 선택된 일군의 교과들로 조직되어 있다. 교사는 다양한 교과의 상호 관련성을 이해해야 한다. 그리고 이들이 학습자의 성장에 독자적으로 그리고 협력적으로 어떻게 이바지하는지 알아야 한다. '교과 일반의 가치에 대한 이해'도 매우 중요하다. 교사는 교과 자체의 내재적 가치를 이해함과 더불어 교과들이 종국적으로는 학습자의 성장을 돕는 데 필요한 도구이며 소재라는 점을 통찰할 수 있어야 한다.[92]

비자발적 학습자의 학습을 돕는 전문성

교수적 삼각형에 의하면 교사는 학생과 대상 모두에 관심이 있다. 그러나 교사의 주업은 학생들이 대상을 습득하도록 돕는 것이다. 여기서 '돕는다'는 표현이 핵심어이다. 표현상으로는 교사가 학생을 돕는 것 같지만 본질에 있어서는 학생의 협력 없이 교사의 교수 행위는 성공할 수 없다. 이를 쉬켈은 "학생의 존엄성"이라는 멋있는 용어로 표현한다. 혹은 "교사의 수업 노동은 학생 노동에 종속되어 있다"라는 말로 표현한다.[93]

교사가 학생의 학습을 돕는 일은 학자들이 연구하는 일과는 전혀 다

른 성격을 지닌다.* 일반적으로 학자는 일상에 대한 관찰이나 실험을 통해서 추상적 지식을 만드는 일을 한다. 반면에 교사는 추상적 지식을 학생들이 경험 가능한 현실로 다시 풀어내는 활동을 한다. 학생은 교사의 도움을 받아서 경험 가능한 현실로부터 추상적 지식으로 나아가는 과정을 추체험追體驗하게 된다. 학생이 이러한 학습에 성공하도록 돕기 위해서 교사는 수업 대상을 학자의 눈뿐 아니라 학생의 눈으로도 바라볼 수 있어야 한다. 교사는 구체적인 상황에서 학습자가 보이는 반응을 해석할 수 있어야 한다. 그리고 학습자가 대상을 완벽히 습득한 미래 모습에 비추어 그 방향을 향한 변화가 발생하도록 적절히 개입해야 한다. 학생의 습득 과정을 교사가 정확하게 이해하는 일은 목적지를 향해 나아가는 모습을 슬로비디오 동영상으로 파악하는 것이라고 묘사할 수 있다. 이는 교사 전문성의 핵심에 해당한다. 비유적으로 설명하면 교사는 수업 대상과 학생을 매개하는 헤르메스Hermes의 역할을 해야 한다. 헤르메스는 그리스 신화에 나오는 올림포스 12신 중 전령의 신으로 알려져 있다. 전령은 당연히 신의 세계와 인간의 세계를 다 잘 알아야 한다. 그

---

* 이와 관련하여서는 프랑스 교육학자 쉐바야르(Yves Chevallard)가 정립한 "교수학적 변환론(Didactic Transposition Theory)"이라는 개념과 관련 연구를 참고하면 도움이 된다. 국내에서는 수학교육학자 이경화가 주로 소개하였다; [이경화(1996). 교수학적 변환론의 이해. **한국수학교육학회 논문집**, 6(1), 203~213쪽]과 [이경화(2016). 교수학적 변환 연구의 동향. **대학수학교육학회지 수학교육학연구**, 26(2), 173~188쪽] 등을 참고하라. 수학교육에서 이루어진 연구는 교수학적 변환 과정에서 실제 수학적 지식이 왜곡되는 것을 문제시하는 것으로 보인다. 그러나 나는 사회교육학자로서 학문적 지식이 교육적 목적을 위해서 변형되거나 재창조되는 것이 필요하다고 보는 입장이다. 이는 수학 교과와 사회 교과가 처한 입장의 차이로 보인다.

런데 나이 어린 사람들에게는 신의 언어를 번역해서 전달하기가 어렵다. 여기서 일반인의 상식에 반하는 교육적 난제가 발생한다. 쉬운 내용이 더 교육하기 어려운 역설 말이다. 엄태동은《초등교육의 재개념화》에서 이 역설을 다음과 같이 표현하고 있다.

> 한 가지 분명한 것은 교사가 학습자에게 전달하고자 시도하는 교과 지식의 수준이 아주 낮은 것이라고 해서 그 교사가 수행하는 일련의 교수 활동 자체가 누구나 수행할 수 있을 만큼 용이한 것은 아니라는 사실이다. 교사가 수행하는 교수 활동의 용이함이나 어려움은 그가 가르치려는 교과 지식의 수준에 달려 있는 것이 아니라, 학습자의 수준을 진단하고 그에 어울리는 교과 지식을 찾은 뒤, 이를 학습자가 이해하도록 조력하는 활동의 특질에 달려 있는 것이다. 그리고 초등 교사는 초급 지식을 가르치기 때문에 그가 수행하는 교수 활동은 비교적 용이한 것이라는 통념과는 달리 바로 초급 지식을 가르쳐야 하기 때문에 그 교수 활동은 난해(難解)한 것이 된다고 볼 충분한 이유가 있다.[94]

그는 아는 일과 가르치는 일의 다름을 말하면서 학습자와의 수준 차로 인해서 초등 교사가 직면한 어려움을 "학습자의 수준으로 하강해야 하는 어려움", "열정의 대상이 아닌 것을 열정적으로 대해야 하는 어려움", "설명할 필요도 없이 당연한 것을 가르쳐야 하는 낭패", "이제는 할 수 없게 된 탐구를 시범 보여야 하는 어려움", "쉬운 것을 가르치는 결코 쉽지 않은 삶의 보람과 애로" 등으로 설명하었다.[95] 초등학생들을 가르쳐 본 사람들은 여기에 열거된 언어들을 체험적으로 이해할 것이다. 사실 정도의 차이는 있지만 이런 어려움은 이미 자신이 알고 있는 것을 타자에게 가르치는 모든 사람이 얼마간은 직면해야 하는 문제이다. 그리고 교육의 성공 여부는 학습자가 대상을 배우면서 나타내는 반응을 해석하는 교수자의 안목에 거의 전적으로 달려 있다.

이제까지 설명한 '학습자의 학습을 돕는 전문성'은 사교육과 공교육을 망라하여 가르치는 일을 업으로 하는 모든 이들에게 필수적인 전문성이다. 그런데 공교육의 교사에게는 여기에 특수한 악조건이 하나 더 추가된다. 라바리가 말했듯이 학생들은 자기 의사에 반하여 교실에 앉아 있다. 그것도 여러 명이 말이다. 그러니 교사가 직면하는 어려움은 상상하기 어렵다. 물론, 사교육에서도 배울 의지가 없는 학습자는 많다. 하지만, 사적 영역에서는 배움의 상에서 탈출하는 것이 원칙적으로는 언제나 열려 있다. 반면에 공교육의 경우는 상황이 완전히 다르다. 6~9년의 의무 교육 동안 학생들은 누군가에 의해 정해진 배움을 강요당한다. 그것은 고스란히 교사의 부담으로 귀결된다. 교사는 동기화되어 있지 않은 학생들을 상대로 배움의 불꽃을 일으켜야 한다. 흔히, "말을 물가로 데리고 갈 수는 있어도 억지로 물을 먹일 수는 없다"는 말을 많이 한다. 공교육의 교사는 학생들이 자발적으로 물을 마시도록 하는 일에 성공해야 한다.

교사로서의 정체성과 성장에 대한 전문성

교수적 삼각형의 남은 꼭지점은 '교사'이다. 삼각형이 정삼각형인 것은 세 요소가 동일한 중요성을 지님을 은유한다고 했다. 그 점에서 교사 자체에 온전히 집중해서 논의할 가치가 있다. 훌륭한 교사의 존재 자체는 결코 가르치는 낱낱의 행위나 일반적인 교수법적 원칙으로 환원되거나 분해될 수 없다. 수업에 있어서 교사 자신의 아우라를 제외한다면 매우 중요한 무엇을 놓치는 것이다. 이와 관련하여 나는 다음과 같이 언급한 적이 있다.

> 교사를 다른 전문직과 같이 기능적으로 분화된 역할 수행자로 자리매김하는 바로 그 순간에 교육의 위기가 배태된다. 가르치는 행위를 가르치는 존재의 인격성과 분리하는 것은 사실상 불가능하기 때문이다. 교사가 국어, 수학, 사회, 음악 등에 대한 지식을 훌륭하게 가르친다고 하더라도 개인적으로 방탕하고 비겁하고 거짓말을 일삼는다면 교사로서 적합하지 않다. 왜냐하면 학생들을 교육시키는 일은 학생의 머릿속에 수많은 학문적·기술적 지식과 기능을 채워 넣는 것 이상의 행위이기 때문이다. 교육은 결정적으로 품성과 태도를 형성하는 문제와 관련되어 있다.[96]

위의 글에서 나는 주로 윤리적 차원에서 가르치는 존재의 중요성을 강조했다. 그런데 **교사의 존재론적 중요성은 윤리적 차원에 한정**

되지 않는다. 가르치는 행위를 교사의 존재 자체로부터 분리하기 어렵기 때문이다. 그래서 교사는 의도하는 것보다 훨씬 많은 메시지를 학습자에게 발신發信한다. 이 중에서는 교사가 주의를 조금 기울이면 인식 가능한 것도 있지만 인식이 전혀 불가능한 것도 있다. 그러나 이 모든 것이 학생들에게 영향을 미친다. 우리가 잠재적 교육과정이라고 거칠게 언명하는 것들이 여기에 포함된다. 따라서 교사는 학습자의 앞에 설 때 자기 존재 자체의 교육적 의미를 따져 보지 않을 수 없다. 이는 결국 정체성에 대한 성찰과 연결된다.

교사의 정체성에 대해서 다양한 차원과 층위의 이야기를 할 수 있다. 그러나 나는 이 글의 주제와 관련하여 두 가지만 다루고자 한다. 하나는 **학습하는 자로서의 정체성**이다. 흔히 교사는 가르치는 존재로서 정체성을 지닌다. 그러나 오늘날처럼 지식이 폭증하고 유농하는 세계에서는 교과서에 남겨 있는 성선적 지식은 곧 낡아 버린다. 따라서 교사는 직업적 생존을 위해 계속해서 배워야 한다. 그러나 생존을 위해 학습하는 모습은 학생들에게 부정적인 영향을 줄 가능성이 농후하다. 호기심을 가지고 즐겁게 배우는 존재라야 긍정적인 메신저가 될 수 있다. 나는 "21세기 교사의 존재론적 본질은 가르침의 탁월성이 아니라 배움의 진정성과 지속성에 있다"라고, 한 책의 추천사에서 언명한 적이 있다.[97] 오늘날 교사는 잘 가르치는 존재자가 아니라 배우기를 즐기는 존재자라는 정체성에 자신을 정초해야 한다. 교사가 자기 사고와 지식의 오류를 끊임없이 수정하면서 새로운 배움으로 나아가는 모습을 보인다면 학생들 또한 교사의 존재

자체를 모방하여 미지의 세계를 학습의 닻을 올리고 두려움 없이 항해할 힘을 배울 것이다.

다른 하나는 **민주공화국 시민으로서의 정체성**이다. 교사 정체성을 말하다가 왜 갑자기 시민적 정체성을 언급하는지 의아할 듯하다. 내가 공교육의 교사 전문성을 논하고 있는 점을 다시 상기해 보라. 앞에서 나는 국가의 전면적 개입이 근대 공교육의 특징이며, 교사의 책무도 국가에 의해서 크게 영향을 받는다고 말하였다. 다행히 우리는 민주공화국에 살고 있다. 교사의 역할과 임무는 민주공화국의 헌법과 법률에 따라 규율된다. 「교육기본법」 제2조는 "교육은 홍익인간(弘益人間)의 이념 아래 모든 국민으로 하여금 인격을 도야(陶冶)하고 자주적 생활능력과 민주시민으로서 필요한 자질을 갖추게 함으로써 인간다운 삶을 영위하게 하고 민주국가의 발전과 인류공영(人類共榮)의 이상을 실현하는 데에 이바지하게 함을 목적으로 한다"라고 명시하고 있다. 따라서 교사는 스스로가 깨어 있는 시민이어야 한다. 나아가서 학생들이 학교와 교실에서 성숙한 민주주의를 경험할 수 있도록 교육해야 할 책무를 지고 있다. 입시 교육을 잘하는 족집게 강사는 이런 책무를 지지 않는다. 그것은 공교육 교사의 어깨에 놓인 명예로운 과업이다. 듀이는 학습자의 계속적이고 전인적인 성장을 위해서는 성숙한 민주 사회가 필수적이라고 보았다. 따라서 민주주의를 신장시키는 일과 민주시민교육의 전문성을 연마하는 일은 교사의 개인적 정체성 차원을 넘어 공교육 교사의 전문성의 핵심 영역이다. 일생을 통해서 계속 성장시켜야 할 교사의 존재론적 본질의 일부이기도 하다.

정책적 함의 : 교사 전문성 수행 기준부터 만들자

이 글에서 나는 공교육 교사의 전문성에 대한 세 가지 사회적 통념을 논박하였다. 가르치고 배우는 활동이 보편적이라고 해서 누구나 형식적 교육을 잘하지는 못한다. 특정 분야 전문가라고 곧바로 잘 가르칠 수도 없다. 사교육 유명 강사는 분명히 입시 교육에서 일반 교사를 능가한다. 그러나 이들은 대한민국 헌법이 공교육 교사들에게 부여하는 책무를 수행하는 역할을 부여받지는 않는다. **공교육의 교사는 민주공화국의 시민을 양성하는 특별한 과업을 부여받았다. 이 목적을 달성하기 위해 교사는 특별한 품성과 전문성을 갖추어야 한다.** 종합하자면 교사는 교과를 깊게 이해해야 하며, 동기가 부족한 학생들을 배움으로 이끌 수 있는 역량을 지녀야 하고, 민주 시민으로서 모범적인 삶을 영위해야 하며, 스스로 학습하는 존재로서 성장을 계속할 수 있어야 한다.

여기까지 논의했는데도 교사에게 특별한 전문성이 필요하다는 주장이 여전히 불편한 사람들이 있을 것이다. 이와 관련하여 추가로 두 가지를 이야기하고자 한다. 첫째, 교사에게 별 전문성이 필요하지 않다는 주장은 부실한 교사 교육으로 인해 더 촉진되는 경향이 있다. 특히 중등 교사 교육이 그렇다. 아직도 많은 중등 교원 양성 기관들은 교사 교육이라고 부르기 민망한 수준의 교육을 하고 있다.

따라서 교사 자격증을 얻고 교단에 서도 교사 교육을 전문적으로 받았다는 느낌이 별로 들지 않는다. 이렇게 심한 말을 하면 중등 교원 양성 대학 교수진들은 나에게 화를 낼지 모른다. 그러나 21세기 중등학교 현장에서 아직도 전달 중심 수업이 압도적인 것이 오직 낡은 입시 제도 때문이기만 할까? 아직도 전통적인 패러다임으로 가르치는 교사들이 너무 많다. 부실한 교사 교육으로 인해 '교사 교육 없이도 잘 가르칠 수 있다'라는 통념을 깨기가 더 어려운 것이 아닐까? 중등 교원 양성 기관의 문제점은 이 책의 9장에서 다루었으니 참고하기 바란다.

둘째, 전문직 일반에 대해서 대중이 지니는 부정적인 생각이다. 기능주의적 관점에서 보면 전문직은 풍부한 지식과 경험을 바탕으로 사회에 가치 있는 일을 하고 고귀한 품성도 지니고 있어서 그에 합당한 사회적 지위와 경제적 혜택을 누리는 사람들이다. 그러나 현실의 전문직 종사자들은 이와는 거리가 먼 경우가 많다. 그래서 독점론과 음모론을 주장하는 학자들은 전문직이 특정한 지식과 서비스를 독점하여 권력, 부, 명예를 누리면서 자신의 전문성을 과대 포장하고 다른 집단이 중요한 자원에 접근하는 것을 차단한다고 주장한다.[98] 실제로 우리 사회의 전문직 중에는 독점론과 음모론에 딱 들어맞는 사람들이 상당히 많다. 이런 전문직 일반에 대한 불신 때문에 어떤 직업 집단이 전문직성을 주장하는 것 자체에 대해서 부정적인 여론이 조성되기 쉽다. 교사가 전문직이라는 주장도 이런 풍토로부터 자유롭지 못하다. 그러나 어떤 직업의 전문직성을 주장하는 것과 그 직업을 전문직으로 간주하여 사회경제적으로 어떻게 대우해야 하는가 하는 문제는 분리해서 다루어야 한다. 후자에 대한 부정적인 생각 때문에 전자를 부정하는 것은 꼬리가 몸통을 흔드는 것과 같다.

교사 교육을 선도하는 많은 나라에서는 교사의 전문성을 유지하는 질 관리 기제를 가지고 있다. 또, 교사의 역할을 분명히 하기 위해서 **교사 전문성 수행 기준**을 국가 차원에서 제정하여 운영한다. 그러나 우리나라는 그런 교사 전문성 수행 기준을 가지고 있지 않다. 그로 인해 교사의 직무에 대한 갈등이 생겨나기도 하고 질 관리 체계도 잘 작동하기 어렵다. 박선형은 종합적 교원 자격 기준을 제정해야 할 필요성을 다음과 같이 주장하였다.

> 우리나라의 경우 선신 외국과 달리 "교원이 반드시 깃추어야 할 자질과 알아야 할 전문적 지식"에 대한 국가적 수준의 종합적인 교원 자격 기준을 제정·운용하고 있지 못한 상황이다. 외국의 교원 직무 수행 기준과 비교하여 볼 때 국내 연구의 교원 직무 수행 영역은 수업 활동 이외 영역인 행정 관리와 학생 지도 및 대외 관계 등을 포괄하고 있으며, 해당 영역별 업무 수행 범위나 업무 성격에 대한 규정이 상대적으로 불명료한 상황이다. 교원 직무 수행 영역의 불명확성과 관련 기준 제정 미흡은 교원 직무 범위 선정과 업무 내용 분담 과정에 대해 교육 현장의 혼동을 야기하는 주된 원인이 되고 있다. 따라서 교원 양성 체제의 질 관리 체제 확립과 교원 전문성 제고를 위해서는 교원이 '가르치는 일에 전념'할 수 있도록

핵심 업무를 규정하는 **국가 수준의 종합적인 전문성 수행 기준이 최우선적으로 개발될 필요가 있다.**[99](강조는 필자)

이 주장과 같이 우리나라도 공교육 교사의 역할을 명확히 하고 그 질 관리를 위한 전문성 수행 기준을 제정해야 한다. 기준을 제정하고 나면 특정 분야의 내용 전문가가 학생들을 가르쳐야 하는가 하는 문제도 생각보다 쉽게 해결할 수 있다. 짧은 기간이 아니라 비교적 긴 기간 동안 학생들을 교육해야 할 상황이라면 누구나 예외 없이 이 전문성 기준을 충족하는 교육을 받아야 한다는 원칙을 적용하면 되기 때문이다. 참고가 될 듯해서 책을 하나 인용하겠다. 3장에서도 언급한 바 있는 미국 국립교육경제센터의 설립자이자 회장인 터커가 집필한 《높은 성취 수준을 보이는 학교 시스템》이라는 책이다. 미국의 교육 시스템이 실패했다는 뼈아픈 인식 아래 높은 성취를 올리는 나라들을 벤치마킹하기 위한 목적으로 집필한 책이다. 여기에도 교사 교육의 기준에 관한 이야기가 나온다. 높은 성취를 올리는 대다수 나라는 교사 교육 기관에 지망하는 학생들에게 높은 기준을 요구하며 이 기준을 충족시키지 못하면 교단에 서는 것을 허용하지 않는다. 단기 연수 코스와 같은 대안적인 교사 양성 과정을 허용하지 않는다는 것이다.[100] 그렇다면 우리도 그런 방향으로 가는 것이 맞지 않을까? 높은 전문성 기준을 유지한다는 것은 현직 교사들도 그 기준을 충족하지 못하면 끊임없이 재교육을 통해서 자기 성장을 해야 함을 의미한다. 따라서 엄밀하게 말하면 현직 교사들의 기득권을 보호하는 것이 아니다. 교사도 높은 기준을 충족하고 유지하기 위해서 노력해야 한다. 그렇게 제도를 운용하는 것이 학생들을 진정으로 위하는 길이라고 나는 믿는다.

• 배우고 나누는 즐거움이 있는 연수 •

민주시민교육 연수를 마치고 결과물 앞에서 기념사진을 찍는 교사들(왼쪽)
민주적 리더십 교장 연수가 끝나고 교장 선생님들과 함께(오른쪽)

나는 20년 가까이 여러 연수나 강연을 해 왔다. 그동안 우리나라 교원 연수의 문제점을 깊이 고민하게 되었다. 교육부, 시·도교육청 교육연수원, 교원 양성 대학 등에서 다양한 자격 연수와 직무 연수를 제공한다. 그런데 대부분의 연수가 연구·개발(R&D) 개념이 없다. 연수의 질은 프로그램 자체의 질보다는 초청 강사의 개인기에 의존한다. 개선이 시도되고 있으나 일방적 강의 중심의 연수도 여전히 많다.

이런 문제를 개선하려고 연구·개발 기반의 활동형 연수를 동료들과 개발해 왔다. 한국연구재단의 지원으로 청주교육대학교 교육연구원에서 진행한 9년 장기 연구가 마중물이 되었다. 이 경험을 바탕으로 교육부 '2016~2018 통합사회 교과 선도 교원 연수', '2019 교원의 민주시민교육 역량 강화를 위한 연수(학교장, 교사)'를 총괄 진행하였다. 통합사회 연수는 교육부 길현주 연구사가 큰 역할을 하였다. 민주시민교육 연수는 처음부터 개발진 교장과 교사를 모셔서 1년가량 같이 연구하고 개발했다.

왼쪽 사진은 2박 3일 민주시민교육 연수가 끝난 후 모둠 활동 결과물 앞에서 기념사진을 찍는 교사들의 모습이다. 신기하지 않은가? **학습 결과물이 함께 기념할 대상이 된다는 것이! 우리 학생들도 학교에서 이렇게 신나는 배움을 경험해야 하지 않을까?** 오른쪽 사진은 민주적 리더십 교장 연수가 끝나고, 개발자이자 진행자였던 교장 선생님들이 함께한 장면이다. 특별히 약속한 것도 아닌데 자연스럽게 둥글게 모였다. 누군가 카메라에 담아 주었다. 해상도가 높은 사진은 아니나 내 인생 컷 중 하나이다. 다른 분들의 얼굴이 나오지 않아서 매우 아쉽다. 이 훌륭한 교장들과 몇 년 동안 연수를 함께 개발하고 진행했다. 행복했고 평생 동지가 되었다. 개발진 교사들과도 마찬가지이다. 단위 학교들도 이렇게 맛깔나는 학습공동체라면 모두가 얼마나 행복할까?

5장에서 미국 국립교육경제센터가 1200만 달러를 들여 12~15개월짜리 교장 리더십 연수 프로그램을 개발했다고 소개했다. 우리 교육 당국은 그 1/10이라도 투자하면 좋겠다. **R&D 연수의 개념이 있기는 한 걸까?!** 사족을 하나 더 달자. 분업에 의한 전문화와 상호 협력이 답이다. 교육청이나 대학마다 시그니처(signature) 프로그램을 하나씩 개발하는 방식이다. 예컨대, 경기도교육청은 학부모 연수, 부산시교육청은 교육 실습 전담 교사 연수, 청주교육대학교는 민주시민교육 연수 등으로 특화하는 식이다. 특화하는 쪽에 자원과 인력을 집중해 주면 전국적으로 수십 개의 좋은 프로그램이 만들어질 수 있다. 나머지 연수원은 그런 특화된 곳에 수강생을 보내면 된다. 그러면 서로 윈-윈 할 수 있다. 연수 프로그램은 10~20년에 걸쳐 계속 업그레이드될 것이다. 협업 구조가 잘 정착되면 좋은 연수를 통해서 교사가 성장하는 것이 훨씬 앞당겨질 것이다.

7장

국가 교육과정 개정 방식의 문제와 교사의 새로운 역할

2025년 시행을 목표로 국가 교육과정 개정 작업이 한창이다. 국가 교육과정을 개정한다는 것은 무엇을 의미할까? 교육과정 문서 체계를 보면 짐작할 수 있다. 우리나라 국가 교육과정은 총론과 각론으로 나뉘어 있다. 총론은 교육과정 전체 틀을 규정하고 각론은 개별 교과에 관한 사항을 담고 있다. 현행 교육과정 총론은 'I. 교육과정 구성의 방향', 'II. 학교 급별 교육과정 편성·운영의 기준', 'III. 학교 교육과정 편성·운영', 'IV. 학교 교육과정 지원'의 네 부분으로 구성된다. 이 중 개정의 기본 방향을 규정한 '교육과정 구성의 방향'의 세부 목차는 '1. 추구하는 인간상', '2. 교육과정 구성의 중점', '3. 학교 급별 교육 목표'로 되어 있다. 한편, 각론은 '1. 성격', '2. 목표', '3. 내용 체계 및 성취기준', '4. 교수·학습 및 평가의 방향'으로 구성되어 있다. 각론은 국어과, 과학과, 사회과 등 교과별로 작성된다. 문서 체계를 통해서 국가 교육과정 개정 작업은 공교육에서 학습자들이 무엇을, 왜, 어떻게 배울지를 규정하는 의사결정의 총체임을 알 수 있다.

우리나라는 건국 이후에 몇 차례나 교육과정을 개정했을까? 정확하게 답하기가 어렵다. 제7차 교육과정 개정까지는 개정 차수를 명시적으로 표시하였다. 그 이후부터는 수시·부분 개정 방식이라는 아이디어를 반영하여 개정 연도를 기준으로 '2007 개정', '2009 개정', '2015 개정' 등으로 명명하고 있다. 이러한 명칭 변화에는 교육과정 개정 방식에 대한 비판이 반영되어 있다. 일시적, 전면적 개정이냐, 수시·부분 개정이냐를 둘러싼 논의에 관해서는 이제부터 살펴볼 것이다. 이 문제를 포함하여 지금까지의 국가 교육과정 개정 관행을 비판적으로 검토할 것이다.

교육과정을 잘 이해하고 자신의 교실과 학습자의 상황에 맞게 교수학적으로 변환하여 가르칠 수 있는 역량은 교사 전문성의 핵심 요소이다. 뛰어난 교사와 교사공동체는 교육과정을 잘 해석할 뿐 아니라 자신들의 실천 경험을 바탕으로 국가 교육과정의 개정 과정에도 지혜로운 목소리를 낼 수 있어야 한다. 이 글을 통해 국가 교육과정 개정 관행이 합리적으로 개선되고, 현장 실천가들의 목소리가 좀 더 적극적으로 반영되는 계기가 마련되기를 희망한다.

국가 교육과정과 직간접적으로 연관된 나의 경험

교사와 교수로 재직하는 동안 나는 직간접적으로 국가 교육과정과 관계하였다. 제5차~제6차 교육과정기에는 교사였다. 그 시기에 국가 교육과정 문서는 내 교무실 서가 위에 얌전히 꽂혀 있었다. 단지 꽂혀 있기만 했다. 나뿐만이 아니었다. 교사 대다수에게 교육과정 문서는 장식품이었다. 교과서가 곧 교육과정이던 시절이다.

국가 교육과정 개정 작업을 관찰할 기회는 1996년 한국교육개발원 연구원으로 잠시 근무할 때 주어졌다. 당시 나는 제6차 교육과정에 따른 초등학교 5, 6학년 사회 교과서 집필 작업에 참여하고 있었다. 그런데 바로 옆에서는 새로운 제7차 교육과정 개정 작업이 한창 진행되고 있었다. 이 비동시성의 공존이 매우 낯설었다. 기존 교육과정이 채 시작되지도 않았는데 새로운 교육과정 개정이 이루어지는 현상이 의미하는 바가 무엇일까? 국가 교육과정이 단 한 차례라도 완전히 실행되려면 12년이 걸린다. 초등학교 1학년이 고등학교까지 졸업하는 데 12년이 소요되기 때문이다. 그런데 **우리나라의 교육과정 개정 주기를 고려하면 국가 교육과정이 온전히 실행된 적은 단 한 차례도 없다.** 그렇다면 현재와 같이 짧은 개정 주기는 어떻게 정당화될 수 있을까? 기존 교육과정이 현장에 투입되기도 전에 새로운 교육과정을 만드는 이유는 무엇일까? 그리고 새로운 교육과정 문서에 흔히 실리는 '기존' 교육과정의 문제점 진술에서 '기존'은 언제를 말하는 것일까? 이 질문은 우리 교육과정 개정 작업의 고질적인 문제를 드러낸다. 이어지는 논의에서 좀 더 짚어 볼 것이다.

한국교육개발원에 재직하는 짧은 동안에 관찰한 교육과정 개정 현장은 한마디로 매우 어수선하였다. 특히 교과 편제와 시수 배분을 둘러싸고 날카로운 말들이 오갔다. 여러 이해관계 집단도 자신들의 이익을 반영하기 위해서 엄밀하게 혹은 노골적으로 목소리를 높였다. 그 당시 상황에 대한 소회를 나는 아래와 같이 기록한 적이 있다.

그중 학술원 강당에서 열린 '7차 교육과정의 쟁점'에 관한 토론회는 매우 인상적이었다. 그 토론회는 각 영역에서 온 전문가들의 이견으로 해서 시종 소란스러웠다. '통합 교육과정', '수준별 교육과정'을 둘러싸고 다양한 의견들이 개진되었으며, 주최 측의 의도와 관계없이 토론의 주제가 '편제와 시간 배당'으로 역행하기도 했다. 그 복잡한 토론 과정 속에서 사회를 맡았던 K박사의 말이 오랫동안 뇌리에 남았다. "교육과정 개정 과정은 교육적이어야 한다." 교육과정 학자 Reid를 인용한 말이다.

본 연구는 이런 나의 생애사적 경험에서 시작된 탐구이다. 교사로서 나는 '주어진' 교육과정이 교사들에게 가하는 제도적 폭력의 일단을 맛보았다. 교육개발원 연구원으로, 그리고 사회과 교육과정 심의위원으로 ― 비록 외곽이긴 하나 ― 교육과정 개정 작업을 부분적으로 접하는 동안에 교육과정 개정 과정은 하나의 '문제 사태'로 나에게 다가왔다.[101]

위 인용문처럼 교육과정 개정 작업은 문제가 많은 과정으로 보였다. 한편, 내가 전공하는 사회과 교육과정 개정 과정이 어떻게 진행되는지도 궁금했다. 그래서 참여자들을 대상으로 인터뷰를 하고 관련 자료를 바탕으로 2편의 논문을 작성하였다.[102] 당시에는 교육과정 개정 때마다 이런 연구를 하겠다고 마음먹었다. 후속 작업을 이어 가지 못한 것이 두고두고 아쉽다.

2007 개정 국가 교육과정에는 개발진으로 직접 참여했다. 초등학교 사회과 교육과정 개정팀에서 일반사회 영역 책임을 맡았다. 지리, 역사, 일반사회 영역 중 한 부분이다. 초등학교 사회 교육과정 연구진은 전체 9명이었던 것으로 기억한다. 영역별 세 사람씩이었다. 이 인원으로 초등 사회 교육과정을 몇 달에 걸쳐서 개발했다. 당시 한국교육과정평가원에서 우리에게 제공한 자료는 그다지 많지 않았다. 정부

지원도 충분하지 않았던 것으로 기억한다. 그런 여건에서 나름으로 열심히 노력했으나 지금 생각해 보니 역량이 아주 부족했던 것 같다.

교과서 개발 작업도 국가 교육과정과 밀접하게 연관되어 있다. 나는 교과서 집필에 여러 번 참여하였다. 그 과정에서 국가 교육과정의 위력을 뼈저리게 느꼈다. 교과서 집필 경험이 다른 글쓰기 경험과 매우 다르다는 점도 체험하였다. 그러한 몇 번의 집필 체험을 바탕으로 〈교과서 쓰기 체험에 대한 현상학적 연구〉[103]를 발표하였다. 한편, 우리나라에서는 교사의 수업도 국가 교육과정과 분리해서 생각할 수 없다. 개별 교사가 교육과정을 연구하는 것과는 별개로 교사는 국가 교육과정의 충실한 실행자 역할을 요구받는다. 교육과정을 엄격하게 해석한 교과서와 객관식 평가 제도가 교사의 자율성을 제약한다. 그런 가운데서도 창의적 실천을 하는 교사들은 존재하기 마련이다. 수업 연구, 특히 수업 비평 연구를 통해서 나는 그런 교사들의 수업 실행 경험과 학생들의 학습 경험을 이해하고자 노력해 왔다. 열거해 보니 관찰자, 개발자, 심의자, 연구자, 해석자, 실행자로 국가 교육과정과 인연을 맺어 온 셈이다. 그 체험이 이 글에 반영되어 있다.

국가 교육과정 개정 작업의 특징을 둘러싼 논쟁

우리나라 교육과정의 가장 큰 특징은 중앙 정부가 교육과정을 주도한다는 점이다. 교육과정 문서를 보면 모든 것을 국가가 장악하고 있는 듯한 느낌을 받는다. 시·도교육청 수준의 교육과정, 학교 교육

중등에 의한
초등 교육과정의 식민화(?!)

이 주제는 한 번도 학문적으로 언표된 적이 없는 것으로 안다. 그러나 나는 우리나라 초등학교 교육과정 중 사회 교과의 변천을 보면서 학문적으로 분화된 과목 전공자들의 입김이 초등교육의 독자성을 잠식하는 경향이 증가하고 있다고 느낀다. 잘 모르기는 하나 다른 교과에서도 이런 경향이 있을 것으로 추측한다.

나의 책장에는 역대 초등학교 교과서들이 일부 수집되어 있다. 제3차 교육과정기에 해당하는 1972년도 발행 6학년 사회 교과서의 제목은 '국사'라고 되어 있다. 유신 헌법 제정을 전후하여 박정희 정권이 '한국적 민주주의'를 강조하면서 초등학교에서도 국사가 독립되어 가르쳐지던 시기이다. 교과서 내용을 살펴보니 통사(通史) 체제로 기술되어 있다. 이 점은 지금 교과서와 똑같다. 이데올로기 문제는 논외로 하고 내용을 살펴보니, 초등학교 학생들의 발달 단계에 맞도록 쉽게 기술되어 있었다. 각 시대를 설명할 때는 주제 중심으로 내용을 정선하여 소개하고 있었다. 판형, 디자인, 삽화, 탐구 과제 등에서 지금의 교과서와 비교되지 않을 정도로 뒤떨어진 교과서이다. 그런데도 당시 교과서가 지금 교과서에 비해서 더 초등학교 교과서답다는 인상을 받는다.

역사(교육)계의 학문적 노력이 집적되면서 해야 할 말이 많아진 것일까? 과거에 비해서 현재의 초등학교 국사 교과서의 내용이 많고 자세하다. 국사만 그런 것이 아니다. 다른 영역도 마찬가지이다. 다소 직관적 판단이라 더 깊이 있는 분석이 필요할 것이다. 시기별로 교과서 내용 — 단어, 사실, 개념, 명제, 일반화 등 — 이 얼마나 늘어났는지 객관적 분석이 필요하다. 그렇지만 육안으로도 1970년대와 1980년대에 비해서 내용량이 증가했음을 확인할 수 있다. 학생들이 학습할 분량이 늘어나는 것 자체는 문제가 아닐 수도 있다. 우리는 과거에 비해서 더 많은 정보를 접하고 더 복잡한 의사결정을 해야 하는 시대에 살고 있다. 따라서 배우는 내용이 늘어나지 않으면 우리 시대를 지혜롭게 살아 내는 것이 사실상 불가능하다. 과거와 비교할 수 없는 복잡한 일상에 노출되어 있어서 현대인의 지능 지수(Intelligence Quotient: IQ)도 점점 올라가고 있는 것일까? 전 세계적으로 관찰되는 '시간이 지날수록 세대들의 IQ 검사 평균 성적이 계속 높아지는 현상'을 1980년대 초반 이를 처음 발견한 뉴질랜드 심리학자의 이름을 따서 플린 효과(Flynn Effect)라고 부른다.

따라서 내용량 증가 자체가 문제는 아니다. 그것이 초등학생의 발달 단계를 제대로 고려한 것인지가 더 본질적인 질문이다. 내가 보기에 교과서의 변화가 '아동은 성인과 질적으로 다르고, 아동에게는 아동에 맞는 교과가 있다'라고 주장하는 교육학적 전통을 따른 것이 아님은 분명해 보인다. 초등학생의 발달 단계에 맞는 고유한 교육과정 구성에 대한 고민은 옅어지고, 대신에 삼분법 — 지리, 역사, 일반사회 — 으로 상징되는 사범대학 전공자들의 학문적 입김이 더 강해진 듯하다.

여기서 부끄러운 내 경험을 하나 고백하겠다. 7장 본문에서 말한 적이 있듯이 나는 2007년 개정 교육과정 시기에 초등 사회 교육과정 개정팀에 있었다. 일반사회 영역 책임을 맡았다. 당시 일반사회, 지리, 역사 영역에서 같은 숫자로 구성된 연구팀이 교육과정 개정 작업을 수행했다. 이런 영역 구분 자체가 중등의 학과 구분을 반영한 것이다. 우리는 어떻게 작업을 수행했을까? 초등학교 교육과정 개발 취지에 맞게 전공을 넘나들면서 자유롭게 논의하고 필요한 주제들을 선정했을까? 아니면 삼분법의 칸막이를 존중하면서 작업을 했을까? 이미 짐작하셨겠지만 후자이다. 연구진은 개발해야 할 24개 단원을 사이좋게 8개씩 나누었다. 그리고 팀별로 개발했다. 다른 팀이 개발하는 내용에 크게 간섭하지 않고 영역의 자율성을 존중했다. 그리고 각각 개발한 단원을 적절히 배치하고 뒤섞는 식으로 작업을 완성하였다. 이런 작업 방식은 중등 교육과정 개발 방식과 하등 다를 바가 없다. 당시 개발한 초등학교 사회 교육과정 문서의 마지막에 있는 〈교수·학습의 방법〉의 첫 번째 원칙은 "사회 현상에 대한 종합적인 인식을 위하여 통합적인 교수·학습 방법을 강조한다"라고 되어 있다. 연구자들은 분과적으로 개발해 놓고 교사들에게는 통합적으로 가르치라고 조언한 셈이다.

지금 생각하면 부끄럽다. 당시 나를 비롯한 몇몇 연구진들은 이런 개발 방식의 문제점을 어느 정도는 인식하고 있었다. 그러나 적극적으로 문제를 의제화하고 바꾸려고 노력하지 않았다. 기간도 짧고 여력도 없었다고 평계댈 수는 있다. 그러나 교육과정 개발자로서 이 문제를 심각하게 여기고 고쳐야겠다는 인식 수준에는 도달하지 못했던 것 같다. 15년가량 지난 지금의 초등학교 사회 교육과정은 어떻게 개발되고 있을까? 삼분법의 경계를 허물고 사회 현상을 학습자들이 종합적으로 인식할 수 있도록 더 잘 협력하고 있을까? 아니면 과목의 정체성이 더 강화되어 중등의 경계선을 초등에 더 심하게 관철하려고 하고 있을까? 문득 교육 선진국에서는 교육과정을 어떻게 개발하는지 궁금하다. 국제적인 깊이 있는 비교 연구는 우리가 무엇을 성찰하고 어떤 방향으로 나아가야 할지에 대해 의미 있는 시사점을 제공해 줄 듯도 하다. 여하튼 내게 다시 초등 교육과정 개발 과업이 주어진다면 2007년 개정 시기처럼 개발하고 싶지는 않다.

과정, 교육과정 재구성 등과 같은 교육과정 분권화를 위한 내용도 포함하고 있기는 하다. 그러나 국가 주도의 전통은 너무 강하고 분권화를 향한 변화는 느리다.

국가 교육과정의 막강한 힘 때문에 학자들의 연구도 국가 교육과정 개정 방식을 개선하는 데 많은 관심을 기울여 왔다. 특히, 제7차 교육과정 개정을 전후하여 국가 교육과정 개정 방식에 대한 근본적인 문제 제기가 있었다. 기존의 전면 개정 방식을 수시부분 개정 방식으로 바꾸자는 주장이 바로 그것이다.* 이런 대안을 주장한 연구로는 조난심 외(1999), 홍후조(1999), 이혁규(2003a, 2003b), 김왕근(2003), 허경철(2003) 등이 있다.[104] 주장하는 바가 유사하므로 홍후조의 논문을 중심으로 소개하겠다. 홍후조는 기존 국가 수준 교육과정 개정의 특징을 주기적, 전면적, 일시적 개정 방식이라고 주장한다. 이러한 방식 때문에 기존 교육과정의 운영 경험이 제대로 반영되지 않은 채로 개정되고 있고, 교과 교육과정 중심으로 개정되고 있으며, 국가 교육과정의 개정과 운영에 따른 질 관리가 제대로 이루어지지 않는 문제점이 있다는 것이다. 문제점을 개선하기 위해서 전면 개정형 패러다임 대신에 점진 개선형의 개정 방식을 채택해야 한다고 홍후조는 주장하였다.

이에 반대되는 견해를 내놓은 학자는 김재춘(2003)[105]이다. 그는 기존 개정 방식이 주기적, 전면적, 일시적 개정이라는 주장에 동

* 수시부분은 수시·부분, 수시-부분, 부분수시, 부분·수시 등 학자들에 따라서 다양하게 표현되고 있다. 이 글에서는 이러한 개별 학자들의 표현을 가능한 한 존중하여 그대로 표기하였다.

의하지 않는다. 김재춘은 국가 교육과정이 입법적 기반이나 확고한 원칙에 따라서 주기적으로 바뀐 적이 없다고 하였다. 교육과정이 전면적·일시적으로 개정되었다는 데도 동의하지 않는다. 나아가서 김재춘은 부분·수시 개정 방식이 교육과정 문제를 개선하는 처방이 되기도 어렵다고 하였다. 전면적, 일시적 개정으로 인해서 생겨나는 '교사의 부담 가중', '시간과 예산 부족 문제', '잦은 개정으로 인한 교육의 안정성 저해', '전면 개정 패러다임으로 인해 필요 없는 내용까지 개정하는 문제' 등은 부분·수시 개정 방식으로도 해결하기 어렵다고 보았다. 대안으로 김재춘은 국가 교육과정을 최대한 대강화大綱化하고, 교육과정의 편성과 운영 권한을 단위 학교에 대폭 이양할 필요가 있다고 주장한다.

대립하는 주장에 대한 내 견해를 설명하겠다. 우선, 주기적, 전면적, 일시적 개정에 대한 견해차를 어떻게 보아야 할까? 엄밀하게 말하면 김재춘의 주장이 옳다. 국가가 원하기만 하면 언제든지 교육과정을 바꿀 수 있었고 또 바꾸어 왔기 때문이다. 크고 작은 조치까지 포함한다면 교육과정은 주기적 개정이 아니라 수시로 바뀐 것이 맞다.* 그러나 '제7차 교육과정', '2015 개정 교육과정'처럼 차수나 연도를 부여하여 전면

* 국가 교육과정이 개정된 주기를 살펴보면 1955년(1차), 1963년(2차), 1973년(3차), 1981년(4차), 1987년(5차), 1992년(6차), 1997년(7차), 2007년(개정 고시), 2009년(개정 고시), 2015년(개정 고시)을 기준으로 하면 10-8-6-5-5-5-10-2-6년이다. 2007년 이후 수시부분 개정을 어떻게 계산해야 할지 난점이 있지만, 전체적으로 보면 주기적 개정이라고 하기 어렵다. 다만, 주로 중앙 정부의 정치적 필요 때문에 개정 작업이 시작되었다는 점에서 정치 세력 교체 '주기'를 반영한다고 해석할 수도 있다. 나는 그런 점에서 '주기적 개정'이라는 말에 담긴 담론적 문제의식은 여전히 유효하다고 본다.

적이고 체계적으로 바꾼 전통도 있다. 이것을 중심으로 생각하면 정치권력이나 사회적 필요를 반영하여 주기적이고 전면적으로 개정이 이루어졌다는 주장도 잘못되었다고 보기 어렵다. 적어도 '주기적'이라는 해석은 양보할 수 있으나 전면적 개정 방식을 택해 온 것은 사실로 보인다. 물론, 이러한 인식 차이는 사실의 문제를 넘어 사실을 바라보는 해석의 차이일 수도 있다. 어느 면을 더 강조하느냐에 따라 견해가 다를 수 있다.

그런데 이러한 차이에도 불구하고 우리나라 교육과정 연구·개발 체계의 문제점에 대해 홍후조와 김재춘을 포함한 학자들이 견해차가 크다고 나는 생각하지 않는다. 예컨대, 김재춘은 국가 수준 교육과정이 '숙의'보다는 '설계' 중심의 교육과정, 과잉 통제된 교육과정, 총론과 교과 교육과정 간의 일관성이 부족한 교육과정, '원인' 규명 없는 '처방' 중심의 교육과정, 지나치게 위계화된 교육과정이라고 규정한다.[106] 이러한 진단에 대해서 수시부분 개정으로의 전환을 주장한 학자들도 대부분 동의할 것이다. 그렇다면 **수시부분 개정 방식'과 '대강화' 전략 중에 어느 것이 더 나은 처방인가를 따지는 것이 더 생산적인 논의일 것이다.** 이 문제는 다음에 다시 다루겠다. 이 논의는 잠시 멈추고 국가 교육과정과 교과서의 관계부터 살펴보자.

국가 교육과정과 교과서의 종속 관계에 대하여

앞서 내가 교사를 하는 동안 교육과정 문서를 참조한 적이 거의 없다고 말했다. '교과서 = 교육과정'이라는 등식이 존재했기 때문이다. 30여 년이 지난 지금은 어떨까? 이 문제에 바로 답하기 전에 퀴즈를 하나 내 보겠다. 현재 교육과정 문서를 가장 꼼꼼히 공부하는 사람은 누구일까? 정답은 임용 시험을 앞둔 예비 교사들과 검정 교과서 저자들이다. 임용 시험에 합격하려면 국가 교육과정의 특정 부분을 달달 외워야 한다. 임용 시험 경쟁률을 생각할 때 학생들이 얼마나 열심히 교육과정 문서를 들여다보는지 상상이 될 것이다. 내가 교육과정 문서를 접하지 않았던 것은 국립 사범대학 졸업 후 자동 발령을 받던 시대였기 때문이다.

교육과정 문서를 열심히 연구해야 하는 또 다른 사람들은 검정 교과서 저자들이다. 여기서 '검정'이라는 단어를 특별히 강조하고자 한다. 우리나라의 교과서는 발행 주체에 따라 국정國定도서, 검정檢定도서, 인정認定도서로 구분된다.* 자유 발행제는 연구 차원에서는 논의되고 있으나 제도로는 허용되지 않고 있다. 우리나라는 오랫동안 주요 교과를 국정 도서로 발행해 오다가 교과서 편찬 과정의 자율성과 창의성을 확대하기 위해서 검인정 제도를 대

* 「교과용도서에 관한 규정」에 의하면 교과서는 발행 주체에 따라 국정도서, 검정도서, 인정도서로 구분된다. "국정도서"는 교육부가 저작권을 가진 교과용 도서, "검정도서"는 교육부장관의 검정을 받은 교과용 도서, "인정도서"는 국정도서·검정도서가 없는 경우 또는 이를 사용하기 곤란하거나 보충할 필요가 있는 경우에 사용하기 위하여 교육부장관의 인정을 받은 교과용 도서를 말한다. 그리고 "개편"은 교육과정의 전면 개정 또는 부분 개정이나 그 밖의 사유로 인하여 교과용 도서의 총 쪽수(음반·영상·전자 저작물 등의 경우에는 총 수록 내용)의 2분의 1을 넘는 내용을 변경하는 것을 말하고, "수정"은 교육과정의 부분 개정이나 그 밖의 사유로 인하여 교과용 도서의 문구·문장·통계·삽화 등을 교정·증감·변경하는 것으로서 개편의 범위에 이르지 아니하는 것을 말한다고 규정하고 있다.

폭 확대하였다. 그래서 현재는 검정 교과서가 교육 현장에서는 가장 많이 사용된다. 이러한 변화가 국가 교육과정으로부터 교과서의 자율성을 신장시켰을까? 그렇게 보기 어려운 점이 있다. 왜 그럴까? 검정 교과서는 검정 심사를 통과하지 않으면 교과서 시장에 진입할 수 없다. 교과서 한 권을 개발하는 데 최소 몇억 이상을 투자하는 민간 출판사는 검정 통과를 위해 최선을 다한다. **이런 경향은 국가 교육과정 문서의 창의적 해석이나 재구성을 어렵게 한다. 대신에 교육과정 문서를 가능한 한 축자적逐字的으로 엄격하게 해석하는 관행이 정착한다.** 위험을 무릅쓸 이유가 없기 때문이다. 그래서 국정 교과서에서 검정 교과서로의 방향 전환이 교과서의 다양성을 증진하는 효과로 나타나지 않는다. 미세한 차이는 존재하지만 크게 보면 비슷비슷한 교과서가 양산된다. 검정 합격률을 낮추면 낮출수록 이런 경향은 심화할 수 있다.

역설적인 사실은 국가 교육과정과의 관계에서 국정 교과서가 상대적 자율성이 더 높을 수도 있었다는 점이다. 국가 교육과정과 국정 교과서 모두 정부가 궁극적인 책임을 진다. 넓은 의미에서 동일자同一者의 행위이다. 따라서 내가 어제 결정한 것을 오늘 뒤집을 수 있다. 즉, 국가 교육과정 고시 후에도 국정 교과서 집필 단계에서 합당한(?) 사정이 있으면 수정을 할 수 있었다. 과거 교육과정 문서와 초등학교 국정 사회 교과서의 내용을 비교해 본 적이 있다. 그 결과 교과서가 교육과정 문서 내용과 다른 부분이 여러 군데 있었다. 반면에 검정 교과서 집필자는 그러한 상대적 자율성을 전혀 누리지 못한다. 검정 통과를 강하게 의식해야 하기 때문이다. 국가 교육과정에 부족하거나 부적절한 부분이 있어도 이를 적극적으로 수정할 수 없다.

그동안의 교과서 개편 관행도 근본적으로 재검토할 필요가 있다. 우리나라는 교육과정 개정 때마다 교과서 내용을 거의 전부 바꾼다. 예를 들어, 사회과에서 '헌법의 주요 원리'는 교육과정이 바뀌어도 변하지 않는 내용 요소이다. 그것을 잘 구현한 교과서가 있다고 가정해 보자. 다음 교육과정기에는 이 내용을 그대로 두지 않고 다 바꾼다. 이런 전면 재집필 관행이 옳을까? 사람들은 지식과 정보의 변화 속도가 워낙 빠르므로 전면 개정이 당연하다고 주장한다. 일리가 있는 말이다. 그러나 나도 일리 있는 반론을 해 보겠다. 지식이 폭발적으로 증가할 뿐 아니라 기존 지식이 낡아서 폐기되는 속도도 놀랍다는 데 누구나 동의한다. 초·중등교육과 대학교육을 비교하면 어느 쪽이 그런 변화 속도에 더 많이 노출되어 있을까? 당연히 대학교육이다. 그렇다면 대학 교재가 초·중등학교 교과서보다 더 자주 바뀌는 것이 자연스럽다. 그런데 정치학, 사회학, 경제학 개론서들을 한번 살펴보라. 5~7년 주기로 전면적으로 다시 집필되는 개론서는 존재하지 않는다. 대부분이 개정 증보판의 형식으로 바뀐다. 전면 수정은 아주 드물게 일어난다. 전면 개정되는 경우는 컴퓨터공학과 같은 응용 학문 분야에 한정된다. **대학 교재가 이러하거늘 더 안정적인 지식을 다루는 초·중등 교과서가 교육과정이 바뀔 때마다 왜 전면 재집필되어야 할까?**

다른 나라의 예도 하나 소개하고자 한다. 나는 2007년에 오하이

오 주립 대학에 연구년으로 있었다. 그때 나를 초청한 교수에게 미국 사회 교과서 중에서 가장 잘되어 있는 교과서를 추천해 달라고 했다. 소개받은 교과서는 TCI 출판사의 'Social studies alive' 시리즈였다. 처음 교과서를 보았을 때는 평범해 보였다. 그런데 교과서와 연계된 교사용 지도서를 보고 감탄했다. 교과서 내용을 모두 학생들이 경험 가능한 능동적이고 참여적인 활동으로 거의 완벽에 가깝게 변환하여 수업할 수 있도록 안내하고 있었다. 교사가 그 안내를 따라 수업하기만 하면 훌륭한 수업이 바로 구현될 수 있었다. 나는 이 출판사의 교과서 한 세트를 구매해 와서 학생들에게 좋은 교과서란 무엇이며 좋은 활동형 수업이 무엇인지를 소개하는 데 지금도 활용하고 있다.

  2년 전쯤에 TCI 출판사 홈페이지를 찾아서 이 시리즈가 어떻게 바뀌었는지를 살펴보았다. 시대 변화를 반영해서 온라인과 오프라인에서 활용할 수 있는 다양한 자료를 제공하고 있었다. 여기에는 온라인 수업 지도안, 학생 학습 자료, 과제 제시·평가 및 채점 자료, 파워포인트 자료, 다양한 참고 자료, 쉽게 활용할 수 있는 비디오 자료 등이 포함된다.[107] 특이했던 것은 2007년에 내가 입수한 교과서와 비교하여 달라진 내용이 많지 않다는 점이었다. 이 점을 어떻게 생각하는가? 미국 교과서 회사가 게을러서 그렇다고 생각하는가? 어떤 내용을 가르치는 좋은 방법이 있으면 더 나은 새로운 방법이 나올 때까지 기존의 것을 유지하는 것이 합리적인 선택일 것이다. 이 점에서 우리나라 교과서 집필 관행은 이해하기 어렵다. 왜 잘 쓴 부분도

호모 파베르(Homo Faber)
교과서를 따라서 vs 교과서를 넘어서

    1장의 '돋보기'에서 '자기 주도적 교사' 개념을 소개하였다. 2008년경 만든 이 개념의 구체적 내용을 읽다가 "자기 주도적 교사는 교과서를 따라서 수업하는 교사가 아니라"라는 표현이 목에 걸리는 느낌이었다. 지금도 현장에서는 교과서대로 수업하는 것을 지양(止揚)해야 할 수업으로 인식하고 있다. 그런데 이 표현이 왜 갑자기 낯설게 다가왔을까?

    호모 파베르(Homo Faber)라는 용어를 빌어서 설명해 보고자 한다. 인간을 규정하는 용어로 가장 잘 알려진 것은 호모 사피엔스(Homo Sapiens)이다. 스웨덴 생물학자 칼 폰 린네(Carl von Linné)가 《자연의 계통》에서 처음 사용했다. 라틴어로 "슬기로운 사람"이라는 뜻의 이 용어는 인류를 지칭하는 생물학적 공식 용어이다. 이 외에도 인간을 지칭하는 많은 용어가 있다. 호모 루덴스(Home Lundens)도 그중 하나이다. '노는 인간' 또는 '놀이하는 인간'이라는 뜻의 이 용어는 네덜란드의 역사가 요한 하위징아(Johan Huizinga)가 창안하였다. 그는 《호모 루덴스》에서 문화 그 자체가 놀이의 성격을 가지고 있다고 역설했다. '생각하는 인간', '유희적 인간'과는 달리 호모 파베르는 도구를 사용하고 제작하는 인간 특성에 주목한다. 도구를 통해 인간은 자연을 통제하고 문명을 창조할 수 있었다. 그런데 인간은 도구를 만들지만, 도구가 인간을 주조(鑄造)하기도 한다. '사람은 책을 만들고 책은 사람을 만든다'라는 잘 알려진 문구는 인간과 도구의 상호 관계를 잘 드러낸다.

　의도적으로 사람을 변화시키기 위해서 특별하게 제작된 책이 교과서이다. 교과서 집필에는 훌륭한 대학교수와 교사들이 참여한다. 많은 제작비를 들여서 공들여 교과서를 만든다. 그러고 나서는 '교과서를 따라서 수업하는 것'을 지양하라고 주장하면 이상하지 않은가? 이런 통념이 생겨난 이유를 두 가지만 말하겠다. 첫째, 권위주의 정부에서 오랫동안 교과서는 교사와 학생을 통제하는 수단이었다. 둘째, 그 시절의 국정 교과서들은 상당히 질이 낮았다. 이런 상황이 교과서를 따라서 수업하는 것에 대한 부정적인 정서를 일반화하였다. 그렇다면 이 또한 극복해야 할 유산인 셈이다.

　최고의 전문가 집단으로 인식되는 의사의 의료 행위를 생각해 보자. 오늘날 의사들이 《동의보감》의 허준보다 낫다면 그것은 개별 의사의 솜씨가 아니라 CT, MRI 등 첨단 도구와 수많은 전공 의학 서적에 의존하기 때문이다. 의사에게 표준 의학 서적을 따르지 말라고 하면 상식적이지 않다. 호모 파베르라는 특성은 교원의 집단적 전문성에서도 본질적이다. 교과서를 따른다고 야단칠 일이 아니라 좋은 도구부터 만드는 일이 먼저이다. 그 후에 그것을 잘 해석하여 자신의 교실에 맞게 적용하는 일을 논의하는 것이 순서이다. 우리 교육과정과 교과서의 질적 수준부터 높여야 한다. 초임 교사들이 안심하고 따라 할 수 있는 교과서부터 제작하자. 그 토양 위에서 이를 넘어서는 뛰어난 교사들이 길러질 것이다.

　예비 교사 교육도 교육과정(교과서)의 재구성이 아니라 문해력을 기르는 것에서 출발해야 한다. 교과서를 기준으로 보면 '교과서도 못 따라가는 교사 → 교과서대로 가르치는 교사 → 교과서를 뛰어넘는 교사'로 교사 전문성이 발달한다. 이에 맞추어 교사 교육도 해야 한다.

다 바꿀까? 혹 교과서 출판사의 판매를 늘리기 위한 잘못된 관행이 계속 이어지는 것은 아닐까? 그 점에서 「교과용도서에 관한 규정」의 제2조(정의)의 제7호와 제8호 중 제7호의 내용 — 총 쪽수의 2분의 1을 넘는 내용 변경을 개편으로 규정 — 은 개정되어야 한다고 나는 본다. 한편 **교과서 전면 개정의 관행은 우리나라 국가 교육과정이 실질적으로는 여전히 전면 개정형임을 뒷받침하는 증거이기도 하다.**

수시부분 개정 방식으로의 전환은 어떤 결과를 낳았나

다시 홍후조와 김재춘의 논의로 돌아가 보자. 수시부분 개정 방식을 옹호하는 견해는 이후 정부에 의해서 채택된다. 수시부분 개정 방식은 2002년 말 대선 공약의 하나로 포함되었다. 이후 교육부는 2007년 고시된 교육과정에서 '수시-부분 개정 방식'을 공식적으로 포함하였다.[108] 그렇다면 '수시-부분 개정' 방식은 의도한 정책 효과를 달성하였을까? 좀 더 엄밀한 분석이 필요하겠으나 개인적인 견해를 말하자면 부정적이다. **교육과정 개정 주기의 불확실성만 증폭시켰다. 더 근본적인 문제는 '수시-부분 개정 방식'이 현실에서 제대로 실현되었는가 하는 점이다.** 김종건은 2007년 개정에 대해서 "2007년에 또다시 전면에 가까운 '부분' 개정이 있었다"라고 진술하고 있다.[109] 이후 2009 개정, 2015 개정 과정도 수시부분의 아이디어를 충분히 구현했다고 보기 어렵다. 교육과정의 질 관리 방식도 개선되지 않았고 현장 목소리를 반영하는 방식도 별로 나아지지 않았다. 중앙 정부의 필요에 따라 짧은 정책 주기로 교육과정이 개정되는 관행도 크게 달라지지 않았다. 지금 진행되는 국가 교육과정 개정도 과거의 '소위' 전면 개정 방식과 무엇이 다른지 잘 모르겠다. 그렇다면 2007, 2009, 2015 개정 대신에 제8차, 제9차, 제10차 개정이라고 표현하는 것이 더 정직하지 않을까? 사정이 이러하니 수시부분 개정 방식의 효과를 검증하기도 어렵다. 현실에서 제대로 실행되지 않았는데 어떻게 효과를 검증하겠는가? 사용하는 학자마다 달라서 '수시부분'이라는 용어의 뜻도 여전히 모호하다. 이 아이디어를 제도화하는 문제에 대한 2003년경 내 생각을 인용해 보겠다.

첫째, 국가 수준 교육과정 개정 절차에 대한 제안이다. 전면적·일시적 개정과 현재 개선을 위해 논의되고 있는 부분·수시 개정을 병립시키는 이원적인 체계를 당분간 시행해 봄이 어떨까 하는 제안을 해 본다. 현재와 같은 전면적·일시적 개정 방식을 통해서 교육과정 전체 틀을 연역적으로 새롭게 기획하는 작업을 하고 부분·수시 개정을 통해서 교육과정의 실행 과정을 지속적으로 모니터링하고 귀납적으로 수선하는 방식을 택한다면 교육과정 논의를 일상화할 수 있고 연역과 귀납도 적절히 조화시킬 수 있을 것이다.

전면적 개정은 한번 만들어진 교육과정이 최소한 한 차례 정도 시행되는 것을 보장할 수 있도록 10~12년 정도를 개정 주기로 하여서 시행하고 부분·수시 개정은 교육과정의 문제를 인식하는 관련 집단 — 교육부, 학부모 집단, 교육 전문가, 교원단체 등 — 이 별도의 상설화된 교육과정심

의기구를 통해 문제를 발의해서 해결하는 방식을 택하면 될 것이다.[110]

기억이란 믿을 것이 못 된다. 이런 주장을 했다는 사실조차 가물가물하다. 지금은 생각이 어떻게 달라졌는지는 나중에 다시 언급하겠다. 다만, 수시부분 개정에서 학부모 집단, 교육 전문가, 교원단체 등이 주체가 된 아래로부터의 **귀납적 접근**은 분명히 강조했던 것 같다. 이 부분이 수시부분 개정의 핵심이라고 나는 본다. 이를 위해 상설화된 교육과정심의기구도 제안했었다.

수시부분 개정이라는 아이디어도 제도화되지 않으면 실현될 수 없다. 구체적인 제도를 고민한 학자는 허경철이다. 허경철의 모델은 〈그림 3〉과 같다.

허경철은 발의 주체로 교육인적자원부, 교육인적자원부 이외의 다른 정부 부처와 기관, 각종 학술단체 및 교육 관련 기관, 각종 교직단체(한국교총, 전교조 등), 각종 사회단체(학부모단체, 학생단체 등)를 열거하고 있다. 다양한 주체를 포함한 것은 내 아이디어와 유사하다. 학생단체까지 열거한 것은 상당히 진보적 아이디어다. 그러나 이후

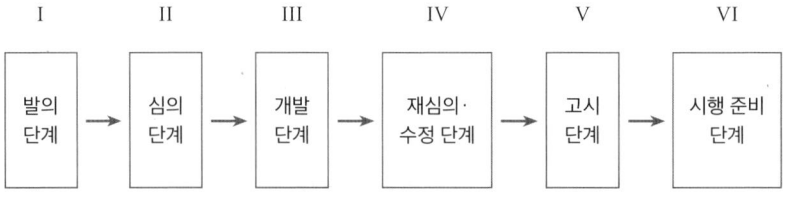

그림 3 **부분·수시 개정의 일반적 절차**[111]

이 절차는 제대로 구현되지 못했다. **국가가 교육과정을 완벽하게 통제하려는 욕망을 버리지 못했기 때문이 아닌가 한다.**

교육과정 개발, 교육과정 이해, 교육과정 비평

내가 교육과정과 직접 관련된 연구를 했을 때는 2001~2003년 사이이다. 2007년 초등 사회과 교육과정 개정 작업에도 참여하였다. 그러나 그 과정을 연구로 남기지는 못했다. 교육과정 연구를 계속 이어 오지 못한 것이 후회로 남는다. 이 주제에서 멀어진 이유는 두 가지이다. 하나는 국가 교육과정 개정 과정에 대한 회의감 때문이다. 이해 집단 간 대립을 관찰하는 것도 편하지 않았고, 교육 현장의 의견과 동떨어진 개정 과정에 흥미도 잃었다. 다른 하나는 내 연구의 주 관심이 수업 연구이기 때문이다. 교사와 학생에 의해 실제 실행되는 교육과정에 더 관심이 갔다.

20년 전 나의 교육과정 연구를 다시 살펴보니 지금도 유사한 생각을 하는 부분이 많다는 점이 놀랍다. 사람은 참 잘 바뀌지 않는가 보다. 교육 현장 실천으로부터 귀납적으로 교육과정 개정에 영향을 미치고, 전면 개정과 수시부분 개정 방식을 병존시킨다는 생각은 여전히 유효해 보인다. 개정 주기만 되면 교육과정 문서를 다 바꾸는 방식을 지양하고, 개정하려는 사람에게 개정 사유를 입증立證하도록 해야 한다는 생각도 바뀌지 않았다. 국가 교육과정이 모든 내용을 촘촘히 규정하는 최대주의最大主義에서 탈피하여 대체적인 방향과 얼개만 제시하는 최소주의最小主義를 지향해야 한다는 주장도 원론적으로는 바뀌지 않았다. 다만 최소주의가 무엇인지에 대해서는 생각이 다소 변화하였다. 이 문제는 뒤에서 다시 다루겠다.

고치거나 더 진전시켜야 할 생각도 있다. 기존 국가 교육과정 개정 방식을 '수시' 개정이라고 본 것은 엄밀성이 부족한 주장이다. 교육 현장의 지혜를 교육과정 개정에 반영하는 구체적인 절차에 관한 생각도 미흡했다. 당시 나는 교육과정을 의사결정의 관점에서 바라본 슈밥Joseph J. Schwab과 라이드William A. Reid의 논의, 교육과정을 실존주의적 관점에서 파악한 파이너William Pinar의 논의, 교육과정 결정 과정을 역사적 맥락에서 조망하여 사회 구성social construction적 입장에서 이해한 굿슨의 논의 등에 깊은 영향을 받았다.[112] 파이너와 레이놀드William Pinar & William M. Reynolds가 쓴 《Understanding Curriculum》[113]도 내 생각에 영향을 많이 주었다. 그래서 "교육과정 개발에서 교육과정 이해"로의 패러다임 전환에 관심이 많았다. 대신에 국가 교육과정의 전통이 강한 우리나라에서 현장 실천과 교육과정 개발을 연계시키는 방안을 깊게 고민하지는 못했다.

이에 대한 통찰은 한참 후에 우리처럼 국가주의 교육과정 개발 전통을 지닌 일본의 학자로부터 얻었다. 10여 년 전부터 사토 마나부의 '배움의 공동체' 운동이 한국 혁신 교육에 영향을 미치고 있다. 그래서 사토 마나부의 저작들을 읽어 보았다. 그러다가 사토 마나부의 실천·비평·개발 모델을 만나게 된다.[114] 사토 마나부는 교육과정 개발 양식을 **연구·개발·보급 모델**research-development-diffusion model과 **실천·**

표 4 연구·개발·보급 모델[115]

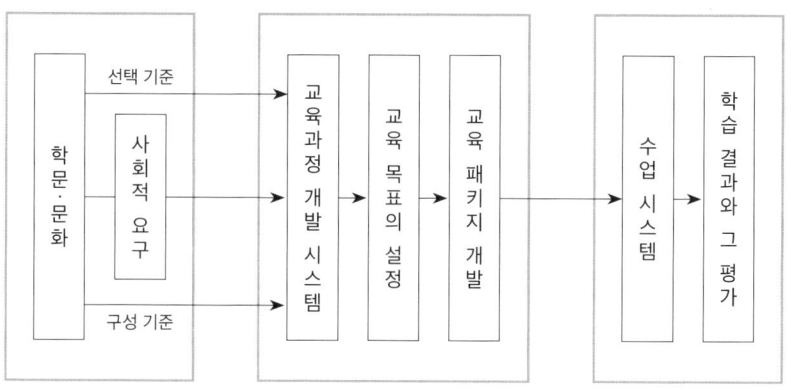

비평·개발 모델practice-critique-development model로 구분하였다.

사토 마나부는 일본과 같이 중앙 집권적 교육 행정을 특징으로 하는 나라에서는 연구·개발·보급 모델 방식의 교육과정 개발이 강력하게 작동해 왔다고 진단한다. 이 모델은 교육 실천 성패의 중심적 역할을 하는 교사의 역할이나 능력을 무시하고, 교실 실천의 다양성이나 창조성을 무시하며, 이 모델에 따른 연구가 진행되면 될수록 교육 실천을 획일화한다는 등 다양한 비판이 제기된다고 말하였다.

사토 마나부는 대안적 모델로 실천·비평·개발 모델을 제안하였다. 이 모델의 핵심은 교재를 구성하고 수업을 창조하는 교사의 식견識見이고 견식見識이다. 이 모델에서는 교실에서 학생의 학습 경험을 창조하는 것이 교육과정 개발과 동일시된다. 수업 실천에 대한 관찰과 기록에 기반한 교육과정 비평을 통해 교육과정 개발이 이루어진다. 사토 마나부는 "'실천·비평·개발 모델'의 교육과정 개발을 추진하기 위

표 5 **실천·비평·개발 모델**[116]

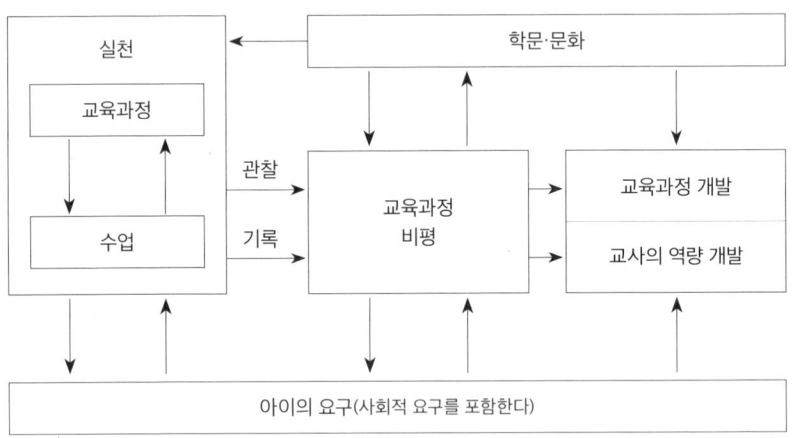

해서는 학교 내부에서 교사의 협동을 실현할 필요가 있고, 교사의 연구와 개발을 지원하는 다양한 네트워크를 학교 내외에서 형성할 필요가 있다"라고 하였다. 오늘날 전 세계적으로 강조되는 교사학습 공동체가 교수-학습 방법 개선뿐 아니라 교육과정 개선을 위해서도 필수적임을 강조한 말이다.

나는 사토 마나부의 모델이 수시부분 개정의 아이디어를 제도화하는 데 유용한 시사점을 제공한다고 생각한다. **이 모델은 교육과정 개발 과정에서 주변화되어 있던 교실 수업 실천과 교사를 교육과정 개발의 중심부로 소환한다. 몇몇 정부 관료나 교육학자들의 검증되지 않은 생각을 현장에 강요하는 우리나라 국가 교육과정 개발 관행을 개선하기 위해서는 '실천·비평·개발 모델'의 아이디어를 적극적으로 수용해야 한다.**

교사의 새로운 역할과 교육과정 재구성, 문해력, 비평

국가 교육과정 개정 과정이 교사의 교육 실천을 존중하고 교사들의 집단적 지혜를 담아내는 것은 꼭 필요한 개혁 방향이다. 교사들의 역할도 더 적극적으로 변화해야 한다. 능동적이고 창조적인 역할 수행이 가능해지려면 새로운 개념, 제도, 실천이 필요하다. 당연히 교사의 전문성과 정체성도 재설계되어야 한다.

교육과정과 교사의 관계에 대해서 일찍이 벤 페레츠Miriam Ben-Peretz는 교사의 교육과정 역할 수행을 교육과정의 수동적 사용자users of teacher-proof curriculum, 교육과정의 능동적 실행자active implementer of curriculum, 교육과정의 사용자-개발자curriculum user-developmenter의 세 가지로 구분하였다.[117] 여기에 더하여 우리나라 몇몇 학자들은 교육과정 개발자-사용자curriculum developmenter-user 모델을 네 번째로 추가하였다. 그동안 우리나라 교사들에게 주로 요구된 역할은 수동적 사용자 모델 혹은 능동적 실행자 모델에 국한되었다. 앞으로 '실천·비평·개발 모델'이 활성화되면 교육과정의 사용자-개발자 모델과 교육과정 개발자-사용자 모델로 역할이 확대되어야 한다.

교육과정에 대한 교사의 능동적 역할과 관련하여 그동안 '교육과정 재구성'이라는 말을 많이 사용하였다. **'교육과정 재구성'**은 일반적으로 국가 수준 교육과정을 획일적으로 실행하지 않고 학교 실정과 학생 실태를 고려하여 적합하게 조정하여 실행하는 것을 의미한다. 겉으로는 자명한 이 용어는 실제로는 매우 복잡하다. 서경혜(2015)

는 교육과정 재구성 용어를 둘러싼 논쟁을 분석하였다.[118] 국가 교육과정을 현장에 맞게 충실히 적용하는 것을 중시하는 교육과정 실행의 관점, 교사 수준 교육과정을 국가 수준 교육과정보다 열등하게 보는 것을 비판하고 교육과정 개발로 적극적으로 해석해야 한다는 관점, 국가 교육과정 문서의 법적인 구속력을 고려할 때 교육과정 재구성은 교과서 재구성을 의미하는 실체 없는 허상이라는 관점 등을 소개하고 있다. 이러한 논쟁은 '교육과정 재구성' 개념을 비판적으로 사유하는 데 유용하다.

최근에는 '교육과정 재구성' 개념의 모호성 때문에 **'교육과정 문해력'** 용어가 대안으로 부상하고 있다.[119] 교육과정 문해력은 교육과정 재구성보다 훨씬 중립적이고 능동적 용어로 보인다.

> 교육과정 문해력은 이러한 대안적 개념 중의 하나로 교사의 교육과정 전문성의 핵심을 드러내는 데 효과적인 용어이다(백남진, 2015). 이론적 논의 초기에는 문해의 대상인 교육과정 문서에 대한 해석에 초점이 맞춰지면서, 교육과정 문해력은 주로 교육과정 문서를 이해하고 이를 활용하는 능력으로 제한적으로 정의되었다(정광순, 2012; 백남진, 2013). 그러나 '읽기의 차원'에서 교육과정 문해력을 정의하는 것은 초보적이고 낮은 기능적 문해력의 수준으로 교사의 전문성을 제한한다는 점에서 바람직하지 않다. 이와 달리 비판적 문해력의 수준에서는 문해의 대상을 문자 그대로 읽고 이해하는 수준을 넘어서 그 대상이 산출된 사회문화적 맥락에 대한 비판적 성찰과 함께 적극적 개선을 위한 실천 능력까지를 문해력의 범주

에 포함한다. 비판적 문해력 패러다임을 토대로, 교사의 교육과정 문해력은 교육과정에 대한 해석을 통해 외부 개발자의 의도를 파악하는 것을 넘어, 교사 자신의 의미 구성을 통해 교육과정의 타당성을 따지고 필요한 경우 다시 쓸(constructing, or developing) 수 있는 단계까지 포괄하는 능력으로 정의할 수 있다(박윤경·김미혜·김병수, 2017: 40).[120]

그러나 문해력 또한 이미 주어진 문서를 제대로 읽어 낸다는 의미를 강하게 내포한다. 이런 한계를 의식하였기 때문에 박윤경 외(2018)는 교육과정 문해력 개념을 확장하여 '읽기'뿐 아니라 '쓰기'를 포함하도록 개념화하고 있다.[121] 연구자들의 주장처럼 확장된 교육과정 문해력 개념이라야 비로소 교사 수준 교육과정의 능동적 의미를 잘 담아낼 수 있을 듯하다.

우리나라에서는 거의 논의되지 않은 **'교육과정 비평'** 개념은 어떤가? 사토 마나부의 책에 적혀 있는 이 용어가 일본 학계에 광범위하게 통용되는 용어인지는 아직 확인하지 못했다. 나는 수업 비평가로서 이 용어가 매력적으로 느껴진다. 비평은 현상을 관찰하고 해석하고 평가하는 기능을 한다. 여기서 관찰 대상은 고시된 국가 교육과정 문서에 한정되지 않는다. 〈표 5〉에서 확인할 수 있듯이 교육과정과 수업이 상호 영향을 주고받으면서 이루어지는 실천이 모두 교육과정 비평의 대상이다. 이 개념을 통해 국가 교육과정 중심주의에서 벗어날 가능성이 생긴다. 국가 교육과정 문서가 법적 강제성을 지닌다고 해서 교육 현장을 온전히 통제하지는 못한다. 교육 현장은 수많은 맥락의 영향을 받아 형성되고 진화해 가는 생태계이다. 잘 정리된 문서를 던져 주는 것으로 사회역사적 맥락을 지닌 자율적 생태계에 큰 영향을 미치려는 것은 애당초 불가능한 기획이다. **교육과정 비평은 살아 있는 교육 생태계를 교육적 감식안으로 관찰하고 해석하고 평가하여 새로운 실천의 잉태를 매개하는 도구가 될 수 있다.**

새로운 국가 교육과정 체제의 제도화를 위한 몇 가지 제안

새로운 시대에 맞게 국가 교육과정 체제도 혁신되어야 한다. 국가가 명령하면 현장 실천이 하루아침에 바뀔 것으로 생각하는 기술 공학적 패러다임을 폐기하는 것에서 시작해야 한다. 교육 실천은 역사성을 지닌 수많은 요소 간 상호작용의 결과를 반영하는 유기체적 생태계이다. 마음에 들지 않는다고 무너뜨리고 다시 지을 수 있는 건축물이나 폐기하고 다시 만들 수 있는 공산품이 아님을 수용할 때 비로소 현장 교육 생태계의 진화에 이바지할 수 있는 길이 열린다. 이러한 전제하에서 몇 가지 구체적인 제안을 해 보겠다.

첫째, **국가 교육과정 전면 개정 주기를 최소 10~12년으로 법제화할 필요가 있다.** 지식의 팽창 속도가 빠른 시대에 무슨 철없는 주장이냐고 반문할 것이다. 그렇다면 지난 수십 년 동안 초등학교와 중학교의 교육 내용 변화를 검토해 보라. 수학에서는 사칙 연산과 1차 방정식을, 과학에서는 물질의 성질과 운동의 법칙을, 사회에서는 헌법의 기본 원리와 정부 조직을 여전히 배운다. 학문의 변화에 훨씬 더 노출되는 대학에서도 기본 교재를 전면 개정하는 경우는 그리 흔하지 않다. 한번 만들어진 교육과정이 현장에서 어떻게 실행되는지 살펴볼 겨를도 없이 자꾸 개정하는 것은 이성적이라고 보기 어렵다. 참고로 핀란드와 일본은 10년 주기로 교육과정을 개정한다. 내가 12년을 언급하는 이유는 교육과정이 한 차례 온전히 실현되는 데 걸리는 최소 기간이기 때문이다. 이 정도 여유를 두고 교육과정을 개정해야 한다. 한편, 법제화는 정치권력의 간섭으로부터 자율성을 확보하는 데 필요한 안전장치이다. 법제화를 국회 입법으로 할지, 대통령령으로 할지 등 세부 사항을 충분히 검토해야 할 것이다. 이제까지 중앙 정부가 행사해 왔던 자의적 영향력을 고려하면 국회 입법이 더 바람직하다고 본다.

둘째, '실천·비평·개발 모델'에 입각해서 교육 현장의 실천 경험이 수시로 국가 교육과정 문서에 반영되는 절차를 제도화해야 한다. 이를 위해 수시부분 개정의 아이디어를 절차적으로 정련화精鍊化해야 한다. 허경철이 제안한 '부분·수시 개정의 일반적 절차'를 좀 더 다듬어 사용할 것을 제안한다. 수시부분 개정의 핵심은 현장의 실천 경험을 교육과정 개정에 반영할 수 있는 통로를 만드는 데 있다. 따라서 수시부분 개정의 발의자에 중앙 정부가 포함되는 경우를 엄격히 제한할 필요가 있다. 현장의 목소리를 반영하는 방법으로는 **(가칭) 교육과정 실천·비평 공모전** 개최를 제안한다. 공모전이 활성화되면 현장의 지혜가 수렴되는 교육과정 연구가 일상화될 수 있다. 10~12년 주기 전면 개정 방식과 '실천·비평·개발 모델'에 입각한 부분·수시 개정 방식을 결합하여 〈그림 4〉로 표현하였다. '실천-개발 병존·순환 모델'에서는 교육과정 개발과 현장 실천이 상호 공존하면서 긍정적으로 순환한다.

셋째, 교육과정 문서를 연성軟性 **문서가 아니라 경성**硬性 **문서로 만들어야 한다.** 2003년도에 필자가 주장한 내용이다. 경성 문서란 교육과정 문서를 개정하려는 사람이 개정의 타당한 이유를 입증할 책임을 지는 문서를 말한다. 사실 법령 대부분이 그런 성격을 지닌다. 국가법령정보센터에 들어가서 법규 검색을 해 보라. 법조문의 내력을 보면 개정 날짜, 개정 이유, 신구법 비교 등이 적혀 있다. 이를 통해서 법령이나 조문의 변천 과정을 이해할 수 있다. 교육과정 문서도 법적 성격을 지니는 문서이므로 유사한 방식을 택해야 하지 않을까? 그래야 현장의 실천 경험도 체계적으로 축적될 것이다.

예를 들어 보겠다. 초등학교 사회 교육과정 3~4학년군의 첫 번

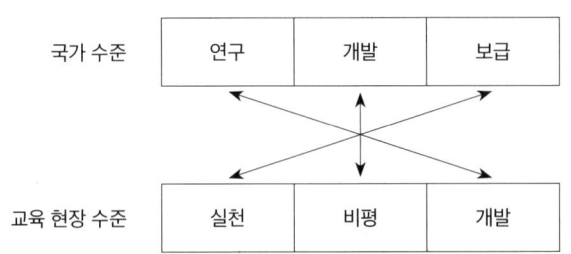

※ 화살표는 국가 수준과 교육 현장 수준의 모든 활동이 상호 연관되어 있음을 의미함

그림 4 전면 개정 방식과 부분·수시 개정 방식을 결합한 '실천-개발 병존·순환 모델'*

째 성취 기준 [4사01-01]은 다음과 같다.

[4사01-01] 우리 마을 또는 고장의 모습을 자유롭게 그려 보고, 서로 비교하여 공통점과 차이점을 찾아 고장에 대한 서로 다른 장소감을 탐색한다.

이 성취 기준을 법조문이라고 간주해 보자. 이 법조문을 개정하려면 어떻게 해야 할까? 개정이 필요하다고 생각하는 발의자가 개정해야 하는 이유와 함께 새로운 법조문을 만들어 입법부를 설득해야 한다. 타당성을 인정받고 여론의 지지를 얻으면 법조문은 개정되고 그 결과는 국가법령정보센터에도 기록된다.

조금 더 구체적으로 설명해 보자. 현장 교사들은 [4사01-01] 성취 기준을 직접 해석하거나 혹은 그것을 해석한 교과서를 가르

* 이 그림을 보고 시·도교육청 수준 교육과정은 어디에 속하는지 궁금할 수 있다. 일반적으로 교사 수준 교육과정과 단위 학교 수준 교육과정이 교육 현장 수준이라는 데는 이의가 없을 것이다. 시·도교육청 수준 교육과정은 상황과 맥락에 따라 '국가 수준'에 해당할 수도 있고, '교육 현장 수준'에 해당할 수도 있다. 첨언을 하자면 교육 자치가 강조되면서 현재 서울과 경기와 같이 자원이 풍부한 교육청에서는 교육부가 하는 작업과 유사하게 자체 교육과정을 만들려는 시도가 있는 것으로 알고 있다. 이런 시도가 의미가 없는 것은 아니나 나는 그다지 올바른 방향이라고 보지 않는다. 중앙 정부는 10회가 넘게 교육과정을 바꾸는 동안 적지 않는 예산을 투여했고 전국적인 인재풀을 활용해 왔다. 그렇지만 여러 학자로부터 적은 예산과 인력으로 국가 교육과정을 개발한다는 비판을 끊임없이 받아 왔다. 교육과정 개발 작업에 직접 참여한 경험을 바탕으로 그런 주장에 거의 전적으로 동의한다. 시·도교육청 중에서 그보다 많은 예산과 인력을 들여서 괜찮은 교육과정을 개발할 역량을 가진 곳이 있을까? 나는 불가능하다고 본다. 시·도교육청은 중앙 정부와 유사한 교육과정 개발 작업을 할 것이 아니라 지역의 교육과정 실행을 관찰하고 연구하고 비평하고 지원하는 일에 집중하는 것이 더 바람직하다. 교육과정 개발 작업은 보완성 혹은 상보성의 원칙을 적용하여 국가 수준 교육과정을 지역 수준에 맞게 보완하는 수준에 그쳐야 할 것이다.

친다. 그런데 초등학교 3학년이나 4학년 학생들의 활동을 관찰하니 학교 주변이나 집 주변만 그리는 것을 발견했다고 가정해 보자. 아마도 교사들은 적절한 비계飛階를 통해 학생들이 마을 또는 고장 수준까지 그리도록 최선의 노력을 할 것이다. 그런데도 실패한다면 원인을 여러모로 분석해야 한다. 교수법이 문제인지, 학습자의 발달 단계가 문제인지, 아니면 다른 요인이 관련되는지 주의해서 살펴보아야 한다. 최종적으로 교육과정이 학습자의 발달 단계를 고려하지 못했다는 판단에 도달했다고 하자. 자신의 판단을 동료들과도 공유했더니 동료들도 동의한다면 이제는 성취 기준을 바꾸어야 한다. 이런 과정은 일종의 교육과정 비평에 해당한다.

[4사01-01] 학교나 집 주변 혹은 우리 마을의 모습을 자유롭게 그려 보고, 서로 비교하여 공통점과 차이점을 찾아 고장에 대한 서로 다른 장소감을 탐색한다. 〈개정 2021. 08. 22〉

개정 사유 : 학생들의 발달 단계와 학생 활동의 결과물을 통해 판단할 때 3~4학년 학생들의 공간 인식과 지도 작성 능력에 맞게 "자신의 학교나 집 주변 혹은 우리 마을" 수준으로 조정하는 것이 바람직하다.

실천·비평·개발 모델이 잘 작동한다면 이런 노력은 최종적으로 예시하는 바와 같이 성취 기준 개정으로 이어질 것이다. 개정의 범위에 따라 부분 개정, 전면 개정으로 나눌 수 있다. 이처럼 개별 성취 기준이 현장 실천과 교육과정 비평을 통해 수정되면 교육과정 개발과 현장 실천은 상호 유기적으로 연계될 수 있다. **여기서 성취 기준은 따라야 할 표준이지만 동시에 실천을 통해서 끊임없이 점검되고 개선되어야 할 표준의 의미를 지닌다.**

넷째, **국가 교육과정 문서를 잘 만들기 위해 노력해야 한다.** 이를 위해서는 국가 교육과정 문서 ― 교육과정 해설서를 포함하여 ― 에 무엇을 담을지 숙고해야 한다. 교육과정 문서를 대강화해야 한다는 주장은 여전히 힘을 얻고 있다. 나도 꽤 오랫동안 이런 생각을 하고 있었다. 그러나 이 주장은 재검토될 필요가 있다. 나는 2014년에 캘리포니아 산타바바라에 있었다. 캘리포니아주가 공통 핵심 교육과정 기준을 막 적용하기 시작한 시기이다. 나는 학부모 자격으로 교육감이 지역을 순회하면서 이 제도의 도입 취지를 설명하는 것을 들었다. 내 자녀가 다니는 학교도 공통 핵심 교육과정 기준에 따른 새로운 수학 과목의 도입 취지를 학부모들에게 설명하였다. 홍보 동영상도 만들어 보여 주었다. 캘리포니아주에서 배우는 수학 내용과 텍사스주에서 배우는 수학 내용이 다른데 공통 핵심 교육과정 기준을 사용하면 이런 문제를 해결할 수 있다는 홍보 내용이 기억난다. 국가 교육과정이 없던 미국에서는 공통 핵심 교육과정 기준 도입이 개혁의 한 방향이었다. 지방 분권과 국가 주도 사이의 어디쯤 유토피아가 존재할까? 일률적인 답은 없다.

국가 주도 교육과정 전통은 많은 사람이 비판하는 것처럼 그렇게 나쁜 것은 아니다. 그것의 획일성 측면과 공통성 측면 중 어느 쪽을 중시할지는 관점의 문제이다. 우리나라 국가 교육과정의 특징을 하나 더 살펴보자. 우리나라는 각 교과의 편제와 시간 배당을 국가 교육과정에 규정하고 있다. 이는 흔히 개선해야 할 관행으로 언급된다. 그러나 국가의 권한을 시·도교육청이나 학교 단위로 이양하면 교육과정이 대학 입시 위주의 과목으로 편성될 위험성이 높아진다는 우려가 크다. 미국에서 교사 평가와 연계된 국가 학업 성취도 시험이 도입되자, 예체능 과목 시수가 많이 축소되는 현상이 발생하였다. 국가 주도도 지방 분권도 절대 선善은 아니다. 그 점에서 대강화가 반드시 가야 할 방향은 아닐 수도 있다. 국가 교육과정 전통의 장점을 계승하고 단점을 개선하는 지혜로운 접근이 필요하다.

한마디로 좋은 국가 교육과정을 개발하는 것이 더 상위의 목표이다. **대강화는 그 한 수단에 불과하다.**[122] 나는 실천·비평·개발 모델이 잘 작동하면 비교적 상세한 국가 교육과정과 현장의 좋은 실천이 공존할 수 있다고 본다. 지난 70년 동안 국가 교육과정을 상세하게 만들려고 노력한 한국 사회의 전통이 전적으로 잘못된 것이 아님을 강조하고자 한다. 문제는 국가 교육과정을 억압적으로 강요하느냐 아니면 현장 실천의 맥락을 존중하면서 현장과 대등하게 상호소통하고 교류하느냐이다. 국가 수준 교육과정과 교육 현장 수준 교육과정의 새로운 역학 관계는 〈그림 5〉처럼 표현할 수 있겠다. 이런 수평적 관계가 만들어지면 교육과정 문서의 대강화와 상세화도 양자택일의 문제가 아니라 대강화해야 할 부분은 대강화, 상세화해야 할 부분은 상세화하는 방식의, 경험과 연구에 기반한 개정이 가능해질 것이다.

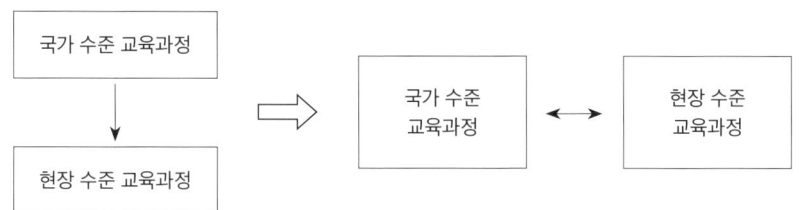

그림 5 국가 수준 교육과정과 현장 수준 교육과정의 권력 관계 변화

다섯째, **교육과정에 관한 연구를 상시화하고 전문가를 육성해야 한다.** 교육부 관계자들은 교육과정 개정 시기에만 교육과정에 신경을 쓴다. 그 외에는 다른 업무에 바빠서 실행되는 교육과정을 살펴볼 여유가 없다. 전문 연구 기관인 한국교육과정평가원도 교육과정에 대한 상시 연구 체제를 갖추고 있지 않다. 이렇게 개발하는 동안만 바쁜 관행은 개선되어야 한다. **질 높은 교육과정을 만들려면 교육과정 연구가 일상적으로 이루어져야 한다.** '실천-개발 병존·순환 모델'이 활성화하면 수많은 사람의 지혜를 국가 교육과정 개정에 반영할 수 있는 통로가 열린다. 이러한 집단 지성의 토대를 튼튼히 하는 것과는 **별개로 교육과정 관련 전문가를 육성하는 일에도 힘을 써야 한다.** 나는 우리 사회에 민주주의가 진전되면서 대중영합주의, 즉 일종의 포퓰리즘이 득세하는 경우를 종종 목도했다. 국가의 중요한 정책 결정에 여론 조사의 영향력이 매우 중요해졌다. 바람직한 현상이지만 한편으로 우려할 측면도 있다. 중요한 정책 결정에서는 그 분야 전문가의 식견이 존중되어야 한다. 물론, 전문가의 의견이 절대적인 것은 아

교육과정 문서 형식 논쟁
대강화(大綱化) vs 상세화(詳細化)의 대립을 넘어서

오랫동안 현장을 무시해 온 국가 교육과정으로 인해 교사들은 상처를 많이 받았다. 그래서 국가 교육과정의 힘을 빼고, 지역과 학교 단위 교육과정을 강화해야 한다는 주장이 힘을 얻고 있다. 일견 이해되고 타당한 면도 있다. 그러나 인력, 예산, 개발 기간 등에서 중앙 정부만큼 자원을 동원할 수 있는 지역은 한 곳도 없다. 따라서 교육청이나 단위 학교가 기존에 국가가 하던 것과 유사한 교육과정 개발 작업을 해서는 승산이 없다. 실효성 없는 중복 문서만 만들어 낼 가능성이 높다.

나는 좋은 국가 수준 교육과정과 좋은 현장 수준 교육과정이 상호 영향을 주고받으면서 공존하는 모델이 바람직하다고 본다. 교육과정 문서의 대강화 혹은 상세화 그 자체가 정책 목표가 될 수는 없다. 본문에서 언급한 '실천-개발 병존·순환 모델'이 잘 작동하게 지원하는 문서 형식이면 족하다. 이를 도표화하면 다음 그림과 같다. 현행 교육과정 문서 중에는 대강화해

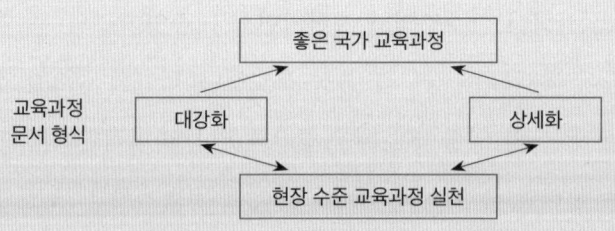

현장 실천과 교육과정 문서 형식의 관계

야 할 요소도, 상세화해야 할 요소도 있다. 현장의 교육과정 실천을 잘 연구하면 구체적인 방향을 정하는 데 도움이 될 것이다. 필요하면 외국의 교육과정 문서 형식도 꼼꼼히 비교 연구해야 한다. 이런 경험과 연구를 통한 아래로부터의 피드백이 종국에 좋은 국가 교육과정을 만들어 낼 것이다. 따라서, 교육청의 역할도 교육과정의 개발보다는 현장에서 교육과정 실천과 비평이 잘 수행되도록 지원하는 일이라고 본다.

한편, 분권화가 남의 간섭 없이 모든 것을 하는 것으로 오해되어서는 안 된다. 오늘날 대개의 학습은 기본적으로 공동체적이다. 특히 전문직은 전문성을 공유하는 실천공동체이다.

엥게스트롬(Engeström)의 '문화역사활동이론'은 이 점을 잘 보여 주고 있다. 이 모형에서 인간 활동은 공동체 구성원이 함께 공동의 목적을 성취하는 과정이다. 공동체 구성원은 공동의 목적을 달성하기 위해서 일정한 규칙하에서 분업을 통해 협력하고, 다양한 도구와 인공물을 매개로 결과를 산출한다. 현장 교육 실천과 국가 교육과정도 이런 실천공동체의 거대한 활동 메커니즘의 일부이다. 그 과정에서 집단 학습의 지혜가 담긴 좋은 교육과정, 교과서, 각종 교수-학습 자료를 만들어 내는 것도 실천공동체를 풍성하게 하는 데 매우 중요하다.

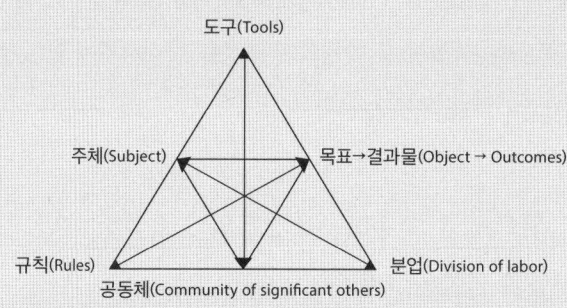

활동 체계 모형[123]

니다. 대중의 지혜와 전문가의 식견이 만나고 조정되는 과정을 통해서 정책이 결정되는 것이 가장 바람직한 모델이다. 그 점에서 많은 학자가 교육과정 의사결정에서 '숙의'를 강조해 왔다. 위에서 제시한 모델도 그런 숙의의 이상을 바탕으로 하고 있다.

질 높은 교육과정 개발을 위해서 교육과정 전문가를 육성하는 일은 놓쳐서는 안 되는 과제이다. 그동안의 국가 교육과정 개발 과정을 보면 역량을 지닌 교육과정 전문가들이 참여해 왔는지 의문이 있다. 내용학, 교육학, 교과교육학 분야의 유명 학자라고 해서 곧바로 교육과정 전문가는 아니다. 이 문제를 잘 지적한 학자는 양미경이다. 그는 교육과정 '상시 연구' 체계와 함께 교육과정 전문가 육성의 필요성을 주장하였다.

> 위원 구성이 대학교수 위주로 되어졌고 대학교수 중에서도 원로 교수, 유명 교수의 비율이 높았다. 대부분의 원로 교수와 유명 교수들은 학문적으로 유명하지만, 초·중등교육 현실을 너무 모르고 있어서 별 도움이 되지 않았다. 연구진, 협의진을 구성할 때 개발 책임자였던 나의 문제도 컸다고 생각한다. 학회장 등 학계의 원로들을 참여시키지 않았을 경우 돌아올 비난을 의식했는지도 모른다.[124]

양미경은 위의 글을 인용하면서 그동안 교육과정 개발 과정에 참여했던 학자들의 역할을 혹평하고 있다.

위 인용문에서 지적된 바와 같이, 학계의 원로 교수 혹은 유명 교수들이 교육과정 개발 과정에 별 도움이 되지 못했던 것은 그들이 우리나라의 초·중등학교 상황에 대한 정보와 안목이 부족했기 때문일 수도 있을 것이다. 그러나 더욱 중요한 것은, 교육과정 개발 실무진들의 입장에서 새롭게 참고할 만한 독자적인 학문적 식견과 통찰을 제공해 주지 못했기 때문일 수도 있을 것이다. 다시 말해 학문을 업으로 하는 집단에게, 학교의 맥락적 특성에 대한 상세한 정보를 토대로 학교의 교육과정을 편성하는 데 직접 소용되는 처방을 기대하는 것은 개발 실무진의 일과 학자의 일을 구분하지 못한 부적절한 기대로, 망치보고 못 박으라고 하는 격이 아닐까 생각한다.[125]

나는 양미경의 지적에 공감한다. 기존에 참여했던 전문가 중에는 교육과정 전문가가 아닌 사람이 많은 것이다. 평소에 교육 현장에 전혀 관심이 없던 사람들이 학문적인 권위만으로 교육과정 개발 과정에 참여하다 보니 도움을 주기보다 악영향을 주는 경우가 자주 발생했다. 그렇다면 양미경이 표현한 '초·중등학교 현장에 대한 정보와 안목도 있으면서 새롭고 참고할 만한 독자적인 학문적 식견과 통찰을 제공하는 역할'은 구체적으로 무엇을 의미할까? 논의가 다소 길어지지만 중요한 문제라서 예를 들어서 설명해 보겠다.

다시 위에서 내가 예시한 사회과의 성취 기준으로 돌아가 보자. 하나의 성취 기준은 그냥 만들어지지 않는다. 거기에는 우리 교육과정 개발과 실천의 역사가 담겨 있다. 〈표 6〉을 참고하기 바란다. '그림지도'라는 개념이 등장한 것은 제3차 교육과정부터이다. 학습자의 발달 단계에 대한 인식의 진전이 반영된 결과이다. 그 뒤로도 여러 가지 이유로 관련 내용은 조금씩 수정되었다. 여기에는 교육과정을 전면 개정하니 어쩔 수 없이 바꾼 측면도 있고 현장의 경험이 반영된 측면도 있다. 국가 교육과정 문서에 대한 비판은 양자 중 어느 쪽이 더 강했는지를 실증적으로 증명하는 문제일 수도 있겠다. 내가 주장하듯이 교육과정 문서의 변화를 법조문의 연혁처럼 정리한다면 이런 문제에 대한 해석도 좀 더 명료해질 것이다.

양미경의 언급으로 돌아가서 '초·중등학교 현장에 대한 정보와 안목'이 있다는 말은 이런 교육과정 개정의 역사에 더하여 그것이 교육 현장에서 실천되고 변화해 온 역사에 대한 정보와 지식을 지닌 경우를 말한다. 내용학 전문가 중에는 이런 지식을 지닌 사람이 거의 없다고 본다. 따라서 내용학 전문가들은 자신의 전문성에 대해서 겸손해야 한다. 교육학자나 교과교육학자라고 해서 사정이 크게 다르지 않다. 관심을 가지고 연구하지 않으면 알 수가 없다. 그 점에서 전문가 행세를 하는 '유사' 전문가를 주의할 필요가 있다. '새롭고 참고할 만한 독자적인 학문적 식견과 통찰'은 이 성취 기준과 관련하여 무엇을 의미할까? 교육과정을 개발하는 것은 학문계의 변화, 학교와 교실의 상황, 교사와 학생의 준비도, 미래 사회의 변화 등 수많은 요소를 반영하는 총체적 안목이 있어야 한다. 논의를 너무 확장하기 어려우니 좁혀서 이야기하겠다. '지도'에서 '그림지도'로의 변화는 적지 않은 변화이다. 2015 개정 교육과정을 보면 여기에 '장소감'

표 6 초등학교 '그림지도' 관련 교육과정 내용의 변천

개정 시기	교육과정 내용
제3차	2학년 4. 고장의 생활 나. 고장의 그림지도 - 그림지도를 읽고 그릴 수 있게 하며 고장의 취락 분포, 산물, 지형 등을 그림을 통하여 정확하게 나타내는 힘을 기르고 자기 고장의 특색을 이해하여 고장의 발전을 위하여 이루어져야 할 일을 발견해 보게 한다. (1) 그림지도를 그리는 차례와 방법, (2) 고장의 그림지도 그리기, (3) 고장의 전모 관찰
제4차	〈3학년〉 나) 여러 고장의 생활 - 고장의 모습을 관찰하여 그 특징을 간단한 지도로 나타내 보고, 여러 고장의 생활을 조사, 비교하여, 각 고장의 자연과 생활과의 관계, 고장 간의 공통점과 차이점 및 협력 관계 등을 파악하게 한다, (1) 고장의 모습을 나타낸 지도 - (가) 그림지도 그리기, (나) 지도의 쓰임
제5차	〈3학년〉 나) 우리들이 살고 있는 고장 - 고장 모습을 관찰하여 그 특징을 간단한 지도로 나타내 보고, 다른 고장의 생활을 조사, 비교하여 자연 환경과 인간 생활과의 관계와 물자의 교류를 통한 경제생활의 모습 및 고장 간의 상호 의존 관계를 파악하게 한다, (1) 고장의 모습 - (가) 우리 고장의 모습, (나) 그림지도 그리기
제6차	〈3학년〉 (1) 우리 고장의 모습 - 우리 고장의 자연의 모습과 그 이용 실태를 관찰, 견학, 조사하여 간단한 지도로 나타내고, 고장의 자연 환경과 생활과의 관계를 파악하게 한다. 고장의 모습을 그림지도로 나타낼 때에는 고장의 유적지도 함께 나타냄으로써 고장의 내력에 관심을 가지게 하고, 자연 환경과 그 이용에 대해서는 주로 지형과 기후의 특징 및 토지의 이용을 다루도록 한다, (가) 우리 고장의 모습과 지도 - · 땅 모양, · 길, 집, · 유적지, · 고장의 모습 그리기
제7차	〈3학년〉 (1) 고장의 모습과 생활 - 우리 고장의 자연 모습과 그 이용 실태를 관찰, 견학, 조사하여 간단한 지도로 나타내고, 고장 사람들은 자연 환경을 슬기롭게 활용하여 생활하고 있음을 파악한다. 나아가 고장을 사랑하는 마음을 가지고, 일상생활에서 고장의 문제 해결을 위해 노력한다, (カ) 고장의 모습과 지도 - ① 간단한 기호가 들어 있는 그림지도를 보고, 지도의 요소와 지도 읽는 방법을 익힌다. ② 고장의 모습을 관찰하여 그림지도로 나타낸다. ③ 고장의 그림지도를 보고 고장의 실제 모습과 생활 모습을 이야기한다. [심화 과정] ① 고장의 간단한 조감도를 보고 그림지도로 나타낸다. ② 고장의 그림지도를 보고 고장의 특징을 찾아 이야기한다.
2007 개정	【3학년】(1) 우리가 살아가는 곳 - 우리가 사는 고장의 위치와 자연 환경, 인문 환경의 특성을 파악하고, 그것들이 사람들의 생활 모습과 어떠한 영향을 주고받는지 이해한다. 다양한 종류의 지도를 활용하여 고장을 종합적으로 바라보는 안목을 기른다. 또한 고장에 있는 다양한 공공 기관들과 우리 생활과의 관계를 이해한다, ① 지도는 방위, 기호, 축척 등 다양한 지도 요소로 구성되며, 지도는 고장의 자연 환경과 인문 환경을 나타내고 있음을 이해한다. ② 그림지도와 일반지도를 활용하여 고장의 자연 환경과 사람들의 생활 모습을 파악한다. ③ 고장의 전형적인 장소와 경관을 견학, 조사하여 간단한 형태의 그림지도로 나타낸다.
2015 개정	[4사01-01] 우리 마을 또는 고장의 모습을 자유롭게 그려 보고, 서로 비교하여 공통점과 차이점을 찾아 고장에 대한 서로 다른 장소감을 탐색한다. [4사01-02] 디지털 영상 지도 등을 활용하여 주요 지형지물들의 위치를 파악하고, 백지도에 다시 배치하는 활동을 통하여 마을 또는 고장의 실제 모습을 익힌다.

이라는 개념이 하나 추가되어 있다. '지도'에서 '그림지도'로의 변화가 학습자의 발달 단계를 고려하는 요소가 강하다면 '장소감' 개념이 새로 들어간 것은 '학문적 경향'의 변화를 반영한다. 초등학교 지리 교육에서 '사적 지리private geography'를 중시해야 한다는 경향이다. 학습자들이 생활 세계에서 경험하는 실존적 경험에서 출발하는 지리 교육을 강조하는 것이다. 이것을 현행 교육과정은 "'심상 지도 그리기'에서는 고장 내 장소 관련 경험담, 사진 자료 등을 주요 자료로 활용하고, '장소감 나누기'에서는 학생 각자가 작성한 고장의 심상 지도를 활용한다"126라는 말로 표현하고 있다. 여기서 '그림지도 그리기'는 자기 경험 세계를 드러내고 표현하는 활동으로 새로운 의미를 부여받는다. 그런데 새로운 학문적 경향이 학교 교육과정에 발을 들여놓는 데 수반되는 의사결정은 간단하지 않다. **어떤 학년에서 무슨 내용을 어떻게 가르쳐야 하는지는 선험적先驗的으로 결정되지 않는다.** 그것은 실천하면서 알아가야 하는 실천지實踐智이다.

예컨대, 2015 개정 교육과정은 그림지도를 그려서 그 공통점과 차이점을 친구들과 비교하도록 하고 있다. 겉보기에 이는 훌륭한 활동이다. 그러나 이 학년에서 이 활동을 하는 것이 옳은지는 실제로 교육해 보기 전에는 알 수 없다. 만약 초등학교 3학년 학생들의 발달 수준이 그림지도의 공통점과 차이점을 인식할 수 있는 수준이 아니라면 이 성취 기준을 강요하는 것은 바로 폭력이 된다. 이런 점을 고려할 때 교육과정 전문가가 어떤 전문가이어야 하는지 깊이 숙고해야 한다. 그런데 현장 경험으로부터 출발하는 귀납적 수정 과정을 강조한다고 해서 그것이 성취 기준과 같은 작은 범위의 개정에 한정될 필요는 없다. 현장 실천가와 학자들이 함께 참여하는 실천공동체를 가정한다면 단원 조정은 물론, 과목이나 교과의 시수나 목표에 대한 수정도 이론적으로는 얼마든지 가능하다. 다만, 그것을 개정해야 할 입증 책임이 주장하는 쪽에 주어진다는 점이 다르다. 수시로 교과 시수 조정과 같은 민감한 문제를 제기하여 교육과정이 정치화되는 것이 우려된다면 수시 개정 절차에서는 이런 문제를 제외하고 전면 개정 주기에서만 다룰 수 있도록 교통정리를 할 수도 있다. 그리고 교육 현장 수준에서 다양한 주체들이 개정 발의는 상시로 할 수 있게 하되 그것을 심의하고 확정하는 절차는 국회에서 회기를 두는 것처럼 일정한 기간을 두어서 진행하면 혼란을 방지하는 데 도움이 될 것이다. 한 가지 더 언급할 것은 현행 교육과정 문서에는 법조문 성격을 띠는 내용과 일반적인 안내 지침이 혼재되어 있다는 것이다. 양자를 구분하여 별책으로 만들어야 교육과정 문서의 성격도 명확해지고 경성 문서로 만드는 실효성도 높일 것 같다.

마지막으로 **국가 교육과정에 교육과정 문서의 사용 설명서를 삽입할 것을 제안한다.** 현재의 교육과정 해설서는 교육과정 문서의 세부 항목에 대한 해설만을 제공한다. 국가 교육과정 문서 자체의 성격을 설명하는 **메타 진술**은 존재하지 않는다. 교육과정의 법적 성격, 교사의 문해력·재구성·비평의 범위와 한계, 교과서 집필자들을 위한 안내 등의 내용이 포함되어야 한다. 특히, 교사 자율성의 범위가 어디까지인지에 대한 구체적 지침이 제공될 필요가 있다. 교과서 저자와 출판사를 위한 지침도 반드시 포함되어야 한다. 이들이 교육과정 문서의 가장 중요한 독자 중 하나이기 때문이다. 아울러 교육과정 해석에서 발생하는 문제를 해결하는 절차도 필요하다. 현행 교육과정 문서처럼 교육과정 재구성이 필요하다는 당위적 수준의 진술만으로는 교사나 교과서 저자의 문해력·재구성·비평을 장려하기도 어렵고 분쟁이 발생할 때 당사자들을 보호하기도 어렵다. 요약하자면 교육과정 문서에 국가 권력의 한계와 함께 현장의 자율성과 책무성을 명확히 규정하고 분쟁이 발생할 때를 대비하여 그것을 해결하는 일반 원칙도 분명히 할 필요가 있다.

　이러한 내용들이 잘 정비될 때 비로소 교사들의 능동적인 역할도 가능해질 것이다. 교사가 교육과정과 관련하여 어떤 역할을 해야 하는지는 이 글 전반에서 언급했다고 보기 때문에 한 가지 우려를 더 하는 것으로 마무리하려고 한다. 그동안 교육에 대한 국가의 통제가 지나치게 강하다 보니 그에 대한 반작용도 대단히 강한 것이 현재의 흐름이다. 그 결과로 현장 교사의 목소리가 가장 중요하다는 주장이 있다. 심정적으로는 충분히 공감한다. 그러나 공교육은 어느 집단도 독점적 권한을 행사할 수 없는 공공 영역이다. 학생의 목소리도 학부모의 목소리도 소외되거나 배제되어서는 안 된다. 경험과 전문성을 바탕으로 상호 소통하고 숙의를 통해서 더 나은 결론을 도출해 내는 열린 공동체 문화를 만들어 가는 것이 교사 집단을 포함하여 모두가 함께 해야 할 일이다.

　코로나19 팬데믹의 경험을 통해 우리는 지혜로운 정부와 슬기로운 시민이 함께하는 사회가 위기에 강한 사회임을 알게 되었다. **강력한 시민 사회와 강력한 국가의 협치는 교육에서도 필수적이다.** 교육과정 영역도 예외가 될 수 없다. 좋은 국가 교육과정과 현장의 훌륭한 실천이 공존해야만 보편적인 동시에 지역과 학생의 특성에도 맞는 교육과정이 만개할 토양이 만들어진다.

마침 2021년 7월 20일 「국가교육위원회 설치 및 운영에 관한 법률」이 제정되면서 '교육과정의 기준과 내용에 관한 기본 사항'을 정하는 권한을 국가교육위원회가 갖게 되었다. 이에 대한 기대와 우려가 동시에 있다. 정말 잘되기를 간절히 바란다. 정치권력에 영향을 받아 질곡을 경험했던 과거와 단절하고 국가 교육과정의 새 역사를 열어야 할 것이다. 우선, 타자의 의견에 열린 마음을 가진 민주적이고 전문적인 인사들로 위원이 구성되어야 한다. 이를 위해서는 정파적 논리부터 극복해야 한다. 그리고 교육과정 문제를 비롯한 교육 현안에 대해서 긴 안목을 가지고 차근차근 접근하기를 희망한다. 교육과정의 경우 바람직한 국가 교육과정을 개발하고 운영하는 외국의 전문가를 실무진에 참여시키는 것과 같은 개방적인 접근 또한 주문한다. '실천-개발 병존·순환 모델'이 담고 있는 현장의 아이디어를 제도적으로 수렴하는 방법도 반드시 마련해야 할 것이다.

교육과정, 쿠레레, 공부와 나의 관계

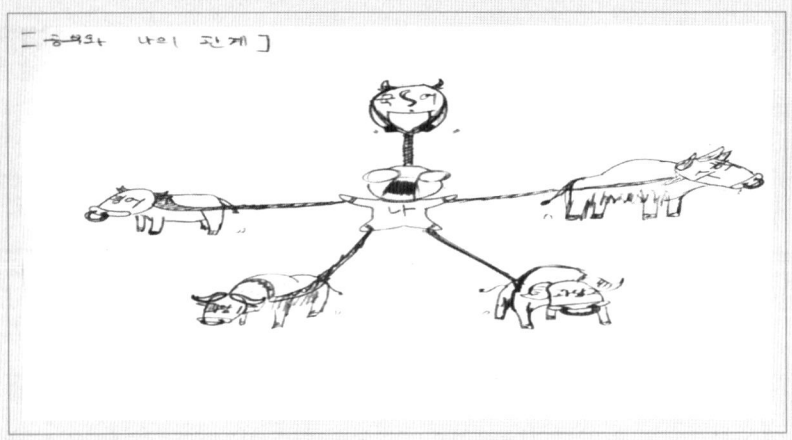

한 고등학생이 그린 '공부와 나의 관계'

교육과정(curriculum)이란 말을 들으면 사람들은 교육 목적을 달성하기 위해서 미리 계획된 교육 내용과 방법을 떠올린다. 교육과정 이론의 선구자인 보비트(Franklin Bobbit)는 공장에서 상품을 생산하는 것처럼 학습자가 달성해야 할 교육 목표를 미리 설정해 놓고 그것을 효과적으로 달성하는 데에 필요한 수단을 마련하는 것이 교육과정을 가장 합리적으로 개발하는 방법이라고 생각하였다. 이러한 생각은 타일러(Ralph W. Tyler)의 교육과정 개발 모형으로 계승되었다. 합리적 모형, 목표 중심 모형으로도 불리는 이 모형은 〈구체적 목표 → 학습 경험 선정 → 학습 경험 조직 → 학습성과 평가〉의 4단계로 구성되어 있다. 이런 모형이 교육과정 탐구의 주류로 자리 잡음으로써 학교교육은 주어진 목표를 향해 일직선으로 달려가는 과정으로 간주되었다.

이런 교육과정에 대한 전통적 해석에 반기를 든 사람이 파이너를 위시한 교육과정 재개념주의자들이다. 파이너는 교육과정의 라틴어 어원인 쿠레레(currere)의 의미를 다시 숙고하였다. 그것은 고정된 명사가 아니라 '달리다'라는 동사적 의미이다. 이를 바탕으로 파이너는 교육과정을 고정된 교수 요목이나 교육 내용의 체계가 아니라 학습자가 배움의 과정에서 겪게 되는 경험의 총체로 파악하였다. 파이너의 생각은 교육과정 문서가 아니라 학생들의 생생한 경험의 실존적 의미에 시선을 돌리도록 하였다. 이러한 움직임은 '교육과정 개발에서 교육과정 이해로'라는 패러다임의 전환을 가져왔다.

쿠레레의 의미로 우리나라 교육을 진단하면 어떨까? 성적은 높으나 학습에 대한 흥미는 낮으니 좋은 교육과정을 경험하고 있다고 말할 수 없다. 앞의 그림은 서울의 한 고등학교 교사가 매 학기 학생들에게 내는 과제의 결과물 사례이다. 자신과 공부의 관계를 진솔하게 그려 오는 것이 과제이다. 아주 많은 학생이 공부와 자신의 관계를 매우 부정적으로 묘사하였다. 그중에는 이 그림처럼 가슴 아픈 그림도 있다. 이 학생이 경험하는 학교 교과는 새로운 것을 알아 가는 즐거움을 제공하기는커녕 사지를 찢고 목을 조르는 엽기적 고통의 원천이다.

우리 교육의 문제를 근본적으로 개선하려면 교육과정의 원어적 의미로 다시 돌아가야 하지 않을까? 초원을 달리는 말이 느끼는 경쾌함과 즐거움을 언제쯤 우리 학생들도 경험할 수 있을까?

8장

교육대학교가 걸어온 길, 목적형 교원 양성 제도를 위한 변론

나는 1997년 2학기부터 청주교육대학교에서 예비 교사들을 가르치고 있다. 중·고등학교 교사를 10년 넘게 했지만, 교육대학교 발령 전에는 초등 교사가 어떻게 양성되는지 잘 알지 못했다. 교육학을 전공했다고 해서 교육 일반을 두루 알기는 어렵다. 우리나라처럼 전공간 벽이 높은 곳에서는 더 그렇다. 일반 시민들이라고 사정은 크게 다르지 않을 것이다. 예컨대, 교육대학교에 온 후 한동안 교대가 2년제인지 4년제인지 묻는 말을 많이 들었다. 1980년대 초반에 전국의 교육대학이 4년제로 승격했으나 이 사실을 모르는 사람이 여전히 많았다. 그러다 보니 교육대학교 교수를 사범대학 교수보다 한 수 아래로 보는 경향이 존재했다. 좀 능력 있는 젊은 교수는 시간이 지나면 종합대학으로 옮겨 가는 것을 당연시하는 분위기도 있었다.

교육대학교 교수가 된 지도 25년이 되어 간다. 그동안 한국 사회에는 일일이 열거할 수 없는 수많은 변화가 있었다. 최근에는 4차 산업혁명, 저출생·고령화, 경제적 양극화, 기후 위기 등이 중요하게 회자되고 있다. 이 중 대학 환경 변화에 직접 영향을 주는 것은 인구 감소와 청년 취업률 감소이다. 학령 인구 감소로 대학은 구조 조정과 생존의 위기에 내몰리고 있다. 이런 상황에서 적어도 최근까지 전국의 교육대학교는 대학 일반의 위기에서 어느 정도 벗어나 있었다. 안정적인 직업을 선호하는 경향으로 초등 교사를 지망하는 학생들은 줄지 않고 있다. 입학생들의 성적도 매우 높다. 졸업 후, 임용 시험 합격률도 높은 편이다. 이로 인해 교육대학교의 위상도 많이 높아졌다. 자연스럽게 교육대학교 교수를 보는 시선도 꽤 바뀌었다.

그러나 미래는 낙관적이지 않다. 초저출생률로 인해 향후 초등 교원 임용 정원이 급격히 감소할 것이라는 예측이 많다. 그와 함께 규모가 작은 교육대학교를 인근 국립 대학과 통합해야 한다는 압력도 점증하고 있다. 교육대학교도 위기의 무풍지대는 아닌 셈이다. 그런데 위기는 기회이기도 하다. 향후 몇 년의 선택이 초등교육, 교사 교육, 나아가서 우리 교육의 미래를 결정할 수 있다. 인구 감소에 따른 교원 양성 기관 구조 조정도 교육적 가치에 근거해야 한다. 단순히 규모가 작다는 것을 문제 삼아서는 안 된다. 경제적 효율성을 넘어 교사 교육의 본질적인 가치에 충실한 선택을 해야 한다. 유일하게 정원이 관리되는 목적형 체제를 유지해 온 초등 교원 양성 제도의 장점을 계승하는 바탕 위에서 단점을 개선해 가야 한다. 이런 문제의식하에 우리나라 초등 교원 양성의 역사를 되돌아보고자 한다. 글의 전반부는 문헌 자료에 기반한 내용이고 뒷부분은 나의 경험이 많이 투영된 내용이다.

사범학교, 최초의 독립적 교원 양성 기관

우리나라에서도 학교교육의 역사는 고구려까지 거슬러 올라가며, 일정한 자격이 있는 인사를 교원으로 선임選任하여 가르치도록 하였다. 그러나 교원을 전문적으로 양성하는 교육 기관은 별도로 존재하지 않았다.[127] 그 이전까지는 훌륭한 학자가 곧 스승의 역할을 하거나 과거에 급제한 사람이 하나의 관직으로 가르치는 일을 맡았다.[128] 우리나라 최초의 독립적 교원 양성 기관은 한성사범학교이다. 1894년 갑오개혁으로 근대 교육을 위한 여러 제도적 조치가 실행에 옮겨진다. 학교 제도 중 가장 먼저 운영되고 법제화된 것이 한성사범학교였다.* 따라서 **사범학교 설립은 한국 교육사의 획기적 사건**이라고 할 수 있다.**

한성사범학교 설립은 어느 나라를 모델로 하였을까? 우선 사범학교라는 용어의 유래부터 살펴보자. 사범師範이라는 말은 모범 혹은 모범적인 인물이라는 의미가 있는 한자어이다. 실제로는 사범학교라는 용어는 프랑스의 초등 교원 양성 대학인 'école normale primaire'에서 유래한다. 19세기 중엽 일본인들이 이 용어

* 한성사범학교는 1895년 4월 16일 「한성사범학교관제」가 공포되기 이전, 1894년 9월 18일에 이미 개교하여 운영되고 있었다(김성학(1996). **서구 교육학 도입의 기원과 전개**. 문음사. 60~61쪽; 류방란(1995). 한국근대교육의 등장과 발달. 서울대학교 대학원 박사학위 논문. 75쪽). 이에 대해 한용진은 '관제 발표 이전에 운영되고 있었다는 것은 당시 개혁에서 사범교육의 중요성이 얼마나 컸는가를 엿볼 수 있다'라고 해석하고 있다(한용진(2006). 개화기 사범학교와 교원양성교육. **대학의 역사와 문화**, 제3호, 103쪽).

** 김영우는 한성사범학교 설립의 역사적 의의와 성격을 '① 한국의 교육사(敎育史)상 근대적 신학제에 따라 최초로 설립된 국가 교육 기관, ② 한국 역사상 최초로 국가가 설립한 교원 양성 교육 기관, ③ 한국 교육의 근대화뿐 아니라 한국의 개화와 근대화에도 크게 기여함, ④ 1890년대에 한국의 근대화를 추진한 선각자들이 근대적인 교육을 실시함에 있어서 가장 중요한 것이 교원의 양성이라는 사실을 인식하고 있었다는 것을 보여 줌, ⑤ 근대적인 교육의 초창기에 있어서 한국의 초등교육 발전에 지대한 공헌을 함, ⑥ 한국에서 관비(官費)에 의한 초등학교 교원 양성 교육 제도의 기틀을 만듦, ⑦ 별도 고시를 통해 발령함으로써 교원 양성과 임용을 분리함'의 일곱 가지로 정리하였다(김영우(1987). **한국근대교원교육사 - 초등학교 교원양성교육사**. 정민사. 58~63쪽).

를 '소학사범학교' 혹은 '초등학사범학교'로 번역하여 사용하였다. 이 일본 번역어가 이후에 한국과 중국 등 한자 문화권에 수용된 것으로 보인다.*

설립 후 1905년까지 한성사범학교에서 가장 중시된 교과는 한문 및 유교 경전이었고, 여기에 산술, 역사, 지리 등의 신학문을 조금 가르쳤다는 것이 기존 연구의 공통된 견해이다.[129] 그러나 교사에게 필요한 교육학 과목의 교수는 별로 이루어지지 못하였다. 1906년 일본의 간섭이 본격화된 후, 한성사범학교가 관립화되고 새로 부임한 일본인 교관들에 의해 교육학 교과가 교수되기 시작한다. 일본이 자국의 국가주의적 요청에 맞게 변형한 독일의 헤르바르트류의 교육학으로서 교수법 위주의 교육학이었다.[130]

일제 강점기의 초등 교원 양성[131]

한성사범학교와 일련의 근대 교육 기관 설립을 통한 개혁 작업은 망국(亡國)으로 인해 좌절된다. 이에 따라 교원 양성 제도도 굴곡을 경험한다. 일제 강점기 초등학교 교원 양성의 역사를 김영우(1987)는 초기(1911~1922년), 중기(1922~1938년), 말기(1938~1945년)

* 청주교육대학교(2001). **청주교육대학교 60년사 : 1941~2001**. 20쪽; cf. 서양에서 최초의 교원 양성은 1672년 프랑스 리용에 설립된 사립 교원 양성 학교에서부터이다. 독일에서는 프랑케가 1697년 할레(Halle)에 사립 사범학교, 1707년 중등교원 양성소를 설립한다. 민간이 아니라 국가가 교원 양성 기관을 설립한 것은 프랑스 대혁명 이후이다. 1789년 대혁명 이후, 프랑스는 1794년 국립사범학교 설립에 관한 법을 제정하고 1795년 파리 사범학교를 설립하였다. 이 학교는 4개월 만에 문을 닫고 1808년에 나폴레옹 칙령에 따라 고등사범학교(사범기숙학교)를 설립하여 중등 교원을 양성하게 된 것은 1810년이다(한용진(2006). 앞의 논문. 101~102쪽).

의 세 시기로 나눈다. 일제가 조선교육령을 제정·개정한 때를 기준으로 한 시기 구분이다. 1911년 조선교육령이 제정된다. 이때 일제는 시세^{時勢}와 민도^{民度}에 맞는 교육의 시행을 교육 정책의 하나로 채택한다. 구체적으로 각급 학교의 교육 연한을 단축하였고 일본어 교육을 강화하였다. 한성사범학교도 폐지하고, 중등학교에 병설하여 초단기 초등학교 교원 양성 과정을 운영한다. 그 결과 관립 중등학교에 부설된 사범과, 교원속성과, 임시교원양성소 등을 통해 보통학교 교원이 양성되었다. 거기에는 한국인에게 가능한 한 저급한 교육을 시행하려는 식민지화 교육에 대한 의도가 강하게 깔려 있었다.

중기(1922~1938년)에는 개정 조선교육령에 따라서 독립된 교원 양성 기관인 사범학교가 다시 설립된다. 3.1운동의 여파로 인한 유화적 조치의 일종이었다. 부활한 사범학교는 초등학교 6학년 졸업생을 대상으로 6년 과정을 운영했다. 보통과 5년, 연습과 1년 과정을 통해 초등 교사를 양성하였다. 6년제 과정이라서 형식상 장기간 교원 교육을 한 것처럼 보인다. 그러나 연습과 1년 과정이 실질적인 교사 교육이라 할 수 있었다. '교육' 과목은 보통과 4, 5학년에 주당 2시간씩 배정되는 정도였다. 이 시기 일제는 겉으로는 내선일체^{內鮮一體}를 앞세웠으나 실제로는 일본인 교사 양성과 한국인 교사 양성에 차별을 두었다. 또, 식민지 정책을 효율적으로 수행하는 전위대를 양성하고자 사범학교 교직원은 대부분 일본인으로 구성하여 운영하였다.

말기(1938~1945년)에는 조선교육령이 두 차례 개정된다. 일제는 이 시기에 '전시 총동원 체제' 구축을 목적으로 학교교육을 활용한다. 1931년 만주사변, 1937년 중일전쟁이 발발하면서 중국과의 총력전을 벌여야 했기 때문이다. 사범학교 교육 목표도 황국신민으로서 소학교 교사를 양성하는 것이 더욱 강조되었다. 교과목에서 수신, 공민이 강조되었고 일본어 교육의 비중이 더 늘어났다. '교육' 과목도 일제가 생각하는 건전한 국민, 즉 황국신민을 양성하는 데 더 중점이 두어졌다.

한편 전시 총동원 체제 구축의 필요성과 더불어 1930년대 중반에 초등학교가 급팽창한다. 1936년 2월에 조선총독부는 '제2차 조선인 초등교육 보급 확충 계획'을 발표하였다. 주 내용은 25% 내외의 보통학교 취학률을 1946년까지 60%로 올리는 것이었다. 1942년 12월 조선총독부 학무국은 1946년부터 6년제 의무 교육을 시행하겠다고 수정 발표한다. 이런 정책은 중일전쟁 이후 급박하게 전개된 전시 상황과 무관하지 않다.[132]

해방 후 양적 확대 중심의 초등 교원 양성

지금의 교육대학들은 대부분 1930년대 말 일제에 의해 사범학교로 건립되었다.* 따라서 일제 식민지 지배의 첨병 역할을 하는 교원 양성에 복무한 부끄러운 초기 역사가 있다. 해방 이후 식민지 청산을 위한 철저한 반성이 있어야 했다. 그러나 정국 혼란으

* 경성사범 1921년, 대구사범 1929년, 전주사범 1936년, 광주사범 1938년, 춘천사범 1939년, 진주사범 1940년, 청주사범 1941년, 대전사범 1943년 등이다(청주교육대학교(2001). 앞의 책. 28쪽).

로 인해서 근본적인 반성이나 성찰은 유야무야되었다. 전후 일본에서 이루어진 교원 양성 제도 개혁과 비교해 보면 차이가 크다. 일본은 1945년 패전을 계기로 교원 양성 체제를 개혁한다. 중요한 골자는 사범학교의 폐지였다. 중등교육 수준에서 교사를 양성하는 사범학교를 폐지하는 대신에 대학 수준에서 교원을 양성하는 큰 변화가 일어났다. 또 자격증이 정하는 소정의 이수 조건을 만족시키는 일반대학에도 교원 양성을 개방하였다. 종래의 사범학교가 독점적이고 폐쇄적이라 개방적이고 민주적인 교사를 양성하는 데 부적합하다는 비판을 반영한 개혁이다.[133]

그러나 한국은 해방 후의 여러 조건이 사범학교의 근본적인 개혁을 어렵게 만들었다. 당면한 가장 1차적인 과제는 일본인 교사가 빠져나간 극심한 공백을 메우는 문제였다. 자격을 갖춘 한국인 초등교사 상당수가 중등학교니 교육 행정 분야로 옮겨 감으로써 교원 부족 문제는 더 심해졌다. 1946년 9월 초등교육이 의무 교육화되자 설상가상이 되었다. 정부는 다양한 형태의 임시양성소를 통해서 부족한 교원을 충원할 수밖에 없었다.[134] 이러한 사정은 1950년대 말까지 계속되었다.

한편 1950년대 말은 재건의 시기인 동시에 개혁의 시기이기도 했다. 우리나라 교사 교육의 재건과 개혁에 중요한 역할을 한 것이 조지 피바디 대학 교사 교육 프로젝트 George Peabody College for Teachers Korean Proejct: Improvement of teacher training였다.[135] 미국의 조지 피바디 교육대학과 우리나라 문교부 사이에 체결된 프로그램을 기반으로 한국의 교사 교육을 현대화하는 것이 목적이었다. 6년간 진행된 피바디 프로젝트를 통해서 39명의 조지 피바디 교육대학 측 미국인 교육 전문가가 내한하였고 우리나라에서는 82명의 유학생이 파견되었다. 관리직 워크숍 참가자는 150명에 달했다. 이 프로젝트를 통해서 미국식 교육 및 교사 교육이 한국에 본격적으로 도입 소개되었다.[136]

대학 수준에서의 초등 교원 양성[137]

사범학교 교육의 열악한 상황을 혁신할 방안으로 수업연한 연장안이 제기되었다. 일련의 논의를 거쳐서 1956년 12월에 문교부 교육특별심의회 사범교육분과위원회는 사범학교를 2년제 교육대학으로 승격한다는 결론을 내렸다. 이에 대하여 문교부는 기존 사범학교의 수업연한을 1년 연장하는 방안인 4년제 사범학교안을 제시하기도 하였다. 1961년 9월 「교육에 관한 임시특례법」에 의해 '2년제 교육대학'이 최종 채택되었다. 1962년 3월 이 법이 시행됨으로써 초등 교원 양성 기관은 2년제 교육대학 체제로 개편되었다. 이는 우리나라 초등 교사 교육 역사에서 획기적이며 중요한 발전으로 평가할 수 있다.

교육대학이 4년제 대학의 모습을 갖춘 것은 전두환 정권 때이다. 전두환 정권은 4대 국정 지표 중 하나로 교육의 혁신과 문화 창달을 제시하였고 1980년 '7.30 교육개혁 조치'를 내놓았다. '7.30 교육개혁 조치'는 '과외 금지 조치'와 '졸업 정원제 도입' 등으로 대표된다. 교원 정책과 관련된 부분은 교육대학의 4년제 승격, 스승의 날 제정, 사도 헌장의 제정, 교원의 잡무 및 당직 경감 등이었다. 이 중 교육대학과 직접 관련된 내용은 '방송통신대학을 확충하고 교육대학의 이수 연한을 연장한다'라는 것이다. 이에 따라 1981년부터 1984년까지 전국의 교육대학이 순차적으로 4년제 대학으로 승격한다. 그 후 1993년 「국립학교 설치령」(대통령령 제13859호)이 개정되어서 '대학교'와 '대학'의 명칭 구분이 없어졌다. 그 이전까지 대학의 명칭은 '종합대학'은 '대학교', '단과대학'은 '대학'으로 구분하고 있었다. 그러나 대학교육의 대중화와 더불어 이런 구분이 대학의 위상 차이로 오해되는 역기능이 나타났다. 이런 부작용을 없애고자 법령에 따른 명칭 개칭이 이루어졌다. 그 결과 전국의 교육대학은 종합대학과 동등한 위상을 갖는 대학으로 승격되게 된다.

대학원 과정의 개설과 대학으로서의 정체성 강화

지금까지 기술한 내용은 주로 문헌 조사에 기반하였다. 이제부터 나의 주관적 경험을 좀 더 많이 가미하여 초등 교원 양성 대학의 역사를 서술할 것이다. 나는 1997년에 청주교육대학교에 왔다. 4년제 대학으로 승격된 지 13년, 대학교로 명칭이 변경된 지 4년이 지난 시점이다. 임용 후 한동안도 교육대학이 2년제냐고 묻는 사람들이 제법 있었음은 도입부에 언급해 두었다. 잘 몰라서 한 질문이겠으나, 여기에는 생각해 보아야 할 진실이 담겨 있다. 우리나라의 전체 근대화 과정과 마찬가지로 초등 교사 교육도 압축적 성장을 경험하였다.

예컨대, 미국에서 100년에 걸쳐서 진행된 사범학교에서 대학으로의 변화 과정이 한국에서는 절반도 안 되는 기간에 일어났다. 당연히 고등학교의 관행이 대학 제도의 외양을 따라잡는 데 시차가 존재할 수밖에 없다. 사범학교가 2년제 대학으로 바뀌었다고 고등학교의 틀을 곧바로 벗을 수 없었듯이, 4년제 대학 승격이나 대학교로의 명칭 변화가 그에 걸맞은 실질을 바로 담보하지는 않았다. 내가 청주교육대학교에 발령받았던 때에도 여러 가지 낡은 관습이 여전히 작동하고 있었다. 그 후 20여 년을 지내면서 내가 속한 교육대학교가 대학의 면모를 갖추어 가는 과정을 경험하는 중이다.

이 중 주목할 부분은 대학교수의 역할 수행과 관련된 내용이다. 교사와 교수의 역할에서 가장 큰 제도적 차이는 학술 연구 활동에 대한 요구이다. 고등학교에서 4년제 대학교로 이행하는 과정에는 초등 교원 양성 기관 교수진이 수행하는 역할의 변화가 수반되었다. 여기에 석사 과정 설치는 더 큰 영향을 미쳤다. 청주교육대학교는 1995년에 대학원 석사 과정 설치가 승인되었다. 이로써 학술 논문을 산출하는 제자 양성이라는 오늘날 대학 표준 모델의 최소 조건이 갖추어지게 되었다. 참고로 오늘날 대학의 표준 모델은 미국식 모델이다.*

교수진의 충원과 관련하여 하나 더 언급할 것은 대학의 팽창 과정에서 교육학과 교과교육학 전공자들의 비중이 증가하였다는 점이다. 특히, 1990년 초·중반부터 배출되기 시작한 교과교육학자들이 교육대학교의 교수진으로 대거 임용되면서 광의의 교육학적 배경과 정체성을 지닌 학자들이 교육대학교에서 점차 중심적인 교수 자원으로 자리 잡게 되었다. 이는 교육대학교가 목적형 양성 대학으로서의 정체성을 강화하는 데 중요한 역할을 하였다. 교육학 관련 교수진의 숫자가 많아지면서 내용학 전공자도 자연스럽게 교육 문제에 관심을 가지고 연구하는 분위기가 형성되었다. 이는 여전히 내용학 중심으로 교수진을 충원하는 많은 사범대학과는 다른 특성이다. 결과적으로 학교교육과 관련된 학술 연구의 산출에서 교육대학교는 중등 교원 양성 대학보다 유리한 혹은 적어도 불리하지 않은 여건을 갖게 되었다.

초등 예비 교사의 자존감과 초유의 동맹휴업 사태

역사적으로 유·초등교육은 중등교육이나 고등교육보다 전문성이 낮은 사람들이 담당하는 일로 여겨졌다. 해방 직후부터 중등 교

* 오늘날 대학의 표준형은 19세기 말 이후 발전한 미국식 대학 모델이다. 동경대 부총장을 역임한 요시미 순야에 의하면 대학의 역사는 '서양 중세 도시 네트워크와 아리스토텔레스 혁명을 기반으로 한 중세 대학 모델의 탄생과 발전', '인쇄혁명과 종교 개혁, 중세 도시의 쇠퇴와 국민 국가의 등장을 배경으로 한 중세 대학의 몰락과 근대적 대학 모델의 등장', '독일형 대학 모델에 연구형 교육을 핵심으로 하는 대학원을 결합한 미국형 대학 모델의 등장'의 순으로 발전해 왔다. 요시미 순야는 정리하는 글에서 이렇게 평가한다. "오늘날 세계에서 대학의 표준형이 된 것은 19세기 말 이후 발전한 미국식 대학 모델로서, 리버럴 아트 교육에 충실한 칼리지 위에 석사 및 박사 학위 취득 시스템을 구조화한 대학원이 놓인 형태다. 이는 중세적 모델이나 협의의 근대적 모델, 즉 훔볼트형 대학과도 다르다. 폭발적으로 확장된 대중 사회가 욕망하는 대학교육에 대한 기본적 수요와 고도로 전문화된 산업 시스템이 필요로 하는 인재 수요 양자를 모두 만족시키는 시스템이다. 미국의 군사·경제적 패권이라는 단순한 이유뿐만 아니라 현대 사회의 보다 심오한 구조적 이유 때문에 이 시스템은 고등교육의 세계적 표준이 된 것이다."(吉見俊哉(요시미 순야)(2011). 『大学とは何か』. 岩波書店. 서재길 옮김(2014). 대학이란 무엇인가 - 대학이라는 '미디어'의 역사 그리고 재탄생. 글항아리. 279~280쪽.)

사가 대학 수준에서 양성된 데 비하여 초등 교사는 오랫동안 사범학교와 2년제 대학에서 배출된 것도 그런 생각이 반영된 결과이다. 일선 학교나 교육청의 여러 제도도 중등 교원이 우위를 점한 상태에서 오랫동안 운영되었다. 초등 교사는 누구나 감당할 수 있는 비전문적 직업이라고 여기는 경향도 광범위하게 존재하였다. 이러한 생각은 초등 교원 양성 대학의 위상이 강화되면서 점점 약화하고 있다. 여기에는 교육대학교에 입학하는 학생들의 성적 상승도 일정하게 영향을 미쳤다. 교육대학교는 현재 수도권 최상위급 대학에도 입학할 수 있는 학생들로 충원된다. 이는 정원 관리를 통해서 졸업 후에 임용이 어느 정도 보장되므로 가능한 것이다. 우수한 학생들의 계속적 충원은 초등 교원 양성 대학이 교육과 연구 기관으로 제 기능을 하는 데도 긍정적인 힘으로 작용하고 있다. 초등 교원 양성 기관이 대학교로 승격하고 우수한 학생들이 계속 충원되면서 교육대학교 재학생들의 자존감도 함께 높아졌다. 동시에 재학생들의 초등 교사로서의 전문성에 대한 갈망도 커졌다. 예비 초등 교사라는 자의식에 기반하여 이들은 더 적합한 교육과정을 대학에 요구하기도 하고 정부의 교원 정책에 대해서 집단행동으로 반대 목소리를 내기도 한다.

이런 예비 초등 교사의 정체성과 자존감 고양과 관련하여 꼭 언급할 사건이 하나 있다. 2001년에 있었던 전체 교육대학교 학생들의 **70일 동맹휴업**이다.* 교육대학교 역사상 전무후무한, 나아가서 학생운동의 전체 역사를 통틀어서도 유례를 찾기 어려운 장기 동맹휴업 사태의 개요를 설명하면 다음과 같다. 2001년 김대중 정부는 '학급당 학생 수를 35명으로 감축'하는 계획, 이른바 '7.20조치'를 발표하였다. OECD 수준으로 교육 여건을 개선하겠다는 취지였다. 갑작스러운 조치이지만 학급당 학생 수 감축은 교육계 전체가 환영할 만한 일이었다. 그런데 초등 교원 부족이 문제였다. 늘어나는 학급 수에 맞추어서 초등 교원을 갑자기 양성할 수 없었다. 정부는 처음에 이 문제를 매우 가볍게 여겼다. 과잉 배출된 중등 교원 자격자들에게 일정 기간 교육을 하여 초등 교사 자격증을 부여하면 된다고 본 것이다.

이에 대해서 전국의 교육대학교 학생들은 격렬히 반대하였다. 이러한 반대가 이기주의적 밥그릇 싸움이라고 생각하는가? 그런 면이 전혀 없지는 않을 것이다. 그러나 70일 동맹휴업이라는 초유의 사태는 당시 김대중 정권의 신자유주의적 교육 정책 추진이라는 배경 변수를 떠나서는 제대로 이해하기 어렵다. 지면 관계상 간략히 소개하고자 한다. 한국에 신자유주의적 교육 정책의 물꼬를 튼 것은 김영삼 정부의 '5.31 교육개혁' 조치로 알려져 있다. 김대중 정부는 그런 교육 기조를 대체로 이어받았다. 초대 교육부장관인 이

* 이 글에서 70일 동맹휴업의 전 과정을 설명하기는 어렵다. 이에 대해서는 《청주교육대학교 교수협의회 회보 제4호 : 2001~2002》에 수록된 〈교협 활동 일지〉(오성철, 이혁규 정리)와 특집 기고문인 〈열정의 시대 : 교대 사태 관련 연합회 활동의 회고〉(이혁규), 〈수습대책위원회 활동에 대한 보고〉(김수환), 〈교육여건 개선이라는 이름으로 교육을 망치는 나라〉(엄태동)를 보면 비교적 소상히 이해할 수 있다. 본문에서 요약한 내용은 이 자료들에 기반하여 작성되었다. 청주교육대학교 교수협의회 회보에 이 사태에 대한 기록이 꽤 상세하게 정리되어 있는 까닭은 당시 청주교육대학교 교수협의회가 전국교육대학교교수협의회의 회장교를 맡아 사태 해결에 주도적 역할을 했기 때문이다. 나는 당시 전국교육대학교교수협의회의 간사를 맡아서 교육부와 학생 대표단을 중재하는 역할을 했다.

해찬은 신자유주의적 성격이 강한 교육 정책을 충실히 실행해 갔다. 신자유주의적 교육 정책은 교육부를 교육인적자원부로 승격 개편한 것에서도 잘 드러난다. 이로써 경제적 효율주의는 교육의 성과를 판단하는 중요 지표로 자리 잡게 되었다. 교원 정책과 관련하여서 이해찬 장관은 '교원 정년 단축', '교원노조 합법화', '교원 성과급제 도입' 등을 거침없이 추진하였다. 교육대학교 사태는 이 중에서 '교원 정년 단축' 정책에서 발단發端한다. 교육 예산을 절감하고, 고령 교사들을 명퇴 조치하여 교직 사회의 체질을 개선하고, 교원 임용 적체를 해소하여 교직 사회를 활성화하는 것 등이 정책 추진을 정당화하는 논리였다. 1명의 나이 든 교사를 내보내면 2명 이상의 교사를 신규 임용할 수 있다는 주장도 내세웠다.[138]

초등 교원 부족 문제에 대해서 교육부는 중등 교원 자격증 소지자를 '보수 교육'으로 단기간 교육해서 초등 교원으로 임용하는 정책을 추진하였다. 사회 문제가 된 중등 교원 과잉 공급을 해소하려는 방안이기도 하였다. 이로 인해서 '중초교사'라는 신조어가 생겨난다. 중초교사는 1999년 교원 정년 단축 조치 이후에 생겨난 개념으로, 중등 교원 자격증을 소지한 사람 중에서 일정한 교육을 받고 나서 초등 교원 자격증을 취득하여 교사로 임용된 사람들을 지칭한다. 중초교사는 총 3기에 걸쳐서 운영되었다.[139] 이 중 70일 동맹휴업과 직접 관련되는 것은 학급당 학생 수 감축으로 생겨난 제2기 중초교사 영입이었다. 교육대학교 재학생들로서는 사실 황당한 현실이었다. 정년 단축으로 인한 초등 교사 부족 문제를 '보수 교육'으로 땜질 처방한 정부가 갑자기 '학급당 학생 수 35명 정책'을 밀어붙이면서 또다시 수천 명의 중등 교원 자격자를 초등 교사로 임용하려고 하였기 때문이다. 제1기 중초교사를 보수 교육을 통해 임용하는 데 대해서 교육대학교 재학생들은 4주간 동맹휴업을 벌였고 당시 김덕중 교육부장관으로부터 보수 교육은 더는 없다는 약속을 받아 낸 상태였다.[140] 이러한 교육대학교 재학생들의 반발을 의식하였는지 교육부는 이번에는 소위 '교대 학점제' 안을 들고 나왔다. 교육감이 필요 인원을 선발하여 지역 교육대학교에 위탁하면 1년간 70학점을 이수하게 한 후 자격증을 부여하는 방안이다. 여기서 70학점은 학사 편입에 준하는 학점 수이기는 하다. 그러나 전국교육대학교대표자협의회는 이에 대해서도 결사적으로 반대하였다. 교육대학교 학생들도 동맹휴업을 압도적인 찬성률로 가결한다. 동맹휴업은 처음 2주의 한시적 기간을 정하고 시작되었다. 그러나 교육부와 협상이 잘 되지 않자 계속 연장되었다. 동맹휴업은 결국 무려 70일 동안 이어졌다. 그 사이 여러 가지 우여곡절을 거쳐서 어렵게 타협안이 마련되었다. 중등 교원 자격증 소지자가 교육대학교 3학년에 편입하여 2년 동안 교육과정을 이수하고 초등 교원 자격증을 발급받는 것이 핵심 내용이었다. 그리고 그해 겨울 전국 교육대학교는 겨울 방학을 모두 반납하고 70일 동안 보강을 해야 했다.

동맹휴업 당시에는 큰 사회적 이슈였지만 이 사건은 그 후 일반인들에게 잊혔다. 학생운동사에 유례없는 긴 동맹휴업이었으나, 그 의미에 대한 학술적인 논의는 그 후에도 전혀 이루어지지 않았다. 앞으로 그런 정리 작업이 수행될 필요가 있다. 그렇다면 독자들은 중등 교원 자격증을 지닌 사범대학 학생들도 2년의 편입 교육을 받지 않으면 초등 교원 자격증을 얻을 수 없다는 결론에 대해서 어떻게 생각하는가? 당시 교육대학교 학생들이 유급을 각오하면서 얻어낸 결과가 과하다고 생각하는가? 판단에 도움을 얻기 위해서 당시 투쟁을 이끌었던 집행부 학생들이 어떤 인식을 지니고 있었는지 살펴보자. 유용한 자료는 당시 집행부의 일원이었던 춘천교육대학교 학생회장 최고봉의 글이다. 동맹휴업이 한참 진행되던 2001년 11월 초에 《교육비평》에 실은 글에는 "예비 교사들은 끝까지 투쟁할 것이다"라는 소제목하에 다음과 같이 기술하고 있다.

> 상황을 지금과 같은 파국으로 몰아간 책임은 전적으로 정부 측에 있다. 우리는 기회가 있을 때마다 앞으로 예상되는 문제점에 대해 경고해 왔을 뿐 아니라, 입이 마르고 닳도록 적절한 해결 방안도 제시한 바 있다. 그러나 정부는 한 치 앞도 내다보지 못하고 시행착오만을 되풀이하다가, 급기야는 사태를 이 지경으로 몰아가고야 말았다.
> 얽힌 실타래를 어떻게 풀 것인가? 복잡한 문제일수록 처음으로 돌아가는 것이 가장 빠른 길이다. 우리가 '학생 수 감축'을 통해 얻으려는 궁극의 목표가 무엇인지 생각해 보자. 단지 '더 많은 교실'을 짓는 게 목표의 전부라면 교원 수급이야 아무렇게나 해도 상관없다. 하지만 '학생 수 감축'이 '수업의 질'을 높이기 위한 것이라면, 그리고 '수업의 질'이 '교사의 질'에 크게 좌우되는 것이라면, 교원 양성·임용 문제를 이런 식으로 처리해선

안 된다.

학급당 학생 수는 단계적·연차적으로 감축하는 것이 바람직하다. 아무리 시급한 일이라 하더라도 편법에 의존해야만 해결되는 것이라면, 그것은 더 이상 정상적인 방법이라고 볼 수 없다. '학급당 학생 수 감축'과 '교원의 양성·수급'은 결코 대립되는 성질의 것이 아니다. 그런데도 이 둘을 서로 충돌시켜 사태를 파국으로 몰아간 정부의 행위는 비교육적일 뿐만 아니라, 상식적으로 보아도 어리석기 짝이 없는 것이다. '학급당 학생 수 감축'은 '중·장기적인 교원 수급 정책'과 동시에 병행되어야 한다.[141]

나는 이 주장에 대해서 딱히 반대 논리를 대기가 어렵다. 학급당 학생 수 감축 목표를 김대중 정권 임기 내에 무슨 군사 작전처럼 밀어붙일 일은 아니지 않은가? 더욱이 교원 양성과 수급에 대한 청사진도 없이 말이다. 한 가지 더 주목할 점은 이 글에서 최고봉이 학생들의 투쟁을 신자유주의 교육 정책에 대항하는 투쟁으로 의미를 부여하고 있는 점이다. "보수 교육이 비판받는 이유는 두 가지이다. 하나는 주로 교육대학교교수협의회에서 제기된 것으로 '교육 당국의 무능'과 '정책 실패'라는 점이다. 그러나 더 근본적이고 중요한 이유는 그것이 7차 교육과정을 앞두고 교원 노동력을 유연화하고, 교직을 개방하기 위한 '사전 정지 작업'이기 때문이다. 교육인적자원부 관계자가 KBS·EBS 토론회에 나와 "완전 개방형인 미국식 모델이 교사의 질을 높일 수 있다"라고 한 말이 그것을 뒷받침한다."[142] 또, 최고봉은 교원 정년 단축과 중초교사 영입 등 일련의 교육 정책이 교직 개방을 염두에 둔 포석이며 예비 교사의 동맹휴업은 "신자유주의 교육 재편에 맞선 예비 교사들의 물러섬 없는 투쟁"이라고 성격을 규정하고 있다.[143]

김대중 정부의 일련의 교육 정책들이 얼마나 신자유주의적 속성을 지니고 있는지를 논하는 것은 이 글의 범위를 넘어선다. 여기서는 당시 교육 당국이 중등 교사 교육을 받은 사람들을 단기 교육을 하면 바로 초등 교사로 전환할 수 있다고 생각하는 등 교사 전문성에 대해 매우 낮은 인식 수준을 지니고 있었다는 점만 환기하고자 한다. 집행부를 포함하여 교대 학생들이 '보수 교육과 임시교원양성소 규정 철폐'를 주장한 것은 그런 인식에 대한 정확한 문제 제기라고 나는 판단한다. 이 두 규정에는 교사의 전문성을 아주 가볍게 여기는 인식이 짙게 반영되어 있다. 그 점에서 집행부 학생들은 '중등 교사까지를 포함하여 교사 일반의 전문성을 경시하는 제도적 관행'과 '중등 교사보다 초등 교사가 더 열등하다는 또 하나의 일반적 편견'에 대한 **이중적 저항**을 하였던 셈이다. 참고로 "교원 자격의 취득을 위한 보수 교육에 관한 규칙"은 2015년에 와서 비로소 폐지되었다. 그러나 3장에서 언급했듯이 임시교원양성소 관련 법령은 여전히 존속하고 있다. 그리고 이에 따라 현재도 한국교원대학교에 중등교원양성소가 운영되고 있다. 「한국교원대학교 중등교원양성소 규정」(규정 제736호) 제5조 제2항에 의하면, 중등 교사 특별 양성 과정은 6개월 과정으로 개설하되, 수업 시간은 750시간 이상으로 되어 있다. 중등교원양성소는 기존 교사 중에서 재교육을 받아 다른 교과 담당 자격증을 취득하는 목적으로 운영되고 있다. 이런 기능을 하는 교육 기관을 '임시교원양성소'라고 이름을 붙여서 운영하는 방식이 21세기 교사 전문성에 대한 요구와 선진국의 추세에 비추어 볼 때 맞는 것인지, 나아가서 기존 교사를 재교육하여 새로운 자격을 부여하는 곳을 '임시교원양성소'라고 부르는 것이 적합한지 근본적 검토가 필요하다고 판단된다. 특히, 현행 「고등교육법」이 "교원의 수요·공급상 단기간에 교원 양성이 필요한 경우에는 대통령령으로 정하는 바에 따라 임시교원 양성기관과 임시교원 연수기관을 설치하거나 이의 설치를 인가할 수 있다"라고 하여 교사 과부족에 시달리던 건국 초기의 입법 전통을 고스란히 이어받고 있는 것은 이해하기 어렵다. 현재와 같이 기존 교사를 재교육하여 새로운 자격을 부여하는 기능을 수행하는 경우라 하더라도 적합한 법조문이라고 보기 어렵다. 법 개정을 포함하여 제도 전반에 대한 재논의가 필요해 보인다.

목적형 교육대학교 체제를 위한 변론

교육대학교는 규모가 작다는 이유만으로 주기적으로 통합의 압박을 받아 왔다. 그리고 교육대학교 구성원들이 이를 반대하면 자기 밥그릇 챙기는 이기주의자들로 매도당하곤 했다. 이에 대해서 내 경험을 바탕으로 현 체제를 위한 변론을 하고자 한다. 교육대학교를 종합대학교에 통합해야 한다고 주장하는 사람들의 논거는 세 가지 정도이다. 첫째, 다른 나라의 사례를 보았더니 교원 양성을 종합대학교에서 하는 것이 역사적 추세이며 우리나라도 그 방향으로 개혁해야 한다는 것이다. 둘째, 교육대학교가 규모가 작아서 학생들이 폭넓은 경험을 하지 못한다는 것이다. 셋째, 교육대학교를 종합대학교에 통합하면 경제적으로 비용이 절감된다는 것이다. 이 각각의 주장에 대해서 반론해 보겠다.

그 전에 통합을 반대하는 이유가 기득권 수호를 위해서라는 주장부터 살펴보자. 교직원의 처지에서 보면 이는 타당성이 없는 주장이다. 일반적으로 교육대학교 교직원은 인근 거점 국립 대학교와 비교하여 보수나 복지 수준이 낮다. 따라서 통합을 하면 개별 교수나 직원의 형편은 더 나아진다. 지역 사회에서 활동하기도 더 쉬울 수 있다. 그런데 왜 통합에 반대하는 의견이 압도적으로 많을까? 교육대학교 구성원의 다수 의견을 대변하자면 이렇다. 현재의 교육대학교 체제를 수호하자는 것이 아니다. 정확히 표현하자면 목적형 양성 체제를 수호해야 한다는 것이다. 몇십 년 동안 정부가 관리하지 않고 시장에 맡겨 둔 개방형 중등 양성 체제의 열악한 현실을 잘 알고 있기 때문이다. 중등 교원 양성 체제의 문제에 대해서는 9장을 참고하기를 바란다.

학생들이 반대하는 이유도 생각해 보자. 교육대학교 졸업자가 아닌 사람들에게 초등 교사 자격증을 부여하는 정부 정책에 대해서 교육대학교 학생들은 강하게 반대해 왔다. 이는 표면적으로 밥그릇을 지키려는 이기주의로 보인다. 그러나 중등 예비 교사들 — 사실 중등 교원 양성 대학교 재학생들은 예비 교사라고 불리지도 않는다 — 의 열악한 현실을 보면 꼭 그렇게 말하기 어렵다. 과잉 공급된 중등 교원 양성 대학에 진학한 학생들이 얼마나 큰 좌절감을 경험하는지 생각해 보라. 정원 관리의 실패로 제대로 된 교사 교육도 받지 못하고 몇 년째 기약 없이 임용 시험에 매달려야 하는 중등 교원 양성 제도를 계속 내버려 두는 것은 교육 당국과 관련자들의 도덕적 태만이다. 또한, 중등 교사의 과잉 공급 문제를 초등 교사 자격 부여라는 출구를 통해 해소하려는 시도는 온당하지 못하다.

그럼 세 가지 주장을 살펴보자. 종합대학교에서 교사를 양성하는 방향으로 교원 양성의 역사가 변화해 왔다는 것은 틀린 주장은 아니다.* 그러나 종합대학교 내에 교원 양성 단과대학을 위치시키는 것이 '교사 교육'을 위한 진화 과정이었다고 파악하면 단견이다. 이에 대해서는 9장에서 자세히 다룬다. 다만, 스탠퍼드 대학교 라바리의 표현처럼 그 과정이 직업 전문 교육으로서 교사 교육의 사명을 많은 재정 수입과 높

* Robinson, J.(2017)는 교사 교육이 역사적으로 '산업화 이전 단계(Pre-industrial trends) → 도제 및 작업장 기반 학습(Apprenticeship & Work-based learning) → 사범학교 혹은 사범대학(Specialist normal school or Training college programmes) → 종합대학(The role of university)'의 형태로 변화하였다고 말한다; 교사 교육의 역사에 대한 일반적 설명은 [Robinson, J.(2017). Teacher education: A historical overview. Clandinin. D, J. & Husu, J.(eds)(2017). *The SAGE handbook of research on teacher education*. SAGE]를 참고하고 여러 나라의 교사 교육의 역사를 비교해 보려면 남아공, 싱가포르, 칠레, 미국, 핀란드의 교사 교육의 역사를 소개하고 있는 [Placier, P. L., Letseka, M., Seroto, J., Loh, J., Montecions, C., Vásquez, N., & Tirri, K.(2016). The history of initial teacher preparation in international contexts. Loughran, J. & Hamilton, M. L.(eds)(2016). *International handbook of teacher education*. vol. 1. Springer]를 참고하라.

은 대학 순위와 바꿔치기한 '**파우스트의 거래**'라는 점은 미리 언급하고자 한다. 덧붙이자면 세계적 경향이니 우리도 그렇게 해야 한다는 주장은 추세에서 당위를 끌어내는 일종의 **자연주의적 오류**naturalistic fallacy이다. 세계적 추세라고 말하는 대신에 각국의 사정을 좀 더 세밀하게 들여다보아야 한다. 교사 교육의 특수성에 대한 면밀한 검토 없이 종합대학교 내 단과대학 중 하나로 통합하는 것은 위험하다. 이 책 여러 곳에서 강조한 보통 교육의 헌법적 가치를 고려한 신중한 검토가 필요하다.

둘째, 교육대학교의 규모가 작아서 학생들이 폭넓은 경험을 못한다는 주장이다. 이 주장 또한 엄밀한 검토가 필요하다. 〈표 7〉은 우리나라 특수 목적 대학들의 학생 모집 정원이다. 대부분의 대학이 교육대학교와 유사하거나 오히려 더 작은 규모이다.

이런 대학 운영진에게 당신네 대학은 특수 목적을 달성하기 위해서 교양 없고 폭이 좁은 교육을 하고 있다고 하면 동의할까? 2019년 기준으로 청주교육대학교와 정원 규모가 유사한 포스텍의 세계 대학 순위(영국의 QS World University Rankings 기준)는 83위였고, 경인교육대학교보다 규모가 조금 큰 카이스트의 세계 대학 순위는 40위였다. 규모가 문제라면 이런 대학이 존재할 수가 없다. 규모를 탓할 것이 아니라 교원 양성 대학에 투자를 제대로 했는지 교육부는 곰곰이 성찰해 보아야 한다.

대학 규모로 인해서 초등 예비 교사들이 다양한 경험을 할 수 없다는 주장에도 동의하기 어렵다. 규모가 작아서 다양한 강좌를 제

표 7 특수 목적 대학의 학생 모집 정원(2021년 기준)

이공계 특성화대	포스텍	GIST	DGIST	UNIST	KAIST
	320	200	220	400	710
사관학교	육군사관학교		해군사관학교		공군사관학교
	330		170		235

공할 수 없고 따라서 경험의 폭도 좁다는 주장은 과학적 자료에 근거하지 않은 일종의 직관에 가까운 주장이다. 이는 기본적으로 비교 범주의 오류에 기인한다. 예비 교사 경험의 1차 비교 대상은 교육대학교와 종합대학이 아니라 교육대학교와 사범대학이어야 한다. 대체로 전국의 사범대학은 교육대학교와 유사하거나 혹은 작은 규모이다. 따라서 교양, 교과교육학, 교육학, 내용학 등으로 구분하여 양자를 비교할 때 사범대학이 교육대학교와 비교하여 더 풍부한 교육과정을 제공한다고 보기 어렵다. 예를 들어 공식 교육과정에 대해 청주교육대학교와 한 사범대학을 사례 비교한 결과, 사범대학 재학생 한 사람이 졸업할 때까지 강좌를 통해 만나는 교수진 숫자는 32명인데, 교육대학교 학생이 만나는 교수진 숫자는 68명이었다.* 사범대학은 전공을 깊게 배우기 때문에 한 교수에게 여러 번 수업을 듣는다. 반면에 교육대학교는 많은 교과를 배우므로 동일 교수

* 청주교육대학교 2016학번 학생과 인근 국립 사범대학의 유사 학번 학생을 대상으로 확인한 결과이다. 일반적인 통념과 달리 다양한 내용을 폭넓게 배우는 것이 오히려 교육대학교 교육과정의 특징이라고 볼 수 있다. 다만, 개설되는 교양 과목이 다양하다고 보기는 어려우며, 이는 향후 대학 연계 프로그램 강화를 통해서 개선되어야 할 점이다.

교육대학교의 사회적 가치에 대하여

　일반적으로 대학의 사명은 교육, 연구, 봉사로 요약된다. 이 세 가지를 잘하면 대학은 사회적으로도 유용한 기관으로 인정받는다. 그러나 깊게 파고들면 대학의 사회적 가치를 따지는 일이 그다지 쉽지 않다. 교육, 연구, 봉사를 잘한다는 것이 의미하는 바가 매우 다를 수 있기 때문이다.

　대학의 한 종류인 교육대학교의 사회적 가치를 계량하는 일도 쉽지 않다. 관점에 따라서 다른 결론에 도달할 것이기 때문이다. 나는 〈교육대학교, 작은 것이 아름답다고 할 수 있을까?〉와 같은 글을 통해서 교육대학교 교육을 비판한 바가 있다. 그래서 이 짧은 글에서는 '변호적(辯護的) 관점'을 택하여 교육대학교의 사회적 가치를 드러내 보고자 한다.

　우리 사회가 당면한 고질적 문제 중 하나는 수도권 집중 현상이다. 대학도 예외가 아니다. '벚꽃 피는 순서로 망한다'는 말은 인제 관용구가 되었다. 그래서 남쪽에 있는 대학들은 벚꽃을 아예 베어 내고 있다는 '웃픈' 이야기가 들린다. 약 27만 명이 태어난 2020년생들이 대학을 들어갈 때가 되면 전체 대학 입학 희망자보다 수도권 대학 입학 정원이 많아질 전망이다. 지방의 모든 대학이 문을 닫을 운명이라는 것이다. 이런 미래를 생각하면 끔찍하다.

　이런 상황에서 전국의 교육대학교는 비슷한 성적의 학생들이 지원하고 졸업 후 취업률도 큰 차이가 나지 않는다. 물론, 교육대학교라고 해서 인구 감소의 파고로부터 안전지대는 아니다. 그러나 입학 정원의 탄력적 운영 등 적절한 정원 관리를 한다면 상대적으로 우수한 학생들이 입학하여 공부하고 졸업 후에는 각 지역의 교사로 채용되는 체제가 유지될 수 있을 것이다.

지방 소멸이 현실이 되어 가는 요즘, 현 교육대학교 체제는 전체 대학 체제의 미래를 열어 가는 데 좋은 아이디어를 제공한다. 이것 하나만으로도 사회적 가치는 충분하다고 나는 본다. 수도권에 있는 대학이나 지방에 있는 대학이나 유사한 수준의 교육을 받고 취직률도 크게 차이가 나지 않는다면, 지방 대학은 소멸의 위기를 면할 것이다. 그것이 어떻게 교육대학교뿐 아니라 일반대학들에서도 가능할지 함께 고민해야 한다. 이 책 뒷부분의 〈더 나은 교육을 위한 정책 제안들〉의 '정책 제안 14'에서 내 나름의 방안을 제안하였다.

교육대학교의 사회적 가치와 관련하여 한 가지만 부연하겠다. 우리 헌법은 "모든 국민은 능력에 따라 균등하게 교육을 받을 권리를 가진다(제31조 제1항)", 「교육기본법」은 "~ 능력과 적성에 따라 교육받을 권리를 가진다(제3조)"라고 규정하고 있다. 이런 법의 정신이 실현되려면 전국의 교원 양성 대학에 입학하는 학생 수준도 비슷해야 하고 교육의 질도 크게 차이가 나서는 안 된다. 현재의 교육대학교 체제는 그런 조건을 충족한다. 도서·벽지까지 순환 근무하는 한국의 독특한 교원 전보(轉補) 제도와 함께 현 교육대학교 체제는 국민의 균등하게 교육받을 권리를 보장하는 데 크게 이바지하고 있다. 이는 무엇보다도 중요한 사회적 가치이다. 어떤가? 나의 '변호적 관점'이 수용할 만한가? 대학 체제 개편을 고려할 때 이러한 사회적 가치가 훼손되지 않도록 유념해야 한다.

의 수업을 여러 번 듣는 경우가 거의 없다. 게다가 1학점 2시간 강의도 꽤 있다. 그래서 이런 큰 차이가 발생한다. 따라서 교수진의 질이 비슷하다면 2배가 넘는 교수를 만나는 교육대학교 학생들의 경험 폭이 최소한 공식 교육과정에서는 더 넓다고 보아야 한다. 사범대학과 비교하여 교육대학교 학생들은 다양한 영역을 넓게 배운다. 그것은 초등 교원 양성 대학 교육의 특성이기도 하다.

물론, 사범대학이 종합대학교에 소속되어 있고 학생들이 종합대학의 다양한 물적·인적 자원을 활용할 가능성을 부인하지는 않는다. 그러나 종합대학교가 기본적으로 단과대학 기반으로 운영된다는 점을 기억해야 한다. 마침 종합대학교 3학년에 재학 중인 딸에게 다른 전공 학생들과 많이 교류하냐고 물었다. 그럴 기회가 거의 없다고 했다. 댄스 동아리에 가입해서 활동하고 있지만, 그 외의 시간은 전공 공부에 바빠서 폭넓게 어울릴 기회가 없었단다. 결국, 종합대학교가 풍부한 인적 교류의 기회를 제공하는 문제도 가능성 차원이다. 개인의 성향에 따라서는 타 전공과 전혀 교류하지 않고 4년을 마칠수도 있다.

교육대학교의 약점이라 볼 수 있는 다양한 강좌 개설의 경우도 오늘날처럼 유튜브나 무크(K-MOOC) 등을 통해서 좋은 강의가 풍부하게 열려 있는 상황에서는 극복 불가능한 문제가 아니다. 대학 간 연계를 통해서도 해결할 수 있다. 과도한 임용 경쟁에 내몰려서 대학생활을 보내는 중등 교원 양성 대학 재학생들이 마음의 여유를 지니고 폭넓은 경험을 하고 있는지는 의문이다. 요약하자면, 학생 경험의 폭은 직관이 아니라 자료 조사 등 과학적 연구를 통해서 검증해야 할 문제이다.

이렇게 보면 교육대학교를 종합대학교에 통합하면 발생하는 자명한 이익은 경제적 비용 절감 하나가 남는다. 그런데 교사 교육이 정말 중요하다고 생각하면 비용을 더 투자해야 하는 것이 아닐까? 나는 2014년 연구년 기간에 미국 캘리포니아 주립 대학교 산타바바라 교사 양성 프로그램을 관찰하고 깜짝 놀랐다. 현장과 밀착된 프로그램과 재정 투자 때문이다. 산타바바라 대학의 교사 교육 프로그램에서는 별도의 슈퍼바이저supervisor 한 사람이 약 4~5명의 예비 교사를 책임지고 12개월 동안 밀착 지도한다. 이렇게 개별 지도를 꼼꼼히 받은 예비 교사라면 본인들도 학교 현장에 가서 학습자 한 명 한 명에게 관심을 가지고 교육하지 않을까? 이 초등 교사 양성 과정에 등록된 40여 명의 학생을 4~5명 단위로 묶어서 이런 시스템을 운영하려면 대략 10명 내외의 관리자가 필요해 보였다. '얼마나 고비용으로 교사를 양성하고 있는지'가 궁금하여 면담해 보니 슈퍼바이저들은 파트 타임으로 고용되므로 교사보다 낮은 월급으로 일하는 경우도 있었다. 그렇지만 이 정도 인력을 운영하는 것은 질 높은 교사 양성의 중요성에 대한 인식 없이는 불가능하다. 우리나라 교사 양성에는 정부가 어느 정도 투자하고 있을까?

종합대학교와의 통합을 반대하는 또 다른 중요한 이유는 사범대학이 차지하는 매우 열악한 입지 때문이다. 종합대학은 기본적으로 단과대학들이 자본 배분을 두고 경쟁하는 체제이다. 종합대학의 자원 배분 구조에서 사범대학은 매우 낮은 교섭력을 지니고 있다. 이러한 자원 배분 문제 등에 대한 고려 때문에 법학전문대학원조차도 중요 사항을 아예 입법으로 보호하고 있다.* 교사 교육을 특별히 다루어 달라는 것은 특권 계급을 만들자는 것이 아니다. 국민의 교육받을 기본권을 담당하는 주체들이기 때문이다. 그래서 우리 헌법뿐 아니라 여러 헌법이 교원에 관한 특별한 조문을 두고 있음은 이미 다른 장에서 언급하였다.

국민의 교육받을 기본권과 직접 관련되는 교원 양성이라는 특수 목적을 지닌 교육대학교는 그동안 충분하지는 않았지만, 법적 보호를 받아 왔다. **이러한 보호 장치의 적절한 계승과 강화 없이 종합대학교와 통합하는 것은 정부가 헌법 정신에 따라서 초등 교원 양성을 특수하게 다루어 왔던 전통을 깊은 고민 없이 포기하는 것과 같다.** 특별한 장치 없이 종합대학교에 통합되면 초등 교원 양성 교육 또한 중등 교원 양성 교육의 전철을 밟아 열악해질 위험성이 높다. 최소한 법학전문대학원 정도의 법적

* 관련 조항들은 다음과 같다: 「법학전문대학원 설치·운영에 관한 법률」 제7조(법학전문대학원의 입학정원) ① 교육부장관은 국민에 대한 법률서비스의 원활한 제공 및 법조인의 수급상황 등 제반사정을 고려하여 법학전문대학원의 총 입학정원을 정한다. 이 경우 교육부장관은 총 입학정원을 미리 국회 소관 상임위원회에 보고하여야 한다.
② 교육부장관은 제1항에 따라 법학전문대학원의 총 입학정원을 정하는 때에는 법원행정처장, 법무부장관과 협의하여야 한다.(이하 생략)
제16조(교원 등) ① 법학전문대학원은 편제완성 연도의 학생정원을 교원 1인당 학생 수 15인의 범위 안에서 대통령령으로 정하는 학생수로 나눈 수의 교원을 확보하여야 한다.
제17조(물적 기준) ① 법학전문대학원은 충실한 교육을 위하여 대통령령으로 정하는 시설을 갖추어야 한다. ② 법학전문대학원을 두는 대학은 법학전문대학원의 운영에 필요한 재정을 확보하여야 하고, 장학금제도 등 학생에 대한 경제적 지원 방안을 마련하여야 한다.

보호를 초등과 중등 양성 기관 모두에 보장해 주어야만 종합대학 내 통합을 고려해 볼 수 있을 것이다. 중등교육이 의무 교육화함에 따라서 향후 중등 교원 양성 대학도 시설, 교원, 정원 관리 기준을 법으로 정하고 요건을 충족하는 대학만 양성을 허용해야 할 것이다. 정원의 엄격한 관리와 함께 중등 교원 양성 대학에 대해서도 더 과감한 정부 투자가 이루어져야 한다.

교육대학교, 작은 것이 아름답다고 할 수 있을까?

지금까지 중등 교원 양성 기관에 비추어서 초등 교원 양성 대학이 더 잘 관리되고 설립 목적에도 충실했다고 주장했다. 그러나 그것은 국내 리그에서의 좁은 비교 우위에 불과하다. 우리나라 초등 교원 양성 대학이 세계적으로 우수하다는 것과는 거리가 멀다. 좋은 경쟁 상대가 아닌 중등 교원 양성 대학과의 비교 우위에 만족하다 보니 하향 평준화가 되고 말았다. 초등 교원 양성 대학도 오랜 안주와 타성에서 벗어나야 한다.

'교육대학교, 작은 것이 아름답다고 할 수 있을까?'는 내가 쓴 책 《한국의 교육 생태계》의 꼭지 글 제목이다. 글을 다시 읽어 보니 결론 부분인 "초등 교원 양성 대학 개혁을 위한 몇 가지 아이디어"에 '교육대학을 하나로 합쳐서 연합 대학을 만드는 방안'과 '교육대학교의 기능을 예비 교사 양성에 한정하지 않고 교원 재교육에까지 확대하는 것'을 중장기적 개선 방안으로 제안하였다. 교육대학교 구성원이 당장에 할 수 있는 일로는 '개인주의를 넘어서 끊임없이 자기 혁신이 가능한 새로운 대학공동체를 만들어야 한다'라고 하였다. 2015년에 언급한 이 제안은 아직도 유통 기한이 다한 것으로 보이지는 않는다.

글을 마무리하면서 요시미 순야가 지은 《대학이란 무엇인가》의 부제가 떠올랐다. 부제는 "대학이라는 '미디어'의 역사 그리고 재탄생"이다. '미디어'라는 은유와 '재탄생'이라는 말이 새롭다. 순야는 대학을 고정된 교육 제도로 보지 않는다. 대신에 미디어, 즉 시대 상황과 밀접하게 연동되어서 지식을 매개하는 집합적 실천의 구조적 장으로 새롭게 정의한다. 대학은 사람과 지식을 매개하는 다양한 네트워크의 연결점 노릇을 해 왔다는 것이다. '재탄생'이라는 말은 대학이 죽음을 맞이했을 때가 있었음을 말한다. 12세기 후반에서 13세기 초반에 중세 유럽에서 처음 탄생한 대학은 16~18세기에 위기를 맞는다.

12~13세기에 '도시의 자유'를 기반으로 '지성의 자유'를 역동적으로 끌어안은 협동조합적 장으로서 탄생한 대학은 근대 세계가 형성되어 가는 역사 속에서 한 차례 죽음을 맞이하게 되었다. 16세기부터 18세기에 걸친 이 같은 '대학의 죽음'은 종교전쟁과 영방국가, 인쇄혁명과 같은 몇 가지 요인이 겹쳐지는 과정에서 확고하게 드러났다. 종교전쟁과 영방국가는 당시 유럽 전역에 파급되었던 도시 네트워크 시대, 즉 자유로운 이동의 시대에 종언을 고하게 했다. 또한, 인쇄혁명은 더 이상 대학을 필요로 하지

않는 방식으로 근대적 과학이나 인문 지성의 발전을 가능하게 했다. 요컨대 종교에 의해 분열되고 국가 속으로 포섭됨으로써 대학은 '자유'를 잃어버리게 되었으며, 이때 구텐베르크의 '은하계'가 대학을 대신하여 '자유로운 학지'의 과감한 실천 기반으로 새롭게 부상했던 것이다.¹⁴⁴

인용문을 보면 대학이 언제 부흥하고 언제 죽음을 맞이하는지에 대한 단서가 있다. **'대학은 상아탑象牙塔'이라는 은유는 대학의 부흥과는 거리가 멀다.** 대학은 자유로운 이동의 네트워크와 연결되어 지성의 자유를 바탕으로 의미 있는 지식과 실천을 생산해 낼 때 비로소 그 존재 가치를 인정받았다. 인쇄혁명으로 경계를 허무는 새로운 지식 네트워크가 등장하면서 고루한 중세의 대학은 미디어로서 기능을 상실하고 새롭게 부상한 '아카데미'에 자리를 내주고 죽음을 맞이한다. 이후 19세기 국민 국가를 기반으로 훔볼트 이념에 기초하여 재탄생한 대학은 진화를 거듭하여 미국식 표준 모델의 형태로 세계에 자리 잡았다. 요시미 슌야는 "다시 태어난 근대 대학이 지금 상태로 지속될 것인지 아니면 곧 두 번째의 죽음과 세 번째의 탄생을 맞이할 것인지는 아직 알 수 없습니다만, 이것이 지금부터 우리가 고민해야 할 문제임에는 틀림없을 것입니다"¹⁴⁵라고 서문에서 말한다.

글을 마무리하면서 대학의 죽음이라는 큰 주제를 도입하는 이유는 어쩌면 단순하다. 교육대학교가 '대학교'이기 때문이다. 그것도 '특수 목적 대학교'이다. 우리는 변화하는 세계와 지식 생태계를 직시하면서 네트워크의 중심적 노드node로서 맡은 바 역할을 제대로 수행할 수 있을까? 사람과 정보와 지식의 네트워크와 긴밀하게 교류하면서 시대의 물음에 답하는 실천적 지식을 생산할 수 있을까? 그래서 새로운 교육을 통해서 새로운 사회를 잉태하는 산파의 역할을 할 수 있을까?

다른 한편 매스미디어는 컴퓨터 네트워크와는 다른 경로로 사람들의 감각과 생활을 규정하며 정보와 지식, '상식'과 '양식'의 가장 중요한 원천이 됩니다. 뿐만 아니라 다양한 종류의 매체들이 우리의 사고와 생활을 직조하는 재료가 됩니다. 책과는 다른 매체들이 지식을 전달하고 문자가 아닌 다른 성분들이 정보를 전달합니다. 매체의 탈-문자화, 탈-책화는 피할 수 없는 것처럼 보입니다.

인문학적 지식이 이런 조건에서 벗어나 생산될 수 있을까요? 만약 그렇다고 대답할 수 없다면, 시야를 책으로 좁히고 지식의 원천을 오로지 책으로 제한하며 지적 활동의 범위를 자신이 전공한 전문적 분야로 한정하여 지식을 생산하는 게 이런 조건에서 과연 가능할까요? 거대한 네트워크로 이미 연결되어 작동하는 집합적 신체나 '집합적 지성'을, 근대과학이 지옥에서 불러낸 악마라고 비난하는 것은 차라리 쉬운 일일지 모릅니다. 그렇지만 그처럼 비난하는 순간에조차 이미 우리는 그 거대한 네트워크 안에서, 그 집합적 신체가 생산한 것 속에서 생활하며 집합적 지성이 산출한 것으로 생산하고 있는 것은 아닐까요?[146]

이 글은 사회학자 이진경의 책 《철학과 굴뚝청소부》 개정 증보판의 '보론 : 근대적 지식의 배치와 노마디즘'에 있는 내용이다. **대학이 네트워크와 밀접한 연관을 가지고 생존해야 하는 '미디어'라면 네트워크 자체의 질성^{質成} 변화는 대학 연구자들이 관심을 가져야 할 첫 번째 영역이다.** 교육대학교를 비롯한 교원 양성 대학에 쏟아지는 오래된 비판 중 하나인 '현장성의 부족' 문제도 이런 네트워크와 미디어의 연결이라는 시야에서 보면 새로운 통찰과 실천의 길이 열리지 않을까?

● 교원 양성 대학에서 배운 것이 현장에서 별로 도움이 되지 않는다! ●

'교육대학교에서 배운 것이 현장에 도움이 별로 안 되었다'고 생각한다고 답하는 1정 연수 교사들

모든 교사가 반드시 들어야 하는 연수는 1정 연수가 거의 유일하다. 대략 3~5년 차 정도가 되면 1정 연수를 받는다. 나는 가끔 연수 강사로 이 파릇파릇한 — 표현을 양해해 달라 — 선생님들을 대상으로 수업 전문성과 교사의 성장에 대해서 강의한다. 옛날에는 그렇지 않았는데, 요즘은 이들 앞에 서면 간절해지는 마음이 있다. 이 교사들이 기존의 개인주의적 교사 문화를 혁신하는 새로운 세대이기를 갈망하는 마음이다. 지구적 위기의 시대에 새로운 세대가 기성세대보다 더 지혜롭고, 더 합리적이고, 더 협력적이지 않으면 미래가 없지 않을까 하는 절박함 때문이다. 위기의 시대에 공교육 교사가 수행하는 역할의 중요성을 알기 때문이다.

사진 속 교사들은 왜 손을 들었을까? 나는 가능하면 내가 하는 강의나 강연이 일방적 전달이 되지 않기를 희망한다. 상호 소통을 하는 쉬운 방법의 하나가 간단한 질문을 하고 손을 드는 비율을 토대로 이야기를 나누는 것이다. 비율은 즉석에서 결정되므로 흥미와 생동감을 유발한다. 강사인 내 처지에서는 집단에 따른 응답 비율의 차이를 알 수 있어서 현장을 파악하는 데도 도움이 된다.

그렇다면 나는 이 교사들에게는 무엇을 물었을까? "교육대학교에서 배운 것이 현장에 도움이 별로 안 되었다고 생각하는 분들은 손 들어 보라"라는 질문이었다. 2017년 경기도 북부 지역 약 200여 명의 교사를 대상으로 한 연수였다. 경기도 교사는 전국에서 충원된다. 따라서 손을 든 분에는 전국 모든 교육대학교 졸업생이 포함되어 있을 것이다. 이 압도적인 반응에 대해서 독자들은 어떻게 생각하는가?

교원 양성 대학에서 배운 내용이 현장에서 별로 쓸모가 없다는 비판은 우리나라만의 문제는 아니다. 교사 교육의 발달 과정에서 어느 나라나 직면하는 문제이다. 문제를 성공적으로 극복하고 더 나은 대안을 만든 나라가 있는가 하면 여전히 어려움을 겪고 있는 나라도 있다. 내가 최근에 읽은 논문이 하나 있다.[147] 미국에서 전문성개발학교(professional development schools)라는 개혁을 시작한 지 30년이 지난 현재를 성찰하는 논문이다. **전문성개발학교는 대학에서 배운 것이 쓸모가 없다는 비판에 직면하여 미국 교사 양성 대학 학장들이 모여서 일으킨 자발적인 대응이다.** 그 운동은 미국의 많은 교사 양성 대학에 영향을 미쳤고 여러 가지 어려움 속에서도 여전히 발전해 가고 있다. 우리나라와의 차이점이 무엇일까? 문제는 같은데 대응이 다르다는 점 아닐까? 한국의 대학에서는 변화를 모색하는 적극적인 움직임을 아직도 찾아보기 어렵다.

9장

교사 교육의 유전자^{gene}가 부족한 중등 교원 양성 체제

인간의 기억이란 매우 선택적이다. 어제 일도 기억을 못 하는 것이 태반이다. 반면에 몇십 년 전 기억도 뚜렷한 경우가 종종 있다. 1983학년도 사범대학 입학 면접 장면도 내게 선명한 기억 중 하나이다. 교사 지망생의 인·적성이 강조되면서 면접 제도가 막 도입된 시기였다. 5분 내외의 짧은 면접으로 기억한다. 긴장된 마음으로 의자에 앉았더니 면접관이 몇 가지 질문을 했다. 그중 "그래, 자네는 교사 할 마음이 있나?"라는 뚜렷이 기억나는 질문이 하나 있다. "네"라는 답 외에 어떤 다른 답을 할 수 있었겠는가?

사범대학 지망생에게 '교사 할 마음'이 있는지를 묻는 면접에 우리 중등 교원 양성 체제의 단면이 잘 담겨 있다. 1장에서 내가 사범대학을 지망하게 된 연유를 적었다. 교직은 원래 희망 진로가 아니었다고 했다. 합격하고도 한 학기 정도 다른 길을 고민했다. 그러나 게으른 탓에 반수半修를 하지는 못했다. 그럴 만한 절박한 이유도 없었다. 당시는 여전히 고도 성장기였다. 사범대학을 졸업해도 여러 길이 넓게 열려 있었다. 게다가 국립 대학교 사범대학은 등록금도 저렴했다. 졸업하면 교사 자격증과 함께 자동 임용이 보장되었다. 최소한 학사 경고만 맞지 않으면 교사라는 안정적 직업이 확보된다. 그래서 교사 됨에 대해서 진지하게 고민하지 않아도 되었다. 4년 내내 최루탄 냄새 풍기는 캠퍼스를 비통한 심정으로 오르내렸으나, 개개인의 미래에 대한 비관적 전망은 거의 없던 '호시절'이었다.

내가 이수했던 교육과정에 대한 인상도 잠시 언급해 두려 한다. 내 전공은 '사회교육(일반사회)'이다. 그래서 법학, 정치학, 경제학, 사회학 등 사회과학 강좌를 몇 과목씩 들었다. 넓게 배우는 것이 두고두고 큰 도움이 되었다. 교직 과목도 21학점 들어야 했다. 딱히 재미있지는 않았다. 교직 과목이라기보다는 이론적 교육학에 가까웠다. 교직 과목 교수진들이 특별한 교수법을 활용하는 것 같지도 않았다. 특히, 대형 강의실에서 300여 명이 수강했던 교육학 개론은 교육학이 매우 따분한 분야임을 피부로 느끼게 해 주었다. 교과교육학은 2~3과목 정도 들었다. 이 과목들도 그다지 인상적이지는 않았다. 그렇게 140여 학점을 채우고 1987년에 교단에 섰다.

외국의 교사 교육의 역사 살펴보기

다른 나라들은 교원을 어떻게 양성하고 있을까? 두 나라의 사례를 소개하려고 한다. 먼저, 미국의 경우를 살펴보자.[148] 2장보다 개괄적으로 기술하고자 한다. 미국 교사 교육의 역사는 식민지 시대(대략 1600~1789년), 새 공화국 시대(대략 1789~1840년), 보통학교 시기(대략 1840~1870년), 진보주의 시대(대략 1870~1940년), 교사 교육이 국가적 문제가 된 시기(1950년~현재)의 다섯 시기로 구분된다. 새 공화국 시기는 교사 교육의 맹아기였다. 이후 보통학교 운동이 일어나자, 교사 교육에 대한 주 정부의 개입이 시작된다. 보통학교 시기에는 학교가 교실 건물 하나로 되어 있는 곳에서 여러 연령대 학생이 함께 배우는 모습이 일반적이었다. 교사 양성을 위한 사범학교가 이때 설립되기 시작한다. 당시에는 교직이 장기간의 교육이 필요한 직업이라는 생각은 존재하지 않았다. 진보주의 시대에 사범학교 normal school 는 교육대학 teachers college 으로 승격한다. 그리고 교육대학들이 서서히 종합대학교에 편입되기 시작한다. 그러나 이것이 교사 교육의 강화를 의미하지는 않았다. 종합대학교 내에서 교사 교육은 낮은 지위를 점하였으며, 대학의 교수진들은 자신을 교사 교육자로 규정하기를 꺼렸다. 이에 대해서는 다시 언급하겠다. 1950년대 이후 현재까지 교사 교육은 미국의 국가적 논쟁거리가 되었다. 공교육의 낮은 학생 성취가 교사의 낮은 질과 밀접하게 관련이 있다는 비판 때문이다. 소수 인종을 포함하여 모든 학생을 공정하게 교육하는 문제, 교사 교육의 질을 높이는 문제, 학업 성취도를 기준으로 교사의 책무성을 따지는 문제, 교사 양성을 시장 원리에 맡기는 문제 등이 계속 중요한 논쟁거리가 되었다. 미국의 교사 교육 역사가들은 이러한 미국 교사 교육의 역사를 "진보의 행진 march of progress"으로 볼 수 없다고 비판한다. 어느 시대나 미국 교사의 질은 계속해서 비판에 직면해 있었다. 한편, **미국은 중앙 정부가 국가 차원에서 교사의 질을 관리하지 않은 비전형적** atypical **사례이다.** 주에 따른 편차가 매우 크며, 질 높은 프로그램도 일부 존재하지만 단기 양성 코스를 통해 속성으로 교사가 배출되는 등 전반적으로 많은 문제를 지니고 있다.

이제 많은 문헌에서 성공 사례로 소개되는 핀란드를 살펴보자. 핀란드 교사 교육은 초창기, 제2차 세계대전 이후 정비기Finland as a Welfare Society, 1970년대 학문적 교사 교육Academic Teacher Education, 1980~1990년대 자율적 전문가로서 교사Teachers as Autonomous Professionals, 2000년대 이후 연구 기반 교사 교육Research-Based Teacher Education으로 시기가 구분된다.[149]

핀란드는 "모든 학생을 위한 동등한 기회와 높은 수준의 교육"이라는 원칙을 일찍부터 확립하였다. 또 국민적 합의를 바탕으로 일관된 정책을 추진하고 있다. 국가 공통 교육과정 운영, 공교육에 대한 강력한 재정 지원과 무상 교육도 핀란드 교육의 특징이다. 핀란드 교사 교육의 시작은 1852년 헬싱키 대학에 교육 분야 교수직을 처음 신설하면서다. 1863년 초등 교사를 위한 교사 훈련 대학이 처음 설립되었다. 설립자 우노 사이네어스Uno Cygnaeus는 스위스와 독일 교육학자들의 영향을 받았다. 모든 연령대의 아이들을 교육하고, 실제적인 교과를 포함하며, 교사 교육에서 도덕적, 종교적 자질을 강조했다. 이 모델을 따라서 많은 교사 훈련 대학이 설립되었다. 1921년에 벌써 초등학교 5년의 의무 교육이 제도화된다. 초등 교사는 "국가의 등불candles of the nation"로 불렸다. **교직을 존중하는 것은 핀란드 문화의 중요한 특징이다.**

제2차 세계대전 이후에는 복지 사회라는 개념이 부상한다. 무상 교육을 통해 모든 국민에게 더 평등한 기회를 제공한다는 생각이 보편화하자, 초등학교 4학년에서 일반 교육과 직업 교육으로 나누어

진로를 정하는 독일과 유사한 복선형 학제 운영에 대한 비판이 제기된다. 격렬한 논쟁 끝에 1968년 단선형 9년제 의무 교육이 정착된다. 이에 발맞추어 1971년 교사 교육법Teacher Education Act이 통과되고 주요한 개혁이 단행된다. 1974년에 초·중등 교사 교육 대학이 모두 종합 대학교로 통합된다. 1979년부터는 석사 학위를 받아야 교사 자격증을 얻을 수 있게 된다. 교직은 인기 있는 직업이다. 헬싱키 대학의 경우 법대나 의대보다 교사 양성 대학이 입학하기가 더 어렵다. 입학 경쟁률은 약 십 대 일이다.

1980년대부터 중앙 정부의 통제를 줄이고 자치를 강화하는 쪽으로 개혁이 진행되었다. 교사에 대한 신뢰를 바탕으로 교육과정 설계, 교수 방법, 학습 자료 제작 등에서 교사의 전문적 자율성이 더 존중받게 된다. 대학의 교사 양성 과정도 자율성을 기반으로 운영된다. 1998년에는 교사노조Trade Union of Education가 처음으로 교사를 위한 윤리적 원칙을 제정하였다. 인간 존엄, 정직, 정의, 자유 등이 윤리적 원칙에서 강조되었다.

2000년대 이후로 핀란드는 교사가 자율성과 전문성을 지니고 평생 학습자로서 연구하고 성장하는 것을 강조한다. 특히, 연구자로서의 역량이 중시되고 있다. 교사들은 자신의 실천을 성찰하여 연구 문제를 발견하여 이를 탐구하는 전문가로 인식된다. 핀란드 교사 교육은 세계적으로 바람직한 모델로 인정받고 있다.

역사를 건너뛰어 종합대학으로 출발한 우리의 중등 교사 교육

일찍부터 대학 수준에서 교사 교육을 시작한 핀란드는 매우 예외적인 경우이다. 거의 모든 나라의 교사 교육이 오랜 기간을 거쳐서 서서히 대학으로 변화해 왔다. 미국도 자격을 요구하지 않던 시대에서 출발하여 '사범학교normal school → 사범대학teachers college → 일반 주립 대학general-purpose state college → 지역 주립 대학교regional state university'로 변화하였다. 1839년 최초의 사범학교가 설립된 후에 1911~1930년 사이에 사범대학으로 전환되었고, 1920~1950년 사이에 일반 주립 대학으로, 최종적으로는 종합대학교로 귀결되었다.[150] 1960년대 이후 미국의 교사 교육은 대체로 종합대학교 기반으로 이루어지고 있다.

우리나라 중등 교원 양성은 이런 역사적 경로를 단축하여 곧바로 대학 수준에서 출발한다. 그 과정을 간단히 살펴보자. 해방 전까지는 중등 교원 양성을 위한 한국인 대상의 교사 교육 기관은 별도로 존재하지 않았다. 중등 교육은 대부분 일본인 교사가 담당하였기 때문이다.* 일본이 전쟁에서 패망하고 물러나자 시급히 중등 교사를 충원해야만 했다. 중등 교원 양성과 관련하여 미군정청 학무과가 내놓은 최초의 방침은 "남녀사범학교 본과는 중등 교원 양성 기관으로 하고, 학생을 편입 혹은 모집"한다는 것이었다.[151] 남한에 소재한 10개 사범학교 중에서 경성사범학교, 경성여자사범학교, 대구사범학교의 3개교가 여기에 해당하였다. 이들 학교는 명칭은 그대로 유지하면서 초등 교원 양성에서 중등 교원 양성으로 기능이 변화하였다. 이는 임시적인 조치의 성격을 띠었다.[152]

이후 1946년에 조선교육심의회朝鮮敎育審議會의 논의를 거쳐서 학무국은 4년제 대학 수준의 사범대학을 중등 교원 양성 기관으로 설치하는 것을 결정·발표한다. 이 결정에는 '독립된 교사 교육 기관', '대학에서의 교사 교육'이라는 두 가지 아이디어가 반영되어 있었다.[153] 그러나 이 중 "독립된 교사 교육 기관"이라는 아이디어는 제대로 구현되지 못했다. 해방 후 경성사범학교와 경성여자사범학교가 통합하여 서울대학교 사범대학이 탄생한다. 그러나 1946년 미군정은 「국립종합대학설치령」을 공포하고 법제화한다. 이로써 서울대학교 사범대학은 종합대학교 내 단과대학의 하나로 편입된다.[154] 대구사범학교가 1946년 4년제 단과대학으로 개편된 대구사범대학도 국립 경북대학교 설립에 따라 1952년에 단과대학으로 통합된다.[155] 이 외에 초창

* 일제 강점기 중등 교사 양성 현황을 [박수정(2003). 한국 사범대학 제도의 형성. **한국교원교육연구**, 20(1), 139쪽]에서는 다음과 같이 설명하고 있다; "보통학교(일제 시대의 초등학교)의 보급과 확충으로 해방 직전 초등 교사는 2만 명을 상회한 것에 비하여, 중등 교사는 3천 6백 명 정도에 불과했다(문교부, 1947: 9). 또한 중등학교 교사로 일본인이 다수 채용되어, 해방 직전에 중등교육 기관에서 일본인 교사의 비율은 전체의 80%에 달하였다(阿部洋, 1987: 7). 일반적으로 일제 시대에는 고등교육을 마치면 중등 교사가 될 수 있었다. 경성제국대학 법문학부의 경우 졸업생의 4분의 1 정도가 교사로 진출하였다(김영우, 1989: 85). 일제는 경성제국대학과 관립전문학교의 졸업자를 무시험검정으로 사립중등학교 교사 자격을 부여하여(김영우, 1989: 77) 고등교육 수료자를 중등 교사로 충당하는 제도적 뒷받침도 마련하였다. 이 밖에도 일본에 위탁 교육시키는 중등교원위탁생제도를 시행하고, 관립전문학교와 경성제국대학에 농업계와 이과계 중등 교원을 양성하기 위한 특별과정 운영, 매년 교원시험검정을 실시하여 합격자를 중등 교원으로 채용하는 방법 등으로 정규의 중등 교사 교육을 실시하지 않은 공백을 메웠다(김영우, 1989: 22-24)."

기 사범대학으로는 1948년 설립된 2년제 공주사범대학이 있었다. 도립 공주사범대학은 곧 국립으로 바뀌고 1954년에 4년제로 승격된다. 공주사범대학은 독립적인 대학으로 유지되다가 1990년에 종합대학교인 공주대학교로 승격된다.[156] 결국, 초기 사범대학들은 모두 종합대학교로 바뀐다. 이후 여러 국·사립 사범대학이 설치되었으나 대체로 서울대학교 사범대학의 체제와 제도를 모방한다.[157]

이렇게 출발부터 종합대학에서 교사를 양성하게 된 것은 무엇을 의미할까? 다른 나라에서 100년에 걸쳐서 이루어진 역사를 단번에 달성한 쾌거가 아닐까? 그러나 교사 양성 대학이 종합대학에 편입되면서 일어난 부작용에 관한 미국 학자들의 견해를 살펴보면 문제는 그다지 단순하지 않다.

세 가지 경향이 교사 교육의 발전을 저해했다. 첫째, 사범대학은 다양한 전공을 가진 종합기관(comprehensive institution)으로 진화하였다. 이러한 제도적 발전은 '단순한' 교원 양성 장소로서의 지위를 탈피하는 것을 의미했다. 그러나 이로 인해 대학들은 교원 양성에 헌신하는 곳으로 발전하지 못했다(Herbst, 1989). 둘째, 라바리(Labaree, 2008)에 따르면, 교사 양성 대학과 이를 통합한 종합대학 간의 관계는 "불편했다(uneasy)". 전통적인 학문 분야의 교수진은 교사 양성 대학을 열등하다고 여겼고, 교사 양성 대학은 교사도 배출하고 아카데미즘의 규범에 적응해야 하는 이중의 압력을 받았다(Clifford & Guthrie, 1988). 신뢰를 얻기 위해 교육학 교수진은 대학원 교육과 연구로 눈을 돌렸고 교사 교육에서 멀어졌다

(Clifford & Guthrie, 1988; Herbst, 1989; Labaree, 2008). 학계 일부에서는 교사 교육을 대학원 교육과 연구를 지원하기 위한 자금을 "짜낼(milked) 수 있는 "돈줄(cash cow)"이라고 조롱했다. 셋째, 주 정부는 교육의 내용이나 질보다는 학점 이수 시간 — 방법 몇 학점, 교육과정 몇 학점 등 – 에 기초한 교사 자격 인증을 요구하기 시작했다.[158]

11장에서 다시 이 문제를 다룰 것이므로 여기서는 간략히만 설명하겠다. 아카데미즘을 지향하는 종합대학교에 소속되면서 교사 양성 대학은 단과대학 중에 낮은 지위로 떨어진다. 이렇게 천대를 받는 분위기 속에서 교사 양성 대학 교수진들은 교사 양성이라는 원래 목적을 소홀히 하고 대학원생 양성과 연구 논문 작성을 더 중시하게 된다. 그 결과는 현장과 유리된 부실한 교사 교육으로 귀결되었다. 이러한 사정은 미국만의 문제는 아니다. 그나마 미국은 종합대학에 편입되기 전에 수십 년에 걸친 사범학교 또는 사범대학 기간을 거쳤다. 따라서 교사 양성 문제에 대해서 고민했던 수십 년 경험을 지니고 종합대학에 편입되었다. 그런데도 종합대학교 내에서 교사 양성이라는 사명을 지켜내는 일이 쉽지 않았다. 그런 숙성의 역사가 전혀 없이 종합대학교에 곧바로 편입된 우리 중등 교원 양성 기관의 사정은 더 열악할 수밖에 없었다.

"사회 교사 아닌 사회 교사", 내가 받은 교사 교육의 맹점

자 이제부터 내 교사 시절의 경험을 사범대학 교육과정과 연결 지어 설명해 보겠다. 나는 1987년에 서울 송파에 있는 한 중학교에 발령받았다. 처음 발령받았을 때 경험했던 재미있는 현상은 사회 교사들이 교과서를 쪼개서 가르치는 것이었다. 예를 들어, 중학교 사회 1학년 교과서는 앞 2/3 정도가 지리, 나머지 뒷부분이 정치 관련 내용이었다. 이 교과서를 분철해서 지리 교사가 2시간을 가르치고 일반사회 교사가 1시간을 가르치는 방식으로 수업이 운영되고 있었다. 참, 나는 '일반사회' 교사가 아니라 '공민' 교사라고 불렸다. 당시 현장의 관례적인 호칭이었다.

제4차 교육과정부터 중학교 사회는 '소위' 지리, 역사, 일반사회를 통합하였다. 그런데 대학의 교원 양성 과정은 분과의 전통에서 변화가 없었다. 지리와 역사 영역을 가르치기 위해서 대학에서 내가 이수했던 과목은 지리 2과목, 역사 2과목으로 기억한다. 그것도 중학교 교과 내용과는 무관한 학문적 내용이었다. 그러니 다른 영역을 가르치는 데 애를 먹을 수밖에 없었다. 요즘처럼 강의용 참고 서적도 많지 않던 시절이다. 수업 준비에 어려움이 많았다. 특히, 중·고등학교 때 그다지 흥미 없이 배웠던 지리 영역은 가르치기가 더 어려웠다.

이런 현상은 사범대학의 교원 양성과 중등 교육과정의 교과 편제가 일치하지 않아서 생겨났다. 사실상 상치 교사를 양성하는 셈이다. 사범대학은 사회 교과 교사가 아니라 지리, 역사, 일반사회 과목 교사를 양성했다. 과학 교과도 마찬가지였다. 과학 교과 교사가 아니라 물리, 화학, 생물, 지구과학 과목 교사를 길러 내고 있다. 지금도 그렇다. 그래서 교사들은 자기 전공을 제외한 다른 영역은 잘 몰라서 대충 가르친다. 독자 중에는 중학교 사회나 과학이 얼마나 어렵다고 그런 일이 발생할까 생각하는 분도 있을 것이다. 나도 궁금해서 연구해 보았다. 〈중학교 사회 교실 수업에 대한 일상생활기술적 사례 연구〉라는 내 박사 학위 논문이 이 주제를 다룬다. 나는 동일한 교과서를 전공 배경이 다른 교사들이 어떻게 다르게 가르치는지 1년 가까이 참여 관찰하여 그 의미를 해석하였다. 그 결과, 베테랑 교사도 자기가 전공하지 않은 영역에서는 부족한 점이 보였다. 나는 이런 현상을 **'비전공성'**이라고 명명했다.

사실, 중학교 수준의 사회와 과학의 내용 자체가 매우 어렵지는 않다. 그러나 내용을 아는 것과 잘 가르치는 것은 다르다. 가르치기 위해서는 내용에 대한 이해와 학습자에 대한 이해를 포함한 다양한 배경지식이 있어야 한다. 더 중요한 것은 교사 정체성이다. 교사의 실천은 교사 정체성이라는 존재의 암반에서 솟아난다. 교사 자격증의 표시 교과는 단순한 글자가 아니다. 교사 정체성의 핵심을 구성한다. 학과 선택과 교사 양성 과정을 통해서 한국 사회 교사들은 지리 교사, 역사 교사, 일반사회 교사라는 정체성을 부여받는다. 물리, 화학, 생물, 지구과학도 마찬가지이다. 그런데 중등학교, 특히 중학교에 필요한 교사는 '사회' 교사와 '과학' 교사이다. 이런 **교사 양성 과정과**

표 8 서울사대와 대구사대의 학과 설치 및 변동[159]

구분	1946	1947	1948	1949	1950
서울사대	교육과 국문과 사회생활과 영문과 수학과 생물과 물리화학과 체육과 가정과				(분과) 사회과 지리과 역사과 (분과) 물리과 화학과
대구사대	교육과 국문과 사회생활과 영문과 수학과 물리화학과	(분과) 역사과 사회과 지리과		(신설) 생물과 (분과) 물리과 화학과	

교과의 불일치는 교사, 학생 모두에게 어려움을 준다. 그리고 학생들의 학습권을 침해하는 사태가 발생한다.

자, 그렇다면 교과와 사범대학의 학과 명칭이 불일치하는 현상이 어떻게 생겨났을까? 답을 찾기 위해서는 역사를 돌아봐야 한다. 〈표 8〉은 우리나라 중등 교원 양성 대학 탄생 초기의 학과 설치 및 변동에 관한 것이다. 이 그림과 관련하여 박수정은 다음과 같이 그 의미를 해석하고 있다.

> 서울사대와 대구사대에 국문과, 사회생활과, 수학과, 물리화학과 등이

설치된 것은 바로 중등학교의 기본 교과를 담당할 교사를 양성한다는 목적에 부합하였다. 특히 사회생활과와 물리화학과의 설치는, 당시 중등교육의 사회과 및 과학과 통합 경향에 따라 해당 교과를 가르칠 교사를 양성하기 위하여 설치된 것이다. 그런데 사회생활과와 물리화학과는 얼마 지나지 않아 모두 분과, 독립하였다. 당초 중등학교의 교과목과 연계하여 설치된 학과들이 각각 모학문별로 분리된 것이다.[160]

여기에 더하여 박수정은 다음과 같이 부연하고 있다.

    음악, 미술 등의 예능계 교과와 가정을 제외한 실업계 교과의 교사를 양성할 수 있는 학과가 설치되지 않았기 때문에 이를 위하여 사범대학에 부설한 중등 교원양성소에 해당 교과의 양성 과정이 설치되기도 하였다. 이는 사범대학 내 학과의 개실이 중등학교 교과와의 관련성보다는 주로 학문적 고려에 의해서 이루어졌음을 보여 준다. 또한 사범대학에 인문·사회계와 자연계 학과를 주로 설치하는 선례가 되었다. 이러한 사범대학의 학과 구성은 종합대학의 체제 속에서는 중복되는 측면이 있었는데, 교과 내용에 관련된 학과는 대부분 대학교 내의 다른 단과대학에도 설치되었기 때문이다.[161]

박수정이 부연한 내용은 매우 중요한 의미를 지닌다. 종합대학교 사범대학이 학문을 중시하여 실업계 교과를 배척함에 따라서 이 분야의 교사들은 오랫동안 임시교원양성소를 통해 교사로 배출되었다. 그 피해는 고스란히 학생들에게 돌아갔다. 사범대학은 이 분야의 교원 양성 과정을 설치하지 않음으로써 종합 교원 양성 기관으로서 위상을 확립하지 못하고 말았다. 그뿐만 아니라 사범대학의 학과들은 대부분 종합대학 내의 인문대, 사회대, 자연대의 관련 학과와 가르치는 내용이 유사하게 되었다. 이는 두고두고 **사범대학 위기론**의 배경이 된다.

중등 교사의 과잉 배출과 헌재 판결에 따른 임용 시험 도입

한국 공교육은 세계에서 유례없이 빠른 양적 팽창을 경험했다. 서양에서 200여 년에 걸쳐서 진행된 일이 한국에서는 몇십 년 만에 압축적으로 성취되었다. 특히, 세계적 교육열로 인해서 중등학교, 나아가서 대학에 대한 수요는 폭발적으로 증가하였다. 이로 인해서 초등학교뿐 아니라 중등학교도 한동안 엄청난 교사 부족 현상에 시달릴 수밖에 없었다. 정부는 이에 대해서 한동안 임시교원양성소 형태로 교사를 배출하였다. 일제 강점기에서처럼 고등교육만 받으면 교사 자격증을 발급하기도 하였다. 이는 자연스럽게 '내용만 알면 가르칠 수 있다'라는 지금도 존재하는 교직의 전문성에 대한 대중적 통념을 만들어 낸다.

중등 교원 양성 기관의 대표 격인 사범대학은 학문적 배경을 가진 교과 외에 다른 교과 양성 과정을 설치하지 않음으로써 이러한 경향에 일조하였다. 이를 통해 일반대학 교직 과정을 통해서 배출되는 인력이 사범대학 졸업자들보다 더 많아지는 요인도 제공하게 된다. 정부도 장기적인 전망을 하고 교원 양성 정원을 관리하지 않아서 교사 자격증은 엄청나게 남발된다. 그 결과, 일반적으로 십 대 일, 전공 분야에 따라서는 수십 대 일의 공급 과잉을 초래하게 되었다. 이 문제는 결국 사립 사범대학 학생들이 국립 사범대학 학생의 임용을 자동 보장하는 제도가 헌법상 평등권 원칙을 위반한다는 헌법 소원을 내는 계기를 만든다. 다음 내용은 헌법재판소의 최종 판결문에 나와 있는 당시의 중등 교사 과잉 공급 상황이다.

1945년 조국 광복 이후 수많은 중등학교가 개설되면서 이에 필요한 중등교육 담당교원을 양성하기 위하여 정부는 1946년 서울대학교 사범대학을 비롯하여 1951년 경북대학교 사범대학, 1954년 공주사범대학을 차례로 설립하는 한편 1951년 사립인 이화여자대학교에 사범대학의 설립을 인가하였다.

당초 위 각 사범대학이 중등교원양성의 중심기관이었으나 이들 사범계대학 출신자만으로는 교원수요를 충족시킬 수 없었으므로 1947년부터 1958년까지 12개 대학에 임시 중등교원양성소를 부설·운영하였고, 1955년 이래 일반대학에 교직과정을 설치하여 주로 사범대학에서 양성할 수 없거나 양성하기 어려운 특수학과에 재학 중인 학생을 대상으로 교직과목을 이수시킨 후 사범계대학 졸업자와 같은 자격을 주어 왔고, 이후 이 제도는 중등교원양성에 있어서 중요한 역할을 담당하여 왔다.

위와 같이 이미 설립된 사범대학졸업자와 교직과정이수자 등만으로는 해마다 증가하는 중등학교의 부족 현상을 해소하지 못하게 되자 정부는 1965년 이래 사립 사범대학의 설립을 대량으로 인가하여 본격적으로 중등교원양성의 개방화·다원화의 길을 걷게 되었다. 현재 전국에 있는 국립 종합대학내에 10개의 사범대학이, 사립 종합대학내에 25개의 사범대학이 설립되어 있으며, 사범대학이 아닌 일반대학(국립 및 사립)에서도 교육과 또는 교직과정 등을 통하여 다수의 중등교원을 양성하고 있다. 실제로 문교부가 작성한 초·중등교원 양성 현황에 의하면 90학년도에 편제된 "전 학년 학생" 중 국립 사범대학 학생 정원(일반 국립대학에 설치된 교육과의 학생 정원을 포함한다. 이하 같다)이 합계 16,270명인데 비하여 사립 사범대학 학생 정원(일반 사립대학에 설치된 교육과의 학생 정원을 포함한다)은 그 배가 넘는 38,010명이고, 그 외 일반대학의 교직과정 정원이 107,397명으로서 위 교직과정 이수자가 수에 있어서는 중등교사 공급의 주종(66%)을 이루고 있으며 전체 중등교사양성기관 중에서 국·공립 사범대학이 차지하는 비율은 10퍼센트에 지나지 아니함을 알 수 있다.[162]

당시 「교육공무원법」 제11조 제1항은 "교사의 신규 채용에서는 국립 또는 공립의 교육대학·사범대학 기타 교육양성기관의 졸업자 또는 수료자를 우선하여 채용하여야 한다"라고 규정하고 있었다. 사립 대학교 사범대학 졸업생들이 교원 적체가 심한 상황에서 이 규정으로 인하여 사실상 교사가 될 수 있는 길이 막히게 되었다. 이들 중 일부가 이 법률 조항의 위헌 여부에 대해 헌법 소원 심판 청구를 하게 된다. 교육공무원의 채용에 있어 사립 사범대학 졸업자를 합리적 이유 없이 차별함으로써 평등의 원칙을 규정한 헌법 제11조 제1항에 위반된다는 것이 주요 청구 내용이었다.

이에 대해서 헌법재판소는 전원 일치 의견으로 「교육공무원법」이 헌법에 위반된다고 결정하였다. 즉, 국·공립 사범대학 등 출신자를 교육공무원인 국·공립 학교 교사로 우선하여 채용하도록 규정한 「교육공무원법」 제11조 제1항은 사립 사범대학 졸업자와 일반대학의 교직 과정 이수자가 교육공무원으로 채용될 기회를 제한 또는 박탈하게 되어 결국 교육공무원이 되고자 하는 자를 그 출신 학교의 설립 주체나 학과에 따라 차별하는 결과가 되는 바, 이러한 차별은 이를 정당화할 합리적인 근거가 없으므로 헌법상 평등의 원칙에 어긋난다고 판시하였다. 이 헌법재판소의 판결로 인해서 국·공립 사범대학 졸업생도 임용 시험에 합격해야 교사로 발령받게 되었다. 이 헌법재판은 중등 교원 과다 양성이 초래한 후과(後果)라고 할 것이다.

'교사 교육자'라는 정체성이 부족한 중등 교원 양성 대학 교수

임용 시험이 전면 확대되고 나서 중등 교원 양성 교육의 질은 개선되었을까? 나는 아니라고 생각한다. 과잉 공급이 해소되지 않은 상태에서 임용 시험은 중등 교원 양성 대학을 임용 고시 학원으로 전락시켰다. 재학생들의 당면 과제는 임용 시험에 합격하는 것이지 좋은 교사가 되는 것이 아니다. 3, 4학년에 접어들면 학생들은 대학 강좌나 프로그램보다 임용 시험 준비에 훨씬 더 신경을 쓴다. 이런 사정 때문에 질 높은 교원 양성을 위한 교육과정 개선은 엄두를 낼 수조차 없다. 십 대 일에 달하는 경쟁률은 목적형 교원 양성 체제 자체를 약화하는 요인으로도 작용한다. 교수들도 교원 양성을 위한 교육과정을 개발할 이유가 없어진다. 어차피 교사 되기가 어려우니 딴 길을 찾아보라는 식이다. 물론, 과잉 공급을 해소하려고 정부가 전혀 노력하지 않은 것은 아니다. 약 5년 주기의 교원 양성 기관 역량 진단을 통해서 정원 감소를 유도해 왔다. 그러나 그 속도는 매우 느리다.

과잉 공급 문제와는 별개로 중등 교원 양성 대학이 제 역할을 못하는 데는 소속 교수진의 문제가 크다. 김병찬은 〈'사범대학 위기론'에 관한 고찰〉이란 논문에서 여러 선행 연구를 바탕으로 이렇게 언급하였다. "초창기 서울대 사범대학의 교수진을 보면, 교육학이나 교사 교육 전공 교사들은 거의 없었으며 문리과대학과 겸직 형식으로 사범대학에 근무하는 교수들이 많았다. 따라서 교사 교육 담당자로서의 전문성이나 소명 의식을 갖춘 교수들이 많지 않은 상태에서 사범대학이 시작되었다고 볼 수 있다. 이처럼 우리나라 사범대학은 설립 초기부터 교원 양성에 전문성을 갖춘 교수진을 확보하지 못하고, 사범대학으로서의 적합한 교육과정도 갖추지 못한 상태에서 교사 교육을 시작했던 것이다."* 김병찬은 출범 당시부터 존재하던 사범대학의 위기가 지속되는 요인을 '사범대학 내적 요인'과 '환경 요인'으로 나누고 있다. 사범대학 내적 요인은 '사범대학으로서의 정체성이 약한 상태에서 출발', '사범대학 내 교사 교육 전문가의 부족'을 들고 있다. 환경 요인으로는 '문리대학과의 충돌', '국가에 의한 강제 폐지', '교원 양성 및 임용 정책의 문제', '사회적 요인' 등을 열거하였다. 이 중 교사 교육 전문가 부족과 관련하여 김병찬이 제시한 2001년 시점의 서울대학교 교수진 분포를 〈표 9〉에서 살펴보자.

〈표 9〉를 이해하기 위해서는 약간의 배경지식이 필요하다. 교육대학교와 사범대학에서는 교육학자, 교과교육학자, 내용학자라는 세 부류의 교수가 있다. 교육학자들은 교육학 일반에 해당하는 내용을 전공하는 학자들이다. 양성 대학에서는 교직 과목 강의를 맡고 있다. 교과교육학자들은 국어교육학, 영어교육학, 수학교육학, 과학교육학 등 특정한 교과의 교육과 관련하여 연구하는 학자들이다. 내용학자들은 국문학, 영문학, 수학, 과학 등 내용학의 세부 영역을 전공한 학자들이다. 외부자들은 잘 모르겠지만, 세 영역 학자들은 일반적으로 사이가 좋지 않다. 내용학자들은 '내용만 알면 잘 가르칠 수 있다'라는 낡은 생각으로 다른 영역을 잘 인정하지 않는 경향이 있다. 교육학자

* 김병찬(2003). '사범대학 위기론'에 관한 고찰. **교육행정학연구**, 21(3), 38~39쪽; cf. 2021년 시점에서 서울대학교 사범대학의 교수진 분포를 확인하려고 살펴보니 홈페이지 정보만으로는 쉽지 않았다. 교수 소개란을 보니 전공 분야에 '내용학과 교과교육학'을 병기(井記)하는 경우가 늘어났기 때문이다. 그러나 교수의 박사 논문을 기준으로 계산해 본 비율은 약 27%(교육학과 제외)로 20년 전과 거의 변화가 없었다. 부교수/정교수 승진 시에 교과 교육학 논문 각 1편씩을 요구하는 것이 최근의 변화라면 변화이다. 이러한 변화는 대학교수의 '교사 교육자'로서의 정체성을 강조하는 지난 수십 년 동안의 국제적 동향과 비교하여 볼 때 상당히 느리다. 사범대학이 개혁되려면 무슨 전공을 했느냐보다 교수들이 '교사 교육자'라는 정체성을 지니고 있는지가 중요하다. 더 중요한 것은 다양한 전공 배경의 교수들이 서로의 차이를 넘어서 좋은 교사 양성이라는 공동 목표를 위해 함께 협력하는 문화를 창조할 수 있는가 하는 점이다. 이런 기본부터 갖추지 않고 다른 일을 많이 하겠다는 것은 일종의 직무유기이다.

표 9 2001년 서울대학교 사범대학 교수진 분포[163]

(단위 : 명)

학과	교수 총원	교과내용학 전공 교수	교과교육 전공 교수
교육학과	(21)	(21)	(0)
국어교육	7	6	1
영어교육	5	3	2
불어교육	4	4	0
독어교육	4	3	1
사회교육	5	3	2
역사교육	5	3	2
지리교육	4	3	1
윤리교육	5	4	1
수학교육	5	4	1
물리교육	2	1	1
화학교육	3	2	1
생물교육	2	1	1
지학교육	4	3	1
체육교육	14	12	2
총계	69(100%)	52(75%)	17(25%)

※ 총계의 %는 교육학과를 제외한 수치이다.

중 다수는 현장 실천보다는 교육학의 학문성을 강화하는 데 관심이 많으며 새롭게 등장한 교과교육학자들이 자신들의 영역을 빼앗아 간다고 생각한다. 1990년대부터 등장한 교과교육학자들은 교육학자들이 오랫동안 누려 왔던 기득권에 대해서 불만이 많으며 내용학자들의 교육에 대한 무관심에도 좌절감을 느끼고 있다. 이렇게 서로의 견해가 다르다 보니 교원 양성 체제 발전 문제에도 합의가 잘 이루어지지 않는다. 회의를 열면 서로 대립하는 의견만 제시하는 경우가 많다. 서로 잘 협력해도 위기를 극복하기 어려운데 안타까운 일이다. 결과적으로 손해를 보는 것은 예비 교사와 초·중등학교 학생들이다.

세 영역 학자의 비율이 어떻게 되는 것이 좋을지는 여기서 언급하지 않겠다. 좀 더 깊은 연구가 필요해 보인다. 다만, 사범대학의 반 이상을 차지하는 내용학자들이 교육에 관심이 거의 없는 상황에서는 중등 교원 양성 기관 개혁은 요원하다. 이들이 사회대학, 인문대학, 자연대학 교수와 똑같은 연구만 하고 있다면 사범대학에 있을 이유가 없다. '사회학자를 양성하기 위한 사회학'과 '교사를 양성하기 위한 사회학'은 적어도 조금은 달라야 한다. 이는 다른 내용학도 마찬가지이다.

비율보다 더 중요한 문제는 교원 양성 대학 교수들이 교사 교육자로서의 정체성을 지니고 있는가 하는 문제이다. 내용학 교수뿐 아니다. 교육학, 교과교육학자 중에도 교사 교육자, 즉, '교사 — 예비 교사와 현직 교사 — 를 양성하는 교육자'라는 정체성이 부족한 경우가 많다. 이 또한 너무 일찍 종합대학교 내에 교원 양성 교육이 자리 잡

사범대학 무용론에서
얻어야 할 교훈[164]

중등 교원을 양성하는 중심 역할을 하는 사범대학에 대한 무용론은 오랜 역사를 지니고 있다. 1960년에 전국 문리과대 학장들은 "4년제 사범대학이 실패하였으니 존속시킬 필요가 없고, 미국에서도 사범대학 무용론이 대두되고 있으며, 지금보다 우수한 교사를 양성하기 위해서는 교육대학원을 설치해야 한다"라는 건의문을 신문에 발표하였다. 1961년 5.16 쿠데타로 등장한 박정희 정권은 이를 수용하여 "4년제 사범대학은 폐지하고 교육대학원을 설치한다", "종합대학교의 문리과대학은 사범대학 폐지와 교육대학원 신설 등을 고려하여 폐지하지 아니하며 설치 학과는 이를 조정하여 증설 또는 폐과한다" 등의 정책을 발표하였다. 1962년에는 3개 국립 대학교 사범대학 정원을 거의 절반 수준으로 감축하였다. 문리과대학과 겹치지 않는 가정과, 체육과, 생물과, 사회생활과 이외 학과를 폐지하고 문리과대학에 교육과를 설치함으로써 사실상 사범대학 폐지를 천명하였다.

이러한 정책 배경에는 교원 초과 공급이 있다. 당시에는 문리과대학 출신들도 교직 과목을 이수하면 공립 학교에 임용될 수 있었다. 그러나 사범대학 졸업자들에게는 우선 임용받을 권리를 주었다. 교원 공급이 부족했던 기간에는 이것이 별로 문제가 되지 않았으나, 교원 공급 초과 상태가 되자 사정이 달라졌다. 직장을 구하기 쉽지 않았던 당시 경제 상황에서 교직 진출도 어렵게 되자, 문리과대학 구성원들의 불만이 표출되고 제도화된 결과이다.

오늘날 사범대학을 포함한 중등 교원 양성 기관은 이 사태에서 어떤 교훈을 배웠을까? 문리과대학 — 인문과학 부문과 자연과학 부문을 전공하는 단과대학 — 과 교육과정이 별로 차이가 나지 않는다는 비판에서 얼마나 자유로워졌을까? 사범대학은 설립 후 오랫동안 아카데미즘을 지향하는 종합대학교 체제 내에서 문리과대학을 모방하고자 하였다. 한 가지 예만 들어 보겠다. 서울대학교 사범대학의 개설 학과를 들여다보자. 현재 교육학과, 국어교육과, 영어교육과, 독어교육과, 불어교육과, 사회교육과, 역사교육과, 지리교육과, 윤리교육과, 수학교육과, 물리교육과, 화학교육과, 생물교육과, 지구과학교육과, 체육교육과 12개 교과가 있다. 「초·중등교육법 시행령」 제43조의 중학교와 고등학교의 교과 명칭은 "국어, 도덕, 사회, 수학, 과학, 기술·가정, 체육, 음악, 미술 및 외국어와 교육부장관이 필요하다고 인정하는 교과"이다. 서울대학교 사범대학의 학과 명칭과 시행령에 열거된 교과 명칭을 비교해 보라. 흥미로운 차이를 발견할 수 있다. 기술·가정, 음악, 미술 교과가 학과로 존재하지 않는다. 사회 교과와 과학 교과와 일치하는 학과도 발견할 수 없다.

이러한 비교는 스탠퍼드 대학교 라바리가 말한 '파우스트의 거래'를 연상시킨다. 설립 초부터 종합대학교에 속한 서울대학교 사범대학은 종합대학 내에서 학문적 지위를 확보하기 위해서 교원 양성의 사명을 부차적으로 취급하였다. 그 결과가 현재의 학과 체제이다. 이는 당시 문리과대학의 학과 편제를 대체로 모방한 것이다. 이러한 사범대학의 선택은 사범대학 무용론 혹은 위기론의 근본 원인이 되었다. 개설된 학과도 유사하고 교육과정도 크게 차이가 나지 않는다면 목적형 사범대학을 존속시킬 이유가 없다. 이런 외부 비판이 노골화된 것이 1960년대 사태이다. 사범대학 구성원들의 저항 때문인지 이 정책은 1965년경에는 원상 회복하게 된다. 전체적으로 당시 정권의 교원 양성 대학 구조 조정은 문리과대학의 이익을 반영한 부적절한 조치라고 생각한다.

그러나 이 사태에서 주목할 지점이 있다. 《공주대학교 50년사》를 보면 "1962년 2월 17일 자로 (중략) 물리·화학·생물과는 과학과로 통합되었으며, 사회생활과, 가정과, 체육과가 신설되었다"라고 적혀 있다. 내가 졸업한 학과의 역사를 정리한 《서울대학교 사범대학 사회교육과 50년사》를 보면 "1962년 3월 교육부(당시 문교부)의 행정 지시에 의해 일반사회·역사·지리의 3과가 제1차기의 과명인 「사회생활과」로 재통합을 하였다. (중략) 이때의 통합은 5.16 군사쿠데타로 군사정권이 들어서면서 '교육개혁'이라는 전반적 명분에 맞추어 이루어지게 된 것이다. 이때 국어과·수학과는 문리대(현 인문대와 자연대)에 통합되고 교육과·사회과·과학과·가정과·체육과 등 5개 학과만이 사대에 남게 되었다. 이 5개 과는 사범대학 학과로서의 정체성이 있는 것이라고 보았기 때문에 잔존할 수 있었다. 그 이듬해 신학기부터 다시 국어과와 수학과가 다행히 사대로 복귀하게 되었다"라고 적고 있다.

이 시기 군사 정부의 일방적인 지시가 결코 바람직한 것은 아니었다. 그러나 사범대학의 정체성을 숙고하게 만드는 조치라는 것은 분명하다. 중·고등학교의 교과와 교원 양성 전공 학과를 일치시키려는 의도가 들어 있기 때문이다. 그러나 그 시도는 종합대학 내의 학문적 정체성을 더 우선시하는 학자들에 의해서 좌초되었다. 지금도 거의 모든 사범대학에는 과학 교과와 사회 교과에 일치하는 전공이 없다. 대신에 물리, 화학, 생물, 지구과학, 역사, 지리, 일반사회 등 학문으로 분화된 전공만 존재한다. 여전히 음악, 미술, 기술·가정과가 없는 사범대학이 대부분이다. 주요 사범대학의 학과 구성은 아직도 건국 초 문리과대학의 아류에서 벗어나지 못하고 있다. 이런 문제에 대한 근본적인 성찰이 없이는 사범대학은 앞으로도 무용론이나 위기론에서 벗어나기 어려울 것이다.

은 부작용 중 하나이다. 탁월한 교육 이론가이면서 실험학교를 만들어서 현장 실천을 개선하는 데도 깊은 관심을 기울인 미국의 존 듀이와 같은 학자들이 지금보다는 훨씬 많아져야 한다.

교사 성장의 슬픈 서사에 귀를 기울여야

나는 이 글의 제목을 "교사 교육의 유전자^{gene}가 부족한 중등 교원 양성 체제"라고 잡았다. 다시 읽어 보니 참 슬픈 제목이라는 생각이 든다. 출발부터 교사 교육의 유전자가 부족한 양성 기관에서 교육받은 교사들은 현장에서 잘 적응하고 있을까? 교사들의 현장 목소리를 듣기 위해서 세 교사의 사례를 인용해 본다. 다음은 이계삼, 박숙영, 최미선의 글이다.

> 대학에서 배운 교육학 지식과 교과교육론은 교단에서 거의 아무런 쓸모가 없었다. 이것을 나는 교사가 된 첫날 단박에 깨달았다. 생각해 보니 그것은 교육 현장에 대해 거의 가르쳐 주지 않는 우리나라 교원 양성 기관들의 일반적인 병폐였다.
>
> 수업 시간마다 내가 싸워야 했던 가장 큰 적은 아이들의 졸음이었다. 내가 들어가는 한 시간의 국어 수업은 아이들에게는 하루 평균 12시간 학습 노동 가운데 한 시간일 뿐이었으며, 아이들은 어떤 수업이건 잠들 수 있는 모든 준비를 다 하고 있었던 것이다.
>
> 고3쯤 되면 아이들은 국어 과목에서만도 초·중·고등학교 합쳐서 수

십 권의 문제집을 풀어 왔지만, 자신이 겪었던 내밀한 사랑의 감정을 한 번도 글로 옮겨 본 적이 없는 경우가 대부분이었다. 다섯 개 중에 틀린 하나를 골라내는 것은 귀신같이 해내는데, 그 이유를 설명해 보라고 하면 열이면 열 다들 막막해했다. 시인에 대해 조사해서 발표하는 숙제를 내 줬더니 한 아이는 빈손으로 터덜터덜 교탁 앞으로 나와 주머니에서 전자 사전을 꺼내 검색된 내용을 그대로 읽기도 했다. 오늘날 이런 교육 현실 속에서 대체 아이들에게 지식이란 무엇이고, 삶이란 무엇이란 말인가.[165]

이계삼은 현장에서 활발히 활동했던 탁월한 국어 교사였다. 국어 수업에 대한 경험을 묶어서 《삶을 위한 국어교육》이라는 책을 출간하였다. '전국국어교사모임'과 '교육공동체 벗' 등에서 활동했고 〈한겨레〉에 날카로운 칼럼을 연재하기도 했다. 11년의 중등 교사 생활을 뒤로하고 밀양 송전탑 반대 투쟁을 헌신적으로 이끌기도 했다. 나는 《삶을 위한 국어교육》을 대할 때마다 초판 서문의 '교원 양성 기관들의 일반적인 병폐'에 대한 지적을 읽으면서 가슴이 시리다.

교직에 대한 낭만적 환상을 가지고 있었으나, 1993년에 안산 공단 지역의 중학교로 첫 발령을 받아 열악한 가정 환경 속의 학생들을 만나면서 낯설고 거친 세계에 놀라움으로 첫 교직을 시작한다. 새내기 교사로 겁없이 아이들과 방학 캠프를 떠나기도 하고, 가출과 본드 흡입으로 일탈하는 학생들을 붙잡으러 이리저리 뛰어다니기도 한다. 그 후 좀 더 편하고 공부 좀 하는 학생들을 가르치고 싶어서 학구열이 높은 학교로 옮긴다. 교장 선생님 몰래 가정 방문, 학급 캠프를 떠나기도 하면서 나름 즐겁고 보람된 학교 생활을 이어 갔다. 그러나 어느 순간부터 교사의 열정과 노력에도 불구하고 갈수록 커지는 학생들의 반항과 관계 단절로 크게 실망을 한다. 이를 계기로 교사의 열정이 아이들을 위한 것이 아니라 교사 자신을 위한 것이 아니었는지 돌아보게 된다. 한동안 길을 잃다 갑작스럽게 찾아온 병으로 한 달간 입원을 하고, 이후 우울증으로 휴직을 하기도 한다. 2008년, 혼란의 늪에서 벗어나기 위해 캐서린 한 선생님을 통해 비폭력대화를 공부하였고, 2011년 경기도교육청 연구년 교사로 '청소년들을 위한 비폭력대화 수업안'을 개발한다. 같은 해 2월 한국평화교육훈련원의 이재영 원장을 만나 '회복적 정의'를 공부하기 시작했고, 비폭력평화물결 박성용 대표님을 만나 청소년평화지킴이 HIPP와 서클 프로세스, 비폭력 영성을 배우고 수련하게 된다.

    2012년, 회복적 생활교육을 소명으로 여겨 휴직을 선택하고 (사)좋은교사운동에서 상근 교사로 근무하면서 회복적 생활교육의 현장 적용 연구를 하고 보고서를 발표한다.[166]

회복적 생활교육은 몇 년 전부터 현장에서 생활교육의 대세로 자리 잡았다. 박숙영은 이 운동을 선도하는 활동가로 알고 있다. 인용한 내용은 책날개에 있는 저자 소개이다. 저자의 서사에는 한국 중등 교사들의 고통스러운 현장 적응과 극복 과정이 잘 드러나 있다. 학교에서의 부적응은 때로 우울증이나 휴직을 동반할 정도로 고통스럽다. 어려움의 많은 부분은 학생들과의 관계 형성 문제로 생겨난다. 인격적인 관계를 맺지 못하면 학생들을 배움의 길로 안내하기도 불가능하다. 박숙영은 교원 양성 기관 밖 여러 배움터를 통해서 자신의 문제를 극복하고 전문가로 성장하였다. '교원 양성 기관 밖 여러 배움터'를 타자하면서 잠시 머뭇거렸다. 교원 양성 대학은 그동안 무엇을 했을까?

나는 가르치는 일에 대해서도 교과 전문가로서의 권위를 갖추지 못했다. 당시 7차 교육과정에 따르면 중학교 교육과정에서는 국사 교과서와 사회 교과서가 분리되어 있기는 했으나 '사회과'라는 이름으로 하나의 교과목으로 편성되어 있었던 것이다. 다시 말하면 중학교 사회과 선생님은 대학교에서 지리교육을 전공했어도 국사나 세계사를 가르치는 일이 당연한 것이었고, 반대의 경우도 마찬가지였다. 나는 대학에서 사학과를 졸업한 역사 전공자였지만 중학교에 발령받고 보니 국사, 세계사뿐만 아니라 일반사회, 지리, 정치, 경제 등 여러 영역을 모두 가르쳐야 하는 상황이었고 따라서 교과 전문성이 부족했던 것이다.

게다가 학년 초에 교과 교사들이 담당 학급과 주당 수업 시수를 배정할 때 경력 교사들이 자신의 전공 과목과 선호하는 학년을 우선적으로 선점하고 학교 전체 교사의 평균 수업 시수 정도를 맡아서 하겠다고 결정하게 되면 나머지는 저경력 교사가 전 학년에 걸쳐 남아 있는 교과 시간을 메꾸면서 책임을 지는 방식으로 진행되었는데 당시에는 이러한 방식이 자연스럽고 일상적인 문화였으며, 후배 교사인 나로서는 선배 교사에 대한 예우라고 생각하였다. 따라서 나는 이러한 풍토에서 다학년 다교과를 가르쳐야 하는 상황을 감당해야 했다. 예를 들면 1학년 사회 2개 반, 2학년 국사 2개 반, 3학년 사회 4개 반 등 이런 식으로 복잡하게 가르치게 되는 것이다. 이런 처지는 신규 교사로서 생활 지도의 미숙함에 더 없어 비전공자로서의 교과 지도의 어려움까지 이중고를 안겨 주었다.

발령 1년 차 때의 이러한 곤란함에서 벗어나고 신규로서의 시행착오를 반복하지 않기 위해 다음 해인 2000년에는 마음을 단단히 먹고 새로운 생존 전략을 세웠다. 즉, 한 손에는 교과서를 들고 다른 한 손에는 회초리를 들게 된 것이다. 일명 강한 교사가 되어 학생들을 제압하기로 했다. 일단 회초리로 보호막을 쳤고, 종종 실제로 회초리를 휘둘러 가며 학생들을 장악하고자 했다. 회초리 덕분에 소위 막무가내로 말 안 듣는 학생들은 확연히 줄었다.[167]

세 번째 인용문은 내 대학원 제자의 글이다. 최미선은 1999년부터 교단에 섰다. 역사를 전공하고 교직 과목을 이수하여 교사가 된 경우이다. 역사 전공자이지만 현장에서는 일반사회, 지리, 역사를 다 가르쳐야 했다. 그 부담을 극복하기 위해서 최미선은 '회초리를 드는 교사'가 되었다. '교과 전문가로서의 권위'를 갖추지 못했다는 자괴감이 그녀를 따라다녔다. 출산과 육아의 경험, 그리고 무엇보다도 '배움의 공동체'라는 좋은 학습공동체를 만난 것이 교사 최미선이 이런 어려움을 극복하고 가르침의 즐거움을 맛보고 성장을 향해 나아가게 된 계기이다.

이 세 사례는 각기 다르다. 그러나 **한국 교사들이 직면하는 공통의 서사 구조**도 있다. 그것은 나의 교사 경험과도 중첩된다. 1987년부터 중학교에 9년 근무하는 동안 나는 줄곧 강의식 수업을 했다. 그렇다고 따분한 수업을 한 것은 아니다. 재미있는 예화나 유머를 곁들여서 수업하면 학생들은 잘 호응해 주었다. 심지어 인기도 있었다. 그래서 딱히 강의식 수업을 개선해야 할 필요성을 느끼지 못했다. 교사로서의 내 전문성에 대해 심각하게 고민을 하게 된 것은 교직 경력 9년 차에 고등학교로 옮겨서 《공통사회(상)》이라는 교과서를 만나면서다. 이 교과서는 상당히 시대를 앞선 교과서였다. 사회 교과서 역사상 최초로 탐구 과제가 전면에 등장했다. 내용 전달이 아니라 토론하고 탐구하면서 문제를 해결하고 의사결정을 연습하도록 시도한 교과서이다. 강의식 수업만 하던 나는 이 교과서에 적응하지 못했다. 강의식 수업을 하려니 전달해야 할 내용이 딱히 없고 활동형 수업을 하려니 학생들이 움직이지를 않았다. 스트레스가 막심했다. 9년 동안 쌓은 전문성이 아무 소용이 없었다. 그 스트레스 때문에 학교에 안 간 적도 한 번 있다.

이제 마무리를 하려고 한다. 한국 교사들, 특히 중등 교사들은 대부분 부실한 교사 교육을 받고 준비되지 않은 채로 교단에 선다. 그래서 혹독한 신고식을 치르는 사람이 많다. 그런데 한국 교사들은 자질이 우수하다. 1~2년 시행착오를 거치면 대개는 극복한다. 심지어 잘 가르치기까지 한다. 그러나 그런 성공담은 오래가지 않는다. 10~15년이 지나면 새로운 물결이 밀려오고 학생들과의 세대차도 점점 느끼게 된다. 그때부터 대책이 없다. 수업에 어려움을 호소하면서 동료들에게 손을 내밀기에는 자존심이 허락하지 않는다. 이미 중견 교사이기 때문이다. 그래서 다른 길에 대한 유혹이 커진다. 이 위기를 극복하는 교사는 스스로 부단히 노력하는 교사이거나 혹은 좋은 교사 모임에서 열심히 활동하는 교사이다. 물론, 문제를 극복할 확률은 후자가 훨씬 높다. 이런 교사의 생애사적 성장 과정에 대해서 교원 양성 기관은 심각하게 살펴보아야 한다. 그리고 지금보다 더 큰 책무성을 느껴야 한다. **나는 장기적으로 교원 양성 대학의 기능이 예비 교사 교육을 넘어 교사의 생애사적 성장을 기획하고 조력하는 역할로 확대되어야 한다고 본다.** 그것이 가능해지려면 지금까지 충분히 기르지 못한 교사 교육의 유전자부터 다시 장착해야 한다.

• 내 젊은 교사 시절의 교과서 •

내가 젊은 교사 시절에 가르쳤던 중2《사회》교과서(왼쪽)와《공통사회(상)》교과서(오른쪽)

내가 교사를 하던 첫해에 가르쳤던 교과서를 찾아보려고 했다. 한동안 찾지를 못했다. 서고를 다시 뒤졌더니 포장지로 예쁘게 책 표지를 싸 놓은 교과서를 찾을 수 있었다. 보관 상태가 매우 양호했다. 교직 첫해의 다짐이 담겨 있는 듯해서 약간 뭉클했다.

왼쪽의 중2《사회》교과서는 1990년에 초판이 출간되었으니 아마 두 번째나 세 번째로 가르쳤던 교과서일 것이다. 오래되어서 책이 둘로 쪼개져 있다. 본문에서 설명했듯이 당시 단위 학교에서는 대개 교사들이 교과서를 분철해서 가르쳤다. 이 교과서는 전체 여섯 단원으로 되어 있다. 앞쪽 세 단원은 세계사, 뒤쪽 세 단원은 일반사회 내용이다. 독자들은 교사들이 이 책을 쪼개서 역사 전공자는 앞부분을, 나는 뒷부분을 가르쳤으리라 짐작할 것이다. 그러나 그 짐작은 틀렸다. 나는 이 교과서를 다 가르쳤다. 학교 사정에 따라서 젊은 교사는 자신이 전공하지 않은 영역도 무조건 가르쳐야 했다. 처음 세계사를 가르칠 때 방대하면서 축약된 내용에 많이 고생했던 기억이 난다. 교과서 반쪽에 인도 역사 몇백 년이 적혀 있는 식이었다. 요즘처럼 다양한 교양서가 없던 시절이니 내가 얼마나 헤맸겠는가?

오른쪽에 있는 《공통사회(상)》 교과서는 '내가 학교를 결석하도록 만든 교과서이다. 본문에서도 잠깐 언급했듯이 이 교과서는 이전과는 매우 달랐다. 교과서의 한 귀퉁이를 차지하고 있던 탐구 과제가 전면에 등장한다. 예를 들어, '고종 황제의 교육 입국 조서'에서부터 '대한민국 헌법 전문'에 이르기까지 다섯 가지 자료를 제시하고 '고종 황제, 동학 농민군, 독립협회가 각각 추구하였던 사회상은 무엇인가?', '4.19혁명 정신을 어떻게 계승해야 할지 토론해 보자'와 같은 탐구 문항이 주어진다. 이러한 탐구 과제가 상당한 분량을 차지한 것은 당시로서는 혁신적 변화였다.

대학에 온 후 2001년쯤 '학교 평가 프로젝트'에 참여한 적이 있다. 연구자들과 지역 명문 고등학교 두 곳을 가서 각각 일주일 동안 교사들의 수업을 관찰하였다. 《공통사회(상)》 교과서를 어떻게 가르치는지 궁금했다. 내가 관찰한 거의 모든 교사가 교과서의 원래 취지를 살리지 못하고 힘들게 가르치고 있었다. 무엇이 문제일까?

분명한 것은 교과서를 바꾼다고 수업이 바로 바뀌지는 않는다는 사실이다. 물론, 입시 제도를 바꾼다고 수업이 바로 바뀌는 것도 아니다. 수업 혁신을 위해서는 모든 요소를 함께 고려하는 생태학적 접근이 필요하다. 그 핵심에는 당연히 교사의 전문성 신장과 그것을 뒷받침하는 제도가 작동해야 한다.

10장

한국 교사의 자기 효능감은 왜 낮은가?

〈책을 펴내며〉에서 우리나라 교사들을 생각하면 자랑스러움과 안타까움이라는 상반된 감정이 교차한다고 말했다. 열심히 활동하는 탁월한 교사의 실천에서는 자랑스러움을, 반면에 한국 교사 집단 전체의 무기력과 정체성(停滯性)에 대해서는 안타까움을 느낀다. 그런 양면적 감정을 바탕으로 나는 교사들을 '작은 벽장에 갇힌 거인'으로 은유하였다. 거인을 감금하고 있는 벽의 많은 부분은 타자가 밖에 쌓은 것이다. 그러나 적어도 일부 벽은 교사들 스스로가 쌓아 올린 것이다. 자기와 타자가 공모하여 쌓은 성채에 감금되어 거인은 능력을 발휘하지 못하고 있다.

이러한 내 주장에 대해서 주관적 편견 아니냐고 따져 묻는 교사도 많을 줄 안다. 그러나 내 나름의 근거가 있다. 우선, 내가 10년 넘게 교사를 하면서 겪은 교사 문화가 그 증거 중 하나이다. 호랑이 담배 먹던 시절 이야기하지 말라는 분도 있을 것이다. 신세대라면 "라떼는 말이야"라는 말은 말라고 할 것이다. 지난 30년 동안 교직 문화가 많이 변했다는 반박인 셈이다. 내가 틀렸다면 얼마나 좋을까? 승복할 만한 증거를 제시하면 기꺼이 내 주장을 철회할 마음이 있다. 아니, 그런 날이 하루빨리 오기를 학수고대한다. 이 글의 제목은 "한국 교사의 자기 효능감은 왜 낮은가?"이다. 이런 제목을 쓰려니 마음이 아프다. 그런데 이 제목은 내가 발명한 것이 아니다. 한국교육개발원은 2018년 〈한국 교사의 자기 효능감은 왜 낮은가?〉라는 이슈 페이퍼issue paper를 발간하였다. 보고서의 부제는 "TALIS 2주기 결과를 중심으로"라고 되어 있다. 이제부터 나는 공신력 있는 연구를 바탕으로 내 주장을 객관화하는 작업을 수행할 것이다. 교사 전문성의 핵심 요소인 수업 능력에 대해서도 살펴볼 것이다. 그리고 왜 우수한 교사들이 능력을 발휘할 수 없는지 진단해 보려고 한다. 나는 우리 교사 사회가 낮은 교사 효능감 문제를 대면하고 그 해결책을 진지하게 고민해야 한다고 주장한다. 또한, 탄탄한 교사 협력과 학습공동체는 이 문제를 해결할 수 있는 첩경임을 경험하기를 소망한다. 자, 이제부터 거인의 해방을 위해 함께 길을 떠나 보자.

우수한 성적의 학생들이 교직을 지망하는 것이 문제일까?

다른 나라들이 부러워할 정도로 우수한 자원이 교원 양성 대학에 입학한다. 그것 자체가 문제라고 주장하는 사람들도 간혹 있다. 나는 그런 주장에 동의하지 않는다. 6장에서 소개한 적이 있는 독일 교육학자 쉰켈은 교사가 학생에게 가르치는 수업 대상을 "객관화된 활동 성향"이라고 말한다. 저자가 무엇을 말하는지 알도록 직접 인용을 해 보겠다.

이제까지 보아 왔듯이 수업은 오직 성인(成人)에 의해서 수행되는 모든 일반적 사회적 활동에 비해 그 수행의 복잡성의 정도가 심하여 그저 따라 하기만 갖고서는 충분히 빠르면서도 제대로 배울 수 없는 (작업, 행위, 반성) 활동과의 관계에서만 필요했다. 그러한 활동을 하고자 하는 사람은 이를 위한 준비를 갖춰야 했다. 즉, 그에 필요한 지식, 기술, 동기, 간단히 말해서 그 활동의 수행에 필요한 성향을 갖고 있어야 한다. 일반적인 활동 성향만 갖고서는 충분치 않다.

특정 활동을 위한 특수 성향은 물론 활동하는 사람 **내부**에 있다. 그리고 그가 이를 획득하여 이것이 나타난다면 이는 그 활동을 수행으로 옮기는 그 사람 안에서 출현한다. 따라서 우리는 이를 주관적인 활동 성향이라고 부를 수 있다. 주관적 활동 성향은 주체 안에서 형성되며 그러한 형성은 그 활동 주체에 대한 다양한 교육적 영향을 통해 자극받고, 가능하게 되고, 동기 부여를 받을 수 있다. 그러나 이 절에서 다루어지는 활동들은 그 활동 성향이 주체 자신으로부터 직접 개발될 수 없는 특성을 갖고 있다. 즉, 이 경우에는 어떤 객관적 요소가 습득되어 주체 내에 성향을 형성한다.

따라서 획득하고자 하는 특수한 활동 성향이 획득하는 주체로부터 독립적으로 그리고 그 개인 외부에 **이미 존재할** 때만 수업이 출현할 수 있다. 이 성향은 인간 활동의 결과로서 이미 객관화(대상화)되어 있어야 하며, 그 성향이 지향하는 활동의 수행과는 상관없이 진술되어야 한다.[168](굵은 글씨는 역서에 표기된 것을 그대로 옮긴 것임)

철학자의 글이라 어렵게 느껴진다. 좀 쉽게 풀어 보겠다. 일반적으로 수업에서는 특정한 내용이나 기술을 가르친다. 수업에서 그것을 다루는 이유는 혼자서 배우기가 어렵기 때문이다. 이는 6장의 활 제작자의 비유에서 이미 설명하였다. 활 제작자의 기술은 그의 몸속에 스며 있는 암묵지暗默智이다. 그런데 완전한 암묵지라서 명인조차도 설명할 방법이 없다면 수업 대상이 될 수가 없다. 비법秘法은 객관화되어야 비로소 가르칠 수 있다. 여기서 활 제작술은 하나의 기능으로 환원되지 않는다. 그것은 진술 가능한 지식, 기술, 동기로 구성된다. 활 만들기는 '무엇인가를 알고, 할 수 있고, 원해야' 가능하다.[169] 이것을 통칭하여 쉬켈은 '객관적인 활동 성향'이라고 불렀다. 수업 대상을 가장 포괄적으로 지칭하는 용어가 '객관적인 활동 성향'이다.

공교육의 교사가 학생에게 가르치는 것 또한 개개의 내용이나 기술을 넘어선다. 그것은 '무엇인가를 알고, 할 수 있고, 원하도록' 이끄는 일이다. 그런 관점에서 우수한 자원이 교직에 들어오는 것이 왜 필요할까? 일반적으로 수학, 과학을 가르치는 고등학교 교사가 상당한 지적 능력을 지녀야 한다는 데는 이견이 없다. 반면에 맞춤법이나 사칙 연산을 가르치는 초등 교사에게 높은 지적 능력이 필요한지는 자명하지 않다. 그런데 학생이 배워야 할 것이 단순히 사칙 연산이나 맞춤법을 정확히 아는 것 이상이라면 어떨까? 사칙 연산을 예로 들어 보자. 덧셈이나 곱셈의 정답을 맞히는 것은 비교적 단순한 과업일 수 있다. 그러나 문제 해결의 다양한 방법에 관심을 가지고 그 과정을 즐길 줄 아는 활동 성향을 획득하는 것이 학습의 목적이라면 이는 결코 쉬운 작업이 아니다. 여기서 한국식 공부의 특징과 약점 ― 성적은 높으나 흥미가 없고 학습 효율도 대단히 낮다 ― 을 떠올려 보자. 쉰켈의 해석대로 표현해 보자면, 이런 사태는 교과가 지향하는 '객관적인 활동 성향'을 제대로 가르치고 배우지 못하였음을 의미한다. 수학 문제는 잘 풀지만 꼴도 보기 싫을 정도로 수학을 지겨워하는 학생은 실패의 전형적 사례이다. 성적이 우수한 사람이 교사가 되므로 공부를 못하는 학생들을 이해하지 못해서 이런 현상이 생길까? 그럴 가능성이 전혀 없는 것은 아니다. 그러나 그것은 우수한 자원이 와서가 아니라 교사 교육을 제대로 못 해서 생기는 문제이다. 다른 나라들이 우수한 자원이 교직을 지망하는 우리를 부러워하는 것만 보아도 알 수 있다. 본질은 예비 교사나 현직 교사나 모두 객관적 활동 성향 ― 지식, 기능, 동기, 의지를 포함하는 ― 에 대해 잘 가르치는 방법을 배우지 못했기 때문이다. 제대로 된 교사 교육과 교사 성장 프로그램이 필요한 이유가 여기에 있다.

계속 낮은 자기 효능감을 보이는 우리나라 교사들

한 나라의 교사가 얼마나 학생을 잘 가르치는지를 객관적으로 측정하여 비교할 수 있는 정확한 지표는 아직 없다. 대신에 학생의 학업 성취와 관련이 깊은 변수로는 흔히 교사의 자기 효능감을 든다. OECD가 주관하는 TALIS는 교사의 자기 효능감을 포함하여 학습자의 학업 성취에 영향을 주는 다양한 변인을 5년 주기로 조사하고 있다. 여기에는 교원의 근무 조건과 학교의 학습 환경 등 다양한 요소가 포함된다. 최초의 체계적 국제 비교 조사인 TALIS를 통해 OECD는 효과적 교원 정책을 수립하고 교육 체제를 개선하는 데 필요한 자료를 제공한다. 이 조사는 TALIS 2008을 시작으로 5년 주기로 실시되고 있다. 조사하는 내용은 점차로 확대되어 TALIS 2018은 다양한 주제 — 교사 동기 및 직무 만족, 교사 양성 교육, 교사 전문성 개발, 교사의 자기 효능감, 교사 수업의 실제 및 신념, 학교 풍토, 혁신, 다양성과 형평성 등 — 에 대한 교사와 교장의 인식 조사를 수행하였다.[170] 가장 최근 조사인 TALIS 2018에는 전 세계 48개국의 초·중·고교 약 15,000개, 260,000여 명의 교사가 참여하였다.[171] 앞의 두 조사는 중학교 교사만 대상으로 표집하였으나, TALIS 2018에서는 중학교 교원을 대상으로 한 본조사와 더불어 초등학교 교원과 고등학교 교원을 대상으로 한 옵션 조사$^{module\ survey}$, TALIS-PISA 연계 조사, 영유아 보육·교육 기관 원장 및 교사 대상 파일럿 조사$^{TALIS\ Starting\ Strong\ 2018}$ 등으로 조사 범위가 확대되었다.[172]

이 중 교사의 자기 효능감에 대해서만 주로 살펴보겠다. 교사의 자기 효능감은 교사에게 부여된 업무를 수행하는 데 필요한 다양한 능력 — 교수·학습 능력, 학생 생활 지도 능력, 학급 경영 능력 등 — 에 대한 종합적인 개인적 판단 혹은 신념을 말한다. 교사의 높은 자기 효능감은 교사의 직무 만족, 교직 전념, 교수 몰입에 긍정적인 영향을 주며, 학생들의 자기 효능감 및 학업 성취도에도 긍정적인 영향을 주는 것으로 알려져 있다. TALIS는 교사의 자기 효능감을 교수·학습 효능감$^{efficacy\ in\ instruction}$, 학생 참여 효능감$^{efficacy\ in\ student\ engagement}$,

표 10 교사 자기 효능감 문항[173]

구분		문항 내용
교사 자기 효능감		선생님은 학생들을 가르치는 데 있어 다음의 행동들을 어느 정도 하실 수 있습니까?
	교수·학습 효능감	1) 학생들을 위한 좋은 문제 만들기 2) 다양한 평가 전략을 사용한다 3) 학생들이 잘 이해하지 못할 때 다른 방식으로 설명해 준다 4) 수업 시간에 다양한 교수 전략을 사용한다
	학생 참여 효능감	5) 학생들에게 학업을 잘 해내고 있다는 믿음 주기 6) 학생들이 배움을 가치 있게 여기도록 돕기 7) 학업에 관심 없는 학생들에게 동기 부여하기 8) 학생들이 비판적으로 사고할 수 있도록 돕기
	학급 경영 효능감	9) 교실에서 방해되는 행동을 통제하기 10) 학생들의 행동에 대한 기대를 명확히 하기 11) 학생들이 학급 규칙을 따르도록 만들기 12) 방해가 되거나 시끄러운 학생을 진정시키기
	4점 척도 (할 수 없음, 조금 할 수 있음, 꽤 잘할 수 있음, 매우 잘할 수 있음)	

학급 경영 효능감 efficacy in classroom management 의 세 영역으로 구분하며 구체적인 설문 문항은 〈표 10〉과 같다.

TALIS의 자기 효능감 조사에서 한국 교사 평균은 2008년, 2013년, 2018년 모두 비교 대상 국가의 평균에 비해서 낮았다. TALIS 2008에서는 전체 23개국 중 가장 낮은 수준의 자기 효능감을 보였으며, TALIS 2013에서도 전체 34개 참여국과 비교해 낮은 수준의 자기 효능감을 나타냈다.[174] 다행히 가장 최근의 조사인 TALIS 2018에서는 TALIS 2013과 비교하여 상당히 증가하는 추세를 보였다. 이는 긍정적 변화이다. 그러나 전체적으로는 여전히

OECD 평균에 미치지 못하고 있다. 자기 효능감이 학습자의 교육 성과에 미치는 효과를 생각할 때 지속적인 관심과 연구를 통해서 개선되어야 할 상황이다.[175] 우수한 자원이 교사가 되는 한국의 현실을 생각할 때 비교 대상 국가에 비해서 낮은 교사의 자기 효능감은 이해하기 어려운 양상이기도 하다.

교사 전문성의 핵심, 성찰적 실천가의 수업 능력 개념

TALIS 연구의 교사의 자기 효능감 세 영역 — 교수·학습 효능감, 학생 참여 효능감, 학급 경영 효능감 — 과 관련된 구체적인 조사 문항들을 살펴보면 모두 포괄적으로 교사의 수업 능력과 관계된다. 나는 수업 연구자로서 꽤 오래전부터 **"더불어 성장하는 성찰적 실천가"** 를 바람직한 교사상으로 상정한 바가 있다.* 그리고 교사가 갖추어야 할 수업 능력을 수업 설계 능력, 수업 실행 능력, 수업 성찰 능력, 수업 소통 능력의 네 가지로 범주화하였다.** 오늘날 교사는 수업을 잘 설계하고, 능숙하게 실행하며, 실행 후 성찰하고, 동료들과 더불어 성장하는 존재여야 한다.

각각의 수업 능력에 대해서 간략히 설명해 보겠다. **수업 설계 능력**은 수업을 잘 계획할 수 있는 역량을 말한다. 교사가 수업 설계 시 고려해야 할 요소로는 교육 목

* '성찰적 실천가'라는 개념은 [Schön, D. A.(1984). *The reflective practitioner*. New York: Basics Books]가 출간되고 나서 보편적인 개념으로 자리 잡았다. 나는 이 개념에 더하여 교사공동체의 중요성을 좀 더 강조하고자 한다.

** 내가 이 네 가지 범주를 개념화한 것은 2008년경으로 기억하고 있다.

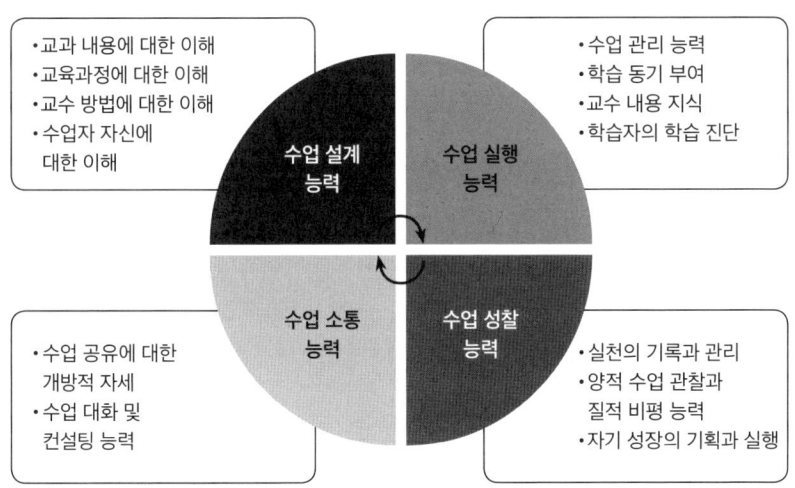

그림 6 성찰적 실천가의 네 가지 수업 능력

표에 대한 이해, 학생에 대한 이해, 학습 내용에 대한 이해, 교수 방법에 대한 이해, 교사 자신에 대한 이해 등을 들 수 있다. 수업에 영향을 미치는 이런 다양한 요소를 충분히 고려하여야 좋은 수업 설계를 할 수 있다. 이 중 교사의 수업 설계에 지속적인 영향을 미치는 것은 '교사 자신에 대한 이해'이다. 수업 설계는 교사 자신의 가치관과 역량에 의해서 좌우된다. 따라서 자신이 어떤 관점을 지니고 있고, 교육과정, 교과 내용, 학습자에 대해서 무엇을 알고 있으며, 강점과 약점은 무엇인지를 잘 파악하는 것이 필요하다. 자신에 대한 메타적 사고와 성찰 없이는 관례적인 수업 실천을 넘어설 수 없다.

둘째, **수업 실행 능력**은 계획한 수업을 실제로 잘 행할 수 있는 역량이다. 교사는 학생의 참여를 유도하고 수업 방해 행동을 적절히 통제할 수 있어야 한다. 학생들이 높은 학습 동기를 가지고 배움에 몰입할 수 있도록 안내하는 능력도 필요하다. 높은 수업 실행 능력이 사전에 계획한 대로 완벽하게 수업할 수 있는 능력을 의미하지는 않음도 유념하자. 좋은 수업에서는 계획을 벗어나는 우발적이고 창조적인 사건들이 끊임없이 발현한다. 탁월한 교사는 학생의 반응을 민감하게 이해하고 계획을 즉자적으로 바꾸는 유연성을 통해 역동적이고 예술적인 수업을 구현한다.

셋째, **수업 성찰 능력**은 수업 실천을 깊이 되돌아보고 개선해 갈 수 있는 역량이다. 여기에는 수업 현상에 대한 기록과 보관, 다양한 양적·질적 수업 관찰법의 활용, 자기 성장의 기획과 계속적 실행 등이 포함된다. 수업을 잘 기록하여 관리하는 일은 수업 성찰 능력을 기르기 위한 출발점이다. 자료에 기반하지 않고는 수업 성찰을 잘하기가 쉽지 않기 때문이다. 양적·질적 수업 관찰법을 많이 알고 있으면 수집한 자료를 깊이 있게 해석할 수 있다. 수업의 과학성과 예술성을 모두 파악하기 위해서는 양적·질적 관찰법 모두에 익숙해져야 한다. 아울러 학습자의 경험을 잘 이해하려면 설문 조사나 면담을 주기적으로 할 필요가 있다. 마지막으로 수업 성찰 활동을 자기 성장의 기획과 실행이라는 더 큰 그림 속에 위치시킬 수 있어야 한다.

넷째, **수업 소통 능력**은 동료들과 함께 수업 경험을 나누고 더불어 성장할 수 있는 역량이다. 개인적인 노력만으로도 어느 정도는 성장할 수 있다. 그러나 지속적 성장을 위해서는 학습공동체가 꼭 필요하다. 닫힌 교실을 활짝 열고 함께 배워야 한다. 수업 실천을 공유하려는 열린 태도가 없으면 수업 전문성 신장 자체가 어렵다. 그런데 교실 개방은 그 첫걸음에 불과하다. 수업 공유가 모두에게 즐거운 학습 경험이 될 수 있도록 동료 문화를 바꾸어야 한다. 그러려면 새로운 소통과 대화의 기술을 익혀야 한다. 예리한 감식안과 더불어 자신이 발견한 바를 동료들과 즐겁게 나눌 수 있는 언어를 장착해야 한다. 수업 공유 행사가 미사여구를 남발하는 연극 무대여서도 안 되고, 비판의 칼춤을 추는 잔인한 검투장이어서도 안 된다. 함께 배우고 더불어 성장하는 공감과 협력의 장, 연대와 성장의 장이어야 한다.

우리나라 교사들은 이 네 가지 범주 중에서 무엇을 잘하고 무엇을 잘 못할까? 〈표 11〉은 2017년에 내가 조사한 결과이다.* 수업 설계 능력과 수업 실행 능력이 상대적으로 높고 수업 성찰 능력과 수업 소통 능력이 상대적으로 낮은 점수이다. 어느 정도 예측했던 결과이다. 교사들은 수업을 계획하고 실행하는 것에 대해서는 고민하고 신경을 쓴다. 그러나 수업이 끝나고 나서는 잘 돌아보지 않는다. 수업에 대한 고민과 노하우를 동료들과 함께 나누는 문화도 단위 학교 차원에서는 별로 활성화되어 있지 않다. 5점 만점 척도에서

* 이혁규 외(2017). **한국의 수업 혁신, 현황과 전망**. 전국시도교육감협의회. 64쪽; 이 연구는 전국의 441개 학교를 대상으로 2017년에 온라인으로 조사하였다. 학교는 초·중·고와 지역을 고려하여 선정하였다. 설문에 응답한 교사는 총 5,133명이었으며, 질문 항목에 따라 무응답 자료가 포함되기 때문에 실제 유효 응답자는 문항마다 다소 상이하다.

표 11 한국 교사의 수업 능력의 각 요소별 평균과 표준 편차[176]

	평균	표준 편차
수업 설계 능력	3.92	0.66
수업 실행 능력	3.91	0.65
수업 성찰 능력	3.69	0.72
수업 소통 능력	3.61	0.78

이 점수의 절댓값이 높은지 낮은지에 대한 판단은 유보하겠다. 최소한 네 가지 범주가 균형 있게 성장하는 것이 수업 전문성의 총체적 성장임을 강조하고자 한다. 그러기 위해서는 수업 성찰과 소통에도 더 많은 노력을 기울여야 한다.

수업 전문성 신장에 대한 낭만적 생각을 넘어서

2005년부터 4년 동안 월간 《우리교육》에 동료들과 수업 비평을 연재하고 2007년, 2008년에 단행본을 출간하였다. 그 후 수업 비평과 수업 전문성을 주제로 연수나 강연을 종종 하게 되었다. 연수나 강연은 내 의사를 소통하는 장인 동시에 교사 문화를 파악할 수 있는 장이기도 하다. 여기서 자주 던지는 몇 가지 질문이 있다. 그중 하나가 수업 공개 관련 질문이다. "한 학기에 한 번 정도 자발적으로 동료들에게 수업을 공개하는 교사가 있으면 손을 들어 봐 주세요." 200명의 연수생이 있다고 가정하고 몇 분이나 손을 들지 추측해 보

라. 답을 말하기 전에 내가 초임 교사에서 경력 교사에 이르기까지 전국의 다양한 연차의 교사들을 만난다는 점부터 이야기해야겠다. 우선, 지역에 따른 편차는 별로 없다. 그럼 손을 드는 교사 비율은 과거보다 늘어났을까? 최근에도 나는 이 질문을 계속한다. 의미 있는 변화는 감지되지 않는다. 극히 적은 숫자의 교사만 손을 든다.

내가 종종 던지는 다른 질문들에 대한 반응은 어떨까? "한 학기에 한두 번 정도 자기 수업을 자발적으로 녹음하거나 녹화해서 다시 보는 선생님은 손 들어 보세요." "자신의 수업을 개선하기 위해서 학생들을 면담하거나 설문 조사를 주기적으로 하는 분은 손 들어 보세요." 수업을 자발적으로 공개하는 교사도, 수업을 기록하여 다시 살펴보는 교사도, 수업 개선을 위해 학생 의견을 묻는 교사의 비율도 매우 낮다. 혁신학교운동이 일어난 지도 10여 년이 훌쩍 넘었지만, 손을 드는 교사의 비율에서 의미 있는 차이는 관찰되지 않았다. 이런 현상을 어떻게 해석해야 할까? 현실은 둘 중의 하나일 것이다. 교사의 수업 문화가 별로 변화하지 않았거나 교사들이 공개적으로 손 드는 것을 싫어하여서 변화를 파악할 수 없거나. 어느 쪽일지는 독자의 판단에 맡긴다.

강연이나 연수뿐 아니라 질적 연구자로서 현장과 호흡해 오면서 나는 교사들의 수업 전문성 신장에 관한 생각이 합리적이기보다는 낭만적이라고 느낀다. 특정한 분야의 전문성을 쌓기 위해서는 어느 정도 합의되고 공유되는 훈련, 연습 혹은 연구의 과정이 반드시 필요하다. 그런 과정을 꾸준히 반복함으로써 전문성을 축적할 수 있다. 예컨대, 축적의 문화로 잘 알려진 일본을 보자. 일본의 최대 수업 연구 교사공동체 중 하나인 '교육기술법칙화운동TOSS' 대표를 오랫동안 역임한 무코야마 요이치가 쓴 책《아이들이 열중하는 수업에는 법칙이 있다》에는 "프로 교사 검은 띠 6조건"이 수록되어 있다. "① 우수한 교육 기술·방법을 100가지 체득, ② 우수한 교사의 수업을 100회 추시追試, ③ 연구 리포트(미니 논문)를 100편 씀, ④ 연구 수업을 100회 실시, ⑤ 연구회 100번 참가, ⑥ 자기 돈을 내서 배워야 함"이 그것이다.[177] 이 여섯 가지 조건은 매우 일본적 특성을 보인다고 생각한다. 한 분야에 집중해서 깊게 탐구하는 전통 말이다. 이런 문화를 지닌 일본에서 산다면 아주 갑갑할 것 같다. 그러나 축적의 문화가 내포하는 장인 정신은 정말 부럽다. 참고로 이 여섯 가지 조건을 나는 종종 강연의 파워포인트 자료에 포함하여 소개하고 있다. 그리고 이 조건을 충족시키는 한국 교사가 있는지 묻곤 한다. 불행히도 이런 정도의 축적 횟수를 보유하고 있는 교사를 아직 발견하지 못했다. 어떤 영역에서나 전문성은 소망한다고 바로 주어지지 않는다. 꾸준히 연습하고 연구하는 메커니즘 없이 전문가가 되려는 교사들은 낭만적 몽상가이다.

슬기로운 수업 연구를 위한 몇 가지 팁

그러면 낭만적이 아닌 합리적인 수업 전문성 신장 방법은 무엇인가? 교사의 수업 전문성이 성장한다는 것을 어떻게 가시적으로 확인할 수 있을까? 이에 도움을 줄 수 있는 몇 가지 지혜를 소개하려고 한다. 학문적 엄밀성보다는 실천적 유용성에 기반한 제안임을 밝혀 둔다. 앞에서 나는 교사의 수업 능력을 네 가지로 범주화하였다. 이 중 수업 설계 능력에 관해서다. 수업 설계 능력을 기르고 이를 가시적으로 확인하는 데 유용한 아이디어가 하나 있다. **'수업 자원 보드판'**을 일상적으로 활용하는 것이다. 광주의 초등 교사 장지혁이 구안한 아이디어를 소개한다.*

수업을 계획하다 보면 알고 있는 다양한 수업 활동, 수업 기법, 형성 평가 기법, 발표 방법 등이 바로바로 생각나지 않을 때가 있다. 그래서 수업

그림 7 장지혁 교사의 수업 자원 보드판**

자원 보드판을 만들어 자주 활용하는 것들 위주로 넣어 놓았다. 수업 자원 보드판에는 다음과 같은 것들이 있다.

구조, 활동, 학습 도구, 형성 평가 기법, 발표 방법, 학습 대화

위 6가지 항목을 보면서 수업을 계획한다. 수업을 계획하면서 머리를 굴릴 필요가 없다. 수업 자원 보드판을 보면서 학습 주제와 학습 방법에 맞는 것을 골라 적용을 하면 되기 때문이다. 수업을 할 때도 참고하면 좋다. 수업이 계획대로 흘러가지 않을 때는 이 보드판을 띄워 놓고 그때그때 활용한다. 아직 수업을 잘 하지 못해 돌발 상황을 헤쳐 나가는 기지가 모자라 이런 수업 자원 보드판을 활용한다.

전달 중심 수업을 하면 이런 수업 자원 보드판이 필요 없다. 그러나 학생 참여 중심 수업을 설계하려면 수업 자원 보드판이 매우 유용하다. 이런 수업 자원 보드판은 수업 설계 시 고려해야 할 요소들과 요소별 레퍼토리를 일목요연하게 보여 준다. 수업 자원 보드판을 활용하면 수업 목적과 내용에 맞는 다양한 수업을 쉽

* 장지혁 교사의 수업은 내가 《수업 비평가의 시선》에서 소개한 바가 있다. '수업 자원 보드판'은 장지혁 교사의 고유한 아이디어이다. 장지혁 교사와 인터뷰를 해 보았더니 본인과 유사한 방식으로 보드판을 활용하는 교사들을 두 사람 정도 본 것 같다고 했다. 그러나 자기와 똑같지는 않다고 했다. 적어도 현재까지 수업 자원 보드판의 원천은 장지혁 교사이다. 교사들은 '수업 자원 보드판'을 사용할 때 장지혁 교사의 이름을 인용하고 쓰기를 권한다. **현장 교사의 고유한 아이디어는 그 자체로 존중되고 보호되어야 한다.**

** 수업 자원 보드판과 관련된 정보는 장지혁 교사의 블로그를 참고하라(blog.naver.com/jjangee11/221617018393).

게 구성할 수 있다. 이를 통해 교사는 매우 다양하고 역동적인 학생 참여 중심의 활동형 수업들을 변주해 낼 수 있다. 수업 자원 보드판은 자신의 수업 설계 역량을 주기적으로 확인하고, 역량 신장 여부를 가시적으로 지표화指標化하는 데도 도움이 된다. 예를 들어, 한 학기에 한 번씩 보드판을 주기적으로 다시 작성하면 요소와 레퍼토리의 변화를 기존 것과 비교하여 자신의 능력 신장 여부를 확인할 수 있다. 물론, 수업 자원 보드판에 들어가는 요소는 꼭 장지혁의 예를 따를 필요는 없다. 개인 혹은 공동체 차원에서 상황에 맞게 보드판을 구성하면 된다.

자, 수업 자원 보드판이라는 아이디어가 유용해 보이는가? 그렇다면 꼭 자신의 수업 설계에 활용해 보기 바란다. 장지혁의 보드판을 소개하면서 함께 전하고 싶은 메시지가 있다. '수업 설계 능력'을 비롯한 수업 능력들이 미사여구나 추상적 경구가 아니어야 한다는 것이다. 수업 자원 보드판은 변화를 확인할 수 있을 만큼 구체적이고 가시적이다. 이처럼 교사의 수업 설계 능력 신장을 조작적操作的으로 확인할 수 있는 다양한 실천지實踐智들이 축적되어야 수업 전문성 담론은 낭만주의를 벗어날 수 있다.

수업 실행 능력과 수업 성찰 능력은 어떻게 신장할 수 있을까? **가장 좋은 방법을 하나만 선택하라면 수업을 녹화하거나 녹음하여 분석하는 방법이다.** 교사는 수업 중에는 자신이 어떻게 가르치고 학생들은 무엇을 배우는지를 자세히 들여다볼 수 없다. 마치 운전 중에는 딴생각할 수 없고 해서도 안 되는 것과 유사하다. 수업 중에는 상황의 가변성과 복잡성에 순간순간 대처해야 하므로 교사는 자신의 수업을 한 발 떨어져서 성찰하기 어렵다. 따라서 수업을 이해하려면 수업 장면을 꼼꼼히 기록해서 사후 분석해야 한다. 이를 위해서는 비디오 녹화 분석이 가장 유용하다. 얼마나 자주 하는 것이 좋을까? 원론적으로는 많이 하면 할수록 좋다. 바쁜 일정을 고려하여도 최소한 학기에 한 번은 꼭 하기를 권한다. 만약 비디오로 녹화하고 보관하고 재생하는 일이 번거롭다면 녹음기를 사용하는 것도 대안이 될 수 있다.

수업 장면을 녹음·녹화하여 살펴보는 작업의 중요성은 아무리 강조해도 지나치지 않다. 그런 노력 없이는 수업에서 일어나는 교사-학생 상호작용의 의미를 이해하고 개선하기 어렵다. 수업 장면을 꼼꼼히 살펴보는 것의 유용성을 어느 수업 비평문의 수업 대화 분석 사례를 통해 설명해 보겠다.*

〈수업 대화 1〉

교사 : 닮은 도형을 그리는 방법에는 어떤 것이 있을까요?

학생 1 : 칸을 세어서 그려요.
('칸을 세어서'라고 쓴다.)

교사 : 좋아요. 또 어떤 방법이 있을까요?

학생 2 : 눈짐작으로 그려요.
('눈짐작'이라고 쓴다.)

* 이 수업 비평문은 이경화 교수가 2000년 10월 5일 어느 초등학교 6학년 수학 〈도형의 닮음〉 단원의 한 차시 수업을 보고 작성한 것이다(한국교육개발원(2000). ○○○○초등학교 종합평가보고서(미공개). SE2000-12.). 이경화 교수는 현재 서울대학교 사범대 수학교육과 교수로 재직하면서 현장 친화적인 수학교육의 발전을 위해 열심히 연구에 정진하고 있는 훌륭한 연구자이다.

교사 : 아, 눈짐작으로. 또 다른 방법이 있나요?

학생 3 : 자를 사용해요. ('cm'라고 쓴다.)

교사 : 여러 가지 방법이 있군요. 모두 맞다고 생각합니까? 이 중에서 의심이 가는 방법이 있나요?

학생들 : 눈짐작이요.

교사 : 아, 눈짐작은 좀 이상하다?

학생 4 : 아니요. 눈짐작도 괜찮아요.

교사 : 좋아요. 그러면 학생 4는 눈짐작으로 그려 보고 다른 사람은 이 두 가지 방법 가운데 선택하여 그려 봅시다.

한 차시 수업 대화를 전사全寫하면 많은 경우 A4 7~10매 정도 분량이 나온다. 40~50분 동안 엄청난 언어적 상호작용이 일어나는 셈이다. 이 수업에서도 많은 이야기가 오갔을 것이다. 그런데 왜 이 수업 대화 장면이 수업 비평가의 눈을 사로잡았을까? 교실 대화의 기본 패턴을 알면 이 대화의 독특성을 파악할 수 있다. 하버드 대학의 미한Hugh Mehan은 교실 언어적 상호작용의 기본 패턴을 **IRE 구조**라고 명명하였다.[178] '교사의 시작 발화Teacher Initiation – 학생의 반응 발화Student Response – 교사의 평가 발화Teacher Evaluation'가 그것이다. 실제 수업 대화는 대부분 이 구조의 변형이다. 수업 관행을 고려하면 위의 수업 대화는 〈수업 대화 2〉와 같이 진행되는 것이 일반적이다. 교사가 질문하고 학생이 답하면 교사가 곧바로 옳고 그름을 평가해 주는 방식 말이다.

〈수업 대화 2〉

교사 : 닮은 도형을 그리는 방법에는 어떤 것이 있을까요?

학생 1 : 칸을 세어서 그려요.

교사 : 맞았어요. 잘했어요. 또 어떤 방법이 있을까요?

학생 2 : 눈짐작으로 그려요.

교사 : 눈짐작이라?! 눈짐작만으로 정확하게 그릴 수 없어요. 다시 생각해 보세요.

(이하 생략)

이러한 전형적인 수업 대화 패턴과 비교하여 인용된 〈수업 대화 1〉은 어떤 점이 다른지 잠시 생각해 보라. 어렵지 않게 차이를 찾을 수 있을 것이다. 해당 교사는 학생 답변에 대한 평가를 일단 유보한다. 정답과 오답(?!)에 동등한 지위를 부여하여 칠판에 적는다. 이것만으로도 교사의 참을성 있는 태도를 확인할 수 있다. 칠판에 학생의 반응을 다 표기한 후에 교사는 비로소 의심 가는 방법이 있는지 묻는다. 그러자 똑똑한 학생 여러 명이 '눈짐작'은 아니라고 답한다. 이쯤 되면 '눈짐작'은 오답이라고 확정해 줄 만하다. 그러나 여기서도 교사는 눈짐작이 틀렸다고 바로 말하지 않는다. 대신에 '아, 눈짐작은 좀 이상하다?'라는 개방형 질문을 다시 던진다. 그러자 돈키호테가 용감히 출현한다. 그리고 눈짐작도 괜찮다고 우긴다. 이후에 수업이 어떻게 전개되었을지 궁금하지 않은가? 이후 장면을 묘사하는 수업 비평문을 함께 읽어 보자.

위의 수업이 진행되는 과정에서 다른 학생들은 학생 4가 과연 바르게 문제를 해결할 것인가에 관심을 가지게 되었고, 그 학생은 최선을 다해서 자신의 생각이 옳음을 증명하려고 하였다. 일부 학생들은 "○○ 파이팅!"이라고 소리치기도 하였다. 평가위원이 그 학생에게 다가가자 "문제될 것이 없을 텐데……"라고 하면서 열심히 제시된 조건대로 문제를 해결하려고 하였다. 그러나, 실제로 오직 눈짐작으로만 주어진 도형의 확대도를 그리려고는 하지 않았다. 모눈종이를 사용하고 있었기 때문에 그 학생은 종종 칸의 수를 헤아렸다. 눈짐작임을 가장하기 위하여 일부러 삼각형의 한 변의 길이를 모눈 5칸과 절반에 해당하도록 택하였다. 이 과제에서 유지되어야 할 성질은 '대응각의 크기'와 '대응변의 길이의 비'인데, 이 학생은 변의 길이 자체가 부정확성을 표현해야 한다고 생각한 것이다. (중략) 학생 4는 대응변의 길이의 비가 일정하지 않은 것을 확인하고 고민스러운 표정으로 앉아 있었다. 평가위원이 옆에 나가자 그 학생은 "도저히 안 되겠다, 왜 안 되지? 참 이상하네"라고 말하면서 자신이 그린 도형을 지우고 새로 그리는 과정을 반복하였다.

어떤가? 흥미롭지 않은가? 교실 대화의 패턴을 조금 바꾸는 것만으로 재미있는 교실 실험이 발현하였다. 학생 4는 최선을 다해 자신의 방법이 옳음을 증명하려고 하였다. 주변의 학생들도 관심을 가지고 응원하면서 각자의 방법을 시도하였다. 한순간에 교실 전체가 공동 탐구의 장으로 변화한 것이다. 이런 식으로 한 시간 동안 진행된 수업에 대해서 수업 비평가는 다음과 같이 비평문의 마지막 부분에

교사의 수업 전문성 신장
활동 성향 체크리스트

　다음 열여섯 가지 질문은 내가 개념화한 교사의 수업 능력 — 수업 설계 능력, 수업 실행 능력, 수업 성찰 능력, 수업 소통 능력 — 과 관련하여 교사가 어느 정도의 활동 성향을 지니고 있는지를 자가 점검할 수 있도록 만든 것이다. 각 문항에 대해서 점수를 매겨 보고, 이를 바탕으로 자신의 수업 전문성 신장에 관한 계획을 세워 보라. 또, 교사학습공동체에서 함께 활용하여 공동의 활동 계획을 세우는 데도 유용하게 사용할 수 있을 것이다.

문항	① 전혀 그렇지 않다	② 그렇지 않다	③ 보통 이다	④ 약간 그렇다	⑤ 매우 그렇다
1. 나는 수업을 설계할 때 교육과정 문서를 자주 참조한다.	①	②	③	④	⑤
2. 수업을 설계할 때 목표, 내용, 평가를 모두 고려하여 수업을 설계하는 편이다.	①	②	③	④	⑤
3. 나는 수업을 설계할 때 학생들의 다양성을 고려한다.	①	②	③	④	⑤
4. 나는 강의뿐 아니라 다양한 학생 참여 활동을 포함하여 수업을 설계한다.	①	②	③	④	⑤

5. 나는 학생들이 수업을 잘 이해하지 못할 때 대응하는 전략이 있다.	①	②	③	④	⑤
6. 나는 떠들거나 수업 방해 행동을 하는 학생을 잘 다루는 편이다.	①	②	③	④	⑤
7. 나는 학생의 반응을 고려하여 수업을 유연하게 운영할 수 있다.	①	②	③	④	⑤
8. 나는 학생들에게 적절한 학습 과제나 숙제를 부과하는 편이다.	①	②	③	④	⑤
9. 나는 수업 일지나 수업 소감문을 작성하여 수업 개선에 활용한다.	①	②	③	④	⑤
10. 나는 수업 개선을 위해서 수업을 녹음하거나 녹화하여 분석한다.	①	②	③	④	⑤
11. 나는 수업 개선을 위해서 학생들을 면담하거나 설문 조사를 한다.	①	②	③	④	⑤
12. 나는 학생 활동 결과물을 분석하여 수업 개선 자료로 활용한다.	①	②	③	④	⑤
13. 나는 내 수업에 대해 마음을 터놓고 의논하는 동료가 있다.	①	②	③	④	⑤
14. 나는 일상에서 동료들과 수업에 관한 이야기를 자주 나눈다.	①	②	③	④	⑤
15. 나는 자발적으로 동료들을 내 수업에 초청하여 조언을 청한다.	①	②	③	④	⑤
16. 나는 주기적으로 전문성 신장을 위해 학습공동체에 참여하고 있다.	①	②	③	④	⑤

※ 체크리스트는 수업 설계, 수업 실행, 수업 성찰, 수업 소통에 관한 문항을 순서대로 각 4문항씩 포함하고 있다. 문항에 응답한 후에 기본 20점에 자신의 점수를 더하면 총 100점 만점의 점수를 얻을 수 있다. 절댓값이 의미를 지니는 것은 아니니, 자유롭게 작성해 보고 자신의 강점과 약점을 파악하고 어떤 측면을 더 개선해야 할지 참고 자료로 활용하기 바란다.

적고 있다.

또한 이 교사의 학생에 대한 이해 수준도 상당히 높은 것으로 생각된다. 질문을 비롯한 수업 진행의 형태도 참으로 다양하였거니와 학생들의 사고 과정이 자연스럽게 수업에 반영되는 모습이 종종 관찰되었다. 학생들은 긴장하면서도 즐겁게 교사의 질문에 답하거나 과제를 해결하면서 개별적으로 가지고 있는 지식과 그 형식을 발전시켜 나갔다. 교사와 특정 학생 사이에 일어나는 대화는 학급 전체가 흥미롭게 관찰하고 부분적으로 수정·보완하는 또 하나의 수업 내용처럼 보였다. 이 학급 곳곳에는 줄기를 타고 올라가거나 꽃을 피우고 있는 식물들이 놓여 있었고, 학생들의 작품과 의견도 눈길 닿는 곳마다 전시되어 있었다. 그 어느 것도 다른 장소에서는 이처럼 의미 있게 활용되거나 매력을 가지기 어려울 것으로 생각되었다. 그 안에서 교사와 학생들은 때로는 줄다리기를 하듯이 밀고 당기면서 때로는 퍼즐을 풀듯이 흥미진진하게 수학을 만지고 느끼고 고민하였다. 어떤 학생도 한 번쯤은 웃었을 것이고 한 번쯤은 고민했을 것이며, 또 한 번쯤은 들뜬 모습을 보였을 것이다. 이렇게 수학을 배운 학생들은 아무나 수학을 가르칠 수 있다고 생각하지는 않을 것이며, 수학은 괴롭고 어렵기만 한 교과라고도 또 계속해서 연습하는 것이 수학 학습의 제일 원리라고도 생각하지 않을 것으로 보였다. 수학을 싫어하고 어려워하는 학생들에게 이 교사는 직접적인 말로서가 아니라 의미 있는 경험을 제공함으로써 그러한 인상을 말끔하게 없애 주는 것으로 보였다.

나는 이 인용을 통해서 수업을 기록하고 꼼꼼히 들여다보는 일의 가치를 수업 비평가의 시선을 통해서 보여 주고자 했다. 수업을 녹화하거나 녹음하여 자세히 살펴보지 않으면 수업 대화의 미세하고 중요한 의미들을 포착할 수 없다. 이런 작업이 쌓여야 수업 전체를 보는 안목도 생겨난다. 수업을 자세히 들여다보는 일은 수업 비평가가 아니라 교사가 자신의 성장을 위해 해야 할 필수적인 일이다.

교사학습공동체, 벽장에 갇힌 거인을 해방하는 열쇠!

앞에서 TALIS의 결과, 한국 교사의 자기 효능감이 비교 대상 국가 교사에 비해 낮다고 말했다. 그 까닭이 무엇이냐고 교사들에게 질문하면 다양한 반응이 나온다. 정부의 관료적 통제, 수업 외의 과중한 잡무, 학부모의 민원 제기, 사교육 시장과의 경쟁 등이 자주 나오는 대답이다. 그러나 일부 교사는 교사 개인의 노력 부족이나 개인주의적 교사 문화를 언급한다. '좁은 벽장에 갇힌 거인' 은유를 통해서 열거한 모든 것들이 거인을 가두는 벽이라고 나는 묘사했다. 그런데 타자가 쌓은 벽만 허물면 거인의 탈출이 가능할까? 그렇게 생각하지 않는다. 교사 집단 스스로 쌓은 벽까지 허물지 않으면 탈출을 위한 공간이 확보되지 않는다.

TALIS 2018 분석 결과에 의하면 한국은 교사의 자기 효능감뿐 아니라 교사 협력의 빈도도 조사에 참여한 타 국가에 비해 낮다. 이 조사는 교사 협력을 "학교 내에서 교사가 직면하는 다양한 교육 문제를 해결하기 위해 상호 간에 자료, 정보, 경험, 지식을 공유하고 학습하는 활동"으로 정의하고 있다. '전문적 협력(4개 문항)'과 '수업을 위한 교환·조정(4개 문항)'의 두 영역 모두 한국 교사의 협력 수준은 비교 대상국의 평균에 비해서 낮았다. 교사 협력의 긍정적인 효과와 중요성을 강조하는 시대적 흐름을 고려할 때 교사 협력을 촉진하는 다양한 정책과 함께 교사 사회의 자발적 노력이 절실히 필요해 보인다.[179]

교사 협력은 수업 소통 능력과 가까운 개념이다. 2017년 이루어진 우리 연구진의 조사에서도 수업을 공개하고 함께 연구하는 교사 문화는 잘 형성되어 있지 않음이 드러났다. 우리 연구진은 교사의 교사 효능감도 측정하였다. 그리고 교사 효능감에 영향을 미치는 여러 배경 변인을 살펴보았다. 눈에 띄는 것이 〈표 11〉에서 확인할 수 있는 '혁신학교'와 '수업 연구회 참여' 효과이다. 혁신학교 근무 경험이 있거나 수업 연구회에 참여하여 활동하는 교사들의 자기 효능감이 통계적으로 유의미하게 높았다. 응답자 수가 많은 비교적 대규모 연구이기 때문에 이 차이는 유념할 만하다. 교사 협력의 긍정적 효과와 중요성을 강조하는 세계적인 추세와도 일치하는 결과이다. 교사 협력을 강화하고 교사학습공동체를 탄탄히 구축하는 것만으로도 교사들은 당면한 어려움을 상당한 정도로 해소할 수 있다. 벽을 허물기 위해 거인들 스스로가 손에 쥐고 있는 열쇠부터 활용해야 하는 셈이다. 굳이 따지자면 자신이 통제할 수 있는 것부터 먼저 해결해야 한다.

표 11 혁신학교 근무 유무와 수업 연구회 참여 여부에 따른 교사의 사기 효능감 평균[180]

			응답자 수	평균	표준 편차
교사의 자기 효능감	혁신학교 근무 유무	현재 근무	513	3.92	0.71
		경험 있음	281	3.83	0.72
		경험 없음	3,908	3.75	0.78
	수업 연구회 참여 여부	참여함	2,121	3.92	0.50
		참여 안 함	2,581	3.64	0.45

뜻있는 교사들은 개인주의적 단위 학교 문화를 변화시키기 위해서 어디에서 시작해야 할지 모르겠다고 하소연하곤 한다. 교장 연수를 듣는 교장들 중에도 유사한 반응을 보이는 분들이 있다. 좀 포괄적이지만 약간의 실천적 팁을 하나 드리겠다. 먼저, **교사 협력을 향한 학교의 비전을 분명히 정하고 공유해야 한다.** 굳이 영어로 표현하자면 "We are on the same pages"가 중요하다. 그런 비전을 만들고 공유하는 과업은 학교 관리자의 중요한 책무이다. 다음에는 **비전을 향해 나아갈 분명한 실행 계획이 필요하다.** 학교 구성원이 적어도 3~6개월은 이런 비전을 정립하고 공유하는 데 시간과 노력을 들여야 한다. 당연히 그 과정은 민주적이고 협력적이어야 한다. 다음으로 실행 계획의 첫발을 내딛는 지혜가 중요하다. 비행기가 이륙할 때 가장 에너지가 많이 든다. 학교 문화 변화도 마찬가지이다. 방향이 옳다고 결코 조급해서는 안 된다. 관행을 떨쳐 내는 것은 누구나 쉽지 않기 때문이다. 수업 공유의 경우 첫 시작을 이렇게 하면 어떨까? 처음부터

모든 교사에게 개방하는 대신에 자신이 가장 신뢰하고 도움을 받을 수 있는 사람만 초청하는 것이다. 그러면 비교적 가벼운 마음으로 출발할 수 있다. 곰곰이 생각해 보면 수업 공개 자체가 목적이 아니다. 이를 통해 교사가 성찰하고 성장하는 것이 목적이다. 물론, 궁극적으로는 학생의 성장을 돕는 것이 최종 지향점이다. 따라서 수업 공개가 행사가 되어서는 안 된다. 교사가 이를 통해 즐겁고 유익한 체험을 할 수 있도록 해야 한다. 함께 즐겁게 성장할 수 있는 실천지를 현장에서 풍부하게 생성하기를 소망한다.

학교 혁신을 위한 중요한 제안을 하나 더 하자면 **교원의 전문성 신장을 위한 협력 시간을 미리 제도화하는 것이다.** 미국 국립교육경제센터의 터커는 자신의 책에서 그 중요성을 여러 번 강조한다. 싱가포르, 핀란드, 캐나다 등 혁신에 성공한 나라는 교육과정, 교과목, 교수법, 평가 등 학교 프로그램의 꾸준한 개선을 위해 교사들이 협력할 수 있도록 학교의 시간 계획 자체를 재설계한다고 언급하면서, 터커는 시간의 재구조화가 산업주의 모델에 따른 근대 학교를 넘어서는 문제라고 큰 의미를 부여한다. 우리나라도 학교 혁신이 성공하려면 학교의 시간 계획부터 재설계해야 한다. 참고로 터커의 《Leading high-performance school systems》는 현재 전국교원양성대학교 총장협의회에서 번역 중이며, 내년쯤 출간 예정이다.

마지막으로 질문을 하나 더 하겠다. "선생님은 자신의 교직 생활을 기념하기 위해서 무엇을 하시나요?" 생일, 결혼기념일 등 뜻깊은 날이 되면 우리는 기념사진도 찍고 특별한 음식도 먹고 즐거운 모임도 한다. 이런 소소한 기념행사가 없으면 우리 삶은 무미건조할 것이다. 그렇다면 교사는 직업적 삶의 가장 핵심 부분인 교육 활동과 전문성 신장을 어떻게 기록하고 기념하는가? 아마 교사 대부분에게 이런 질문은 낯설지 모르겠다. 나도 20대와 30대 초반을 보냈던 교사 생활 10년을 기억하고 기념할 수 있는 자료를 거의 가지고 있지 않다. 그런 생각을 못 했기 때문이다. 대학에 와서는 어떨까? 수업 비평 활동에 관심을 두게 된 이후로는 종종 내 강의를 녹음하거나 녹화해 둔다. 가끔 다시 살펴보면 과거와 현재를 비교하는 소소한 즐거움을 얻을 수 있다. 10년 전 내 모습이 이랬구나 하고 돌아볼 수도 있다. 그것은 내 성장과 퇴보를 확인할 수 있는 소중한 자료이기도 하다. 아마 정년 후에도 내 인생의 기억이자 기념물로 남을 것이다. 여러 선생님은 어떠하신가? 자신이 가장 아끼거나 기억하고 싶은 수업 시간을 1년에 한 번이라도 녹화하여 보관하면 어떨까? 초임 교사라면 정년을 맞이할 때 최소 30편가량의 수업 포트폴리오를 얻게 된다. 정년 이후에 학교의 모든 일을 잊고 싶은 교사라면 내 제안은 무의미하다. 그러나 자신의 교직 인생 내내 끊임없이 성장하고 싶은 교사라면 내 제안을 진지하게 고려해 보라. 물론, 자기의 성장을 기록하고 기념하는 방법은 이 외에도 많다. **자기 자신만의 고유한 교육 활동 포트폴리오를 만들어 보라.**

• 현장의 교육 실천을 이끄는 교사 저자들의 베스트셀러 •

왼쪽부터 《교사, 수업에서 나를 만나다》, 《회복적 생활교육을 만나다》, 《교육과정-수업-평가, 어떻게 혁신할 것인가》, 《서준호 선생님의 교실놀이백과 239》, 《혁신학교 2.0》

한국출판마케팅연구소 소장을 지낸 한기호는 2011년 《베스트셀러 30년 - 우리가 사랑한 300권의 책 이야기》를 출간하였다. 이 책은 1981년부터 2010년까지 종합 베스트셀러를 정리하고 10년마다 그 흐름의 의미를 살폈다. 그 흐름은 민주화를 향한 뜨거운 열망(1981~1989), 경제의 흥망, 욕망의 성쇠(1990~1999), 개인주의와 글로벌리즘의 확대(2000~2010)로 요약된다. 각 시대를 대표하는 책은 1980년대 김지하의 《타는 목마름으로》와 조정래의 《태백산맥》, 1990년대 초반 《세계는 넓고 할 일은 많다》, 《성공하는 사람들의 7가지 습관》, 1990년대 후반 'IMF 경제 환란' 속에서 《마음을 열어주는 101가지 이야기》, 《오체 불만족》 등이, 2000년대는 개인의 부상과 세계화로 인해 《연금술사》, 《시크릿》, 《해리포터》 시리즈, 《다빈치 코드》 등이다. 토익·토플 수험서 등 영어 학습서가 목록에 오른 것도 이 시기의 주된 특징이란다. 저자는 책은 시대의 반영이며 베스트셀러는 사람들의 꿈과 욕망, 위안과 희망을 담은 결정체라고 말한다.

교육계는 어떤 베스트셀러들이 시대를 지배했을까? 아쉽게도 이 분야의 연구 작업은 거의 없다. **명확한 것은 2000년대를 전후로 교사 저자가 부상하였다는 점이다.** 지금도 교육학 베스트셀러 상위 목록은 번역서를 제외하고는 거의 교사들 몫이다. 학계가 교육 현장에 관심을 두지 않는 동안, 뜻있고 능력 있는 교사들이 현장 실천을 이끄는 담론을 생산해 왔다. 우리 교사 사회의 저력이다. 앞의 이미지는 교사 사회에 영향을 미친 책 중 일부이다. **나는 현장 교육 실천은 학계가 아니라 뛰어난 교사들이 이끌었다고 단언(斷言)한다.** 교수-학습 방법, 회복적 생활교육, 학교 혁신 운동, 교육과정-수업-평가 일체화 등 학교 현장의 수많은 혁신은 이런 교사 저자들을 제외하고 설명할 수 없다. **이렇게 뛰어난 교사들의 역량이 교사 일반의 문화로 자리 잡는 날, 우리 교육은 새롭게 도약하리라!**

문득, 2007년 오하이오 주립 대학을 방문하던 때에, 협력 교사들을 "field professors"라고 지칭하고, 대학 강좌를 함께 개발하고 공동으로 가르치던 대학교수들의 얼굴이 떠오른다. 한국의 교원 양성 대학에서는 언제쯤 이런 문화가 일반화될 수 있을까?

책 이야기를 하다 보니 '교육계 베스트셀러 30년 - 현장을 움직인 100권의 책 이야기'와 같은 기획도 필요하다고 생각하게 된다. 시대별 베스트셀러를 정리하면 교육 실천과 교육 이론이 어떻게 상호작용하면서 우리 교육계의 변화를 이끌어 왔는지 입체적 그림을 그려 볼 수 있을 것이다.

11장

패러다임 전환에 기반한 교사 교육 개혁 방안

나는 1997년 가을 학기부터 청주교육대학교에서 근무하고 있다. 햇수로 따지면 24년이 넘었다. 그 세월 동안 교사 교육에 대한 역대 정부의 여러 가지 정책을 접했다. 여기서 정책 하나하나에 대해 평할 생각은 아니다. 다만 전체적으로 받은 인상에 대해서는 말할 수 있을 것 같다. 우리나라의 역대 정부는 교사 교육에 대한 뚜렷한 비전도, 개혁 의지도 별로 없었던 것 같다. 과학적 자료나 엄밀한 연구에 기반해서 개혁안을 내놓은 것 같지도 않다. 그런데 이것이 정부만의 책임이겠는가? 정부에 조언하고 이론적 자원을 제공하는 전문가 그룹의 문제이기도 하다. 이 책을 쓰면서 교사 교육에 대한 여러 연구물을 살펴보았다. 적지 않은 연구물이 존재했다.* 정책적 필요에 의하거나 연구 프로젝트의 하나로 일시적으로 수행된 연구들이 많았다. 대신에 교사 교육을 필생의 과업으로 여기는 학자들의 연구물을 찾기는 쉽지 않았다. 깊이 있는 연구물을 기대하기가 어려운 상황이다. 정부도 별 의지가 없고 연구자의 연구도 깊이나 진정성이 부족한 상황에서 교사 교육의 개선을 기대하는 것은 어려울 듯하다. 혹은 의미 있는 연구가 있다고 하더라도 그것이 정책으로 연결되는 환류 체계가 형성되어 있지 않은 듯했다.

그러던 중에 2020년 8월, 국가교육회의가 교원 양성 체제 개

* 학술연구정보서비스(RISS)에서 "교사교육"으로 키워드 검색을 하면 2021년 7월 6일 기준으로 3,770건의 자료가 검색된다. 작은 규모는 아니다.

편에 대해서 정책 숙의를 진행한다는 보도를 접했다.[181] 소식을 듣고 반가웠다. 교원 양성 체제 개편에 대한 진지한 관심을 기대했기 때문이다. 그러나 이내 실망하였다. 우선 정책 숙의 절차가 마음에 들지 않았다.* 중차대한 문제를 3개월 남짓의 짧은 기간에 결론짓는다는 것도 이해하기 어려웠다. 그런 착잡한 마음 상태로 32명의 위원 중 1인으로 숙의 과정에 참여하게 되었다. 어떤 자세로 참여할지 고민했다. 이왕 펼쳐진 마당이니 최선을 다하기로 마음먹었다. 다른 위원들은 어떤 마음으로 참여하였을까? 사실 이들이 어떤 기대로 임하였는지 알지 못한다. 처음에는 모두가 서먹하고 탐색적이었다. 회가 거듭되면서 집단 지성이 작동하기 시작했다. 특히 32명 중 30명이 참여하여 논의했던 마지막 회의는 잊을 수 없다. 정해진 시간을 넘겨 가며 열띤 토론을 벌였다. 단어 하나, 문장 하나를 치열히 검토했다. 참여자들의 진정성을 느낄 수 있는 마무리였다. 그렇게 해서 숙의단의 협의문이

* 최근 사회의 다원화, 복잡화에 따라서 대의 민주주의의 한계를 넘어서 다양한 시민들이 폭넓게 참여하고 숙의를 바탕으로 의사결정을 내리는 공론화위원회 방식이 많이 채택되는 경향이 있다. 원전 재가동을 둘러싼 공론화위원회 활동과 대입 제도 개편을 위한 공론화위원회 활동이 대표적이다. 그런데 이런 방식은 장점 못지않은 많은 한계를 지니고 있다. 특히, 전문적이고 기술적인 논의가 필요한 주제이거나 정책 의제의 논점이 분명히 부각되지 않았을 때 공론화위원회 모델을 채택하는 것은 득보다 실이 많을 수 있다. 공론화 논의의 가능성과 한계와 관련하여서는 [이상명(2019). 공론화위원회와 민주주의 : 대입 제도 개편을 중심으로. **법과 정책 연구**, 19(1), 1~24쪽; 박대권·최상훈(2019). 정책 결정방식으로서의 '공론화'에 대한 성찰적 검토 : '대입제도 개편을 위한 공론화위원회' 사례를 중심으로. **교육행정학연구**, 37(3), 141~166쪽; 권형구·오원탁(2020). 공론화위원회 모델의 방향성 : 대입제도개편 공론화위원회를 중심으로. **OUGHTOPIA**. 39~89쪽; 김은주(2020). 숙의민주주의와 공론화위원회. **공법연구**, 48(4), 231~255쪽; 민희·민태은(2020). 대의 민주주의에서 숙의 그리고 공론 : 의미와 적용. **비교민주주의연구**, 16(1), 5~31쪽] 등을 참고하라.

탄생하였다.[182] 협의문이 언론에 발표되자 여러 언론에서 별 내용이 없다고 비판했다. 적지 않은 연구자들의 반응도 유사했다. 문득 궁금해진다. 3개월의 짧은 숙의에서 이들은 어떤 결과를 기대했을까?

이 글은 협의문에 명시된 두 가지 이슈에서 출발한다. 교사 교육 혁신을 위해 피해 갈 수 없는 절실한 문제이기 때문이다. 여기에서 출발하여 '교사 교육 패러다임의 재정립', '교사 교육자의 역할 변화', '교사 교육의 학제적 위상 재검토'라는 세 가지 주제를 더 다루고자 한다. 이 주제들이 교사 교육의 새로운 미래를 위해 꼭 검토해야 할 이슈라고 판단하기 때문이다.

국가교육회의 정책 집중 숙의 협의문 주요 내용

정책 숙의 과정에서 해결해야 할 주요 의제로 선정된 것은 두 가지로, '교원 양성 교육과정'과 '교원 양성 규모' 문제이다. 이것은 여러 쟁점 중에서 중요성, 시급성, 숙의 기간 등을 고려하여 선정된 것이다. 나는 정책 숙의단이 두 가지 핵심 의제를 잘 선별했다고 판단한다.

우선 교원 양성 규모 문제부터 살펴보자. 적정 교원 양성 규모는 교사 교육을 가능하게 하는 전제 조건에 해당한다. 많게는 수백 대 일의 경쟁을 통해 직장을 얻는 한국 사회에서 과잉 공급이 무슨 문제냐고 생각하는 사람도 적지 않을 것이다. 그러나 특정 직업에 입문하는 데 수십에서 수백 대 일의 경쟁을 벌여야 하는 사회는 인적 자원 배분에 실패한 사회이거나 획일적인 가치를 지닌 사회일 가능성이 크다. 이런 일반론을 넘어서 특정 직업군은 좀 더 엄격한 정원 관리가 필요하다. 장교를 양성하는 사관학교를 생각해 보라. 필요 인원보다 10배 많은 인력을 교육하고 나서 1명만 최종 임관시키는 경우를 상상해 보라. 거꾸로 필요 인원보다 너무 적게 양성하여 국방에 문제가 되는 경우를 가정해 보라. 양쪽 모두 얼마나 비정상적인가? 국방, 복지, 교육, 의료 등 공공재의 성격이 강한 영역일수록 적절한 정원 관리가 필수적이다. 이런 인식은 현행 법령에도 반영되어 있다. 법조인을 기르는 법학전문대학원의 경우에는 법령으로 정원을 엄격히 관리한다. 교사와 의료인 등도 대통령령으로 정원을 관리하고 있다.* 다만, 교사의 경우에는 법령과 관계없이 정원 관리에 실패하고 있다. 초기의 양적 확대라는 구조적인 문제를 해결하지 못하고 있기 때문이다. 이로 인해 중등 교사 교육은 형해화形骸化되었다.

둘째, '교원 양성 교육과정'의 문제이다. '교원 양성 교육과정'에는 너무나 많은 것이 포함될 수 있다. 따라서 이 용어만으로는 무엇을 문제 상황으로 파악하고 있는지 알 수 없다. 협의문의 해당 부분을 구체적으로 들여다보자. '교원의 구체적인 상과 기준 정립', '학교 현장과의 연계성 강화', '학습자 이해와 소통, 학부모 소통, 지역

* 「고등교육법 시행령」 제28조(학생의 정원) ③ 제1항의 규정에 의하여 학칙으로 모집단위별 입학정원을 정함에 있어서 교육부장관이 정하는 다음 각호의 사항에 관하여는 이에 따라야 한다. 1. 교원의 양성과 관련되는 모집단위별 정원 2. 다음 각목에 해당하는 인력의 양성과 관련되는 모집단위별 정원, 가. 「의료법」 제2조 제1항의 규정에 의한 의료인, 나. 「의료기사 등에 관한 법률」 제1조의 규정에 의한 의료기사, 다. 「약사법」 제2조 제2호에 따른 약사 및 한약사, 라. 「수의사법」 제2조 제1호의 규정에 의한 수의사, 3. 「수도권정비계획법」 제18조 제3항의 규정에 의하여 총량규제가 적용되는 학교의 정원, 4. 국립학교의 정원, 5. 공립학교의 정원

사회 연계, 교원 간 협업 강화' 등을 제안하고 있다. 나는 열거된 항목들이 교사 교육에서 꼭 개선해야 할 영역이라고 본다. 교사 교육에 관심을 가진 사람들 대부분이 이에 동의할 것이다. 교육과정 개선은 대학의 교수진이 마음만 먹으면 해결할 수 있는 영역이다. 그런데 왜 위에 열거된 문제들이 해결되지 않을까? 여러 가지 설명이 가능하다. 흔히 대학교수들의 보신주의나 영역 다툼이 그 원인으로 거론된다. 물론, 그런 면이 많다. 그러나 좀 더 근본적인 차원에서 '교사 교육의 패러다임'과 '교사 교육자의 역할'에 문제가 있다고 본다.

한편, 교원 양성 교육과정을 개선하는 문제는 양성 규모 관리와 분리될 수 없다. 학생들이 임용 경쟁에 얼마나 민감한지 예를 하나 소개하고자 한다. 2020년 1학기는 모두에게 낯설고 무서웠다. 코로나19 팬데믹을 처음 경험했기 때문이다. 대학도 홍역을 치렀다. 미처 준비하지 못한 전면 비대면 수업으로 허둥거렸다. 그런데 젊을수록 적응 속도가 놀라웠다. 대학생들은 비대면 수업에 이내 익숙해졌다. 학기 중반을 넘어가자 거의 모든 대학에서 압도적으로 다수 학생이 비대면 수업을 선호하였다. 비대면 수업이 편했기 때문이다. 물론, 감염에 대한 염려도 일부분 작용하였다. 그러나 교육대학교에는 실기를 포함하여 활동형 강좌가 많다. 따라서 비대면 수업만으로는 교육의 질을 담보하기 어렵다. 그래서 나는 보직자들과 의논하여 일부 대면 등교를 포함하여 2020학년도 2학기 학사 일정을 짰다. 여름 동안 코로나19 팬데믹이 다소 안정된 것도 의사결정에 영향을 미쳤다. 심사숙고해서 결정한 내용을 학생들에게 공지하였다. 정부 방역 지침의 큰 틀을 준수하면서 "초등학교가 등교 수업을 하는 동안에는 예비 교사를 양성하는 교육대학교도 원칙적으로 등교 수업을 해야 한다"라는 기본 원칙도 천명하였다. 취지를 설명하는 총장 명의의 이메일도 발송했다. 말미에는 대면 수업을 포함하는 내실 있는 교육을 통해 예비 교사가 존경받는 교사로 성장하게 돕는 일이 대학의 본분임도 밝혔다. 그러나 많은 4학년 학생들로부터 항의 이메일을 받았다. 다음은 내 이메일의 추신 부분에 대한 어느 4학년 학생의 반응이다.

> 총장님의 추신에 관한 글 잘 읽어 보았습니다. 존경스러운 교사가 되어야 한다는 말도 공감합니다. 하지만 정부의 교원 수급 정책에 따르면 당장 2~3년 후에 임용 시험 경쟁률이 삼 대 일을 넘길 수 있다는 전망이 있는 이때, 학생들은 임용 시험에 합격해 교사가 되는 것만으로도 크게 어려움을 느끼고 있습니다. 존경스러운 교사가 되기 전에 교사라는 꿈을 이루지 못한다면, 그래서 존경스러운 교사가 될 기회조차 없다면, 그 사람의 인생이 어찌 성공한 인생이라고 할 수 있겠습니까.
>
> — 2020년 8월 4일 어느 4학년 학생

이처럼 교대생의 당면 과제는 좋은 교사가 되는 것이 아니라 임용 시험에 합격하는 것이다. 학생 입장에서는 당연한 일이다. 아직 경쟁률이 이 대 일 정도인 임용 시험을 준비하는 교육대학교 학생들이 받는 심리적 압박이 이미 상당하다. 따라서 임용 경쟁률이 높아질수록 교육과정의 정상적 운영이 더 어려워진다. 그러니 중등 교원 양성 대학 재학생들은 말해 무엇 하겠는가? 과거 사법 시험이 있을 때 법대 학부 강의가 초토화되었던 것과 유사하다. **양성 규모 관리는 좋은 교사 교육을 위한 첫 번째 조건임을 다시 강조한다.**

교사 교육 패러다임의 재정립

정상적 교사 교육이 가능한 양성 규모라고 가정해 보자. 이제는 어떤 교육을 할 것인가에 초점이 맞춰질 것이다. 여기서 교사 교육이란 무엇인가 하는 본질적 질문이 등장한다. 모든 인간 활동이 그렇듯이 교사 교육도 역사적 구성물이다. 교사를 특별한 교육을 통해서 양성해야 한다는 생각 자체가 근대의 산물이다. 근대 공교육과 함께 태동한 교사 교육은 여러 시행착오를 거치면서 진화해 왔다. 그리고 여기에는 '가르치는 것teaching'은 무엇이고 '가르치는 일을 배우는 것learn to teach'은 무엇인지에 대한 사유의 진화 과정이 반영되어 있다.

흔히 교육대학교 개혁과 관련하여 단골로 제기되는 이슈는 교육대학교가 규모가 작아서 종합대학교에 통합해야 한다는 것이다. 종합대학 통합을 주장하는 사람들은 교사 교육의 역사적 경로가 종합대학교에서 교사를 양성하는 방향으로 변해 왔음을 근거로 제시한다. 일단 이 주장은 틀린 것이 아니다. 그러나 종합대학교 내에 교원 양성 단과대학을 위치시키는 것이 '교사 교육'을 위한 진화 과정이었다고 파악하면 단견이다. 대학도 하나의 조직이다. 조직은 일반적으로 규모가 커야 이익이 발생한다. 이 점은 간과할 수 없는 중요한 사실이다. 미국의 예를 살펴보자. 미국의 교사 양성 기관은 역사적으로 '교사 교육의 초기 형태early forms of teaching and teacher education' → 사범학교normal school → 지역 주립 대학regional state university의 형태로 변화하였다.[183] 대학 경영자의 입장에서 보면 교사 양성만을 목적으로 하는 작은 단과대학은 수지가 맞지 않는다. 대학 규모를 키워야 대학 순위도 올라가고 재정 수입도 늘어난다. 이런 규모 확대 내지 종합대학화 과정에서 교사 교육은 제대로 대접을 받았을까? 미국 교사 양성 대학의 위상을 연구한 스탠퍼드 대학교의 라바리는 이에 대해 다음과 같이 주장하였다.

이 장에서 나는 오늘날 교사 교육이 직면하고 있는 상황에 대한 통찰력을 얻기 위해 미국의 교사 교육의 역사를 살펴본다. 밝혀진 바와 같이, 종합대학과 교사 교육의 관계는 양측 모두에게 불편한 관계였다. 양쪽 모두에게 지속적인 양면성이 존재해 왔다. 서로가 중요한 면에서 서로를 필요로 하지만, 각각은 서로 연결됨으로서 중요한 어떤 것이 위험에 처하게 된다. 종합대학은 지위와 학문적 신뢰를 제공하고, 교사 교육은 학생과 사회적 효용을 제공한다. 그러나 이러한 편리성의 결합을 유지하느라 종합대학은 학문적 지위를 훼손할 위험이 있고, 교사 교육은 직업적 사명을 훼손할 위험이 존재한다.

교사 교육이 대학과의 제휴를 위해 지불한 주된 대가는 전문적(직업적) 사명의 상실 가능성이다. 이것은 허버스트(1989년), 클리포드와 구트리

(1988년) 같은 종합대학교 내 교사 교육에 대한 비평가들이 교사 양성 기관(education school)이 전문적 영혼을 판 대가로 종합대학 지위(university status)를 얻었다고 파악한 파우스트적 거래이다.*

라바리는 교사 교육 기관이 종합대학에 속하게 된 것을 파우스트의 거래라고 표현한다. 파우스트는 젊음을 위해 영혼을 판 자가 아니던가? 이 문학적 수사가 표현하는 것은 어떤 거래인가? 한마디로 직업 전문 교육으로서 교사 교육의 사명을 많은 재정 수입과 높은 대학 순위와 바꿔치기했다는 것이다.

파우스트의 거래는 미국에서만 일어난 것이 아니다. 우리나라의 교사 교육 발전 과정도 조망할 수 있는 거울이다. 다른 장에서 설명했듯이 한국의 사범대학이 종합대학으로 변화하는 과정에도 이 원리는 그대로 적용되었다. 누구나 알듯이 근대 대학은 아카데미즘을 지향한다. 아카데미즘이 무엇을 의미하는가? 간단히 설명하기는 쉽지 않다. 상식적인 수준에서 이야기하겠다. 근대 대학의 1차적 사명은 교육이 아니라 연구이다. 대학교수에게 1차적으로 요구되는 능력도 가르치는 능력

* Labaree, D. F.(2008). An uneasy relationship: The history of teacher education in the university. Cochran-Smith, M., Feiman-Nemser, S., McIntyre, D. J. & Demers, K. E.(eds)(2008). Handbook of research on teacher education: Enduring questions in changing contexts. New York: Routledge. p. 295; 종합대학교 내에 교원 양성 대학이 포섭되어 가는 과정을 비판적으로 보는 것은 라바리 혼자의 생각이 아니다. 인용문에 소개된 허버스트, 클리포드와 구트리 등 많은 학자가 유사한 지적을 하고 있다. 이 책의 앞부분에 소개한 《교사 전쟁》의 저자 골드스타인이 미국 교육 개혁을 위해서 내놓은 제안 중에 '사범학교의 유산을 추구하라'라는 문구가 있음도 다시 상기해 보라.

이 아니라 연구하는 능력이다. 대학교수로 생존하려면 연구를 잘해서 좋은 논문이나 저서를 발표해야 한다. 이런 전통적인 아카데미즘의 분위기에서 교육은 부차적인 활동으로 취급된다. 사범대학이 종합대학으로 편입되는 역사는 이런 아카데미즘에 복속되는 과정과 다름없다. 그 결과로 교사 양성 대학이 교육을 등한시하는 역설이 발생한다. 이것이 파우스트의 거래라는 표현에 담긴 뜻이다.

오늘날 교사 교육은 역사적인 경험에 대한 성찰을 바탕으로 새로운 패러다임을 모색하고 있다. 러프런과 해밀턴John Loughran & Mary Lynn Hamilton은 〈교사 교육에 대한 이해의 진전Developing an understanding of teacher education〉이란 논문에서 새로운 이해의 진전을 교수teaching와 학습learning을 아주 단순한 인과관계로 이해하고, 가르치는 일teaching을 누구나 하는 쉬운 일이라고 보는 오랜 편견을 극복하는 과정으로 묘사한다. 가르치는 일은 겉으로는 쉬워 보일지 모르나 실제로는 극도로 어려운 전문적인 실천 형식이라는 것이다. 따라서 예비 교사들이 **가르치는 일을 배우는 것**learning to teach은 매우 복합적 인지 작용, 정서적 이해, 끈질긴 탐구력이 필요한 활동이다. 나아가 **예비 교사에게 가르치는 일을 가르치는**teaching about teaching or teaching people how to teach **교사 교육자에게는 더 고도의 전문성이 필요하다.**[184] 교사 교육의 새로운 패러다임은 학습과 교수에 대한 이러한 새로운 이해를 반영하면서 갱신되어 가고 있다. 핀란드를 비롯한 몇몇 나라들은 이런 새로운 교사 교육의 성과를 제도로 잘 구현해 낸 선구자들이다. 이들 나라에서는 학습과 교육에 대한 탄탄한 이론적 지식에 바탕을 두고 이론과 실천이 상호 유기적으로 연계된 가운데, 예비 교사의 반성적 성찰이 체계적으로 일어나도록 프로그램을 운영하고 있다. 우리나라 교사 교육도 그런 방향으로 나아갈 수 있을까?

교사 교육자의 역할 변화

모든 가르치는 일은 가르치는 일을 하는 사람의 자질과 능력에 의해서 좌우된다. 너무나 자주 인용되는 "교육의 질은 교사의 질을 넘어설 수 없다"라는 말은 이를 잘 표현한다.* **교사 교육도 예외가 아니다. 교원 양성 대학의 교육은 교사 교육자의 자질에 크게 좌우된다.** 따라서 교원 양성 대학 교수진의 자질과 능력 문제에도 심대한 관심을 가져야 한다. 그런데 우리나라의 교사 교육 개혁 담론에서 교원 양성 대학 교수진의 자질이나 능력 문제가 다루어진 적은 거의 없다. 본질적으로 중요한 부분이 빠져 있었던 셈이다.

사실 이 점은 외국이라고 별로 다르지 않았다.[185] 종합대학 내 교수에게 요구되는 역할은 논문이나 저서를 집필하는 학문적 연구 능력이지 교수법적 지식이나 기능이 아니었다. 오랫동안 교원 양성을 담당하는 단과대학 교수진 선발에서도 이 원칙은 유사하게 적용되었다. 그러나 최근에는 교원 양성을 담당하는 교수에게는 교수

* 사실 나는 인구에 자주 회자되는 "교육의 질은 교사의 질을 넘어설 수 없다"라는 말에 전적으로 동의하지는 않는다. 스승의 큰 도움 없이 스스로 깨쳐 가는 학습자도 있기 때문이다. 그러나 공교육은 모든 학생이 학습하는 공간이며, 학습자들은 대부분 교사의 적절한 도움이 필요하다. 따라서 적어도 공교육의 장에서는 "교육의 질은 교사의 질을 넘어설 수 없다"라는 말이 진실에 가깝다.

의 일반 능력과 구별되는 능력이 필요하다는 인식이 점점 분명해지고 있다. '대학교수'의 일반적 정체성에 더하여 **'교사 교육자'**라는 새로운 정체성이 요구되는 것이다. '교사 교육자'라는 용어가 등장한 것도 이 때문이다. 이제 교사 교육자의 자질과 능력은 교사 교육 개혁과 관련하여 빠질 수 없는 요소로 등장하고 있다. 2016년에 발간된《교사 교육 국제 핸드북International handbook of teacher education》에 수록된 〈세계의 교사 교육 개혁 노력들Reform efforts in teacher education〉이라는 논문에는 열 가지 정도의 개혁 동향 내지 방향이 제시되어 있다. 여기에는 '기준, 최소 요구 조건, 책무성Standards, Minimum Requirements, and Accountability', '이론에 기반한 교사 교육Theory-based teacher education', '이론과 실천의 연계Theory-practice connection', '모집 및 입학 허가Recruitment & Admission' 등과 함께 '교사 교육자의 선발, 훈련, 지원Teacher educators: Selection, Training, and Support'도 언급되고 있다. 교사 교육자는 교수 능력 및 해당 영역에 더 특화된 전문성과 연구 능력을 지녀야 한다는 것이다.

이런 교사 교육자의 전문성 신장과 관련하여 참고할 나라 중 하나는 네덜란드다. 네덜란드는 교사에 대한 직무 기준뿐 아니라 교사 교육자를 위한 직무 기준을 개발하여 시행하고 있다. 그 내용은 다음과 같다. 첫째, 교사 교육자는 교수-학습에 대한 상당한 양의 지식을 가지고 있으며, 교수 활동teaching에 있어 다양한 경험을 갖추고 직접 교수 활동을 수행할 수 있어야 한다. 둘째, 교사 교육자는 자신의 가치, 규범 및 교육관을 알고 있어야 한다. 교사 교육자는 예비 교사의 도덕성과 윤리성 개발을 감독하고 관리해야 한다. 교사 교육자는 예비 교사들이 자신이 가지고 있는 가치에 대한 입장을 취하고 의견을 제시하도록 지속적으로 자극하며, 그들의 문화적, 이념적 다양성을 존중하고, 예비 교사들이 타인에 대한 문화적, 이념적 다양성을 존중하도록 가르쳐야 한다. 셋째, 교사 교육자는 예비 교사가 교원 양성 기관에서 학습한 것을 실제 학교 상황에서 수행practice할 수 있도록 가르쳐야 한다. 넷째, 교사 교육자는 연구자여야 한다. 교사 교육자는 자신의 전공 분야에 대한 지식뿐만 아니라 연구 방법에 대한 이해도 가지고 있어야 하며, 예비 교사들이 실습 상황에서 연구를 수행하는 것을 장학supervising하고 지원해 줄 수 있어야 한다. 다섯째, 교사 교육자는 성찰하고 반성할 수 있어야 한다. 교사 교육자는 자신의 강점과 약점을 이해하고, 자신과 다른 사람들의 발전에 이를 비판적이고 건설적으로 반영하고 조직할 수 있어야 한다.[186]

물론, 우리나라도 교사 교육을 담당하는 교수진 문제에 대해 전혀 고민하지 않은 것은 아니다. 교원 양성 기관 평가에서 전공 적합성과 교육학(교과교육학) 교수 확보에 대한 기준을 설정하여 대학이 좀 더 적합한 교수진을 갖추도록 일정한 압력을 행사해 왔다.* 그러나 이는 대학으로서는 무시해도 좋을 만한 압력이었다. 한국의 교원 양성 대학 교수진의 구성 비율이나 역할 수행은 몇십 년 전이나 지금이나 바뀐 것이 별로 없다. 정부는 이 문제에 좀 더 적극적으로 개입해야 한다. 이런 주장을 하면 대학의 학문적 자율성을 침

* 예를 들어 2021년 5주기 교원 양성 기관 역량 진단의 항목에도 '교직이론과목 교수자 전공일치도(40점)', '교과교육과목 교수자 전공일치도(30점)' 등의 평가 항목이 있다. 그러나 총 1,000점 만점에 70점에 불과하다.

해한다고 반발하는 목소리가 나온다. 그러나 실무 능력을 지닌 교수진을 일정 비율 이상 채용하도록 법으로 강제하는 경우도 있다. 법학전문대학원이 그렇다. 「법학전문대학원 설치·운영에 관한 법률」 제16조 제4항은 "법학전문대학원은 제1항 및 제3항에 따라 확보하여야 하는 교원 수의 5분의 1 이상은 변호사 또는 외국 변호사의 자격이 있고 5년 이상 관련 분야의 실무에 종사한 경력이 있는 교원으로 확보하여야 한다"라고 규정하고 있다. 교원 양성 대학도 교사 교육자에 대한 명확한 상을 정립하고 그에 적합한 교수진을 갖추도록 체계적인 노력을 해야 한다. 공교육은 국민의 교육받을 기본권을 실현하는 수단이며, 이를 담당할 교사를 길러 내는 교사 교육자의 역할도 법조인을 양성하는 법학전문대학원 교수진의 역할만큼 중요하다.

교사 교육의 학제적 위상 강화

'교원 양성 규모'의 문제가 교사 교육을 가능하게 하는 전제 조건이고 '교사 교육 패러다임의 재정립', '교사 교육자의 선발, 훈련, 지원'이 교사 교육 기관의 정체성과 역할과 관련된 문제라면 여기서 다룰 내용은 교사 교육의 위상 문제이다. 교사 교육의 위상은 학제, 즉 학교교육 제도 내에서의 상대적 위치와 관련 있다. 다른 장에서 이미 다루었지만, 초등 교원 양성 기관과 중등 교원 양성 기관의 학제적 위치가 역사적으로 어떻게 변화해 왔는지 다시 떠올려 보자. 해방 이후 제정된 「교육법」에서 사범학교는 고등학교 수준이었다.* 초등 교원 양성 기관은 1962년에 2년제 대학의 지위를 얻는다. 4년제 대학 지위를 획득한 것은 1981년 2월 13일 「교육법」 개정을 통해서였다. 개별 교육대학은 1981~1984년 사이에 4년제 대학으로 승격된다. 1993년에는 교육대학에서 교육대학교로 명칭이 바뀐다. 이는 단순히 명칭이 바뀐 것 이상의 의미를 지닌다. 이로써 초등 교원 양성 기관은 종합대학교와 동등한 법적 위상을 갖게 된다. 한편, 중등 교원 양성 기관은 1949년 「교육법」에서는 2년제 혹은 4년제 대학 수준이었다. 1963년 8월 7일, 「교육법」 개정으로 4년제 대학 수준에서만 중등 교사를 양성하게 되었다. 초등과 중등 간에는 4년제 대학 승격에 약 20년의 시차가 존재한다. 이후 현재까지 교사는 4년제 대학 수준에서 양성되고 있다.

이러한 학제적 위상은 외국과 비교하여 어떻게 평가할 수 있을까? 대략 200년 동안 서서히 변화한 서구 교사 양성 기관의 역사적 발전과 비교하여, 건국 후 바로 중등 교사를 대학 수준에서 양성한 것은 아주 늦은 편이 아니었다. 초등 교원 양성의 경우도 1962년 2년제, 1981년 4년제로 국제적 수준을 비교적 빨리 따라잡았다. 후발 국가의 이점이라고 해야 할까? 한 가지 더 언급할 사실은 광복 후 상당 기간 국민의 평균 학력 수준과 비교해 교직이 상대적으로 고학력이었다는 점이다. 고등학교 수준인 초등 교사도 마찬가지였다. 따라서 비록 임금 등 근무 환경은 열악했지만, 교사들은 지

* 1949년 「교육법」에서는 중학교 졸업자 또는 동등 이상의 학력이 인정된 자를 대상으로 2년 수업연한의 사범학교를 운영해 초등 교사를 양성했다. 이후 1950년 「교육법」 개정을 통해 사범학교는 수업연한이 3년으로 연장된다.

'교사 교육자(teacher educator)' 개념이
열어 주는 가능성

유한한 인간은 사물의 공통성을 추상한 '개념'을 통해서 세상을 지각한다. 예컨대, 우리에게 익숙한 '봄', '여름', '가을', '겨울'이라는 단어도 개념이다. 실제로 자연에는 봄, 여름, 가을, 겨울이라는 사계절이 없다. 1년 내내 매 순간 시시각각 변화하는 기상(氣象) 현상만 존재할 뿐이다. 이 모든 미세한 변화를 감지할 수 있는 신적인 능력이 있다면 '봄', '여름', '가을', '겨울'이라는 용어를 굳이 만들 필요가 없다. 그러나 유한한 인간은 개념 없이는 하루도 제대로 살 수 없을 것이다.

사전에 수록된 단어들은 속성상 대개는 '개념'이다. 개념의 사전적 정의는 "낱낱의 사물로부터 공통의 성질이나 일반적 성질을 추출(抽出)하여 된 표상(表象)"이다. 개념은 처음에는 창조적 개인이나 집단에 의해서 만들어졌을 것이다. 어떤 개념은 현상이 있고 한참 후에나 명명된다. 우리가 세계사 시간에 배운 '산업혁명'이라는 단어도 당대 사람들에게는 통용되던 개념이 아니다. 일련의 현상이 진행되고 나서 그 독특성을 간파한 사람들이 명명한 것이다. 개념은 우리의 사고에도 엄청난 영향을 미친다. 새로운 개념을 사용하는 것은 세계에 대한 새로운 이해를 얻는 것이기도 하다.

다소 배경 설명이 길어졌다. '교사 교육자'라는 개념은 어떨까? 한국에서 이 용어는 아직 낯설다. 나는 이 개념이 교원 양성 체제의 개편에 중요한 통찰을 제공할 것이라고 본다. 이 개념이 없으면 '대학교수/현장 교사'라는 이분법에 빠지기 쉽다. 교원 양성 대학 교육에 현장성이 부족하다는 비판이 높아지면서 대학교수들은 많은 비난을 받고 있다. 이 문제를 해결하기 위해서 현장 교사들이 교원 양성 교육에서 더 주도적 역할을 해야 한다는 주장이 강하다. 그런 아이디어를 반영한 것이 학교 기반 교사 교육(school-based teacher preparation) 모델이다. 그러나 이러한 전환이 반드시 좋은 결과로 이어지지는 않는다. '교사 교육자'라는 개념은 '대학교수 → 현장 교사'로의 단순한 권한 이양을 넘어서는 새로운 가능성을 열어 준다. 학문적 역량이 뛰어난 대학교수가 곧 좋은 '교사 교육자'가 아니듯이, 학생을 잘 가르치는 교사가 곧 좋은 '교사 교육자'가 되지는 않는다.

외국의 학계에는 이미 이런 인식이 충분히 성숙해 있다. 해외 학술 검색 사이트에서 "teacher educator"를 검색하면 많은 학술 문헌이 검색된다. 유럽연합 집행위원회(European Commisson)의 "교사 전문성 개발"에 관한 주제별 실무위원회는 2013년 《더 나은 학습 결과를 위한 교사 교육자 지원(Supporting Teacher Educators for better learning outcomes)》이라는 자료를 발간했다. 이 자료는 전통적 아카데미즘이 지배하는 대학 문화 속에서 교사 교육자 개념의 중요성을 부각하고 관련된 지원책을 마련해야 함을 권고하였다. 또한 교사 교육자 간의 주기적인 협력 학습을 통해 작지만 강력한 변화를 일으킬 수 있다고 보았다.

한국은 이제 겨우 '교사 교육자' 개념에 관한 관심이 발아하는 단계이다. 이 새로운 개념은 '대학교수/현장 교사'라는 이분법을 넘어서는 새로운 지평을 제공한다. 그리고 교원 양성에 관여하는 대학교수와 현장 교사 모두에게 좋은 '교사 교육자'가 되기 위해서 무엇을 해야 하는지를 질문하게 한다. 그것을 함께 탐구하고 제도화해 가는 일은 교사 교육을 개선하는 새로운 길을 열어 줄 것이다.

식인으로 간주되었다. 그러나 한국인들의 학력 수준은 유례를 찾아볼 수 없을 정도로 빠르게 상승했다. 현재는 고등학교 졸업자의 약 70% 정도가 대학에 들어간다. 이는 세계 최고 수준이다. 이런 학력 상승으로 인해 교사의 상대적 학력 우위도 거의 소멸하였다.

초등은 약 40년, 중등은 약 60년 이상 유지된 4년제 학부 수준의 교원 양성은 지금의 변화된 환경에서도 충분한가? 교육학계에서는 이미 1990년대 말부터 석사 수준에서 교원 양성을 해야 한다는 주장이 계속 제기되고 있다. 이러한 주장의 타당성은 책 뒷부분의 〈특별 개혁 과제〉에서 자세히 검토할 것이다. 이 이슈와 관련하여 여기서는 외국의 사례부터 간단히 살펴보자.

독일, 프랑스, 영국, 미국, 일본 등이 부분적 혹은 전면적으로 석사 수준에서 교사를 양성하고 있다.[187] 특히, 교사 교육의 모범국으로 알려진 핀란드는 1980년대부터 5년제 석사 과정을 운영하고 있다. 이를 통해 교육 문제를 스스로 연구할 수 있는 능력을 지닌 교사를 양성해 내고 있다. 따라서 석사 수준의 교원 양성은 충분히 검토할 수 있는 사안이다.

나도 현재와 같은 4년제 양성 과정으로는 실천가이자 연구자로서 잘 준비된 교사를 양성하는 데 충분하지 않다고 생각한다. 그렇다면 수학연한을 어느 정도 연장하는 것이 좋을까? 여기에는 고려해야 할 여러 요소가 있다. 한국에서 직업교육으로 전문대학원을 제도화시킨 경우는 법학전문대학원이 유일하다. 법학전문대학원을 통한 법조인 양성은 성과 못지않게 많은 문제점도 지니고 있다.[188] 특정 전문직의 수학연한 연장은 전문직 간 경쟁을 유발하여 불필요한 수학연한 연장의 도미노 현상을 일으킬 위험성도 있다. 초등 교원 양성의 경우 교육전문대학원 체제가 적합하지 않다는 점도 고려해야 한다. 10개가 넘는 과목을 가르치는 초등 교사의 특수성을 고려할 때, 2년제 석사 과정 혹은 법학전문대학원과 같은 3년제 석사 과정으로는 필요한 학점 이수가 어렵다. 여기에 더하여 6개월에서 1년가량의 교육 실습을 포함하는 추세까지 염두에 두면 4+2체제는 적합한 모델이 아니다.

교사의 재교육 문제도 생각해야 한다. 평균 30년 이상 봉직하는 교직의 특성을 감안할 때 석사 과정은 교사 재교육을 담당하는 기능을 수행해야 한다. 신임 교사를 석사로 배출하면 교사들이 재교육을 위해 박사 과정을 밟아야 하는 경우가 일반화될 것이다. 한국처럼 학력 인플레이션이 심한 사회에서 이것이 과연 바람직할까? 수학연한 연장이 교사의 전문성 신장을 바로 담보하는 것도 아니다. 현재도 석사 학위 소지 교사가 전체 교사의 1/3을 넘는다. 그러나 석사 학위 취득이 교사 전문성을 신장하였는지에 대한 실증적 증거는 거의 축적되어 있지 않다. 학부 4년의 교육과정도 내실 있게 개혁하지 못하면서 석사 수준 교원 양성으로 구조 전환을 한다고 전문성 문제가 해결되리라 보는 것은 근거 없는 낙관론이다. 수학연한 연장 이전에 엄격한 정원 관리, 교사 교육 기관의 역할 재정립, 교사 교육자의 역할 변화 등이 먼저 이루어져야 한다. 이런 점을 종합적으로 고려한 개혁 방향으로 **나는 초등과 중등 양성과정을 모두 5년제 학부 과정으로 변화시킬 것을 제안한다.** 1년 연장된 수학연한은 핀란드의 전문성훈련학교와 유사한 시스템 속에서 대학과 현장이 유기적으로 협력하는 교육 실습 프로그램을 경험하도록 운영하면 바람직할 것이다.

교사 교육의 개혁은 어디로 향해야 할까?

지금까지의 논의를 종합하여 패러다임 전환이라는 말의 의미를 좀 더 명확하게 하는 것으로 글을 마무리하고자 한다. 이를 위한 유용한 분석 틀로서 캐나다 온타리오주의 키친과 페트라르카(Julian Kitchen & Diana Petrarca)가 구안한 모델을 활용하려고 한다.[189] 이 모델은 이론, 성찰, 실천이라는 세 가지 요소를 활용한 교사 교육 접근법에 대한 삼차원 모델이다. 이 모델을 통해 두 교사 교육자는 다른 나라의 교사 교육을 분석하여 자신들의 프로그램 개선에 대한 교훈을 얻고자 하였다. 나는 이 모델이 한국의 교사 교육 프로그램을 진단하고 향후 방향을 모색하는 데도 유용한 개념 틀이자 나침반이 될 수 있다고 본다.

삼차원 모델을 간단히 소개하면 다음과 같다. 이론(theory)은 내용학, 교수법, 인간 발달, 교육의 기초와 사회적 맥락 등을 포함하여 교사 교육 내용 영역을 폭넓게 지칭한다. 성찰(reflection)은 머리와 마음에 일어나는 복합적, 역동적, 의도적 의미 형성 활동들을 지칭한다. 실천(practice)은 현장 학교에서 지식과 기능을 실천적으로 직접 적용하는 것을 의미한다. 이 세 요소로 구성된 삼차원 매트릭스에서 각각의 번호가 무엇을 의미하는지 알아보자. ①은 이론, 성찰, 실천이 모두 높은 경우, ②는 실천은 높으나 이론과 성찰은 낮은 경우, ③은 이론은 높으나 성찰과 실천은 낮은 경우, ④는 성찰은 높으나 이론과 실천은 낮은 경우, ⑤는 성찰과 이론은 높으나 실천은 낮은 경우이다.

키친과 페트라르카는 주로 영미권 교사 양성 프로그램을 중심으로 각 유형의 실제 모습을 살펴보고 개혁을 위한 함의를 얻고 있다. 독자들도 짐작하겠지만 대개의 교사 교육 모델은 ③번 유형, 즉 이론 지향적인 모델이다. 그것도 긍정적인 의미보다는 부정적인 의미에서다. 쉽게 말해서 이론만 알면 잘 가르칠 수 있다는 전통적인 아카데미즘적 생각에 기반한 모델이다. 이 모델에 입각한 교사 교육에 대한 비판으로 실천 지향적 모델이 대안으로 강조되고 있다. 예컨대, 잉글랜드에서는 대학의 교사 교육에 대한 비판이 고조되면서 아예 학교 기반 교사 교육이 대안으로 부상하였다. 잉글랜드에서는 최소 24주 동안 2개 이상의 학교에서 현장 실습을 하여야 교사 자격을 얻는다. 문제는 대학 프로그램에 교육 실습이 더해지는 방식이 이

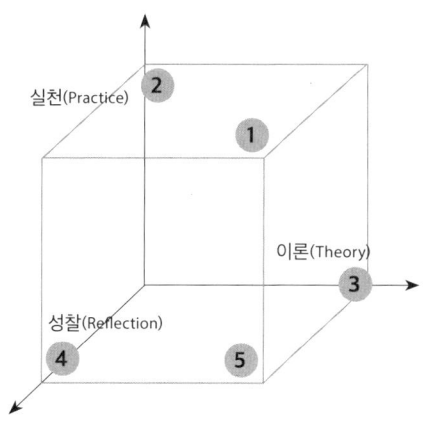

그림 8 **교사 교육 접근법에 대한 삼차원 모델**[190]

니라 학교 기반 교사 교육 프로그램으로 대학 교사 교육 프로그램을 대체하고자 한다는 점이다. 이런 영국의 실험에 대해서 키친과 페트라르카는 그다지 긍정적으로 평가하지 않는다. 가르치는 일을 복잡한 지적 활동으로 파악하는 대신에 교사 훈련 중심의 견습 모델 apprenticeship model로 파악하는 한계를 보인다는 것이다. 한편, 성찰 지향적 모델은 예비 교사들이 자신의 활동을 깊게 성찰하도록 계획된 모델이다. 예를 들어, 반성적 저널, 디지털 포트폴리오 등을 통해서 이론과 실천을 연계하여 예비 교사의 역량을 함양하는 방식이다. 키친과 페트라르카는 이 모델의 장점을 인정한다. 그러나 교사 교육자의 체계적인 지도하에 이론과 실천이 유기적으로 연계되어야 더 효과가 있다고 진단한다.

　키친과 페트라르카는 이론, 실천, 성찰이 유기적으로 통합되어 있는 바람직한 사례로 미국의 휠록 대학, 호주의 뉴캐슬 대학교, 그리고 국가 전체로는 핀란드를 들었다. 여기서는 대학의 교사 교육자들이 현장 교사들과 긴밀히 협력하여 교사 교육 프로그램을 운영한다. 촘촘한 협력망 속에서 예비 교사들은 이론과 실천을 통합시키고 자신의 교육 활동을 깊이 성찰할 다양한 기회를 제공받는다. 이런 모델은 대학이 상아탑에서 벗어나 교사와 학교와 긴밀한 협력 관계를 구축함으로써 가능해졌다.

　그렇다면 한국은 어떤 모델에 가까울까? 당연히 ③번 모델에 가깝다. 전통적인 아카데미즘의 미몽에서 깨어나지 못하고 있다. 이에 대한 반작용으로 교육 실습 학기제와 같은 학교 현장 기반의 모델이 대안처럼 검토되고 있다. 그러나 영국의 예로 보듯이 이론적 모델을 실천 지향적 모델로 대체한다고 바람직한 결과가 보장되지는 않는다. 해법은 교육 실습 기간의 단순한 연장에 있지 않다. 어떤 패러다임에 기반한 교육 실습인가가 더 중요하다. 일찍이 듀이는 교육 실습의 목적과 접근법을 도제 모델apprentice model과 실험실 모델laboratory model의 두 가지로 구별했다. 도제 모델은 숙련된 교사로부터 교수 방법과 기술 등을 모방을 통해 배운다. 반면에 실험실 모델은 교실 현상에 대한 집중 관찰, 실험, 분석, 해석 등을 통해 교수법을 배워 가는 탐구과 성찰의 과정을 강조한다.[191] 만약 낡은 도제식 모델의 패러다임은 바꾸지 않고 교육 실습 기간만 연장한다면, 표면적으로는 학교 현장과 연계성이 강화된 것처럼 보일 것이다. 그러나 결과는 어떨까? 현재의 개인주의적 교직 문화와 같은 낡은 풍습을 재생산하는 통로가 될 수도 있다. 교육 실습 기간 연상과 같이 많은 사람의 지지를 얻는 사안조차도 이렇게 깊게 고려할 점이 많다.

  패러다임을 근본에서 점검하고 개혁의 방향을 분명히 설정하지 않으면 표류하기 십상이다. 교사 교육의 진정한 혁신을 위해서는 우리가 어디에 서 있으며 어디로 나아가야 할지를 깊게 고민해야 한다. **성공적 교사 교육 모델은 이론, 실천, 성찰이 유기적으로 연계되는 상호협력의 네트워크를 강조한다.** 이것은 이론보다 실천을 강조하거나, 대학보다 현장 학교의 주도성을 강조하는 단순한 이행과는 근본적으로 다른 모델이다. 우리의 교사 교육 개혁도 그런 방향을 향해 힘차게 닻을 올려야 한다.

• 어느 명문 대학(?!) 청소 노동자의 휴게 공간 •

서울대 공대 청소 노동자 휴게 공간

제목을 보지 않고 사진을 보는 사람은 이곳이 어디라고 생각할까? 허름한 옥탑방? 대학생 자취방 혹은 하숙방? 노동자 합숙소? 이곳은 2019년 8월의 혹염에 휴식을 취하다가 사망한 청소 노동자의 쉼터이다. 서울대 공대 청소 노동자 휴게 공간이라고 한다.

서울대학교는 여러 면에서 국내 최고 대학이다. 국내외 여러 대학 평가 기관이 발표하는 대학 평가 순위에서 서울대학교는 거의 항상 한국 최고 순위를 차지하고 있다. 연구비 수주, 연구 논문 산출과 인용 지수, 국제적 평판 등에서 대한민국의 대표 대학이다. 서울대 졸업생들은 대한민국 각 분야에 진출하여 거대한 인맥을 형성하고 있기도 하다.

동시에 서울대학교는 여러 면에서 문제가 많은 대학이다. 공사를 구분하지 못하고 권력을 사유화한 동문들을 적지 않게 배출했다. '갑질'이라는 말이 한국 사회에 유행하는 것을 막지 못했다. 무엇보다도 2만 명 가까운 인재들이 매일 캠퍼스를 오르내리는 사이 청소 노동자가 열악한 휴게 공간에서 사망할 위험에 노출되어 있는 대학이다.

나의 은사이신 손봉호 교수님은 우리 교육에 대해서 '역량을 기르는 데는 어느 정도 성공했지만, 윤리교육에는 실패하였다'라고 진단하셨다. 서울대학교는 이 진단으로부터 예외일까? 서울대학교는 10여 년 전에 법인으로 바뀌었다. 법인화를 한 중요한 이유는 국가의 간섭을 받지 않는 자율성 확보에 있는 것으로 알고 있다. 그런데도 명칭은 '국립' 서울대학교이다. 국립이라는 말을 여전히 고수하는 데는 무슨 사정이 있을 것이다. '국립'이라는 말을 옛말로 번역하면 '국가의 녹을 먹는다'라는 뜻일 것이다. 국가의 녹을 먹는 사람들이라면 공공성에 더 많은 관심을 기울여야 한다. 내부 사정은 잘 모르지만, 노동 조건이 열악해서 누군가가 다치거나 죽지 않도록 최선의 노력을 하는 것이 마땅하고 절실한 책무가 아닐까? 서울대학교는 법인의 자율성을 어디에 사용하고 있을까? 약자에 대한 감수성, 그리고 평등하고 더 정의로운 사회를 만드는 데도 서울대학교가 국내 최고 대학이기를 간절히 소망한다. **시야를 넓혀 보면 우리 학교와 우리 사회가 소위 '공부 잘하는 학생'을 어떤 인성과 역량을 갖춘 사람으로 길러 내었고 앞으로 길러 내야 하는가 하는 근본적인 질문이 필요하다 하겠다.**

더 나은 교육을 위한 정책 제안들[*]

1. 최소 30년을 내다보는 장기 계획을 세우고 일관성 있게 추진하자.
2. 모범적 교육 사례를 사례 조사(benchmarking)부터 철저히 하자.
3. 교원 양성 체제 개편의 큰 방향에 대한 공통 인식이 필요하다.
4. 자율과 협치가 조화되는 교육적 의사결정의 새로운 패러다임을 구축해야 한다.
5. 교원 양성 대학의 정원 관리는 질 높은 교사 교육을 위한 전제 조건이다.
6. 교원 양성 대학 교수진의 교사 교육자로서의 정체성을 강화해야 한다.
7. 교육 실습 제도의 개편은 교원 양성 체제 개혁의 맥점脈點이라 볼 수 있는 중요 사항이다.
8. 교원 전문성 기준을 제정하여 교원의 상, 역할, 전문성 신장의 방향을 정립해야 한다.
9. 전문성 기준에 기반하여 임용 시험 제도를 혁신해야 한다.
10. 생애사적 교원 성장의 관점에서 교원 승진 제도의 틀을 다시 짜야 한다.
11. 상치 교사를 없애기 위해서 교과의 교사 자격과 교원 양성 과정을 일치시켜야 한다.
12. 국가 교육과정과 교과서 개발 관행을 근본에서 재검토해야 한다.
13. 코로나19 팬데믹과 기후 위기 문제 등 위기를 다루는 교육 내용을 내폭 강화해야 한다.
14. 지방 소멸을 막기 위해서 '권역별 대학 정원 관리제(쿼터제)'와 '권역별 취업 할당제'라는 과감한 발상의 전환이 필요하다.

 내가 2020년 국가교육회의 숙의 과정에 전국교원양성대학교총장협의회 대표 자격으로 참여하였다는 것은 이미 언급했다. 사람의 능력에는 뚜렷한 한계가 있다. 예컨대, 국가 경제 체질 개선이나 부동산 문제의 해법에 대해서 나는 별로 아는 것이 없다. 그래서 천정

* 참고 문헌은 본문에서 언급된 경우가 많아서 꼭 필요한 경우가 아니면 생략하였다.

부지로 치솟아서 소시민과 노동자들을 끝도 없이 허탈하게 만드는 집값 상승 소식을 접할 때마다 정부와 해당 분야 전문가들은 무엇을 하는지 궁금증만 더해 간다. 그에 반해 교사 교육과 교원 양성 체제 개편은 내가 몸담은 홈그라운드가 아닌가? 그래서 책임 있게 발언하고 의미 있는 성과를 도출하고 싶었다. 그것이 지난 1년여 동안 시간을 내어서 이 주제를 공부한 이유이다. 소박하지만 이 책은 그 부끄러운 결실이다. 관련 문헌을 살펴보면서 나는 교사 교육과 교원 양성 체제 개편이라는 실용적인 목적에 비추어 볼 때 한국에 제대로 된 연구가 축적되지 않았다고 판단하게 되었다. 외국 문헌들이 우수하다고 소개하고 있지만, 한국의 기존 연구에는 그와 관련된 정보를 찾기 어려운 것들이 꽤 있었다.

 예컨대, 세계적으로 우수성을 인정받고 있는 싱가포르 국립교육원의 교사 양성 프로그램과 초경쟁적이기는 하지만 효율적으로 평가받는 싱가포르 교사 경력 사다리에 대한 구체적인 정보를 한국에서 구하기가 어려웠다. 핀란드 열풍이 10년 넘게 불고 있고 많은 사람이 핀란드를 직접 방문하고 있지만, 핀란드 예비 교사의 실습을 전적으로 담당하는 교사훈련학교teacher training school가 어떻게 운영되는지, 이 학교 교사가 되려면 2년가량 연수를 받아서 별도 자격증을 얻어야 한다는데 그런 연수 프로그램의 내용이 무엇인지 알 수가 없었다. 미국의 국립교육경제센터가 1200만 달러 ― 환율에 따라 다르지만, 130~150억 원 정도에 해당 ― 를 들여서 교장과 교육계 리더들을 위한 12~15개월짜리 교육 리더십 프로그램을 개발하고 20년 가까이 이를 개선하면서 운영하고 있다는 사실도 처음 알았다. 약간 부끄러운 일일지 모르지만, 미국의 교사 교육 분야 유명 학자 중 한 사람이 스탠퍼드 대학교의 달링 하몬드Darling-Hammond임을 이번에 알게 되었다. 외국의 유명 학자를 모르는 것이 무슨 문제이겠는가? 웬 사대주의적 발상이냐고 생각할 것 같다. 달링 하몬드가 중요한 것이 아니라, 이 학자가 주장하고 실행하는 내용이 한국의 교원 교육에도 시사하는 바가 적지 않기 때문이다. 공교육 체제의 보편성을 생각할 때 근대 공교육 체제를 극복하려는 외국의 우수한 성과를 비교 연구하는 것은 매우 중요하다. 그러나 우리는 그런 연구를 깊게 하지 못했다.

그래서 나는 이 책에 "갈라파고스 섬에 갇힌 한국의 교사와 교사 교육"이라는 제목을 붙이려고 했었다. 러프런과 해밀턴의 《교사 교육 국제 핸드북International handbook of teacher education》은 세계의 교사 교육 개혁 노력을 '기준, 최소 요구 조건, 책무성Standards, Minimum Requirements, and Accountability', '견고한 이론 기반Solid Theory Base', '교사 교육에 대한 대안적 루트Alternative Routes Into Teaching', '교과 내용 강조A Subject Emphasis', '공학의 강조A Technology Emphasis', '연구 기반 교사 교육Research-Based Teacher Education', '이론-실천 연계Theory-Practice Connection', '모집 및 입학 허가Recruitment and Admissions', '교사 교육자 : 선발, 훈련, 지원Teacher Educators: Selection, Training, and Support', '일관된 방향을 가진 점증적 개혁Incremental Reform in a Consistent Direction'의 열 가지로 제시하였다.*

* Loghran, J. & Hamiliton, M. L.(2016). Developing an understanding of teacher education. Loughran, J. & Hamilton, M. L.(eds)(2016). 앞의 책. pp. 294-302; cf. 제목이 실제 내용을 표상하지 못하는 경우가

우리나라 교육부와 교육계는 이런 동향을 얼마나 깊이 연구하고 우리나라 실정에 맞게 적용하려고 노력해 왔을까? 예컨대, 첫 번째로 언급된 교사와 교사 교육에 대한 전문성 수행 기준을 만들려는 노력 자체가 없었다. 기준에 미달하는 교사 교육의 대안적 루트를 허용하지 않는 것이 바람직하다는 세계의 개혁 동향과는 달리 교원 양성 개방화를 주장하는 경향도 여전히 강하다. 그런가 하면 교원 양성 대학 내실화의 핵심 요소인 교사 교육자의 자질 문제에 대해서는 문제의식 자체가 거의 없다. 그러니 갈라파고스 섬이 아니라고 할 수 있을까?

이제부터라도 근본적으로 사유하고 새롭게 실천해야 한다. 아래에서는 이를 위한 정책 과제를 제안해 보고자 한다. 제안하는 내용은 대개 본문에서 다루었던 내용을 정책적 함의 중심으로 다시 정리한 것이다. 새롭게 추가한 내용도 일부 있다. '정책 제안 13'의 "위기 대응 교육을 강화"하는 문제와 '정책 제안 14'의 "지방 소멸을 막기 위한 대응" 등이 그런 예이다. 본문에서는 다룰 수 없는 너무 큰 주제지만 정책 제안에는 꼭 담고 싶은 내용들이다. 이 제안을 통해서 교육 개혁을 위한 진지한 논의와 사회적 공론화가 이루어지고, 혁신적인 새로운 해결책이 나오기를 간절히 소망한다.

있어서 약간의 부연을 하겠다. '교사 교육에 대한 대안적 루트(Alternative Routes Into Teaching)'의 실제 내용은 교사 교육의 질을 떨어뜨리는 대안적 루트를 허용하는 것을 비판하는 내용이다. 국가가 체계적으로 교사 양성을 관리하는 핀란드 모델을 모범 사례로 예시하고 있다. 한편, '모집 및 입학 허가(Recruitment and Admissions)'는 대학 입시에서 엄격한 선발 과정을 거쳐서 교사 자질과 적성을 지닌 학생을 모집한다는 내용이다.

정책 제안 1

최소 30년을 내다보는 장기 계획을 세우고 일관성 있게 추진하자

"교육은 백년지대계"라는 말은 식상하다. 급변하는 세상에서 백년을 내다보는 계획은 실효성이 없다. 그러나 우리나라 교육 정책은 대개는 4~5년짜리에 불과하다. 여기서 4년은 교육감 임기를, 5년은 대통령 임기를 의미한다. 정치가들은 임기 내에 성과를 내야 한다. 그러다 보니 알맹이 빠진 전시성 정책이 남발될 수밖에 없다. 더 심각한 것은 4~5년짜리 정책조차 정권이 바뀌면 후임자에 의해서 말끔히 지워진다는 점이다. 개별 정책이 옳으냐 그르냐를 떠나서 교육 정책이 입안되고 실행되는 이런 생태계를 바꾸지 않으면 교육 개혁을 이루기 어렵다.

이런 교육 정책 생태계를 개선하고자 최근 「국가교육위원회 설치 및 운영에 관한 법률」이 만들어졌다. 국가교육위원회는 누가 집권하든 상관없이 일관되게 추진할 중장기 교육 정책의 틀을 짜는 역할을 맡는다. 새로 법이 통과되었으니 가 보지 않은 길이 열린 셈이다. 이에 대해 큰 우려와 기대가 동시에 교차하고 있다. 이왕 출발했으니 정말 잘되기를 희망한다. 그 시작은 위원 구성을 잘하는 일이다. 진영 논리에 매몰되지 않는 합리적인 사람, 좋은 의견이 있으면 언제라도 자기 의견을 철회할 수 있는 열린 사고를 하는 사람이 위원을 맡아야 한다. 또한, 우리 사회의 미래를 깊이 고민하고 공교육의 중요성을 철저히 자각하고 있는 인물이어야 한다. 다음 인용문은 핀란드 교육 개혁을 이끌었던 에르키 아호에 대한 기사이다. 핀란드보다 더 나은 교육의 미래를 꿈꾸는 마음으로 인용해 본다. 더 자세한 내용은 해당 기사를 찾아보라.

핀란드가 세계에 자랑할 만한 교육 제도를 갖추게 된 데는 20년 가까이 국가교육청장으로 재임하면서 교육 개혁을 진두지휘한 에르키 아호의 노력이 있었다. 교육 전문가 그룹으로 구성되는 국가교육청은 핵심 교육과정을 입안하는 등 초·중등교육에 대한 폭넓은 책임을 지는 기관으로 1960년대 이래 교육 개혁의 두뇌 구실을 해 왔다. 아호는 60년대 초 교육 개혁의 기초가 된 '그랜드 플랜'의 입안에 참여한 뒤 35살인 72년 교육청장에 취임해 91년 그 직에서 물러날 때까지 정당, 교사, 노조 등 교육 개혁과 관련된 모든 당사자들을 설득해 개혁의 우군으로 만들며 오늘날 핀란드 교육 모델의 틀을 만들어 냈다. 최근 한국을 방문한 그는 지난 20일 한겨레신문사 회의실에서 연 대담에서 개혁은 하루아침에 이뤄질 수는 없는 것이라며 시간이 걸리더라도 모든 관련 당사자들의 충분한 논의를 거치는 게 중요하다고 강조했다. 또 배움과 돌봄으로서의 교육이라는 철학을 발전시키고 경쟁을 줄여 나가는 방향으로 교육 개혁이 이뤄져야 할 것이라고 조언했다.[192]

정책 제안 2

모범적 교육 사례를
사례 조사 benchmarking 부터 철저히 하자

5장에서 미국의 국립교육경제센터가 교육계 리더를 위한 연수 프로그램을 개발하는 과정을 소개하였다. 프로그램의 개발 과정은 벤치마킹의 좋은 사례이다. 1999년 리더십 프로그램 개발을 의뢰받은 국립교육경제센터는 미국과 전 세계를 대상으로 참고할 만한 사례를 찾고자 했다. 그러나 만족할 만한 프로그램을 발견하지 못하였다. 이에 센터는 군대와 경영계 등 교육계 밖 다른 영역을 찾아 나선다. 그리고 하버드경영대학원의 프로그램 개발 과정을 참관하고 많은 도움을 얻는다. 여기서 아이디어를 얻어서 약 1200만 달러를 투자하여 2년에 걸쳐서 교장 리더십 프로그램을 개발한다. 프로그램은 그 후 계속 개선되어 오늘에 이르고 있다. 그 과정에는 다른 나라의 성공 사례에 대한 비교 분석에서 얻은 지혜가 꾸준히 반영되었다. 이 리더십 연수 개발 과정이 주는 교훈은 무엇인가? 선행 모범 사례에 관한 철저한 연구 없이 좋은 교육 시스템과 프로그램을 생산할 수 없다는 점이다. 좋은 연수 프로그램 하나를 개발하는 데도 상당한 비용과 노력이 필요함도 기억해야 한다.

물론, 우리도 나름대로(!) 노력을 해 왔다. 지난 십수 년 동안 얼마나 많은 사람이 핀란드를 비롯한 교육 선진국들을 방문했던가? 그런데 무엇을 배워 왔는지 문득 궁금하다. 관광 상품을 소비하듯이 보고 온 것은 아닐까? 방문 국가의 속살까지 깊이 고찰한 연구가 드물다. 모범 사례를 겉핥기만 해서는 안 된다. 아주 철저히 분석해야 한다. 참고로 국립교육경제센터 설립의 세 가지 중요 목적 중 하나가 '외국 우수 사례를 벤치마킹'하는 일이다. 센터 홈페이지에는 국제 성취도 시험에서 높은 학업 성취도를 보이는 10개국 교육이 체계적으로 정리되어 있다. 우리도 한국교육개발원이나 한국교육과정평가원 같은 국책 연구 기관에 해외 우수 사례만 깊게 연구하고 체계적으로 소개하는 독립 부서를 만들어야 한다. 구체적인 제안을 하나 더 하자면 모범적인 외국의 교육과정과 교과서를 번역해서 제공했으면 한다. 현장 교사들이 직접 해외 교육과정을 접하고 우리 교육과정을 개선하는 데 많은 도움이 될 것이다.

그리고 미국의 국립교육경제센터가 했던 것처럼 교장, 교육 행정가, 교육감 등을 위한 1년 이상의 체계적인 교육 리더십 연수 프로그램을 반드시 개발해야 한다. 교육 개혁에서 리더십의 역할은 아무리 강조해도 지나치지 않기 때문이다.

정책 제안 3

교원 양성 체제 개편의 큰 방향에 대한 공통 인식이 필요하다

흔히 교육 문제 해결에 정치나 경제 논리를 앞세우면 안 된다고들

한다. 거의 모든 교육자가 단골로 하는 말이다. 이 말은 자명하지만 공허하기도 하다. 현대 사회의 복잡한 문제를 해결하는 데 한 가지 변수만 고려할 수는 없다. 교육 문제의 해결도 교육뿐 아니라 정치, 경제, 사회, 문화 등 모든 요소를 고려해야 한다. 그러나 고차 방정식이라고 해서 모든 변수값이 동일한 가치를 지니지는 않는다. **그 점에서 교육 문제 해결에 교육 논리가 우선해야 한다는 말은 여전히 유효하다.** 교원 양성 체제 개편 문제도 마찬가지이다. 다양한 변수를 종합적으로 고려하되, 미래 사회에 적합한 교원 양성과 교원 전문성 신장이라는 본질적 목적을 망각해서는 안 된다.

그리고 개혁에 성공하기 위해서는 세세한 항목보다는 큰 그림을 볼 수 있어야 한다. 창공을 나는 매처럼 전체를 조망하는 안목이 필요하다. 예를 들어, 교육 실습이 잘 안 된다고 실습 기간을 연장하고, 학습자에 대한 이해가 부족하다고 관련 이수 학점을 늘리는 식의 접근은 단편적이다. 하나하나 따로 떼어 놓고 보면 합리적으로 보이는 것들을 패키지로 모은다고 개혁이 성공하는 것은 아니다. 전체는 부분의 합보다 크기 때문이다. 그러므로 전체 생태계를 조망할 수 있어야 한다. 우리는 어디에 서 있으며 어디로 향해 나아가야 하는지 같은 큰 질문이 필요하다.

이와 관련하여 11장에서 키친과 페트라르카가 구안한 교사 교육 접근법에 대한 삼차원 모델을 소개한 적이 있다. 이 모델에서 이론, 실천, 성찰이 유기적으로 결합된 ①번 위치가 가장 바람직한 교사 교육 모델이다. 내 판단에 우리나라 초등과 중등 교원 양성 교육의

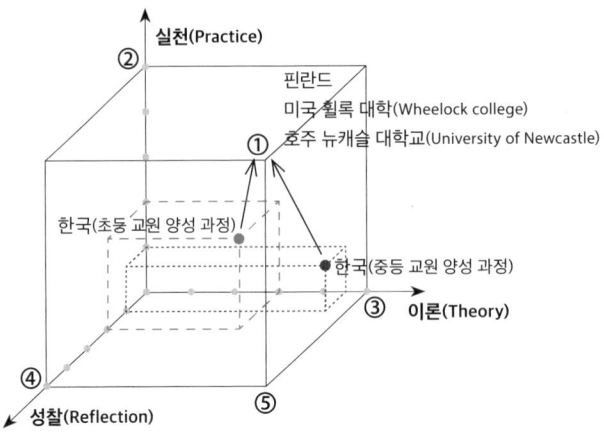

그림 9 교사 교육 접근법에 대한 삼차원 모델에서 한국 초·중등 교원 양성 과정의 위치

위치는 대략 〈그림 9〉와 같다. 초등이 중등보다는 훨씬 나은 교사 교육을 하고 있다는 것이 내 판단이다. 그러나 ①번 방향이 우리가 나아갈 지향점이라고 하면 초등과 중등 모두 개선해야 할 점이 많다.

이렇게 큰 그림을 그리고 개혁의 방향에 대한 공통 감각을 가질 필요가 있다. 그렇지 않으면 개혁이 산으로 간다. 예를 들어, 현장성이 부족하다고 실습 기간만 늘리는 것은 ③번에서 ②번으로 가는 것에 불과하다. 잉글랜드가 그런 예라고 언급한 바가 있다. 물론, 이 좌표축이 절대적인 것은 아니다. 우리 나름으로 개혁의 청사진을 새로 구안하면 더 좋을 수 있다. 그러나 세계 공교육이 공유하는 근대적 유사성을 고려할 때 이 분야의 핵심 연구자들이 어느 정도 동의하는 의견을 무시하는 것 또한 지혜롭지 못하다. **성공적 교사 교육 모**

델은 이론, 실천, 성찰이 유기적으로 연계되는 상호 협력의 네트워크를 만들어 가는 것이다. 그래야 질 높은 교원 확보와 평생 성장이라는 교원 양성 체제 개혁의 핵심 목적에서 이탈하지 않을 수 있다. 그것은 종국적으로 학생들의 학습권이 가장 잘 실현되도록 돕는 길이기도 하다.

정책 제안 4
자율과 협치가 조화되는 교육적 의사결정의 새로운 패러다임을 구축해야 한다

국가 차원의 교육에 관한 의사결정 방식도 다시 돌아봐야 한다. 우리나라는 너무 오랫동안 중앙 정부가 교육 현상에 시시콜콜 간섭해 왔다. 그 결과, 자율과 자치 능력의 빈곤을 초래하였다. 그래서 단위 학교는 작은 민원 하나만 발생해도 마비된다. 이러한 자율과 자치 능력의 부족은 모두를 불행하게 만든다. 단위 학교와 단위 교육지원청의 문제 해결 능력이 떨어지니 상급 기관이 바쁘다. 시·도교육청과 교육부의 많은 공무원은 제때 퇴근을 못 하는 것으로 알고 있다. 중앙 부서 공무원 대부분이 정시 출퇴근을 할 수 있어야 비로소 자율과 자치가 작동하는 사회가 아닐까?!

흔히 개혁을 말할 때 위로부터의 개혁에 반대하고 아래로부터의 개혁을 주장하는 목소리가 높다. 오랫동안 중앙 정부가 관료적으로 지배해 온 관행에 대한 반감이다. 그러나 각각의 개혁 방식은 나름의 강점과 약점을 지니고 있다. 아래로부터의 개혁은 자발성은 확보되나 확산에 시간이 오래 걸린다. 반면에 위로부터의 개혁은 통일성은 있으나 자발성을 끌어내기 어렵고 실적 위주의 왜곡된 결과로 이어지기 쉽다. 이에 대한 대안으로 최근 중간 집단의 역할이 주목받았다. 세계적 혁신교육학자 하그리브스와 브라운Andy Hargreaves & Henry Braun은 **중간 리더십**leading from the middle이라는 용어를 만들었다.[193] 많은 주목을 받은 캐나다 온타리오주의 학교 개혁 사례를 바탕으로 구안한 개념이다. 온타리오주는 지방 정부와 학구가 상당한 재량권을 가지고 개혁을 지원하는 가운데 중간급 지도자들이 협업을 통해서 괄목할 만한 학교 변화를 끌어냈다. 여기서 중간 리더들은 제도 전체의 목적과 아래로부터의 요구를 연결하는 중요한 역할을 하였다. 중간 리더란 누구일까? 교육계의 경우 국가 단위로 보면 교육감, 총장, 학장협의회 등을, 교육청 단위로 보면 교장이나 교육장협의회 등을, 학교 단위로 보면 부장이나 경력 교사 등을 예시할 수 있다. 앞으로 이런 중간 리더와 그 협의체의 역할이 훨씬 강화되어야 한다.

최근에 교육 자치가 강조되면서 우려되는 현상이 종종 발생하고 있음을 목격한다. 우리가 다 알아서 할 테니 상급 기관은 간섭하지 말라는 태도 말이다. 그렇게 해서는 좋은 성과를 거둘 수 없다. **자율과 자치 못지않게 중요한 것이 협력과 협치이다.** 특히, 열린 마음으로 함께하는 정신을 잃어버려서는 절대 성공할 수 없다. 그래서 미국 국립교육경제센터의 터커는 "**Leading the Revolution: From the**

Bottom, the Middle, and the Top"이라는 말로, **위에서, 중간에서, 아래로부터의 총체적 개혁을 강조하였다.** 중앙 정부, 중간 조직, 풀뿌리가 제 역할을 충실하게 하면서 상호 협력해야 한다는 말이다. 중앙 정부는 큰 방향을 정하고 제대로 지원해야 한다. 중간 조직은 자율과 협치의 토대를 튼실하게 구축해야 한다. 풀뿌리 현장은 현실에 적합한 실천 모델을 끊임없이 창조하고 그 결과를 함께 소통해야 한다. 이런 시스템이 작동하면 우리 교육은 단기간에 놀랍게 바뀔 것이다. 나는 그런 미래를 꿈꾼다.

정책 제안 5

교원 양성 대학의 정원 관리는 질 높은 교사 교육을 위한 전제 조건이다

국방, 복지, 교육, 의료 등 공공재의 성격이 강한 영역일수록 적절한 정원 관리가 필수적이다. 시장 원리에 맡겨서는 공공재를 제대로 공급하기 어렵기 때문이다. 그래서 교사, 의료인, 법조인 등은 관계 법령에 따라서 정원을 국가가 어느 정도 관리하고 있다. 그런데 중등 교사의 경우에는 법령과 관계없이 몇십 년 동안 정원 관리에 실패하고 있다. 초기의 양적 확대라는 구조적인 문제를 해결하지 못하고 있기 때문이다. 정원 관리의 실패는 임용 경쟁률을 높여서 중등 교사 지망생들을 괴롭히는 개인적 문제로 끝나지 않는다.

그것은 목적형 교원 양성 체제 자체의 부실로 이어진다. 좋은 교사를 양성하기 위한 교육과정 운영이 매우 어려워지기 때문이다. 오늘날 사범대학을 포함하여 모든 중등 교원 양성 기관은 (준)임용 고시 학원화되었다. 21세기 교사들이 인터넷 강의나 임용 고시 학원과 같은 사교육의 세례를 받고 교사로 배출된다. 공교육의 교사가 담당하는 역할의 중요성을 고려할 때 이런 현실은 더는 방치되어서는 안 된다.

〈그림 10〉은 '국가의 노동 시장 개입 수준'과 '교육-자격-일 연계 수준'을 축으로 하여 여러 직업군을 좌표축에 위치시켜 본 것이다.* 이렇게 여러 직업군을 배치해 놓고 보면 각각의 직업군의 특성을 비교적 객관적으로 조망할 수 있다.

교직은 공교육 체제에서 학생들의 학습과 성장을 담당하는 공적 과업을 수행한다. 따라서 **이에 적합한 전문성을 갖추도록 교육-자격-일 연계 수준을 강화하고 국가가 일정하게 정원을 조절하는 것이 필수적이다.** 교사 교육이 잘되고 있는 나라들도 그렇게 하고 있다. 사실 교직의 전문화 과정은 역사적으로 보면 "내용만 잘 알면 잘 가르칠 수 있다"는 사회적 편견과 싸우는 지난한 과정이었다. 세계적으로 호평받는 핀란드 교사 교육을 비롯한 몇몇 사례들은 그런 편견을 성공적으로 극복한 모델들이다. 그런 나라의 학습자들은 자신의 역량을 최대한 발휘할 수 있는 양질의 교육 환경 속에서 성장한다. 한국

* 이 그림은 우리 대학 실과교육과의 이종범 교수가 나와 논의하면서 작성해 준 것이다. 지면을 통해서 적합한 아이디어를 제공해 준 진로교육 전문가의 도움에 감사를 표한다.

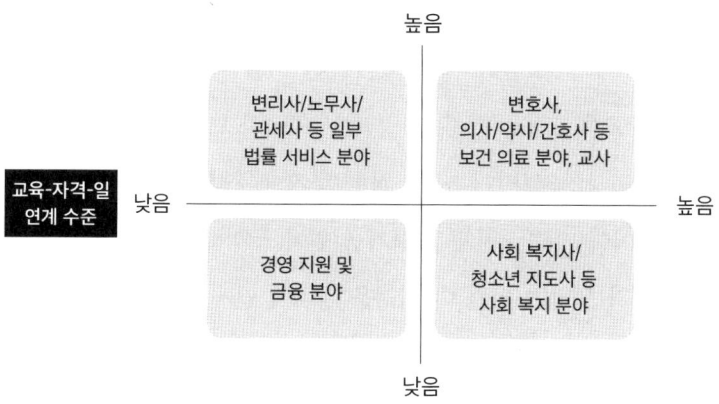

※ 교사의 위치는 교원의 직업적 특수성(전문성, 자치성, 공공성) 및 교사 교육의 현장성과 전문성의 강화를 통해서 교원 자격 관리를 엄격하게 하려는 선도 국가들의 노력을 반영한 위치임

그림 10 여러 직업군의 특성과 교사의 직업적 위상

도 그런 교육 환경을 창조할 수 있는 역량 있는 교사를 제대로 길러 내야 한다. 앞에서도 여러 번 언급했듯이 초등학교와 중등학교 교사는 "모든 국민은 그 보호하는 자녀에게 적어도 초등교육과 법률이 정하는 교육을 받게 할 의무를 진다"라는 헌법 제31조 제2항을 실현하는 특수한 임무를 담당하고 있다. 따라서 국가는 공공성과 책무성을 지닌 교사를 제대로 양성하는 데 지금보다 몇 배는 관심을 기울여야 한다. 그 출발은 적정한 인원을 선발하여 제대로 교육하는 체계를 갖추는 것에서 시작된다.

구체적으로 초등 교사의 경우 1.1~1.3배, 중등 교사의 경우 1.3~1.5배정도의 임용 경쟁률을 유지하는 것이 적정한 정원 관리 범위라고 본다. 중등을 다소 높게 잡은 것은 다른 분야로의 진출 가능성 차이를 고려한 것이다. 이 정도 범위 내에 있어야만 지금과 같은 임용 시험이 아니라 대학 교육과정을 통해서 길러지는 교사 수행 역량 평가 위주의 교사 임용이 가능해진다. 수행 역량 평가에 관해서는 아래에서 다시 설명할 것이다. 한편, **현재 학령기 인원이 급격하게 줄고 있으므로 적정 정원 관리 문제는 훨씬 더 어려운 정치적 난제가 되어 가고 있다. 그럴수록 합리적인 중장기 전망하에 지혜롭게 미래 정원 관리의 청사진을 미리 마련해야 한다.**

정책 제안 6

교원 양성 대학 교수진의 교사 교육자로서의 정체성을 강화해야 한다

교원 양성 대학의 교수진이 어떤 자질을 지녀야 하는지에 대한 깊은 고민과 성찰이 필요하다. 앞에서 언급했듯이 교사 교육 개혁에 관한 여러 연구가 교원 양성 대학 교수진의 '교사 교육자'로서의 정체성을 강화해야 한다고 주장한다. 한국은 이 사안의 중요성에 관한 관심이 너무 부족하다. **"교사 교육자"라는 용어조차 한국에서는 거의 사용되지 않는다. 용어가 거의 사용되지 않는다는 것이 무엇을 의미하는지 생각해 보라. 개념이 없으면 현상도 없다.**

사회학, 정치학을 전공한 학자가 사범대학에 자리를 잡고서는 20~30년 동안 사회대학 교수와 하등 다를 바 없는 활동만 한다면 교사 교육자라고 볼 수 없다. 그런데 우리나라 중등 교원 양성 교육 기관에는 그런 학자가 너무 많다. 생물학, 화학, 물리학을 전공하고 자연대학이 아니라 사범대학에 자리를 잡은 교수들도 마찬가지이다. 적어도 성찰적 학자라면 자기가 소속된 맥락에 대한 감수성을 가져야 한다. 내용학 교수의 숫자를 줄이자는 이야기가 아니다. 사범대학에는 많은 내용학 교수들이 필요하다. 내용학 교수들이 교사 교육자로서의 정체성이 없는 것이 문제이다. 교원 양성 대학에서 배우는 내용이 현장에서 쓸모가 없다는 비판을 근원적으로 해결하기 위해서는 이 문제를 해결해야 한다.

외국의 교원 양성 대학 교수진의 비율과 역할에 관한 진지한 연구가 필요하다. 그리고 우리 교육의 현실을 고려한 한국적 해법을 찾아야 한다. **필요하면 법학전문대학원처럼 현장 경력을 지닌 실무형 교수를 일정 비율로 임용하는 것을 법제화해야 한다. 양성 대학의 교수가 주기적으로 교육 현장을 방문하고 연구하는 것을 어느 정도 강제할 필요도 있다.** 이와 함께 현장의 교사 전문가들과의 광범위하고 긴밀한 협력도 강화해야 한다. 그것이 가능하도록 지원도 아끼지 않아야 한다. 채찍과 당근을 둘 다 동원해야 할 만큼, 이 사안은 중요한 문제이다. 물론, 모든 교수진의 역할이 똑같아야 하는 것은 아니다. 대학을 연구 중심 대학과 교육 중심 대학으로 구분하는 것처럼 교수진도 다양한 트랙으로 나누어서 서로 구분되는 역할을 맡도록 하는 것도 하나의 대안이 될 수 있다. 다만, 교원 양성 기관이라면 교사 교육자라는 정체성은 모든 교수에게 어떤 식으로든 필요하다. **최소한 자기 강의가 미래의 교사에게 모범이 될 수 있어야 한다는 문제의식조차 없다면 교사 교육자로서의 자질이 없다.**

정책 제안 7

교육 실습 제도의 개편은 교원 양성 체제 개혁의 맥점脈點이라 볼 수 있는 중요 사항이다

교육 실습 제도를 개혁하는 일은 단순히 실습 제도를 개선하는 데서 그치지 않는다. 외국의 좋은 교사 양성 체제들이 왜 실습 기간도 늘리고 교육청, 대학, 학교가 함께하는 협력 체제, 즉 **교육실습학습공동체**practicum learning communities를 구축하려고 노력하고 있을까? **이는 교육 실습이 연구자, 예비 교사, 현장 교사, 교육 행정가가 만나서 공동의 발전을 모색할 수 있는 좋은 인터스페이스가 되기 때문이다.** 교육 실습은 대학, 학교, 교사, 교육청을 함께 변화시킬 수 있는 협력의 장을 제공한다.

듀이(1904)가 교육 실습 접근법을 도제 모델과 실험실 모델로 구분하고 후자를 옹호했음은 본문에서 이미 언급했다. 듀이의 아이디어는 후대 학자들에 의해 대학과 현장이 협력하여 예비 교사를 함께 돌보는 상호 협력적 학습공동체 모델로 발전했다. 해외 동향을 보면 이런 학습공동체 모델은 다양하게 발전하고 있다. 나라에 따라 핀란드의 '사범학교 normmalikoulu', 네덜란드의 '학술훈련학교 academische opleidingsscholen', 미국 홈즈 파트너십의 '전문성개발학교 professional development schools', 미국의 '전문성실천학교 professional practice schools' 혹은 '임상학교 clinical schools', 잉글랜드에서 제안된 '대학훈련학교 university training schools', 스코틀랜드의 '허브 학교 hub schools' 등이 그런 사례이다.

다른 나라의 교육 실습 기간은 얼마나 될까? 미국이 평균 12~16주, 영국이 24~32주, 독일이 1년, 프랑스 30주(대체로 1년), 핀란드 1년 정도이다. 우리나라 중등 교원 양성 체제는 수십 년째 4주 실습에 그치고 있다. 그것도 대학이 거의 관여하지 않는 위탁형 실습이다. 초등은 9~10주 정도 실습을 하며 대학과 현장의 연계도 중등보다 조금 더 나은 편이다. 그러나 국제적인 동향을 따라가지는 못하고 있다. 따라서 실습 기간도 연장하고 위탁형 실습 관행도 개선해야 한다. 그런데 **굳이 우선순위를 따지자면 실습 기간 연장보다 훨씬 더 중요한 것은 상호 협력적 교육 실습 생태계를 구축하는 일이다.**

교육 실습이 잘 이루어지는 나라들을 보면 상당한 기간 일관된 방향을 향해 서서히 시스템을 정비해 갔다. 여러 기관 간의 협력은 준비가 많이 필요한 고차 방정식을 푸는 일이기 때문이다. 몇 가지만 예시해 보자. 교육 실습을 담당할 수 있는 능력을 지닌 교사를 양성해야 한다. 현장과 밀접하게 관계를 유지하면서 예비 교사의 성장을 돌보는 새로운 유형의 교수진을 확보하거나 훈련해야 한다.

전문학습공동체 문화가 잘 정착된 실습 협력 학교를 발굴하거나 육성해야 한다. 이 모든 일은 노력과 비용이 드는 일이다. 필요한 재정을 과감하게 투자해야 한다. 다만, 중등 교원 양성 체제의 경우 적절한 정원 조정이 개혁으로 나아가기 위한 전제 조건임을 다시 강조한다.

이와 더불어 대학 부설학교의 실질적인 역할과 기능을 강화해야 한다. 나는 학교 혁신의 바람이 불었던 지난 십수 년 동안에 **의미 있는 교육 혁신이 대학 부설 초·중등학교에서 일어났다는 기사를 거의 접한 적이 없다. 이는 부설학교만의 문제가 아니라 현장과 관계를 맺지 않는 교원 양성 대학의 무능력을 보여 주는 상징적인 지표이다.** 학교장의 민주적 리더십과 학교 운영, 전문적이고 지속적인 교사학습공동체, 상시 수업 공개 문화와 협력적 수업 연구, 학부모와 지역 사회와의 투명하고 열린 소통, 수준 높은 학생 자치와 학생 문화를 갖춘 대학 부설학교가 몇 개나 있을까? 21세기에 적지 않은 국립 대학교 부설학교들이 아직도 전근대적인 서열과 연차 문화에서 벗어나지 못하고 있다. 부설학교 바깥의 교사들에게는 점수를 따서 승진하기 위해서 가는 학교로 인식되고 있다. 그리고 대학과 부설학교의 생산적이고 지속적인 협력은 거의 이루어지지 않고 있다. 놀라운 사실은 이런 부설학교의 운영 실태와 문화에 대한 제대로 된 학술 연구조차 거의 없다는 점이다. 교원 양성 대학 부설학교의 혁신은 우리나라 교원 양성 대학이 현장에 관심을 가지고 거듭나는지를 판단할 리트머스 시험지이다. 교육 당국도 마찬가지이다. 교육부는 거창한 교육

제도의 도입에 우선순위를 두기 이전에 이런 기본부터 점검하고 지원책을 제대로 마련하는 것이 옳다. 언론이 전혀 관심을 기울일 것 같지 않은 이런 작지만 중요한 개혁들이 쌓여야 비로소 한국 교육의 모습이 바뀔 수 있는 동력이 생겨날 것이다. 의대는 있는데 부속 병원이 없는 의학 교육은 상상할 수 없고, 의대 교수가 가 보지도 않는 부속 병원의 진단과 치료는 상상도 할 수 없다. 그러나 그것이 많은 교원 양성 대학과 부설학교의 부끄러운 자화상이다.

정책 제안 8
교원 전문성 기준을 제정하여 교원의 상, 역할, 전문성 신장의 방향을 정립해야 한다

앞서 소개한 《교사 교육 국제 핸드북》에 수록된 〈세계의 교사 교육 개혁 노력들〉에는 열 가지 정도의 개혁 동향이 제시되어 있다. 여기서 첫 번째 언급되는 것이 '기준, 최소 요구 조건, 책무성Standards, Minimum Requirements, and Accountability'이다. '교사 교육을 위한 명시적 기준 explicit standards for teacher education'을 설정하는 것이 세계적 추세이다. 이 기준은 우리나라에서처럼 학교 소개 책자나 총장실 벽에 걸려 있는 미사여구가 아니다. 교사 교육 프로그램을 설계·운영·관리하는 실제적 지침으로 활용되고 있다. 이런 **세계적 추세를 반영하여 우리나라도 예비 교사를 위한 전문성 기준을 만들어야 한다.** 그리고 신중한 연구와 검토를 거쳐서 교원의 생애사적 발달 단계에 상응하는 전문성 기준도 제정해야 한다. 수석교사, 교감, 교장의 전문성 기준이 별도로 필요한 것은 당연하다. 이미 본문에서 언급했듯이, 한국교육개발원의 정책 보고서도 "교원 양성 체제의 질 관리 체제 확립과 교원 전문성 제고를 위해서는 교원이 '가르치는 일에 전념'할 수 있도록 핵심 업무를 규정하는 국가 수준의 종합적인 전문성 수행 기준이 최우선적으로 개발될 필요가 있다"라고 제언하였다.

기준, 최소 요구 조건, 책무성이 서로 결합하여 있는 점도 주목할 필요가 있다. 이 조합은 정부, 대학, 지역 교육청 등의 역할 분담과 관련하여서도 좋은 시사점을 제공해 준다. 중앙 정부는 기준, 최소 요구 조건 등 큰 그림을 그리는 역할에 집중해야 한다. 그 내용을 실제로 구현하는 일은 다양한 교육 주체들의 자율과 협치에 위임하는 것이 바람직하다. 오랫동안 우리 정부는 그렇게 하지 않고 시시콜콜 간섭해 왔다. 헌법상 자율성이 보장되는 대학에도 무슨 교과를 만들라는 공문을 내려보내는 식이다. 초·중·고등학교보다는 좀 덜할지 모르지만, 대학도 정부의 관료적 통제의 대상이었다. 대학은 대개는 이에 대해서 보수적이고 타율적으로 반응해 왔다. 이런 양자의 상호 되먹임 관계가 자질구레한 것까지 요구하는 정부와 마지못해 따르는 흉내만 내는 타율적 대학이라는 슬픈 풍경화를 만들어 냈다. 이런 관행을 함께 바꾸어 가야 한다. 정부는 큰 방향을 제대로 제시하는 지혜를 발휘하고, 대학은 스스로 개혁하는 조직이 되어야 한다. 어디 정부와 대학의 관계뿐이겠는가? 모든 조직 상호 간에 자율과 협치의 문화에 기반한 새로운 관계 설정이 필요하다.

정책 제안 9

전문성 기준에 기반하여
임용 시험 제도를 혁신해야 한다

나는 10여 년 전부터 수업 전문성 관련 연수를 많이 해 왔다. 그러면서 항상 딜레마를 느낀다. 학생 참여 수업, 협력 중심 수업, 구성주의적 수업으로 패러다임이 바뀌고 있다는 내용을 강의식으로 전달해야 하기 때문이다. **딜레마의 본질은 내용과 형식의 불일치이다. 현재의 임용 시험 제도도 유사한 딜레마를 안고 있다. 길러 내야 할 교사상과 임용 시험에서 검증하는 교사 능력이 일치하지 않는 것이다.**

몇 년 전부터 교사 사회에는 '교수평일체화'라는 말이 유행어가 되었다. 교육과정, 수업, 평가가 상호 모순되지 않고 일관성 있게 연결되어야 한다는 의미이다. 교육과정은 역량 중심으로 되어 있는데 수업은 교사 주도의 강의식이고, 평가는 상대 평가 중심의 지필 고사라면 각 요소가 일치하지 않는다. 교원 양성 과정의 임용 시험 자체가 그런 모순을 안고 있다. 그러니 교육과정, 수업, 평가를 일체화시킬 역량을 지닌 교사를 어떻게 양성할 수 있겠는가?

일체화가 잘 되어 있는 프로그램을 하나 소개하겠다. 내가 2014년 연구년 동안 미국 캘리포니아 주립 대학교 산타바바라에서 경험한 사례이다. 이 대학은 교사 전문성 기준에 기반하여 교원 양성을 한다. 여기서 기준은 캘리포니아주 정부가 만든 것이다. 기준 standards이라는 개념에 대한 이해를 돕고자 핵심 내용 일부를 소개한다. 참고로 미국은 교사 교육의 질이 전체적으로 낮다. 그러나 곳곳에 우수한 프로그램도 적지 않다.

〈표 12〉는 '2009 캘리포니아 교사 전문성 기준'의 여섯 개 대항목이다. 각각의 대항목에는 세부 기준들이 있다. 예컨대, 기준 1 '모든 학습자의 학습 참여와 학습을 지원하기'에 해당하는 하위 요소는 '학습자들이 학습에 참여할 수 있도록 학습자들에 대한 지식을 활용하기', '학습을 학습자의 이전 경험, 배경 지식, 삶의 경험, 흥미와 연결하기', '교과 내용을 의미 있는 실제 삶의 맥락과 연결하기', '학생

표 12 2009 캘리포니아 교사 전문성 기준(California standards for the teaching profession(CSTP) 2009)

기준 1 : 모든 학습자의 학습 참여와 학습을 지원하기(engaging & supporting all students in learning)
기준 2 : 학습자의 학습을 위해서 효과적인 환경을 조성하고 유지하기(creating & maintaining effective environments for student learning)
기준 3 : 학습자의 학습을 위해 교과 내용을 이해하고 조직하기(understanding & organizing subject matter for student learning)
기준 4 : 모든 학생들을 위해서 교수 계획을 하고 학습 경험을 디자인하기(planning instruction and designing learning experiences for all students)
기준 5 : 학습을 위해 학생들을 평가하기(assessing students for learning)
기준 6 : 전문적인 교육자로 성장하기(developing as a professional educator)

들의 다양한 학습 욕구를 충족시키기 위해서 다양한 교수적 전략, 자원, 공학을 활용하기', '탐구, 문제 해결, 성찰을 통해서 비판적 사고를 증진하기', '가르치는 동안에 학생의 학습을 점검하여 교수 활동을 조절하기'의 여섯 가지이다. 이 기준들은 장식적인 것이 아니다. 대학의 예비 교사 양성 프로그램에 실질적으로 활용된다. 구체적인 예를 하나만 들어 보겠다. 예비 교사들은 졸업 요건 중 하나로 다양한 포트폴리오를 제출하여야 한다. 졸업 포트폴리오에는 '캘리포니아 교사 전문성 기준'과 관련하여 자신의 학습 경험과 전문성을 다양한 형태로 증명하는 예시 자료들이 포함된다. 그중 하나가 자격 인증 포트폴리오 내러티브credential portfolio narratives이다. 이 내러티브는 자신의 교육 실습 경험을 바탕으로 교수 기준teaching standards에 비추어 자신이 학습한 바를 증명하는 이야기로 구성된다. 미국은 많은 주에서 교사 임용을 위한 자격 시험도 edTPAteacher Performance Assessment*라는 수행 평가 방식으로 변화하고 있다. edTPA는 스탠퍼드 대학교 연구진Stanford Center for Assessment, Learning and Equity과 미국교사교육협회American Association of Colleges for Teacher Education: AACTE가 함께 예비 교사의 평가를 위해 개발하였다. edTPA의 개발 목적은 예비 교사가 교실 현장에서 다양한 학생 수준과 환경에 능동적으로 대처하면서 효과적으로 가르칠 준비가 되어 있는지 평가하기 위함이다.[194] 2021년 8월 기준으로 41개 주와 워싱턴 D.C.에서 채택되고 있다. 자세한 설명은 생략한다. **우리 임용 시험 제도의 개선**

* www.edtpa.com/Home.aspx. 스탠퍼드 대학교에서 개발한 이 평가 모델은 수행 능력을 기준으로 교사 자격을 부여하는 것으로 벤치마킹해야 할 좋은 사례이다.

을 위해 반드시 검토해야 할 모델이다.

정책 제안 10
생애사적 교원 성장의 관점에서
교원 승진 제도의 틀을 다시 짜야 한다

교장이 되기 위한 경쟁이 상당히 치열하다. 교장은 학교 관리, 교사 감독, 학교 시설 유지에 책임이 있다. 교감은 교장을 보좌한다. 한국에서는 일반적으로 교장들과 교감들이 수업을 하지 않는다.[195](강조는 필자)

이 인용문은 이미 소개한 미국의 국립교육경제센터 홈페이지에 소개된 한국 관련 내용 중 일부이다. 왜 한국 교장과 교감은 일반적으로 수업을 하지 않는다고 명시하고 있을까? 학교 관리자가 되면 당연히 수업하지 않는 것이 아닌가? 국제 비교 연구를 전문으로 하는 이 연구소가 굳이 이 문장을 기록하고 있는 이유가 무엇일까? 교장과 교감이 수업하지 않는 것이 특별히 언급해야 할 사항이라고 보기 때문이 아닌가? 학교 관리자의 임무와 역할 수행에 대한 좀 더 광범위한 비교 연구가 필요한 대목이다. 정작 내가 부끄럽게 생각한 것은 "교장이 되기 위한 경쟁이 상당히 치열하다"라는 문장이다. 5장에서 소개한 이성우의 글을 읽어 본 독자들은 왜 내가 이런 감정을 느끼는지 알 것이다. 한국의 교장 승진 제도에 대한 기존 논의는 교장을 누가 해야 하는가 하는 좁은 문제 설정에 빠져 있다. 한국교총은 기득권을 대변하여 아무런 대안을 내놓지 않고 전교조는 다소 낡은 민주화 담론에서 벗어나지 못하고 있다. 그나마 몇몇 시·도교육청의 논의가 좀 더 진전된 것이나 아직은 교원의 생애사적 성장이라는 관점과는 거리가 멀다.

여기서 질적 연구자인 내가 파악하고 있는 우리나라 교원의 성장 경로를 거칠게 다시 요약해 보겠다. 우수한 학생들이 교원 양성 기관에 입학한다. 그러나 여러 가지 이유로 대개는 부실한 교사 교육을 받고 임용된다. 첫 발령을 받으면 엄청나게 헤매다가, 2~3년 차가 되면 대개는 적응한다. 기본적인 역량이 뛰어나기 때문이다. 그러나 주변의 도움을 받지 못하고 혼자서 외롭게 문제를 해결해야 한다. 그렇게 15년 차 정도에서 전문성의 정점을 기록한다. 그다음부터는 서서히 내리막길이다. 교육과정도 교수-학습 경향도 바뀐다. 무엇보다 학생들과 세대 차가 나기 시작한다. 수업이 슬슬 힘들다. 이때부터 다른 경로를 고민하기 시작한다. 전문직 시험을 볼까? 승진 점수를 쌓아서 관리자가 될까? 아니면 조용히 있다가 명퇴할까? 교사학습공동체에 참가하여 열심히 연구하면서 스스로 전문성을 계속 쌓아 가는 교사의 비율은 후하게 잡아도 20%를 넘어서지 않는다. 어떤가? 내가 한국 교사 사회를 너무 깎아내리고 있는가? 그렇다면 대답해 보라. 자신의 수업을 동료에게도 공개하기를 꺼리는 교사들이 압도적 다수인 교직 문화에서 어떻게 전문성 신장이 가능한지? 왜 한국에는 교장이 되고 싶어 하는 사람이 그렇게 많은지? 왜 국제적으로 공신력 있는 TALIS 같은 조사에서 한국 교사들의 자기 효능감이 비교 대상 국가의 평균보다 낮은지? 뛰어난 인재들의 역량은 다 어디로 갔을까?

나는 교원의 생애사적 성장이라는 관점에서 교원 승진 제도의 틀이 근본적으로 재설계되어야 한다고 본다. 그것이 교원 신뢰를 기반으로 하는 핀란드형 모델인지, 아니면 과학적이고 체계적이지만 초경쟁에 기반한 싱가포르형 모델인지는 내가 결정할 일은 아니다. 우리 사회가 진지하게 고민하고 지혜를 모아서 방향을 정해야 한다. 내가 보고 싶은 교직 사회는 승진하지 못한 고경력 교사들이 모멸감을 느끼고 뒷방 늙은이 취급을 당하는 그런 문화를 가진 곳이 아니다. 정년을 맞이하는 모든 교원이 교사로서 전문성 개발의 정점에서 학생들과 동료들로부터 박수를 받으며 아쉽게 교문을 나서는 그런 훈훈한 미래를 나는 꿈꾼다.

정책 제안 11
상치 교사를 없애기 위해서 교과의 교사 자격과 교원 양성 과정을 일치시켜야 한다

이 개혁 과제는 지금까지 열거한 개혁 과제들과는 결이 좀 다르다. 그러나 해결해야 할 정말 중요한 문제 중 하나이다. 앞에서도 언급했지만, 한마디로 상치 교사부터 없애야 한다. 21세기에 아직도 상치 교사가 있다는 말이 이해가 안 되는 사람들도 있을 것이다. 그런데 중등학교 사회, 과학, 기술·가정 교사가 그렇다. 국가 교육과정에서 사회과, 과학과, 기술·가정 교과는 하나의 독립 교과이다. 「초·중등교육법 시행령」 제43조에도 교과 명칭이 명시되어 있다. 당연히 교사 자격도 그에 일치되게 발급해야 옳다. 그런데 지난 수십 년 동안 중등 교원 양성 기관은 그렇게 하지 않았다. 사회 영역에서는 역사, 지리, 일반사회 교사, 과학 영역에서는 물리, 화학, 생물, 지구과학 교사, 기술·가정 교과는 기술과 가정 교사를 분리하여 길러 왔다. 역사, 지리, 일반사회, 물리, 화학, 생물, 지구과학, 기술·가정은 전문 용어로 하면 교과가 아니라 과목이다. 이런 교과와 교사 자격의 불일치로 인해 교사들은 자기 전공이 아닌 영역을 가르치면서 쩔쩔매고 학생들은 학생대로 학습 결손을 당했다. 물론, 학생들의 피해가 가장 컸다.

최근 교육부의 개혁안을 보면 **다교과多敎科를 가르칠 수 있는 역량**을 강조하고 있다. 교육과정이 융합과 주제 중심으로 변하는 시대에 싫어도 가야 할 방향이라 생각한다. 그러려면 그 첫 단계로 교육과정과 교사 자격이 일치하지 않는 교과의 자격 문제부터 해결해야 한다. 이 문제를 해결하는 일은 무척 어려워 보인다. 학문 중심으로 분화된 중등 교원 양성 대학의 기득권을 넘어서야 하기 때문이다. 그러나 적어도 임시적인 해결책은 그다지 복잡하지 않다. 교육부와 시·도교육청이 이 분야의 임용 인원을 과목으로 쪼개지 않고 교과로 종합해서 산정하면 된다. 분과주의가 강한 사범대학의 학과 통합을 요구할 필요도 없다. 예컨대, 물리, 화학, 생물, 지구과학 분야를 일정 과목 이상 균등하게 듣고, 관련 교과 교육학 강좌를 이수하지 않으면 과학 교사 자격을 부여하지 않으면 된다. 여기에 자신이 더 전공하고 싶은 세부 과목은 교육대학교처럼 심화 전공으로 이수하면 된다. 사회 교과 영역도 마찬가지이다. 이렇게 한 20년이 경과하면 분리된 과목에 자신의 정체성을 정초한 교사가 아니라 **교과에 정체성을 귀속하는 교사**들이 늘어날 것이다. 그렇게 되어야만 대학의 학문적 기득권으로부터 분리되는 현장의 제어 기제가 생길 것이다.

만약, 해당 영역 교사와 학문공동체가 이런 제안을 받아들이고 싶지 않으면 과목을 교과로 만들라. 그러나 현재까지의 경험을 보면 이는 불가능할 뿐 아니라 바람직한 방향도 아니다. 만약 과목을 모두 교과로 만들면 앞으로 영역 확장을 위한 이기적 싸움은 더 격렬하게 일어날 것이다. 그리고 그 길이 학생들을 위하는 길은 아님을 분명히 해 두고자 한다. 특히 중학교 학생들을 생각하면 이 문제를 오랫동안 내버려 둔 교육 당국의 책임이 크다. 사족이지만 이 문제가 해결되는 날 사범대학의 교원 양성 대학으로서 정체성 문제도 해결의 실마리가 보일 것이다. 차제에 예컨대, **교사 자격과 관련하여 '담임 교사(유·초)→교과별 교사(중학교 및 고교 공통 과목)→과목별 교사(고교 선택 과목)' 등과 같은 큰 원칙부터 분명히 해야 한다.*** 그리고 적어도 상치 교사를 양성해서는 안 된다는 것은 너무나도 당연한 원칙이다.

* 이 문장은 경인교육대학교 김창원 총장이 제안해 준 아이디어임을 밝혀 둔다.

나는 중장기적으로는 중학교의 경우는 교과를 넘어서서 '교과군' 단위로 교사 자격 — 예컨대, 사회·윤리 교사 자격 — 을 부여하는 것이 더 바람직하다고 본다.

더 근본적으로는 20대 혹은 30대 초반에 특정 전공을 공부하고 그것을 30~40년 동안 가르치겠다는 현재의 낡은 시스템을 근본에서 재검토해야 한다고 본다. 사회의 변화 속도를 고려할 때 이런 낡은 체제는 더 이상 정당화되기 어렵다. 이 문제를 해결하기 위해서는 자신의 전공을 넘어서 크로스 오버cross over를 할 수 있는 합리적인 재교육 방안을 마련해야 한다. 현재는 「임시교원양성소 규정」이라는 아주 낡은 규정에 기반하여 교사의 전공을 바꾸는 재교육이 이루어지고 있다. 이런 제도는 근본적으로 재검토되어야 한다. 한 가지 더 언급할 것은 낡은 시스템의 문제가 초·중등교육뿐 아니라 대학교육에도 해당하는 문제라는 점이다. 자신이 특정한 시기에 얻은 박사 학위 전공을 평생 가르칠 수 있는 시대는 저물고 있다. 따라서 대학 교수의 재교육 문제도 새로운 시스템이 필요하다. 현재 사립 대학들에서는 새로운 전공 신설이 활발하다. 그런데 그에 필요한 교수는 어떻게 충원될까? 이 문제 또한 제대로 공론화된 적이 없다. 제대로 된 대학이라면 새로운 전공을 충원하거나 기존 교원들을 충실히 재교육시킬 것이다. 그러나 많은 경우는 그렇게 하지 않는다. 그래서 학생들은 이름만 보고 최첨단 전공을 선택했는데 준비가 제대로 갖추어진 교육을 받지 못하는 경우가 허다하다. 이런 문제를 총체적으로 점검하는 평생 교육적 개혁이 각 학교 급마다 필요하다.

정책 제안 12

국가 교육과정과 교과서 개발 관행을 근본에서 재검토해야 한다

7장에서 이 문제를 집중적으로 다루었다. 수시부분 개정의 원래 의도와 사토 마나부의 "실천·비평·개발 모델"의 아이디어를 반영하여 현재의 개발과 보급 만능주의를 극복해야 한다. 정치권력이 자의적으로 교육과정에 개입하는 것을 최소화할 수 있도록 국가 교육과정 전면 개정 주기를 10~12년으로 법제화할 필요가 있다. 법제화는 국회 입법의 형태가 바람직하다. 그리고 교육 현장의 경험이 수시로 국가 교육과정 문서에 반영될 수 있도록 허경철(2003)이 제안했던 부분·수시 개정의 일반적 절차, 즉 '발의 단계→심의 단계→개발 단계→재심의·수정 단계→고시 단계→시행 준비 단계'를 제도화해야 한다. **국가 교육과정 개발은 10~12년 주기로 전면 개정이 이루어지는 절차와 교육 현장의 요구로 수시 개정이 이루어지는 절차의 이원 모델이 작동하는 방식이다.** 이 모델을 나는 '**실천-개발 병존·순환 모델**'이라고 명명하였다. 양자가 병립함으로써 생길 수 있는 혼란은 개정할 수 있는 범위를 구분함으로써 해결할 수 있다. 예를 들어, 교육과정 개정마다 첨예한 대립을 불러오는 교과의 시수 배분, 새로운 교과의 신설, 역량 중심 교육과정 도입과 같은 패러다임의 변화는 전면 개정 주기에서만 다루고, 그렇지 않은 사안은 수시 개정 절차에서 다루는 방식이다. 그리고 부분·수시 개정을 희망하는 발의자들에게 개정의 타당성에 대한 입증 책임을 지도록 하면 현장의 경험을 반영하는 연구와 숙의에 기반한 교육과정 개정 문화가 정착될 것이다. 교육과정에 관한 연구를 상시화하고 관련 전문가를 꾸준히 육성할 것도 제안한다.

교과서 개발과 관련하여서는 교육과정 문서에 교과서 개발자가 교육과정 문서를 해석하고 재구성할 수 있는 범위와 한계를 명확히 규정할 필요가 있다. 지금처럼 성취 기준 하나하나에 축자적으로 묶여서 교과서를 집필하는 관행을 바꾸려면 교과서 집필진들이 성취기준을 수정 또는 재해석할 수 있는 공간을 열어 주어야 한다. 그래야 다양한 교과서들이 집필되고 아래로부터의 현장 경험이 교과서 집필에도 반영될 수 있다. **교육과정이 개정될 때마다 기존의 교과서를 전면 재집필하는 관행도 개선되어야 한다. 이런 교과서 개발 관행은 현장의 경험이 누적된 좋은 교과서 생산을 오히려 방해한다.** 그 점에서 ""개편"이라 함은 교육과정의 전면 개정 또는 부분 개정이나 그 밖의 사유로 인하여 교과용 도서의 총 쪽수(음반·영상·전자 저작물 등의 경우에는 총 수록 내용)의 2분의 1을 넘는 내용을 변경하는 것을 말한다"라고 규정한 「교과용도서에 관한 규정」 제2조 제7호는 개정되어야 한다. 더 자세한 내용은 7장을 참고하기 바란다.

정책 제안 13

코로나19 팬데믹과 기후 위기 문제 등 위기를 다루는 교육 내용을 대폭 강화해야 한다

이 문제는 본문에서 직접 다루지 못했다. 그러나 위기를 다루는 문제는 미래 교육에서 가장 중요한 어젠다^{agenda}이다. 코로나19 팬데믹은 인류 역사상 가장 빠른 백신 개발로 인해서 파국적인 재앙으로 치닫는 것은 다행히 어느 정도 제어되고 있다. 그러나 인수 공통 바이러스에 의한 전염병 발생 주기를 고려할 때 언제 또 다른 바이러스가 습격해 올지 알 수 없다. 이에 대한 대비가 필요하다. 한편, 훨씬 크고 근본적인 위기는 기후 위기이다. 2021년 8월 9일 발표된 '기후변화에 관한 정부 간 협의체$^{\text{Intergovernmental Panel on Climate Change: IPCC}}$' 제6차 보고서는 기후 위기로 인한 임박한 재난을 경고하고 있다. 이 보고서는 "인간이 대기, 해양, 토지의 온난화 현상에 영향을 미친 것은 명백"하고, "최근 많은 지역에서 기후 변화가 발생하고 있으며, 이는 근현대 인류사에서 전례 없는 일임을 수많은 증거들이 뒷받침하고 있다"라고 선언하고 있다. 그리고 파리협약에서 상정한 1.5℃ 목표에 도달하는 시점이 얼마 남지 않았다고 말한다. 현재 인간 활동으로 매년 400억 톤 이상의 이산화탄소가 배출되고 있는데, 1.5℃로 상승하는 것을 제어하기 위해서 배출 가능한 이산화탄소의 양은 2020년 기준 5천억 톤에서 4천억 톤 정도라는 것이다. 이를 바탕으로 보고서는 "온실가스 감축에 성공하지 못하면 1.5℃ 목표를 위해

남은 탄소 예산은 2030년에 소진된다"라고 예측한다.

치명률 1~2% 내외의 코로나19 바이러스의 공격에도 전 세계가 혼란을 겪는데 기후 위기로 인한 혼란은 상상하기조차 어렵다. 그러나 각국의 대응은 너무 느리다. 특히, 우리나라는 기후 악당이라 불릴 정도로 심각한 불감증에 빠져 있다. IPCC 보고서는 현재 각국이 내놓은 감축 계획을 종합하면 지구 온도는 3℃까지 상승할 가능성이 있다는 비관적인 전망을 하고 있다. 따라서 이에 대응하는 총체적인 노력을 할 필요가 있다. 기존 관행을 바꾸고 산업 구조를 재편하는 데 엄청난 사회적 갈등과 혼란이 야기될 것이다. 이런 문제를 해결하고 슬기로운 전환을 이루어 내기 위해서는 성숙한 시민 의식이 필요하다. 교육 내용에서 이런 문제를 본격적으로 다루어야 할 이유는 충분하고도 넘친다. 단지 환경 교과를 하나 신설하는 것으로 해결할 수 있는 문제가 아니다. **2025 교육과정의 핵심 교육 이념은 미래 사회의 위기 대응 역량을 기르고 실천하는 것에 방점이 찍혀야 한다. 우리 사회도 수많은 그레타 툰베리를 필요로 한다.**

정책 제안 14

지방 소멸을 막기 위해서 '권역별 대학 정원 관리제(쿼터제)'와 '권역별 취업 할당제'라는 과감한 발상의 전환이 필요하다

이 책의 원고를 탈고할 즈음인 2021년 9월 2일 충북지역총장협의회가 있었다. 이날의 주요 주제는 "위기의 지방 대학 살리기 : 시민 단체와의 공동 대응"이었다. 충북대학교 이길재 교수가 "지방 대학의 위기와 그 해법"이라는 주제로 발표를 했다. 이길재 교수는 여러 실증적인 자료를 바탕으로 치밀한 분석과 대안을 내놓는 중견 학자이다. **해법으로 제시한 내용 중에서 나의 마음을 사로잡은 것이 '권역별 대학 정원 관리제(쿼터제)의 도입'이다.** 매우 혁신적인 발상이다. 현재까지 교육부의 구조 조정은 기울어진 운동장에서 수도권 대학에만 유리한 게임의 규칙을 적용했다. 그러니 지방 대학은 아무리 노력을 해도 고사할 수밖에 없다. 출생자 수 감소로 인해서 대학 입학 희망자보다 대학 정원이 많다는 것은 이미 많이 기사화되었다. 현재 대학에 들어오는 학생들은 대략 40만 명 후반대의 연도별 출생자 수를 기록하던 시기에 태어난 학생들이다. 앞으로도 줄곧 대학 정원을 축소해야 한다. 더 결정적인 위기는 약 20년 후에 찾아올 것이다. 2020년 출생자 수는 27만 명대로 집계되었다. 이 중 대학에 들어가는 인원을 80%로 추산한다고 해도 현재 수도권 대학 정원보다 적은 숫자가 대학 입학 희망자가 된다고 이길재 교수는 진단한다. 이런 추세대로라면 지방 대학은 20년 후에는 모두 소멸한다고 봐야 한다. 이런 나라를 상상할 수 있을까?

 나는 그날 회의에서 이길재 교수의 주장에 적극적으로 동의하면서 거기서 한 발 더 나가야 한다고 주장하였다. **'권역별 대학 정원 관리제'와 '권역별 취업 할당제'를 결합하는 방안이다.** 웬 사회주의적 발상이냐고 반박할 사람들이 많을 것이다. 정신 나간 주장이라고 할 사람도 있을 수 있다. 그러나 국가의 장래를 생각하면 이만한 충격적인 요법이 필요하다. 대학이 하나도 존재하지 않는 지방 도시를 상상해 보라. 그로 인한 지방 소멸을 생각해 보라. 이는 수도권 집중을 더욱 심화시킬 것이고 극심한 경쟁과 함께 지금도 낮은 삶의 질을 재앙 수준으로 만들 것이다. 위기를 막기 위해서는 과감한 발상의 전환이 필요하다.

사실, 내가 이길재 교수의 발표를 들으면서 '권역별 대학 정원 관리제'와 '권역별 취업 할당제'를 자연스럽게 연결한 것은 교육대학교 체제가 그와 유사하게 되어 있기 때문이다. 교육대학교의 경우, 국가가 의무 교육을 책임지는 공공 영역 인력을 양성하는 곳이니 가능한데, 그것을 어떻게 일반대학에도 적용할 수 있느냐는 반문이 당연히 존재한다. 그러나 정책은 선택의 문제이다. 지방의 소멸이 가져올 재앙보다 나은 현실적 대안이라면 신중하게 고려해야 하지 않을까?

더 나은 현실적인 대안이라는 점을 간략하게만 설명하겠다. '권역별 대학 정원 관리제'가 지방 대학을 살리는 해법이라는 점은 직관적으로 이해가 될 것이다. 이 해법은 기득권을 지닌 수도권 대학의 저항에 직면할 것이다. 이 문제는 지방 위기 담론으로 어느 정도는 극복 가능하다고 나는 판단한다. 더 심각한 문제는 대학 입학을 희망하는 사람들의 선택권을 제약한다는 반론이다. 한국 사회의 입시 문화와 좋은 대학에 대한 선호를 고려할 때 수도권 대학의 정원 감축은 학생과 학부모의 엄청난 저항에 직면할 것이다. 이는 해결하기 정말 어려운 문제이다. 그러나 실용적인 관점에서 생각해 보면 지방 대학을 졸업해도 차별받지 않고 취직에서도 수도권 대학과 비교하여 손해를 보지 않는다는 보장만 되면 이 저항도 난공불락은 아니다. 그래서 필요한 것이 '권역별 취업 할당제'이다. **이 제도를 도입하면 이제는 우수 인재를 원하는 기업들의 반발을 예상할 수 있다. 그러나 수도권 대학 졸업자와 지방 대학 졸업자의 업무 역량이 크게 차이가 나지 않는다면 어떨까?** 그러면 기업이 어느 지역 대학 졸업생이냐를 구분할 이유가 사라진다.

그런 조건이 가능할까? 사실 현재로는 쉽지 않다. 그러나 대학의 2차 위기 ― 대학 입학 희망 인구가 40만 명대에서 20만 명대로 추락하는 시기 ― 까지 아직은 15~20년 정도의 시간이 남아 있다. 지금부터 차분히 준비하면 늦지 않다. '권역별 대학 정원 관리제'를 적용하면서 수도권과 지방 대학의 학생 1인당 교육비를 동등한 수준으로 만드는 지원을 병행할 필요가 있다. 미래 사회에서 고등교육이 지니는 국가적 중요성을 고려할 때 이에 대해 과감한 투자를 해야 한다. 아울러 사립 대학에는 재정을 투입하는 만큼 대학의 민주적 운영과 대학 거버넌스의 변화를 유도해야 한다. 그와 함께 엄격한 교육과 연구의 기준을 적용하고 사회적 요구에 부응하지 못하는 대학은 자연스럽게 퇴출을 유도한다. 그리고 사회적 신뢰를 확보한 대학을 중심으로 2040년까지 단계적으로 '권역별 취업 할당제'를 확대하면 수도권으로 우수 고등학교 졸업자가 몰리는 현상도 완화될 것이다. 나는 **20년 정도의 장기 계획을 세우고 준비하면 충분히 성공할**

수 있다고 본다. 다만, 수도권 기득권을 극복하기 위해서는 국회 입법이나 헌법 개정에 준하는 제도적 안전장치가 마련될 필요가 있다. 물론, 이것은 하나의 제안이다. 수도권과 지방이 함께 상생하면서 온 국민이 행복한 교육과 삶을 보장받는 더 나은 방안이 있는지는 앞으로 더욱 열린 논의가 필요하다. 다만 시간이 많이 남지 않았다는 점은 명확히 하고자 한다.

특별 개혁 과제

학부 5년제 모델을 대안으로 제안하며

교사들과 수업 관련 연수를 할 때 종종 하는 질문이다. "수업을 관찰하고 나서 해당 수업이 좋은 수업인지 아닌지에 대한 평가가 다양하게 나오는 것과 통일되는 것 중에 어느 쪽이 더 바람직할까요?" 많은 교사가 전자를 택한다. 수업을 보는 눈은 다양해야 한다고 생각하는 것이다. 일리 있는 의견이다. 그러나 나는 다른 일리로 교사들의 일리를 흔들어 놓곤 한다.

나의 일리를 비유로 설명해 보겠다. 어떤 사람이 가슴에 통증을 느끼고 병원을 찾았다고 가정해 보자. 의사들은 다양한 진단 장비를 사용하여 가슴 통증의 원인을 찾으려고 할 것이다. 일련의 정보를 확인하고 나온 최종 결론이 암이라고 가정해 보자. 이 결과를 받아들이기 어려웠던 환자는 다른 병원을 찾아갔다. 이번에는 심장의 큰 문제로 인해 생긴 병이란다. 이 진단에도 만족하지 못한 환자는 또 다른 병원으로 갔다. 가는 곳마다 병명이 다르다면? 환자는 의사 집단에 대한 신뢰를 완전히 철회할 것이다. 아마도 민간요법에 의존하거나 무술인이나 목회자에게 치유 기도를 받는 것이 이 사람의 최종 종착지가 될 것이다.

이 이야기를 통해서 말하려는 바는 의료인의 전문성은 개별 의사의 탁월성으로 환원할 수 없다는 점이다. **전문직은 공유된 지식과 실천의 체계를 지니고 있다.** 또, 그것을 계승하고 발전시켜 나가는 강력한 공동 학습의 전통을 지니고 있다. 그러므로 적어도 한 시점에서는 대상을 진단하는 공통의 표준을 지니고 있다. 물론, 표준은 불변의 진리는 아니다. 새로운 실험과 연구를 통해서 끊임없이 갱신되어

간다. 따라서 진단과 처방의 표준은 일시적이고 잠정적이다. 그러나 그것은 파편화된 다양성과는 다르다.

나는 평소 교육 현장을 관찰하면서 **교사 사회에 공유되는 전문성이라는 개념이 너무 약하다**고 느낀다. 위의 내 질문에 대해 교사들이 보이는 반응에도 그런 징후가 나타난다. 수업을 보는 다양성은 공유되는 표준의 기반 위에서 추구되어야 할 새로운 지향이다. 그것은 개개인의 주관적 다양성과는 다르다. 공동 학습의 문화 전통이 약한 한국 교사 사회는 공유되는 전문성에 대한 고민을 다시 할 필요가 있다. 이를 위해서는 학습공동체 문화를 강력하게 구축해야 한다.

"5년제 학부제 모델을 제안"하면서 왜 이 이야기로부터 출발했을까? 교원 양성 체제 개편 방안과 관련하여 교원 양성 대학 교수들이 공유하는 지평이 있는지 궁금해서다. 교사 교육의 양태는 나라마다 참으로 다양하다. 그러나 이 분야의 학문적 논의와 혁신 사례를 살펴보면 어떤 방향으로 나아가야 할지에 관한 합의가 전혀 없는 것은 아니다. 예컨대, 핀란드, 싱가포르 등은 여러 문헌에서 교사 교육을 잘하는 나라로 소개되고 있다. 반면에 한국이나 일본이 교사 교육을 잘하고 있다는 문헌은 발견하기 어렵다.

2020년에 국가교육회의 교원 양성 체제 개편 논의를 앞두고 한국교육학회 주관으로 교원 양성 체제 개편 관련 학술대회가 있었다.[196] 온라인으로 열린 행사를 처음부터 끝까지 경청해서 들었다. 내가 발견한 것은 공통성이었을까, 아니면 다양한 의견이었을까? 후자에 가깝다. 그렇다면 그것은 공유된 전문성을 기반으로 더 나은 표준을 향해 가는 논쟁이었을까, 아니면 개개 학자의 주관적 의견과 사적 이익이 투영된 파편화된 의견이었을까?

대학원 수준의 교원 양성, 교원 양성 체제 개편 담론의 한 흐름

교사 교육 체제 개편에 대한 의견이 다양하지만, 일정한 담론의 흐름이 전혀 없는 것은 아니다. 대학원 석사 수준에서 교원 양성을 해야 한다는 주장이 그것이다. 대체로 1990년대 말부터 이런 주장이 나오기 시작했다. 1995년 김영삼 정부 시절, 법학·의학 분야에 전문대학원 체제를 도입하겠다는 발표에 영향을 받은 것으로 보인다. 교육전문대학원 도입 관련 논문으로는 이돈희 외(1998), 황규호(1999), 김갑성 외(2009), 김정원 외(2012), 박영숙 외(2017), 김병찬 외(2018), 김병찬(2019) 등이 있다.[197] 대학원 수준의 교원 양성 방안을 체계적으로 다룬 초기 연구는 황규호의 논문이다. 황규호는 수학 기간 연장의 여러 방안을 〈표 13〉과 같이 제시하였다. 이후의 다른 연구들은 대개 이 자료를 일부 변경해서 사용하고 있다.

여러 모형을 검토한 후에 황규호는 '4+2모형'보다 '6년제' 또는 '2+4모형'이 더 낫다고 판단하였다. '4+2모형'의 경우 운영의 단순함이나 구조 조정 측면에서는 나름대로 장점이 있으나 4년간의 교원 양성 교육을 2년으로 축소함으로써 오히려 교원 전문성을 낮추게

표 13 교육전문대학원 운영 모형의 장단점 비교[198]

모형	기본 성격	장점	단점
6년제 모형	• 교원 양성 교육 기간을 6년으로 연장	• 교원 양성 교육 기간 연장에 따른 교사 지위 향상 및 전문성 신장 • 목적형 교원 양성 기관의 장점 유지 가능(특히 교육대학) • 현행 제도를 강화한 것으로 현행 교원 양성 교육과정의 문제점 해결 가능 - 실습 기간 연장 - 교과교육학·일반 교육학 강화	• 교육 기간의 단순 연장으로 구조 조정의 효과 미흡 • 사회적 비용의 증가 • 6년 과정 이수 후 임용이 보장되지 않을 경우, 졸업생 불만 고조
2+4 모형	• 학부 교양 교육 2년 이후 4년간 교사 전문 교육 실시	• 교원 양성 교육 기간 연장에 따른 교사 지위 향상 및 전문성 신장 • 현행 양성 체제의 구조의 기본 골격을 유지함으로써 체제 변화에 대한 적응 용이 • 학생의 전공 선택권 강화 • 사범 교육의 특성화 유지 가능 (연계 과목 운영, 교직 사명감 교육 등) • 통합 교과 담당 교사 양성 및 복수 전공·부전공 교사 양성 용이	• 새로운 학제 도입에 따른 혼란 - 학부 3학년에서 학생을 선발함에 따라 타대학(학과)의 학사 운영에 혼란 야기 • 우수 학생 유치의 어려움
4+2 모형	• 4년제 학부 교육 이후 2년간 교원 양성 전문 교육 실시	• 대학원 수준의 교원 양성 교육에 따른 교사의 사회적 지위 향상 • 교직에 대한 학생의 선택 기회 확대 • 소수 정예의 교사 양성 교육에 의한 교사 수급 문제 완화	• 학부 수준의 사범대학 폐지에 따른 반발 가능 • 교과 내용과 교과교육의 연계성 및 통합성 저하 우려 • 통합 교과 담당 교사 양성 곤란 • 복수 전공·부전공 교사 양성 곤란 • 교직 사명감 약화 우려
복합 모형	• 4년제, 6년제 및 4+2년제를 복합 운영 • 6년 과정 이수자에게는 석사 학위와 1급 정교사 자격증을 부여하고 고교 교사로 임명	• 현행 양성 체제의 구조의 기본 골격을 유지함으로써 체제 변화에 대한 적응 용이 • 교원 양성 과정의 유연성 및 개방성 증진 • 학생의 다양한 진로 선택권 강화 • 고교 심화 선택 과목 담당 교원 전문성 신장	• 모집 단위 광역화 등 대학 구조 조정 방향과 갈등 야기(구조 조정 효과 미미) • 다양한 과정의 운영에 따른 혼란의 가능성 • 수급 조절 효과 미약

할 위험이 있다는 것이다.

석사 수준의 교원 양성이 필요하다는 주장은 이후에도 계속 이어진다. 최근 논의로는 김병찬 외(2018)의 〈교원 양성 및 임용 체제 개편 방안〉이라는 대통령직속 국가교육회의 연구 용역 보고서가 있다. 이 보고서는 교육전문대학원 추진 방향, 교육전문대학원 구조와 체제, 교육전문대학원 운영 방안, 기존 교원 양성 대학교 구조 조정 방안, 기대되는 효과 등을 다루고 있다. 이 연구팀이 제안하는 교육전문대학원의 기본 구조는 '4+2체제'이다. 2년 동안 총 60학점을 이수하는 방안을 제안하고 있다. 그리고 일반대학 학부 교직 과정 및 교육대학원 교원 양성 기능 폐지와 함께 교육대학교와 사범대학은 폐지하고 교육전문대학원으로 통합하는 안을 기본 골자로 하고 있다. 이에 대한 비판적 분석은 다시 논할 것이다. 여기서는 대학원 석사 수준 양성이지만 **황규호가 6년제 또는 '2+4모형'이 더 낫다고 진단한 데 비하여, 김병찬 연구팀은 '4+2'체제를 주장하는 차이가 존재하는 점만 언급해 두겠다.**

다른 전문직의 양성 체제 개편 과정 비교 검토[199]

위에서 대학원 수준의 교원 양성에 대한 논의가 김영삼 정부의 5.31 교육개혁을 전후하여 등장했다는 점을 언급하였다. 당시 교육부는 법조인과 의사 양성에서 법학전문대학원(법전원), 의학전문대학원(의전원)으로의 개혁을 추진하고 있었다. 시기적 인접성을 고려할 때 이런 다른 전문직 양성 체제 개편 논의가 교육계에도 일정 정도 영향을 미친 것으로 판단된다. 20여 년이 지난 시점에서 다른 전문직 양성 체제 개편 현황을 살펴보면 교원 양성 체제 개편에도 시사점을 얻을 수 있다. 여러 전문직의 양성 체제 개편 과정을 〈표 14〉로 정리하여 보았다.

결론부터 이야기하자면 의전원 도입 정책은 실패하였고, 법전원은 제도화에는 성공하였으나 소기의 성과를 달성하지 못하였다. 방대한 내용을 여기서 다 소개할 수는 없다. 내가 파악한 핵심 내용만 이야기하겠다. 우선, 의료 교육 개혁은 의료계 내부의 필요나 동의가 박약한 상태에서 정부에 의해서 추동된 개혁이었다. 의료계와 의학계가 모두 도입에 반대했다. 역대 정부가 다양한 인센티브 제도를 도입하면서 추진했지만 실패하였다. 서혁준 외(2015)는 정책 실패의 원인 중 하나로 내부 구성원의 충분한 동의 없이 대학교육 개혁이라는 상위 정책 목표를 위한 하나의 도구로 활용됨으로써 정당성을 확보하지 못하였다는 뼈아픈 지적을 하고 있다.

이에 비해 법전원은 제도 도입에는 성공하였다. 그러나 여러 우여곡절이 있었다. 김영삼 정부에서의 쟁점화, 김대중 정부에서의 구체화, 노무현 정부에서의 도입 결정, 이명박 정부에서의 도입 등 장기간이 소요되었다. 법전원 도입의 경우 1987년 민주화 이후 법학계에서 먼저 논의가 출발하였다. 의전원의 경우는 의료계와 의학계 모두

표 14 다른 전문직의 양성 체제 개편 과정 비교

구분	법전원	의전원	약학대 6년제
최초 발의 주체	세계화추진위원회	대통령자문교육개혁위원회	약학교육심의회
주요 행위자	대통령, 교육부, 세계화추진위원회, 새교육공동체위원회, 사법제도개혁추진위원회, 대법원, 법무부, 법학계, 시민단체, 여론	대통령, 교육부, 대통령자문위원회, 새교육공동체위원회, 의전원 추진위원회, 의료계, 의학계, 시민단체, 여론	대통령, 보건복지부, 교육부, 약사제도개선 및 보건산업발전특별위원회(대통령자문기구), 약학교육발전추진위원회, 대학약사회, 약대생, 대한의사협회, 대한한의사협회, 약학계, 시민단체, 여론
소요 기간	13년; 1995~2008년	10년; 1995~ 2005년	15년; 1990~2005년
주요 추진 목적	사법 개혁, 법률 서비스 개선, 법학 교육의 세계화	양질의 교양과 전문성 확보, 연구 중심의 의학교육 중요성(교육의 질 상승)	국민 보건 증진, 폭넓은 교양·전문 지식 겸비 전문 인력 양성, 학생 선택권 강화 등
정책 결과	25개 대학 법전원 전환	전체 41개 의대 중 1개 대학민 의전원 존치 (2021년 현재)	2011년 2+4학제에 따른 첫 3학년 편입생 선발 / 그러나 여러 부작용으로 2020학년도에 다시 통합 6년제 전환 발표
정책의 효과 및 부작용	효과 : 고시 낭인 문제의 해결, 법률 시장 개방에 따른 대응력 증가 부작용 : 75%의 변호사 합격률 약속을 지키지 못하여 법전원의 실효성 약화	효과 : 없음(정책 실패) 부작용 : 비용 문제, 정책 혼선	효과 : 실습 기간 확대, 전문성 신장 부작용 : 비용 증가, 다양한 전문 인력 양성 어려움 등

가 반대하였으나, 법전원의 경우는 대체로 실무를 담당하는 법조계는 반대한 반면 법학을 연구하는 법학계는 도입을 찬성하였다. 양자의 이해관계가 달랐기 때문이다. 법학계의 개혁 그룹이 법전원 도입

을 주장한 이유는 법학 교육을 개선하기 위해서였다. 그 시대를 산 사람들이라면 사법 고시 제도가 학부 법학 교육을 얼마나 기형적으로 만들었는지를 알고 있다. 법학 교육 정상화는 '시험을 통한 법조인 선발'이 아니라 '교육을 통한 법조인 양성'으로 요약할 수 있다. 개혁 그룹은 사법 고시가 아니라 양질의 교육을 통한 법조인 양성을 희망했다. '전 대학의 고시 학원화', '고시 낭인'으로 상징되는 고시생 문제 해결도 중요하게 고려되었다. 열악한 고시촌에서 길게는 10년 넘게 시험을 준비하는 고시 낭인 문제를 해결해야 한다는 문제의식이 대중의 공감을 얻었다. 이런 공감대가 있었기에 '시험에 의한 법조인 선발' 대신에 '교육에 의한 법조인 양성'이라는 주장도 사회적 동의를 얻기가 쉬웠다. 대통령의 강한 의지와 함께 사법 개혁의 필요성에 대한 시민 사회 일반의 지지도 받았다.

여기에 더하여 세계무역기구 체제하에서 도하개발어젠다Doha Development Agenda: DDA 서비스 개방이 타결되고, 한미자유무역협정South Korea-United States Free Trade Agreement: 한미FTA에서 법률 시장 개방 압박을 받고, 우리나라와 유사한 사법 체계를 가진 일본이 변형된 미국의 법전원 체제를 받아들이는 등 대외 환경 변화가 존재하였다. 한편, 법조계, 특히 변호사 집단이 반대한 이유는 법전원 도입이 변호사 수를 증가시키기 때문이다. 이는 첨예한 대립을 낳았고 법전원 지지 그룹이 최초 구상했던 제도를 좌초시켰다. 변호사 수 증가를 반대하는 법조인의 저항으로 변호사 시험을 자격 고사화하여 '시험'이 아니라 '교육'을 통한 법조인을 양성하겠다는 구상은 사실상 실현 불가능하게 되었다. 시험에 다섯 번 탈락하면 시험 자격을 영구 박탈하는 제도를 두고 있음에도 현재도 시험 경쟁률은 꾸준히 높아지고 있다.

약학대학의 6년제 개편 과정도 간략히 언급해 두겠다. 6년제 안은 1973년에 처음 시작되었으니 매우 긴 역사를 지닌다. 1990년대에 본격적인 논의가 시작되었다. 최종적으로 2005년 8월에 약학대학 2+4년제 학제 개편이 도입되었다. 국민 보건 증진, 폭넓은 교양·전문 지식 겸비 전문 인력 양성, 학생 선택권 강화 등이 도입 취지였다. 그리고 2011년에 3학년 첫 편입학이 시작되었다. 그런데 제도를 도입한 지 10년도 되지 않아서 통합 6년제 안이 부상한다. 통합 6년제를 주장한 사람들은 이공계 학생 이탈 심화, 약학 전문 인력의 전문성 제고, 사교육비 등 사회적 비용 절감, 화학·생물 등 일부 전공자 편중 문제 해결 등을 이유로 들었다. 찬반 논의를 통해서 2022년도부터 2+4학제뿐 아니라 통합 6년제가 새로 도입된다. 2+4년제의 문제점으로 지적된 전공 교육과 기초 교육 간 연계 문제와 약대 편입을 위해서 다시 입시 준비를 하는 시스템을 개선해야 한다는 주장에 힘이 실린 결과이다.

이상 간략하게 다른 전문직 영역의 개혁 사례를 살펴보았다. 여기서 두 가지 시사점만 언급하겠다. 첫째, **제도 개선에 걸리는 시간이다. 정책 의제로 등장해서 실행되기까지 적어도 10년이 넘는 기간이 걸렸다는 공통점이 있다.** 현실의 다양한 변수와 이해 관계자들의 역학 관계를 고려할 때 짧은 기간에 성급하게 정책을 밀어붙여서는 안 된다는 교훈을 준다. 중장기적 안목을 가지고 차근차근 접근해야 한다. 둘째, **개혁 세력이 개혁 의제를 분명하게 설정하고 국민적 공감**

대를 얻는 것이 중요하다. 법전원의 경우를 보면 관련 당사자의 이해관계를 조정하고, 국민적 지지를 얻으며, 역대 정부의 계속적 지원을 끌어내는지의 여부가 제도화의 성공을 좌우한다.

대학원 수준 교원 양성 체제 개혁 방안에 대한 비판적 검토

여기서는 대학원 수준 교원 양성 체제가 개혁 방안이 될 수 있는지를 검토해 보겠다. 가장 많이 인용되는 초기 연구에서 황규호(1999)가 내세운 주장은 네 가지이다. 첫째, 교원의 전문성을 충분히 길러주는 데는 현행 4년간 교육으로는 부족하다. 둘째, 교사의 사회적 지위나 권위를 유지하기 위해서는 석사 정도의 학위 수준이 필요하다. 셋째, 다양한 학문 분야의 지식을 지닌 학사 학위 소지자를 교직에 유입시킬 수 있어 교직의 개방성이 증진된다. 넷째, 대학원 중심 교원 양성 교육 제도 도입은 중등 교원 양성 교육에서 심각하게 드러나고 있는 수요와 공급의 불일치 문제를 해결하는 하나의 방안이 될 수 있다. 이후 여러 학자의 논의도 이 주장에서 크게 벗어나지 않는다. 예컨대, 최근 연구에서 김병찬(2019)은 교원 양성 교육의 질 향상 및 전문성 강화, 교원 양성 교육과정의 내용 증가, 교육 현장과 연계한 교원 양성 교육 체제 마련, 창의적이고 다양성을 지닌 교사 자원 확보, 교원의 사회적 위상 향상의 다섯 가지를 제시하고 있다.

각 주장의 타당성을 검토해 보자. 첫째, '사회적 지위 향상을 위해서 석사 수준의 학위가 필요하다'는 주장이다. 그럴 개연성은 충분히 있다. 그러나 교육 연한은 특정 직업의 위상을 결정하는 수많은 변수 중 하나에 불과하다. 박사 학위를 요구하는 여러 연구직의 사회적 지위가 다른 전문직에 비해 반드시 높은지 반문해 보라. 그리고 소위 사회적 지위가 높은 전문직 중 석사 학위를 진입 자격 조건으로 요구하는 예는 법전원 설립 이후의 법조인이 유일하다. 그 점에서 교사의 사회적 지위 향상에 왜 석사 학위가 필요한지는 자명하지 않다. 둘째, '4년 교육으로 부족하다'는 전문성 향상과 관련된 주장이다. 어느 직업이나 교육 연한을 늘리면 전문성은 높아진다. 그러나 수학연한 증가와 비용 증가를 균형 있게 고려해야 한다. 예컨대, 현행 법전원 제도는 학부 4년, 대학원 3년, 총 7년의 수학연한이 필요하다. 여기에 변호사 시험 준비 비용까지 고려하면 사회경제직 지위가 낮은 계층 학생들의 접근이 어렵다는 비판을 면하기 어렵다. 교사 교육도 4년에서 6년으로 연장하는 경우 예비 교사의 처지에서 볼 때 늘어나는 기간과 비용에 반해 얻는 이익이 무엇인지 분명하지 않다. 만약 획기적인 정원 관리 정책을 통해서 임용을 보장하지 않고 지금처럼 임용 시험을 준비해야 한다면 비용 증가로 얻는 편익은 전혀 없다. 이 경우 대학교육의 내실화는 6년으로 연장해도 불가능할 것이다. 게다가 수학 기간 연장이 교사 전문성을 신장했다는 실증적 증거도 충분하지 않다. 현재 석사 학위 소지자가 전체 교사들의 1/3을 넘어섰지만, 학위 취득이 교사 전문성을 높이는지는 의문이다. **학부 4년 교육과정도 내실 있게 운영하지 못하는 현 상황에서 대학원 수준 교원 양성이 자동으로 전문성을 높일 것이라는 생각은 근거 없는 낙관론이다.**

셋째, '다양한 전공의 학생들이 교직에 입문하도록 석사 수준에서 교사를 뽑아야 한다'는 주장이다. 미국 유학 출신 교육학자 중에는 개방형 석사 과정이 많은 미국형 모델에 영향을 받아 이러한 주장을 하는 이들이 적잖이 있다. 그러나 미국은 우수한 고등학생들이 학부에서 교원 양성 대학을 잘 선택하지 않는다. 따라서 석사 수준 교원 양성은 어쩔 수 없는 선택의 측면이 있다. 앞 장의 〈더 나은 교육을 위한 정책 제안들〉에서 언급했듯이 미국 학교 개혁에 관한 책을 쓴 터커는 "교사의 질을 결정하는 첫 번째이자 아마도 가장 중요한 요소는 교사를 지망하는 고등학교 졸업생의 질이다"라고 진술하였다.[200] 다양한 전공의 학생들이 석사 이수를 통해서 교사로 배출되는 자국 시스템을 그다지 높게 평가하지 않은 점을 유념해야 한다. 따라서 이를 본받을 만한 모델이라고 주장하는 것은 단견이다. 다양한 자원을 유인하겠다는 목적으로 시작한 2+4년제를 6년제로 전환한 약학대학의 사례 또한 시사하는 점이 적지 않다. 여기에 더하여 전문직의 수학연한 연장은 학력 인플레이션이 심한 우리 사회에서 지위 경쟁을 위한 과잉 학력 경쟁으로 이어질 위험성을 안고 있다는 점도 고려해야 한다. **다양한 자원의 교직 입문보다 더 중요한 것은 다양한 경험을 제공하는 양질의 양성 교육 시스템을 갖추는 것이다.**

4+2년제가 상정하는
분업 구조에 대한 비판적 독해

    대학원 석사 과정으로의 개혁을 주장하는 학자들의 고심과 진정성을 충분히 이해한다. 현행 교원 양성 체제는 개선해야 할 점이 상당히 많다는 점에도 동의한다. 그러나 **나는 석사 학위 과정보다는 학부 5년제가 대안이라고 생각한다.** 건축학과가 5년제로 운영되고 의과대학이 6년제로 운영되고 있다. 현행 「고등교육법」으로 학부는 4~6년 과정으로 운영할 수 있다. 왜 학부 5년제 과정을 대안으로 생각하는지 설명해 보겠다.

    나는 다른 전문직 개혁 과정을 비교 검토하면서 법전원 개혁론자들이 해결하려고 했던 문제가 현재 교원 양성 체제가 직면한 문제와 상당히 유사하다고 판단했다. **시험에 의한 법조인 선발이 아닌 양질의 교육을 통한 법조인 양성!** 사법 고시가 존치하는 동안에 모든 대학의 법학부는 일종의 고시 학원이었다. 많게는 10년을 고시 학원에서 전전하는 고시 낭인들이 사회적 문제가 되었다. 이런 현상은 오랫동안 십 대 일 이상의 과잉 공급을 해 온 중등 교원 양성 대학의 현실과 아주 유사하다. 한 가지 차이점이라면 중등 교사 과잉 공급은 사회 문제로 인식되고 있지 않다는 점이랄까? 그 결과로 중등 교사 지망생들이 겪는 좌절감은 제대로 조명도 되지 못하고 있다.

    우려할 점은 출생률 감소로 인해서 그동안 사정이 나았던 초등 교원 양성 대학도 임용 경쟁률이 점점 높아지고 있다는 점이다. 사람들은 흔히 경쟁률이 높은 것이 무엇이 문제냐고 묻는다. 임용 시험이 좋은 교사의 자질을 측정하는 것과 별 상관이 없다면 어떨까? 사법 시험이 그러했고, 현재 변호사 시험 제도가 그 길을 밟아 가듯이, 경쟁률이 높아질수록 시험 본래 목적보다 선발을 위한 줄 세우기가 더 중시될 수밖에 없다. 죽도록 공부하는 학생들을 변별하려면, 죽자고 어려운 문제를 낼 수밖에 없다. **이에 대비하느라고 사설 학원 강사의 강의에 절대적으로 의존하여 교사가 되게 하는 것은 그 자체가 공교육의 부끄러운 자기 부정이다.**

그렇다면 왜 나는 법전원과 같은 전문 대학원이 아닌 학부 5년제를 주장할까? 그 전에 기존 논의에 대한 비판적 검토를 좀 더 이어가 보겠다. 황규호와 김병찬 연구진의 차이를 다시 주목해 보자. 황규호는 '4+2모형'보다 '6년제' 또는 '2+4모형'을 선호하였다. '4년간의 교원 양성 교육을 2년으로 축소함으로써 오히려 교원 전문성을 낮추게 할 위험이 있다'라는 판단 때문이었다. 이에 비해 김병찬 연구진은 '4+2체제'를 주장한다. 그러면서 개혁의 필요성으로 '교원 양성 교육과정의 내용 증가', '교육 현장과 연계한 교원 양성 교육 체제 마련' 등을 열거하고 있다. 나는 황규호의 진단에 동의한다. 김병찬 연구진은 2년 60학점으로 '교원 양성 교육과정의 내용 증가'와 '교육 현장과 연계한 교원 양성 교육 체제 마련'이 가능하다고 보는 것일까? 더구나 60학점은 초등 교원 양성 과정의 특성을 전혀 고려하고 있지 않다. 여기에 6개월에서 1년 동안 현장 교육 실습을 하는 세계적인 추세를 고려하면 2년 석사 학위 모델은 이런 요구를 다 담아내기에는 너무 협소한 그릇이다.

2년 석사 과정을 대안으로 생각하는 학자들의 생각을 좀 더 분석해 보자. 이들은 대체로 교양 교육과 내용학은 일반 학부에서 소화하고, 석사 과정에서는 교육학, 교과교육학, 교육 실습 등을 다루는 방안을 생각한다. 나는 이런 분업 구조에 몇 가지 문제점이 있다고 생각한다. 첫째, **교사의 정체성 형성 문제이다.** 교사 교육은 강좌 몇 학점을 이수하고 교육 실습을 얼마나 받는지를 넘어서는 교사로서의 정체성 형성과 깊이 관련되어 있다. 국내외 많은 연구가 교사 정체성 문제를 중요하게 다루는 이유가 있는 것이다. **교육대학교 학생들을 예비 교사라고 부르는 것도 정체성 형성과 깊은 관련이 있다.** 혹자는 20대 초반 학생들을 '교사 되기'의 좁은 틀에 가두는 것이 오히려 좋은 교사 양성을 방해한다고 주장한다. 일리 있는 말이다. 그러나 역으로 교직이 다른 진로를 모색하다가 여의치 못하여 택하는 선택이라면 어떨까? 나는 그런 분위기가 팽배한 사범대학을 다녔다. 30여 년이 지난 지금 사범대학의 그런 풍토는 많이 개선되었을까? '교사 되기'를 지나치게 강조하면 폭이 좁은 교사가 양성된다는 일리 있는 주장은 또 다른 일리로 반박할 수 있다. 21세기 현실에서 '교사 되기'의 핵심은 무엇일까? 배움에 대한 호기심과 열정으로 끊임없이 성장하는 삶의 태도를 연마하는 것이 '교사 되기'의 핵심이라고 나는 생각한다. **따라서 폭 좁은 교원 양성은 교사 교육의 과잉이 아니라 올바른 교사 교육의 결핍 때문이다.** 좋은 '교사 되기'는 오랜 교사 정체성 형성 과정을 요구한다. 석사 2년 과정은 교사 정체성을 절차탁마切磋琢磨할 절대적 기간을 축소하는 역설적 문제를 낳는다.

둘째, '**교원 양성 교육과정의 내용이 증가**'해야 한다고 주장하면서 교사 교육 기간을 4년에서 2년으로 축소하는 것이 내포하는 분업 구조의 문제이다. 김병찬 외(2018)의 주장이 성립하려면 '교양 교육과 내용학은 일반 학부에서 소화하고 석사 과정에서 교육학, 교과교육학, 교육 실습을 배우는 분업 구조'가 정당화되어야 한다. 그러나 교과와 교사 교육의 역사적 발달 과정에 비추어 볼 때, 이는 시대적 적합성을 점차 상실하고 있다. 이런 분업 구조는 학문과 교과의 관계 변화에 대한 인식 부족을 반영한다. 일반인뿐 아니라 교육학자조차 학문의 단순화가 교과라고 생각하는 경향이 여전히 있다. 그러나 이는 학문과 교과의 관계에 대한 매우 단편적인 견해이다. 교과의 역사를 오랫동안 연구한 영국의 굿슨은 역사적 연구를 통해서 세 유형의 상이한 교과 — 학문적academic 교과, 실용적utilitarian 교과, 교수법적pedagogical 교과 — 가 존재하며, 교과의 탄생, 발전, 소멸은 사회적 타협의 산물이라고 설명하였다. **교과에 대한 사유가 발전할수록 교과는 학문으로부터 자율성을 확보해 간다.** 그리고 학습자의 교육적 성장을 위해 학문뿐 아니라 다양한 자원들을 총체적으로 활용하는 자율적 생태계로 진화한다. 그렇다면 **내용학은 일반대학에서, 교육학과 교과교육학은 교원 양성 대학에서 배우는 분업 구조가 정당화되기는 어렵다.** 사회학자가 될 사람이 배우는 사회학 개론과 사회 교사가 배워야 할 사회학 개론이 똑같을 수 없기 때문이다. 교육학도 마찬가지이다. 이미 시중에 학문적 교육학이 아니라 '교사'를 위한 교육학 서적이 존재하고 있다.

  내가 이런 생각을 하게 된 배경은 내 전공이 사회교육(일반사회)이기 때문이다. 사회 교과는 단일 학문을 배경으로 하지 않는다. 사회 현상의 인식과 이해 및 민주 시민 양성이라는 교과의 고유한 목적이 있기 때문이다. 사회 교과는 이 목적을 위해서 인문학과 사회과학, 때로는 자연과학으로부터 필요한 내용을 취사선택하여 고유한 교과 내용을 구성하는 방향으로 진화하고 있다. 따라서 사회(일반사회) 교사가 되기 위해서는 정치학, 법학, 경제학, 사회학, 인류학, 철학, 심리학 분야의 배경지식이 있어야 한다. 자유 전공 학부생이 아니라면 이런 교과목을 어떻게 수강할 수 있을까? 자유 전공 학부생이라도 사회교육(일반사회) 전공이 요구하는 역량을 숙지하지 않으면 어떤 강좌를 어느 정도 이수해야 하는지 알 수 없다. 문제는 이런 융합적 성격의 교과가 앞으로 계속 늘어날 것이라는 점이다. 핀란드의 현상 기반학습Phenomenon-based learning처럼 범교과 주제를 다루는 교육과정 내용이 증가하고 있기 때문이다. 우리나라도 마찬가지이다. 그렇다면 4+2년제가 상정하는 분업 구조는 점점 적합성을 상실할 것이다.

  그런데 여기서 한 가지 의문이 생긴다. 김병찬 외(2018)를 비롯하여 교육전문대학원을 통한 교원 양성을 주장하는 학자들이 이런 경향을 모르고 있을까? 아마도 아닐 것이다. 그런데도 교육전문대학원을 주장하는 다른 이유가 있을까? 내가 추측하기로는 개혁론자들이 품고 있는 현행 중등 교원 양성 체제에 대한 실망감 때문이 아닐까 한다. 이미 다루었듯이 중등 교원 양성 체제를 대표하는 사범대학은 교원 양성의 유전자가 매우 부족하다. 한국 드라마의 흔한 주제인 '출생의 비밀' 때문이다. 사범대학 탄생기에 순수 내용학 전공자들이 교수진의 압도적 다수를 점하였다. 이들은 오랫동안 교사 교육이나 교육 현장에 관심을 두지 않았다. 그런 사정은 80년이 지나도록 큰 변화가 없다. 그 결과는 참담하다. '대학에서 배운 것이 현장에서 쓸모가 없다'라는 교사들의 탄식이 계속 이어지고 있다. 교육전문대학원 도입을 주장하는 학자들은 교육에 관심 없는 내용학 학자 다수를 다른 단과대학으로 보내지 않으면 이런 풍토의 해결이 어렵다고 생각하지 않을까? 실제로 김병찬 외(2018)의 보고서를 보면 내용학 학자들을 다른 단과대학으로 이동시키는 안을 상정하고 있다.

학부 5년제 과정이 대안이 될 수 있을까?

나는 현재의 초·중등 교원 양성 체제를 개편해야 한다는 데는 석사 수준 교원 양성 개혁론자들과 견해가 다르지 않다. 그렇다면 학부 5년제 모델이 대안이 될 수 있을까?

석사 수준 교원 양성의 문제점을 충분히 지적했다. 그렇다면 왜 4년제에서 5년제로 1년을 연장할 필요가 있을까? 교사 전문성 성장이라는 관점에서 두 가지만 언급하겠다. 첫째는 실습 기간 연장의 필요성이다. 앞에서 언급했던 다른 나라들의 실습 기간을 다시 상기해 보자. 미국이 평균 12~16주, 영국이 24~32주, 독일이 1년, 프랑스 30주(대체로 1년), 핀란드 1년 정도이다. 교육대학교만 놓고 보자면 현재 9~10주 정도의 교육 실습을 한다. 이 기간을 더 늘리는 것은 현행 4년제 교육과정으로는 불가능에 가깝다. 교육 실습을 연장하기 위해서는 기간 연장이 필요하다. 둘째, 현장에서 실행 연구action research를 할 수 있는 교사를 양성하는 문제이다. 현행 4년제는 연구 역량까지 포함하는 교육과정을 운영하기가 버겁다. 핀란드의 교사 양성 프로그램은 다양한 연구 방법을 포함하고 있으며 대학을 졸업하고 나면 현장에서 스스로 연구할 수 있는 교원 양성을 목적으로 한다. 이런 연구 프로그램을 포함하기 위해서는 최소 1년 정도의 수학연한 연장이 필요하다.

5년제 학부제를 주장하는 이유를 한 가지 더 들자면 정책적 고려 때문이기도 하다. 교육대학교는 1960년대 초에 2년제, 1980년대 초에 4년제로 개편되었다. 그리고 40년이 경과하였다. 우리 사회의 평균적인 수학연한 증가와 발전 속도의 양상을 고려할 때 교직의 전문성을 적절하게 담보하기 위해서는 1년 정도의 수학연한 연장이 필요하다고 본다. 좀 더 중요한 이유는 중등의 경우 양적 확대로 인한 방만한 현 양성 방식을 정리하기 위해서는 낡은 시스템을 청산하고 새로운 시스템을 도입할 필요가 있다는 점이다. 그렇지 않으면 향후 50년이 지나도 중등 교원 양성 체제는 과잉 공급 문제를 해결하지 못할지도 모른다.

학부 5년제를 도입하면서 우리나라 교원 양성 대학이 직면한 중요한 두 가지 문제를 해결하는 방안도 함께 모색해야 한다. **초기 양적 확대로 인한 과잉 공급 문제와 거의 모든 교수진의 교사 교육자로서의 정체성 부족 문제는 해소해야 할 매우 중요한 문제이다.** 그 해결 방안을 함께 검토해 보자. **첫째, 과잉 공급 문제이다.** 그동안 교육부는 3~5년 주기의 교원 양성 기관 평가를 통해 정원 축소를 위해 노력해 왔다. 그러나 감축 속도는 매우 느리다. 이 추세대로라면 30년이 지나도 적정 정원 수준에 도달하지 못할 것이다. 초등 교원 양성 대학도 출생률 감소로 지속적인 정원 조정 압력에 노출되어 있다. 현재 출생률 감소는 재앙 수준이라 장래는 암담하다.

5년제 전환은 정원 조정 문제에도 약간의 숨통을 열어 준다. 4년제에서 5년제로 개편하면 1년의 공급 공백이 발생한다. 초등 예비 교사는 약 4천 명, 중등 예비 교사는 약 2만 명의 순수 감축 효과가 발생한다.* 여기에 교육대학교 학교당 총 재학생을 현재와 같은 규모 ― 4년제 1,000명 규모를 5년제 1,000명 규모로 ― 로 유지한다고 가정하면, 약 20%의 정원 감축 효과가 추가로 발생한다. 대충 어림잡아 합계 약 8,000명의 예비 초등 교사 감축 효과가 생겨난다. 초등의 경우는 이 정도만도 당분간은 의미 있는 정원 감축 효과이다. 다만, 중등의 경우는 2만 명 감축 정도로는 문제 해결이 어렵다. 추가적 대책이 필요하다.

* 2020학년도를 기준으로 초등은 국립 12개교 사립 1개교에서 총 3,847명, 중등은 사범대학 46개교, 일반대학교 교육과 15개교, 일반대학 교직 과정 148개교, 교육대학원 107개교에서 총 22,103명이 입학 정원이다. 중등 교원 양성 기관의 경우 사범대학 8,886명, 일반대학 교육과 658명, 일반대학 교직 과정 5,212명, 교육대학원 7,347명이 입학 정원이다; 대통령직속 국가교육회의(2020). 앞의 백서. 545쪽.

나는 법전원 도입 과정을 연구하다가 여러 가지 시사점을 얻었다. 법학계가 추진한 개혁 방식은 충분히 벤치마킹할 가치가 있다. **새로운 제도를 도입하면서 법학계는 기존 제도와 일정 기간 병치^{倂置}시키는 방식을 택했다.** 사법 시험과 변호사 시험을 일정 기간 양립시켰고, 로스쿨과 학부 법학과가 다른 기능을 하면서 여전히 함께 존속하고 있다. 이런 방식을 교원 양성 체제 개편에도 활용할 수 있다. 현재 일반대학 학부 교직 과정 및 교육대학원 교원 양성 기능은 폐지쪽으로 방향이 잡혔다. 이 방향을 일관성 있게 밀고 나가야 한다. 문제는 과다 설치되어 있는 사립 사범대학과 교육대학원의 구조 조정이다. **법전원 사례를 참조하여 시설, 교수 정원, 장학금 등 엄격한 기준을 법제화*하고 이 기준을 충족하는 대학만 5년제 학부 교원 양성 기능을 부여할 것을 제안한다.** 좋은 교원 양성을 위해서 투자할 생각이 없는 사립 대학은 자연스럽게 구조 조정이 될 것이다. 4년제와 5년제 모델을 일정 기간 병치시키면, 기존 교수진과 학생의 기득권과 크게 충돌하지 않으면서 10년 정도면 문제를 상당 부분 해결할 것으로 전망한다. 자연스럽게 초과 공급 문제도 해결될 수 있다. 나는 바람직한 목표 양성 규모를 초등의 경우 필요 정원의 1.1~1.3배, 중등의 경우 1.3~1.5배 정도라고 본다. 4년제의 경우 교사 자격이 부여되지 않는 교육 인력을 양성하는 역할로 남겨 둘 수도 있다. 미

---

* 「법학전문대학원 설치·운영에 대한 법률」에는 '법학전문대학원 총정원', '교원 1인당 학생수(교원 1인당 학생수 15인의 범위)', '대통령령으로 정하는 시설 기준, 운영에 필요한 재정 확보 및 장학금제도 등 학생에 대한 경제적 지원방안 마련' 등을 규정하고 있다. 초·중등 교원 양성 대학도 적어도 이 이상의 법적 보호를 받아야 한다고 나는 주장한다.

래 사회에는 공교육 교사 외에도 다양한 교육 관련 인력이 필요하다. 5년제 모델에서도 필요에 따라 대학 내에 '교원 양성 과정'과 '다른 교육 전문가 양성 과정'을 분리하여 운영할 수 있다.

둘째, 교원 양성 대학 교수진의 교사 교육자로서의 정체성을 확립하는 문제이다. 김병찬 외(2018) 등 소위 개혁론자들은 교육전문대학원을 통해 '내용학자'와 '교육학/교과교육학자'를 제도적으로 분리함으로써 이 문제를 해결하고자 시도한다. 교과의 진화 과정을 고려할 때 이는 바람직한 해결책이라 보기 어렵다. 대안은 일정 비율의 실무형 교수진 확보를 법제화한 법전원 모델처럼 현장 지향적 교수진 고용을 의무화하는 방안이다. 다른 예로 싱가포르의 국립교육원은 연구 중심 교수진과 교육 중심 교수진 Lecturer track을 구분하고 양자의 역할과 평가 시스템을 달리하고 있다. 이 방안도 적극적으로 검토할 필요가 있다.[201] 그러나 교육 중심형 교수들만 교육에 관심을 가져서는 교원 양성 대학 전체 문화를 바꿀 수가 없다. 따라서 **법제화를 통해서 현장 실무형 교수진을 확보하는 것과 별개로 교사 교육자의 역할에 대한 기준**standards**도 제정해야 한다.** 참고로 네덜란드는 교사 수행 기준과 별도로 교사 교육자를 위한 수행 기준을 마련하고 있다. 이를 통해서 교원 양성 대학 교수진 전체가 교육에 관심을 두도록 제도를 갖추고 문화도 바꾸어야 한다. 물론, 교원 양성 대학이 필요한 내용 전문가를 모두 고용하기는 어렵다. 이런 부분은 다른 대학의 내용 전문가들과의 긴밀한 협업 구조로 해결하면 된다.

이 대목에서 생각나는 교수가 한 분 있다. 대구교육대학교 사회교육과의 이종일 교수이다. 그의 전공은 사회학이다. 그런데 사회교육과로 임용되고 나서 학문적 정체성에 대해서 고민하기 시작했다. 이후 사회과교육에 대한 훌륭한 논문과 저작을 많이 출간하였다. 나는 지금은 정년을 맞이한 이종일 교수가 훌륭한 지식인이라고 생각한다. 지식인의 의미는 다양하다. 그러나 적어도 지식인은 자기가 소속한 공동체에 대한 감수성과 책무성을 지니고 있어야 한다. 사회학이나 정치학을 전공하고 교원 양성 대학 교수로 와서 훌륭한 사회학자나 정치학자로 살아갈 수 있다. 그러나 그 학자가 20~30년 동안 사회학과나 정치학과의 교수와 똑같은 연구만 한다면 좋은 교사 교육자는 아니다. 더욱이 책임 있는 지식인은 더더욱 아니다. 교원 양성 대학 교수라면 제자들이 평생을 살아갈 교육 현장에 관심을 기울이고 필요한 연구를 하는 것이 마땅하지 않을까? 내용학자라도 자기 에너지의 적어도 10~20%는 교육에 관한 관심에 할애해야 한다. 왜 그래야 할까? 철학자 들뢰즈와 가타리의 표현을 빌리면, '배치'와 '계열화'가 바뀌면 의미도 바뀌기 때문이다. '사회대학-사회학자-사회학과 학생-사회학 관련 직업 선택'과 '교육대학교-사회학자-예비 교사-교직 진출'이라는 서로 다른 계열화에서 사회학자가 해야 하는 교육과 연구는 같아서는 안 된다. 노마디즘에서 **사물의 의미는 본질로서 존재하는 것이 아니라 이웃하는 항과의 이웃 관계로서 정의되기 때문이다.** 이종일 교수는 이런 계열화의 의미 변화를 간파한 지식인이다. 이종일 교수와 같은 선택은 개인적 각성에서 비롯된다. 그러나 문화와 제도가 담보해야 할 몫이기도 하다. 교원 양성 대학 교수진이 교육 현상과 교육 문제에 대해서 진지하게 관심을 가져야 교사 교육의 해묵은 문제도 쉽게 해결될 것이다.

학부 5년제를 주장하면서 왜 석사 학위가 아니고 학사 학위인지도 설명하겠다. **일단 인접 영역과 키 높이를 맞추어야 한다.** 건축학과 5년, 약사 6년, 의사 6년이다. 전문성 자체의 특성과 생애 전체의 수입 등을 고려할 때 나는 현재로는 5년제 정도가 적합하다고 본다. 늘어나는 1년 수학연한은 6개월 이상의 현장 실습 과정을 비롯하여 현장과 연계된 성찰적 실천가 reflective practitioner의 역량을 기르는 데 할당해야 한다. 현재의 임용 제도를 폐지하고 대학 생활 경험을 총체적으로 평가에 반영하고, 미국의 edTPA와 같은 교사 역량 평가 중심의 임용 제도를 정착시키는 것도 아주 중요하다. 나머지 전문성은 현직에서 생애 전체를 통해서 성장해 가는 문화를 만들면 된다.

내가 석사 학위 과정이 적합하지 않다고 생각하는 이유가 또 있다. 전문직 간 학력 인플레이션 경쟁의 위험성에 대해서는 이미 언급했다. 약대 6년제 전환이 그런 사례에 가깝다고 생각한다. 한 가지를 추가하자면 교사의 생애사적 성장에 어느 쪽이 더 바람직한가 하는 점이다. 교원은 발령을 받으면 대개 30년 이상 재직한다. 그동안 꾸준히 연구하고 성장해야 한다. 그런데 시작부터 석사 자격으로 배출하면 남는 학위 과정은 박사 학위뿐이다. 이는 대학원의 교사 재교육 기능을 고려할 때 그다지 바람직해 보이지 않는다. 교직 사회 내에 불필요한 학위 경쟁을 유발할 수도 있다. 또 기존 대학원의 교사 재교육 역량도 재고할 필요가 있다. 한국처럼 학위 장사가 근절되지 않는 풍토에서 학위 부여 자체가 꼭 능사는 아니다. 교사의 평생 성장을 위한 재교육 프로그램에 대해서는 학위 과정을 포함하여 좀 더 폭넓은 후속 논의가 필요하다.

초등 교원 양성 체제와 중등 교원 양성 체제의 통합 문제는 어떻게 해야 할까?

소위 '교사대 통합', 더 정확히 말하여 초등 교원 양성 체제와 중등 교원 양성 체제의 통합 문제는 어떻게 처리하는 것이 좋을까? 이와 관련하여 **나는 단계적 접근 전략을 제안한다.** 앞 장에서 밝혔듯이 우리나라 초등 교원 양성 체제와 중등 교원 양성 체제는 출발부터 다른 길을 걸어왔다. 당장 해결해야 할 각자의 고유한 문제도 상당히 다르다. 통합한다고 그런 문제가 해결되리라고 생각하지 않는다. **따라서 초등은 초등대로, 중등은 중등대로 각자의 문제를 해결하는 데 우선 집중해야 한다.** 학부 5년제 모델을 채택하고 교원 양성 대학의 정체성을 강화하는 데만도 상당한 에너지가 들 것이다. 그것이 어느 정도 성공하면 통합 논의를 할 수 있는 조건도 자연스럽게 성숙할 수 있다. 예컨대, 정원 관리 문제도 어느 정도 해결되고 교사 교육자의 정체성도 확립되어야 비로소 논의할 여건이 마련된다. **각자의 고유한 문제도 제대로 해결하지 않고 통합부터 하려는 것은 음식을 제대로 만들어 놓지도 않고 담을 그릇 걱정부터 하는 꼴이다.**

8장에서도 밝혔듯이 다른 분야의 강소強小 대학 사례를 볼 때 교육대학교 자체 생존도 나쁘지 않다. 다만 정부는 지원을 대폭 늘리고, 대학은 지금보다 강한 책무성을 발휘해야 한다. 그것이 존립의 조건이 아닐까 한다. 권역별 통합이나 한국교육종합대학이라는 아이디어도 여전히 검토해 볼 만하다. 앞서 말했듯이 **전국의 교원 양성 대학을 하나의 네트워크로 연결하는 한국교육종합대학교 방안은 진보 진영에서 오랫동안 주장했던 국공립대통합네트워크 모델을 교원 양성 대학이라는 작은 규모에서 실험하는 의미도 지닌다.**

종합대학교 내로 통합하는 방안도 여건이 성숙하면 고려할 수 있다. **그러나 수많은 단과대학 중 하나의 지위로 소속되는 데는 반대한다.** 초·중등교육은 헌법적 가치를 가지며 이를 담당하는 교사를 특별히 잘 교육해야 할 중요성에 대해서는 여러 번 언급했다. 교사 교육의 모범 사례로 알려진 싱가포르 국립교육원도 난양 공과대학이라는 종합대학 내에 소속되어 있지만, 자율성을 지닌 독립 기관으로 운영되고 있다. 더욱 부러운 것은 국립교육원이 국제적 교사 교육의 모델이 되겠다는 담대한 비전하에 아시아 국가들의 교사 교육에 영향을 미치고 있는 점이다.[202] **우리나라도 만약 통합하려면, 그런 담대한 비전을 설계하고 법전원 이상의 법적 보호를 통해서 재정과 운영의 독자성을 보장해야 한다. 그것이 최소 요구 조건이다. 그래야 초등뿐 아니라 중등 양성 기관에도 유리하다.**

글을 마무리하기 전에 개혁 세력이 싸워야 할 거대한 사회적 통념을 환기하고자 한다. 공교육의 교사는 다른 가르치는 직업과 구분되는 특별한 임무를 부여받는다. 어쩌면 오바마가 잘못 말한 '한국 교사는 국가 건설자로 존경받는다'라는 말은 정곡을 찌르는 말일지 모른다. **공교육의 교사는 좋은 의미에서 '국가 건설자'이어야 한다.** 공교육의 교사는 학습자의 전인적 성장과 함께 공동체의 바람직한 미래에 대한 전망을 지녀야 한다. 교육적 실천에 대한 공교육 교원의 책무성과 상상력은 국가와 세계 공동체를 품을 수 있어야 한다. 특히, 평등, 배려, 사회 정의, 공공성 등은 공교육 교사들이 특별히 관심을 가져야 할 사회적 가치이다. 이러한 가치의 실현을 통해 학습자의 자아실현이 전체 공동체의 공익과 조화되는 교육적·사회적 생태계를 구축하는 데 교원들은 노력해야 한다. 이러한 공교육 교사의 독특한 책무를 잘 감당하는 교사는 그냥 길러지지 않는다.

자, 글을 마무리하려고 한다. 세상에는 명확한 옳고 그름이 존재하지 않는다. 대개 수많은 일리가 존재하고 경합한다. 나는 다른 사람들의 일리에 대해서 나의 일리를 주장하였다. 어느 것이 더 나은 일리인지를 판단하는 것은 독자의 몫이다. 생산적인 대화를 통해서 너와 나의 일리를 넘어서는 더 나은 일리가 출현하기를 기대한다. 코스닉과 벡, 굿윈 Clare Kosnik, Clive Beck & Goodwin A. Lin (2016)은 세계의 교원 교육에 대한 개혁 노력을 검토한 후 결론에서 **"일관된 방향을 가진 점증적 개혁** incremental reform in a consistent direction"을 할 것을 조언했다.[203] 그동안 우리 교육은 정치권력의 자의적 개입으로 일관성은 고사하고 만신창이 상태가 되었다. 모두의 집단 지성을 모아서 일관된 방향을 설정하고 뚜벅뚜벅 한 발 한 발 나아갈 수 있는 새로운 시대를 열기를 희망한다.

에필로그

우리 교사와 학생들이 세계의 BTS The best teacher and student 가 되기를 꿈꾸며

이번 책을 집필하면서 이전 책과 다른 집필 경험을 했다. 마무리 했다고 생각하고 손을 놓는 순간 또 써야 할 거리가 생각났다. 이러기를 몇 차례 하였다. 7장은 그렇게 더해진 장이다. 중간중간에 실린 〈돋보기〉도 그렇다. 그래서 본의 아니게 분량이 늘어났다. 그래도 못다 한 이야기는 다음 기획으로 넘겨야 할 듯하다.

나는 지난 20년 넘게 현장과 가깝게 연구하며 살아왔다. 그 동인動因이 무엇이었을까? 10년이 넘도록 현장 교사로 일하면서 대학원 공부를 병행한 것이 첫 번째 이유인 듯하다. 연구와 실천이 어떻게 관계 맺어야 하는지를 자연스럽게 고민하지 않을 수 없던 기간이었다. 2개 학기 동안 동료 교사의 수업을 관찰하여 해석하는 질적 연구 방법으로 박사 논문을 작성한 것도 영향을 미쳤다. 35년이 되도록 여전히 어렵게만 느껴지는 나의 수업 실천 경험도 수업과 학교 현장에 관심을 지속하게 했다. 2000년대 초반에 동료 연구자들과 함께 '수업 비평'이라는 연구 장르를 열게 된 것도 큰 계기가 되었다. 2008년 청주교육대학교 교육연구원이 한국연구재단 인문사회분야 중점연구소로 선정되어 〈교사의 자기주도적 교수역량 강화 및 확산을 위한 PDS(Professional Development System) 구축 연구〉를 9년 장기 연구로 수행할 수 있었던 것도 큰 힘이 되었다. 지난 몇 년 동안 교육부의 위탁을 받아서 '통합사회' 교사 연수와 '민주시민교육과 민주적 리더십' 관련 교장·교사 연수 프로그램을 훌륭한 현장 실천가들과 함께 개발한 것도 빼놓을 수 없는 기억이다. 이 과정에서 동료들과 함께 소중한 교육적 성장을 경험하였다.

  이렇게 함께 했던 노력 중 일부는 청주교육대학교의 사업으로 제도화되었다. 한국교원대학교와 공동으로 주최하고 있는 '교사의 창의적 수업 사례 공모전'을 통해 10년 가까이 현장의 의미 있는 수업 실천 사례를 발굴하고 있다. 청주교육대학교만의 사업으로는 '창의적 수업 사례 공모전'에서 수상한 수업 동영상을 관찰하여 수업 비평문을 작성하는 '수업 비평 공모전'을 진행하고 있다. 수업과 학교 혁신에 관심 있는 전국의 교원단체와 연구단체가 서로 소통하고 지혜를 나누는 플랫폼인 '청주교사교육포럼'도 매년 열고 있다. 여기에 참여하는 단체들은 20여 개 이상이다. 교원의 전문성 신장을 돕는 연수 프로그램도 꾸준히 개발하고 있다. 몇 년 전 교육부 위탁을 받아서 진행한 민주시민교육과 민주적 리더십 연수 프로그램이 사장

死藏되는 것이 아까워서 특허 신청을 하고 결과를 기다리는 중이기도 하다. 이런 활동의 밑바탕에는 협력과 연대를 통한 성장이라는 정신이 깔려 있다.

원래 나는 사회교육(일반사회) 전공자이다. 인간, 사회, 교육이 주되게 관심을 두는 주제이다. 나는 좋은 교육은 좋은 인간과 좋은 사회를 잉태하는 토양이 된다고 믿는다. 광복 이후 한국 사회를 만들어 온 원동력의 대부분은 교육이었다. 우리 사회의 밝은 면과 어두운 면 모두 넓게 보면 우리 교육이 뿌린 씨앗의 열매이다. 어느 면을 더 중시하는지는 각자의 관점에 따라 다를 것이다. 우리 사회의 밝은 면은 굳이 많이 언급하지 않겠다. 눈부신 경제 성장과 민주주의의 신장은 세계가 인정하는 바이다. 문화적 한류의 힘도 우리가 생각하는 것 이상이다. 그러나 과거와 현재의 영광에 안주할 수는 없다. 더 나은 세상으로 나아가기 위해서 무엇을 해야 할지를 깊이 고민해야 한다. 특히, 현재 진행형인 코로나19 팬데믹과 파국을 향해 가는 기후 위기 문제는 지금과는 완전히 다른 가치관과 삶의 방식 없이는 해결할 수 없다. 대비하는 데 많은 시간이 남지 않았다. 우리 공동체는 이런 위기를 극복하고 슬기롭고 과감한 시대 전환을 할 수 있을까?

이 대목에서 새로운 교육적 실천이 절실함을 느낀다. 그동안 우리 교육은 경쟁을 자양분으로 자랐다. 성과는 눈부셨으나, 그림자 또한 크고 깊다. 온통 사익을 쫓는 지도자의 모습에 염증을 느끼고, 온갖 갈등과 불신으로 피곤하고 짜증 나는 사회가 되었다. 학벌이 평생의 특권이나 멍에가 되는 사회에서 학생들은 배움의 즐거움을 상실하고 공부 기계가 되어 있다. 타인을 동등한 시민으로 인격적으로 대하는 태도는 드물고, 서열을 매기고 위세를 과시하는 갑질 문화는 근절되지 않고 있다.

잠시 우리 헌법 조문들을 떠올려 보자. "제1조 ① 대한민국은 민주공화국이다", "제1조 ② 대한민국의 주권은 국민에게 있고, 모든 권력은 국민으로부터 나온다", "제10조 모든 국민은 인간으로서의 존엄과 가치를 가지며, 행복을 추구할 권리를 가진다", "제22조 ① 모든 국민은 학문과 예술의 자유를 가진다", "제31조 ① 모든 국민은 능력에 따라 균등하게 교육을 받을 권리를 가진다". 「교육기본법」에 있는 교육 이념과 학습권 조항도 다시 읽어 보자. "제2조(교육이념) 교육은 홍익인간(弘益人間)의 이념 아래 모든 국민으로 하여금 인격을 도야(陶冶)하고 자주적 생활능력과 민주시민으로서 필요한 자질을 갖추게 함으로써 인간다운 삶을 영위하게 하고 민주 국가의 발전과 인류공영(人類共榮)의 이상을 실현하는 데에 이바지하게 함을 목적으로 한다", "제3조(학습권) 모든 국민은 평생에 걸쳐 학습하고, 능력과 적성에 따라 교육받을 권리를 가진다". 이 조문들을 읽어 보면 우리 교육이 궤도를 한참 이탈하여 질주하고 있었음을 알 수 있다. 우리 교육의 항로에는 '인격 도야', '민주시민의 자질', '인류 공영의 이상', '홍익인간의 이념'과 같은 기착지나 목적지가 존재하지 않거나 존재하더라도 거의 정차하지 않았다. 사실 우리 사회는 공교육의 그런 항로 이탈에 관심이 별로 없었다. 모두가 능력과 적성에 따라 적절한 교육을 받게 하는 데도 신경을 쓰지 않았다. 대신 자녀의 사적 이익에 충실히 복무해 주기를 요구하였다. 그 결과 공유지의 비극처럼 모두가 손해를 보고 있다.

잘못된 공교육의 항로를 바로잡고, 나아가서 위기를 극복할 새로운 교육의 시대를 열어 갈 책무가 공교육 교원의 어깨 위에 놓여 있다. 따라서 공교육 교원에게는 특별한 정체성, 사명감, 전문성이 필요하다. 가르치는 일은 누구나 할 수 있다는 사회적 통념은 공교육 교원의 이런 역할에 대해 철저히 무지하다. 핀란드의 예는 우리 사회의 이런 미몽迷夢을 깨우치는 데 많은 시사점을 제공해 준다. 핀란드가 주목받는 것은 단지 PISA 성적이 높기 때문만은 아니다. 큰 나라로 둘러싸여 있는 핀란드는 교육을 통해 한 사람 한 사람을 제대로 성장시키는 것이 중요함을 일찍부터 자각하였다. 그것이 교원에 대한 존중과 교원 교육에 대한 깊은 관심으로 나타났다. 또한, "모든 학생을 위한 동등한 기회와 높은 수준의 교육"이라는 원칙을 일찍부터 확립하게 하였다.

이에 반해 우리 교육은 "공부 잘하는 학생을 위해 다른 학생들이 들러리를 서는 교육"을 오랫동안 지속해 왔다. 우리 사회 지도자들의 특권 의식과 비틀린 심성이 이런 교육의 결과가 아니라고 누가 말할 수 있을까? 일찍이 서울대 사회학과의 송호근 교수는 자신의 학창 시절 경험을 다음과 같이 회고한 적이 있다. 1970년대 학번의 학창 시절 기억이다. 1980년대 대학을 다닌 나의 경험과도 별로 다르지 않다. 지금 학생들은 공교육에서 무엇을 경험하고 있을까?

필자가 학창 시절을 지나 사회인이 됐던 1987년까지 '시민성'에 관한 교육을 한 번도 받아 본 적이 없다. 사실 그것은 교육의 소재가 아니다. 예를 들면, 이웃과 지내는 방법, 사회적 약자 보호, 불평등 완화, 사회 정의, 국가 공권력에 대한 시민적 권리의 보호, 공익을 위한 자발적 행동 규범 등은 물론 가족 관계에 이르기까지 생활세계와 공공 영역의 매우 중요한 쟁점들에 대해 스스로 깨우치기 전까지 사회가 부여하는 윤리적 긴장은 충효사상으로 변색된 국가 이데올로기 외에는 없었다. 가정과 사회가 나에게 부여한 행동 규칙 내지 공적 가치관은 고도 성장 사회에서 세속적 성공이었지, 남과 더불어 사는 윤리, 도덕 같은 것은 없었다. 있더라도 말뿐이었다.[204]

그러나 실망할 필요는 없다. 나는 우리 사회의 역동성을 믿는다. 전작前作에서 다음과 같은 희망을 피력한 적이 있다. "나는 (중략) 언젠가 우리 교육도 매력 있는 존재로 탈바꿈되는 날을 꿈꾼다. 우리 교육이 그리고 우리 삶이 우리를 주관적으로 좀 더 행복하게 할 뿐 아니라 타자도 강한 끌림을 느끼는 그런 매력적인 삶이 될 수는 없을까? 우리 교육이 매력적인 존재로 거듭나는 날 당연히 우리 사회도 훨씬 더 매력적인 대상으로 탈바꿈될 것이다."[205] 꿈은 높을수록 좋은 것이 아닐까? 현재 한국의 많은 교육자들이 핀란드 교육을 배우고 덴마크 사회를 배우러 가는 것처럼 언젠가 그들이 우리 교육과 교육이 창조한 아름다운 사회를 학습하러 오는 날을 꿈꾸는 것은 지나친 몽상일까? 싱가포르의 교원 양성 기관인 국립교육원의 포부가 아시아와 세계 교원 교육의 모델이 되겠다는 것이다. 우리가 교원 양성 체제를 개편하려고 할 때도 그 정도 높은 포부를 가지고 있어야 하는 것은 아닐까? 존경하는 김구 선생께서 〈나의 소원〉에서 피력하신 내용 일부를 인용해 보겠다.

> 만일 우리의 오늘날 형편이 초라한 것을 보고 자굴지심(自屈之心)을 발하여, 우리가 세우는 나라가 그처럼 위대한 일을 할 것을 의심한다면 그것은 스스로 모욕하는 일이다. 우리 민족의 지나간 역사가 빛나지 아니함이 아니나 그것은 아직 서곡이었다. 우리가 주연배우로 세계 역사의 무대에 나서는 것은 오늘 이후다. 삼천만의 우리 민족이 옛날의 그리스 민족이나 로마 민족이 한 일을 못한다고 생각할 수 있겠는가. 내가 원하는 우리 민족의 사업은 결코 세계를 무력으로 정복하거나 경제력으로 지배하려는 것이 아니다. 오직 사랑의 문화, 평화의 문화로 우리 스스로 잘 살고 인류 전체가 의좋게 즐겁게 살도록 하는 일을 하자는 것이다. 어느 민족도 일찍이 그러한 일을 한 이가 없었으니 그것은 공상이라고 하지 말라. 일찍이 아무도 한 자가 없길래 우리가 하자는 것이다. 이 큰 일은 하늘이 우리를 위하여 남겨 놓으신 것임을 깨달을 때에 우리 민족은 비로소 제 길을 찾고 제 일을 알아본 것이다.[206]

그 암울했던 시대에도 김구 선생은 큰 꿈을 꾸셨다. 그렇게 큰 꿈은 못 꾼다고 하더라도 21세기 교육자들이 꾸는 꿈은 야무져야 하지 않을까? 한국의 교사와 학생들이 세계 최고의 교사와 학생들이 되어서 사람과 사람, 자연과 행성이 모두 의좋게 더불어 살 수 있는 교육과 문화를 창조하여 많은 나라 사람들의 모범이 되는 꿈을 꾸는 것은 추구할 가치가 있는 현실적 꿈이 아닐까? 이 글의 초고를 쓰는 동안 음원 사이트에서는 BTS의 〈Permission to dance〉가 경쾌하게 흘러나오고 있었다.

얼마 전, 이 글을 고쳐 쓰고 있을 때 미국의 한 연구소에 근무하는 처형이 포럼 동영상을 하나 공유해 주었다. 미국 수도 워싱턴의 유명한 싱크탱크 중 하나인 전략국제연구센터Center For Strategic and International Studies: CSIS의 포럼 동영상이다.[207] 소프트 파워soft power 개념을 발명한 하버드 대학교 조지프 나이Joseph S. Nye 등 쟁쟁한 학자들이 참여한 행사이다. 나이 교수가 한국의 소프트 파워를 미국, 중국과 비교하여 설명하는 장면이 인상적이었다. 한국이 그러한 연구 대상이 될 만한 나라가 된 것이다. 제국주의적 지배를 한 적이 없는 나라로서는 세계사적으로도 유례가 드문 문화적 영향력이다. 인정하기 싫을지도 모르지만, 외국이 한국을 이렇게 분석하고 있다는 사실을 객관적으로 들여다보아야 한다. 진보 그룹 중 적지 않은 사람들이 한국 사회의 부정적인 측면에만 주로 주목한다. 반면에 보수 그룹들은 우리 사회의 부정적인 측면은 성찰하지 않고 성공 경험에 대해서도 왜곡된 시각을 지니고 있다. 어느 쪽도 바람직하지 않다. 때로 부끄럽고 때로 자랑스러운 대한민국 역사를 냉철하고 객관적으로 분석하고 이를 바탕으로 더 나은 미래를 뜨거운 의지로 열어 가야 한다. 그 길을 여는 데에는 사람의 인성을 근본에서 다루는 교육 실천이 중요함을 다시 강조하고자 한다.

권장 도서

> 권장 도서에는 권하는 사람의 세계관과 취향이 반영된다. 그러므로 아래 소개하는 책들은 내 경험과 독서의 한계를 벗어나지 못한다. 비교적 최근에 나온 책들로 14권을 골랐다. 교육학 관련 책보다는 인간과 사회를 이해하는 데 도움이 되는 책 위주로 선정해 보았다. 교사는 교육을 통해서 좋은 사람을 키워 내고 좋은 사회를 창조하는 데 관심을 기울여야 한다. 학교의 독서 모임이나 학습공동체에서 함께 책을 읽을 때 참고하면 좋겠다.

철학과 굴뚝청소부 (개정 증보판)
이진경(2005), 그린비

서양 근대 철학을 이해하는 입문서로 이만한 책을 아직 발견하지 못했다. 우리 사회도 서양 근대에 깊숙이 편입되어 있다. 따라서 근대 철학과 이를 넘어서려는 탈근대적 상상력을 얻기 위해서는 꼭 읽어야 할 책이다. 최근에 다시 읽었는데 여전히 새롭다.

휴먼카인드 - 감춰진 인간 본성에서 찾은 희망의 연대기
뤼트허르 브레흐만, 조현욱 옮김(2021), 인플루엔셜

교육자가 어떤 인간관을 지녀야 할지는 매우 중요한 문제이다. 끔찍한 사건과 전쟁에 대한 소식을 자주 접하면서 우리는 인간이 잔인하고 폭력적인 동물이라는 생각을 점점 더 강화해 간다. 그러나 저자는 "모든 비극은 인간 본성에 대한 오해에서 시작되었다"라고 말한다. 과학적 근거를 바탕으로 브레흐만은 인간이 우리의 통념보다 훨씬 선하다는 점을 설득력 있게 제시한다. 인간의 선함을 믿고 교육을 통해서 세상을 변화시키려는 모든 사람이 읽어야 할 책이다.

인간의 흑역사 - 인간의 욕심은 끝이 없고 똑같은 실수를 반복한다
톰 필립스, 홍한결 옮김(2019), 윌북

《휴먼카인드》가 인간 본성에 대한 희망을 이야기하는 책이라면 이 책은 말 그대로 인간의 어리석은 흑역사를 조망한다. 우리는 성공의 경험에서도 배우지만 실패의 경험을 통해서 더 많은 것을 배울 수 있다. 그런 실패들로부터 교훈을 얻는 데 딱 좋은 책이다. 다른 사람의 어처구니없는 실수를 보면 웃음이 터지는 것처럼 이 책은 시종일관 재미있는 사례로 가득하다. 저자의 신랄한 유머를 따라가다 보면 문득 나와 우리를 돌아보게 된다.

사회성이 고민입니다 - 혼자이고 싶지만 외로운 과학자의
장대익(2019), 휴머니스트

요즘 인기 있는 분야 중 하나인 문화와 사회성의 진화를 연구하는 진화학자이다. 인공 지능 시대에 인간의 공감력이 어떻게 진화할지에 관심이 많다고 자신을 소개하고 있다. 과학자가 쓴 인간의 사회성에 관한 연구라서 관심이 갔다. 특히 인간이 다른 동물과 비교할 수 없는 초사회성(ultra-sociality)을 지녔다는 사실과 인간의 공감 능력을 다루는 부분이 흥미롭다.

싱크 어게인 - 모르는 것을 아는 힘
애덤 그랜트, 이경식 옮김(2021), 한국경제신문

올해 읽은 가장 인상적인 책 중 하나이다. 급변하는 세상에는 지능 이상으로 '다시 생각하기'와 '자기가 알고 있던 것을 잊어버릴 수 있는 기술과 관련된 능력'이 중요하다고 말한다. 수많은 일상 사례를 들어서 익숙한 지식이나 의견을 버리고 일관성보다는 유연성을 가져야 하는 까닭을 설득력 있게 설명한다. 나이가 들수록 고집불통이 되어 가는 기성세대들이 꼭 읽어야 할 책이다. 또한, 언제나 자신을 새롭게 갱신하면서 학생들 앞에 서기를 꿈꾸는 교사들도 숙독해야 할 책이다.

당신이 옳다 - 정혜신의 적정심리학
정혜신(2018), 해냄

정혜신은 이 시대의 행동하는 정신의학과 전문의이다. 사람들이 심리적으로 고통받는 현장에는 정혜신이 있다. 이 책에는 고통받는 이들과 오랜 세월 함께한 정혜신의 체험이 잘 녹아 있다. 나도 이 책을 통해 내 마음을 이해하고 타자와 공감하는 데 큰 도움을 받았다. 부제에 붙은 '적정심리학'이라는 말처럼 나 자신이 흔들릴 때, 타인과의 관계에서 어려움을 느낄 때마다 읽으면 좋은 책이다. 교육자들은 학생들을 온전히 이해하기 위해서 이 책의 원리들을 적용해 보면 좋겠다.

민주주의의 정원 - 좌우를 넘어 새 시대를 여는 시민 교과서
에릭 리우·닉 하나우어, 김문주 옮김(2017), 웅진지식하우스

민주주의는 일상에서 자주 듣는 말이다. 그러나 민주주의만큼 어려운 용어도 없다. 이를 쉽게 설명하는 책은 흔하지 않다. 이 책은 민주주의에 대한 새로운 통찰을 쉬운 언어로 제공해 준다. 분량이 많지 않은 점도 장점이다. '사회는 정원과 같다'라는 은유를 통해서 저자들은 자유시장주의에 물든 우리들의 낡은 관념을 흔들고, 사회적 책임과 연대를 향해 나아갈 수 있는 전망을 제공한다. 우리는 민주주의를 함께 가꾸는 정원사이다.

약자 중심의 윤리 - 정의를 위한 한 이론적 호소
손봉호(2015), 세창출판사

존경하는 은사께서 쓴 책이다. 사람들은 흔히 진보와 보수, 가진 자와 가지지 못한 자로 사람을 이분(二分)한다. 살다 보니 이런 이분법 자체가 문제라는 생각이 든다. 굳이 이분법을 용인한다면 나는 약자 중심의 윤리 의식을 지닌 사람과 그렇지 못한 사람으로 나누는 것이 더 의미 있다고 생각한다. 이 책은 약육강식이 판치는 우리 사회를 향한 노학자의 '정의를 위한 이론적 호소'이다. 당신에게 약자는 누구인가?

가르침과 배움의 영성 - 공동체, 사랑, 실천을 회복하는 교육

파커 J. 파머, 이종태 옮김(2014), IVP

파머 파커의 책으로는 《가르칠 수 있는 용기》가 많이 판매되지만 개인적으로는 이 책이 더 유익했다. 파커는 오늘날 교육의 위기를 지배욕과 호기심에서 비롯한 지식관에서 찾는다. 이에 대한 대안으로 사랑에 기반한 지식 탐구와 함께 영성의 회복을 주장하다. 꼭 종교적 의미는 아니더라도, 파커가 말한 것처럼 가르침과 배움은 깊은 인간적 의미를 지니는 활동, 위대한 인간적 목적을 가진 활동, 우리 자신과 이 세계의 변화에 기여하는 전인적 활동임을 깊이 사색할 필요가 있다.

파격의 고전 - 심청은 보았으나 길동은 끝내 보지 못한 것

이진경(2016), 글항아리

수업 비평에 관심 있는 교사들이라면 텍스트 해석이 무엇인지를 간접적으로 체험할 수 있는 교양서다. 이 책은 〈심청전〉, 〈흥부전〉, 〈홍길동전〉, 〈콩쥐팥쥐전〉 등 익숙한 고전 텍스트를 완전히 새로운 시각으로 해석한다. 예를 들어, 아버지를 위해서 인당수에 몸을 던지는 심청의 이야기는 효를 장려하는 작품이 아니라 효 자체를 인당수의 심연에 빠뜨린 전복적 이야기로 재해석된다. 텍스트를 꼼꼼하게 그리고 새롭고 창의적으로 읽는 능력은 수업과 교육 현상을 해석하는 데도 필요한 안목이다.

내일 지구 - 과학교사 김추령의 기후위기 이야기

김추령(2021), 빨간소금

권장 도서로 교사가 저자인 책을 소개하는 것도 의미가 있다. 가꿈(가치를꿈꾸는과학교사모임)에서 열심히 활동하고 있다는 김추령이 복잡하고 난해한 기후 위기 문제를 설득력 있게 풀어낸다. 되먹임(feedback), 급변점(Tipping point), 탄소 예산이 이 책의 열쇳말이다. 인간 문명이 배출한 탄소가 인류의 멸망을 부르는 급변점으로 다가오고 있는 지금, 우리가 이 현상을 어떻게 이해하고 어떤 협력과 연대를 해야 하는지를 고민할 수 있는 좋은 입문서이다.

아이들을 어떻게 가르칠 것인가
사토 마나부, 박찬영 옮김(2011), 살림터

사토 마나부는 '배움의 공동체' 운동을 통해서 일본뿐 아니라 한국, 중국 등 많은 나라에 영향을 끼쳤다. 그의 책도 여러 권 번역되었다. 그중 《수업이 바뀌면 학교가 바뀐다》가 우리나라에서 가장 많이 판매된 책으로 알고 있다. 나는 사토 마나부의 《교육의 방법》을 우리말로 번역한 이 책을 더 추천하고 싶다. 여기에는 서구의 '수업의 역사'와 '수업 연구'도 소개되어 있어 저자가 서구 교육학을 어떻게 이해하고 소화했는지를 엿볼 수 있다. 특히 교육과정의 새로운 모델로 '실천·비평·개발 모델'을 제시하는 것은 눈여겨볼 대목이다. 우리나라 교육과정 개발 관행을 개선하는 데도 시사점을 제공한다.

존 듀이의 경험과 교육(제2판)
존 듀이, 엄태동 옮김(2019), 박영스토리

미국의 교육학자 존 듀이만큼 현대 교육에서 마르지 않는 사유와 실천의 원천을 제공하는 학자는 드물 것이다. 그러나 존 듀이의 책들은 대부분 쉽게 읽히지 않는다. 그 점에서 이 책은 분량도 많지 않고 번역도 훌륭해서 도전해 볼 만하다. 옮긴이가 부록으로 실은 〈존 듀이를 위한 한 편의 변론〉은 듀이의 교육 이론을 해설하고 평가할 목적으로 쓴 논문으로 책을 읽는 데 좋은 길잡이가 된다.

교직과 교사의 전문적 자본 - 학교를 바꾸는 힘
앤디 하그리브스·마이클 풀란, 진동섭 옮김(2014), 교육과학사

2014년 미국 교사교육대학협의회 최우수 저술상 수상, 2015년 그로마이어 상(Grawemeyer Award) 수상에서 이 책에 미국 교육계가 부여하는 가치가 드러난다. 수많은 교육 개혁의 시도와 좌절을 경험한 미국의 교육계가 현재 어떤 성찰의 지점에 서 있는지를 잘 보여 주는 책이다. "전문적 자본은 개인적 자율성이 아니라 집단적 책임에 관한 것"이라는 저자들의 말을 곱씹을 필요가 있다.

감사의 글

'철들다'의 국어 사전상 의미는 "사리를 분별하여 판단하는 힘이 생기다"이다. 이 뜻풀이를 읽으면서 제대로 철들고 싶다고 생각하게 된다. 내 나이도 이제 공식적인 노인 연령에 가까워지고 있다. 그래서 곱게 늙어 가는 것이 무엇일지 고민하게 된다.

높은 곳을 지향하기보다 어렵고 힘든 사람들을 돌아보고 공감할 수 있는 능력, 내가 말하는 것은 줄이고 다른 사람의 이야기를 경청하는 태도, 다른 의견을 가진 사람을 열린 마음으로 환대하는 자세, 사람 하나하나가 소중하다는 생각을 매일 되새기는 습관, 마음과 몸의 건강을 잘 관리하여 다른 사람에게 폐를 끼치지 않을 수 있는 역량, 세상의 변화를 판단하고 훈계하려 들기보다는 수용하고 이해하려는 노력, 여전히 정직하고 공정하게 살아 보려고 애쓰는 태도 등……. 이 외에도 열거할 수 있는 목록들은 더 있을 것이다.

곱게 늙어 가는 또 다른 증표는 감사할 일이 늘어나는 것이 아닐까 한다. 나이가 들어 가면서 짜증 나고 분노할 일만 늘어난다면 불행한 인생이다. 그래서 나는 얼마 전부터 의식적으로 감사를 연습하면서 산다. 무엇이 감사한가? 우리는 자신이 선택해서 태어나지 않았다. 운명의 주사위에 의해서 지구촌 어느 곳 어느 부모 아래 던져졌다. 이 던져짐이 우리 삶의 7~8할을 결정한다. 그 점에서 한국에 태어난 것으로도 나는 감사한다. 굶어 죽을 확률도, 테러당할 위험도, 난민으로 떠돌 가능성도 적은 나라에 사는 것만으로도 감사한 일 아닌가? 던져짐의 이 초기 조건에 나는 우선 감사한다. 내가 가르치는 직업을 택하게 된 것도 감사하다. 연구자로 살 수 있는 점 또한 감사한 일이다. 청주교육대학교라는 좋은 문화를 가지고 있는 직장에서 20년이 훌쩍 넘게 근무할 수 있는 것에도 감사한다. 이 직장에서 많은 좋은 동료들을 만나고 우정을 맺을 수 있었다. 이름을 열거하려다 누군가를 빼놓으면 섭섭해할까 봐서 그러지 못한다. 이 정겨운 직장에서 총장으로 봉사할 기회를 얻게 된 것도 인생의 행운이다.

직장과 함께 개인 삶의 가장 중요한 보금자리는 가정이다. 우리 가족은 내 감사와 행복의 원천이다. 사회생활도 훌륭히 감당하면서 가족 한 사람 한 사람을 잘 돌보는, 유쾌한 기운이 항상 넘치는 사랑하는 아내 김민희 교수, 자기 주관이 뚜렷하고 올곧게 자랐을 뿐 아니라 사람을 배려할 줄 아는 멋진 장남 준학, 속정이 깊고 낙천적이며 자신이 좋아하는 일을 끝까지 해내는 세상에서 하나뿐인 귀한 딸 준서, 사색적이고 공부하기를 좋아하며 자기 관리도 만점인 우리 집의 유일한 이과생인 막내 준경, 이런 가족의 일원인 것에 나는 감사한다.

감사의 대부분은 사회적 관계에서 우러난다. 시민교육, 수업 연구, 학교 혁신, 교과교육, 질적 연구 등을 통해서 만난 많은 학문적 도반道伴, 시민운동 과정에서 얼굴을 알게 된 많은 벗, 수업 개선과 학교 혁신에 관심을 가지면서 연락을 주고받는 수많은 현장 교사들, 그리고 좋은 교육을 위해서 인연을 맺은 교육청과 교육부의 여러 정책 담당자들도 감사할 때 떠오르는 사람들이다. 그리고 일과는 전혀 관계없이 나와 과거의 한때를 공유하고 있다는 것만으로도 그리운 동창들도 있다.

책 집필과 관련하여 교육공동체 벗과의 인연도 언급하지 않을 수 없다. 내 책의 대부분은 교육공동체 벗에서 나왔다. 단순한 책 출판을 넘어서 시대를 고민하는 공동체가 있음은 반가운 일이다. 출판을 허락해 주신 교육공동체 벗의 김기언 대표, 책 편집 작업을 꼼꼼히 해 준 이진주 기자에게 감사한다. 특히 이진주 기자는 첫 난행본부터 시작해서 지금까지 거의 모든 책을 편집해 주었다. 이 자리를 빌려서 감사를 표한다. 원고 초안을 세심하게 검토해 준 박선운 박사와 정용주 박사께도 특별히 감사드린다.

흔히 사람들은 나이가 들수록 새로운 사람을 사귀기가 어렵다고 한다. 그러나 나는 여전히 새롭게 알아 가는 사람들이 있다. 지난 몇 년 동안 '통합사회', '민주시민교육' 연수 프로그램을 개발하면서 새롭게 좋은 친구들을 만났다. 다양한 연령대의 친구들이다. 나보다 젊은 사람들은 젊은 기운을 느낄 수 있어서 좋고, 나보다 손윗사람들은 변하지 않고 사는 모습이 존경스럽다. 작년 총장 임기를 시작한 후에 교원 양성 체제 개편 문제를 놓고 같이 머리를 맞대고 고민해 온 전국교원양성대학교총장협의회의 여러 총장들도 좋은 동료들이다. 나이 들어서 새롭게 사귀는 친구들은 과거를 공유하지는 않지만, 미래와 비전을 함께할 수 있어서 좋다. 그런 친구들이 내 인생에서 점점 더 많아지기를 소망한다.

이 책에서 내가 하고 싶었던 궁극적인 이야기가 무엇이었을까? 인간은 교육을 통해서 끊임없이 변화하고 성장할 수 있다는 이야기가 아닐까? 교육에 관한 이야기는 궁극적으로 인간의 삶과 성장에 관한 이야기이리라! 내가, 우리가, 지구촌 사람들이 하루하루 더 나은 존재가 되기를 소망한다. 그래서 모두가 더 행복하고 더 감사하는 삶을 함께 살아갈 수 있으면 좋겠다. 주관적으로도 감사할 뿐 아니라 감사할 수 있는 객관적 조건도 나아지는 사회를 함께 만들면 좋겠다. 자유, 평등, 정의, 배려, 공동선이 꽃피는 사회라야 비로소 우리는 객관적으로도 행복할 수 있다. 배움과 나눔을 통해서 그런 사회를 만들어 낼 수 있다면 얼마나 감사한 일일까? 함께 던져진 이 땅에서 그런 역사를 이루기를 소망하고 또 소망해 본다.

미주

1 오호영·이지연·윤형한(2007). **진로정보센터 운영(2007) - 진로교육 지표 조사**. 한국직업능력개발원. 42~48쪽; 서유정·김민경·류지영·박나실·김나라·안유진·안중석(2020). **2020년 국가진로교육센터 운영 지원 1 - 초·중등 진로교육 현황조사(2020)**. 교육부·한국직업능력개발원. 106~111쪽.
2 Mourshed, M., Chijioke, C. & Barber, M.(2010). *How the world's most improved school systems keep getting better*. London: McKinsey & Co.
3 Mann, A., Denis, V., Schleicher, A., Ekhtiari, H., Forsyth, H., Liu, E. & Chambers, N.(2020). *Dream jobs?: Teenagers' career aspirations and the future of work*. OECD. pp. 14-18.(www.career.go.kr/cnet/front/main/main.do)
4 Mann, A., Denis, V., Schleicher, A., Ekhtiari, H., Forsyth, H., Liu, E. & Chambers, N.(2020). 앞의 보고서. pp. 27-29.
5 강준만(2012). **세계문화의 겉과 속**. 인물과 사상사. 4~5쪽.
6 이 조사 관련 내용은 [김혜진·이쌍철(2021). **초·중등 교원양성교육에 대한 국제비교분석**. 한국교육개발원]을 참조함.
7 청주교육대학교 교육연구원(2008). 교사의 자기주도적 교수역량 강화 및 확산을 위한 PDS(Professional Development System) 구축 연구 : 2008년도 중점연구소지원사업(인문사회분야) 요약문. 미공개 면담 심사 자료. 3쪽.
8 Simpson, D. J., Jackson, M. B. & Aycock, J. C.(2005). *John Dewey and the art of teaching: Toward reflective and imaginative practice*. Thousand Oaks, CA: SAGE. p. 3.
9 [Placier, P. L., Letseka, M., Seroto, J., Loh, J., Montecinos, C., Vásquez, N. & Tirri, K.(2016). The history of initial teacher preparation in international contexts. Loughran, J. & Hamilton, M. L.(eds)(2016). *International handbook*

of teacher education. vol. 1. Berlin: Springer. p. 47]를 참고하라.

10 교육부(2020). 보도자료 :「경제협력개발기구(OECD) 교육지표 2020」결과 발표(2020. 9. 8.).

11 Bauman, Z.(2000). *Liquid modernity*. Cambridge: Polity Press. 이일수 옮김(2009). **액체근대**. 강.

12 Bauman, Z.(2001). *The individualized society*. Cambridge : Polity Press. 홍지수 옮김(2013). **방황하는 개인들의 사회**. 봄아필. 195~196쪽.

13 "평등·획일화 … 한국교육 미래와 정반대로 가", 중앙일보, 2007년 9월 20일. 이 말은 여러 잘못된 출처와 함께 조금씩 변형되면서 여러 언론과 사람들에 의해 수도 없이 인용되고 있다.

14 obamawhitehouse.archives.gov/the-press-office/2011/01/25/remarks-president-state-union-address

15 Goldstein, D.(2014). *The teacher wars: A history of America's most embattled profession*. Anchor. 유성상·김민조·박미희·임영신 옮김(2019). **교사 전쟁**. 살림터. 33쪽.

16 [Goldstein, D.(2019). 앞의 책. 33~60쪽] 내용을 요약함. 미국 교사 교육의 역사에 대해 더 자세히 알려면 [Labaree, D. F.(2004). *The trouble with Ed Schools*. Yale University Press. 유성상·김민조·정바울·이정민 옮김(2020). **교사교육의 딜레마**. 박영스토리]를 참고하라.

17 Goldstein, D.(2019). 앞의 책. 52쪽.

18 Goldstein, D.(2019). 앞의 책. 205~247쪽.

19 McCluskey, N.(2010). *Behind the curtain: Assessing the case for national standards*. Washington DC: Cato Institute. [홍원표(2011). 오바마 이후 미국 교육과정 정책의 동향과 쟁점 : 국가 교육과정을 향한 긴 여정과 불확실한 결과. **교육과정연구**, 29(4), 151쪽]에서 재인용.

20 United States Department of Education(1983). *A Nation at Risk: The imperative for educational reform*. Washington DC.

21 Mehta, J.(2015). Escaping the Shadow: "A Nation at Risk" and Its Far-Reaching Influence. *American Educator*, 39(2), 20, pp. 20-44.

22 염철현(2016). 미국의 '모든 학생의 성공법(ESSA)' 제정 및 시사점. **교육법학연구**, 28, 81~85쪽.

23 염철현(2016). 앞의 논문. 86~101쪽.

24 Matlock, K. L., Goering, C. Z., Endacott, J., Collet, V. S., Denny, G. S., Davis, J.

J. & Wright, G. P.(2016). Teachers' views of the Common Core State Standards and its implementation. *Educational Review*, 68(3), pp. 291-305; 참고로 2010년에 당시 46개 주가 공통 핵심 교육과정 기준을 사용하기로 합의했으나, 2014년 오클라호마주가 이를 폐지한 것을 시작으로 현재까지 5개 주 ― 애리조나, 플로리다, 인디애나, 캘리포니아 ― 가 채택한 것을 번복하여 폐지하였으며 한 번도 이를 도입하지 않은 주들(알래스카, 네브래스카, 텍사스, 버지니아)도 있다. 이로 미루어 보아 주별로 이 기준 도입에 대한 의견이 매우 다름을 알 수 있다.

25 Goldstein, D.(2019). 앞의 책. 13쪽.
26 Goldstein, D.(2019). 앞의 책. 17쪽.
27 Goldstein, D.(2019). 앞의 책. 390~403쪽.
28 Hurd, J. & Lewis, C.(2011). *Lesson study step by step*. Heinemann. p. 11.
29 Fullan, M.(2015). *The new meaning of educational change*(5th ed). Teachers College Press. 이찬승·은수진 옮김(2017). **학교개혁은 왜 실패하는가**. 21세기교육연구소. 401쪽.
30 Sahlberg, P.(2011). The Professional Educator: Lesson from Finland. *American Educator*, 35(2), p. 34; cf. 핀란드 교사교육 현황과 관련된 좀 더 자세한 문헌은 [Hammerness, K., Ahtiainen, R. & Sahlberg, P.(2017). *Empowered educators in Finland: How high-performing systems shape teaching quality*. Hoboken, NJ: Jossey-Bass]를 참고하라.
31 "'노량진녀'의 뚝심…교사 임용시험 '사전 예고제' 이뤄내 - 임용고시 준비생 차영란 씨, 교과부 장관 만나 '제도 개선' 확답 받아", 프레시안, 2010년 10월 19일.
32 강보경·문승민(2018). 단절적 균형이론을 적용한 교육정책 변동과정 분석 : 법학전문대학원과 의학전문대학원의 비교사례연구. **한국정책학회보**, 27(4), 301~328쪽; 송석윤(2015). 법학전문대학원 제도의 성과와 발전방향 : 그 도입논의 및 최근 쟁점과 관련하여. **법교육연구**, 10(3), 23~62쪽; 서혁준·남태우·정주용(2015). 정책의 도입, 표류, 그리고 회귀 : 의학전문대학원 사례 연구. **국가정책연구**, 28(4), 187~214쪽.
33 송석윤(2015). 앞의 논문. 45쪽.
34 조석훈(2020). **학교와 교육법**(제3판). 교육과학사. 22~23쪽.
35 오성철(2015). 한국 학제 제정 과정의 특질, 1945~1951. **한국교육사학**, 37(4), 48쪽.
36 오성철(2015). 앞의 논문. 50쪽; 오성철은 6-6(3·3)-4제로 출발했던 미군정기 학제가 「문교부 초안(1949.1.)」에서 6-3-3-4제, 「대한민국교육법안(1949.10.31)」에서는 6-3-3-4제와 6-4-4제가 공존하는 복선제, 「교육법(1949.12.31)」 제정 당시에

서는 6-4-2-4제와 6-4-4제가 공존하는 복선제, 1차「교육법」개정(1950.3.10)에서는 6-3-3-4제, 6-3-3-2제, 6-4-4제가 공존하는 복선제, 2차「교육법」개정(1951.3.20)에서는 6-3-3-4제로 정착되며 이는 결과적으로 보면「문교부 초안」으로 돌아오는 '원점 회귀'의 흐름을 밟았다고 분석한다.

37 오성철(2015). 앞의 논문. 65쪽; 오성철은 "단선형 학제는 초등교육 및 전기 중등교육 단계에서만 타당하며, 후기 중등교육 즉 고등학교 수준에서는 대학 진학 준비 고교와 취업 준비 고교로 '학교 기관'이 '분리'되고 각자에서 '질적으로 서로 다른 교육'이 이루어지는 제도 형식이므로 '단선형'으로 규정하기 어렵다. 후기 중등교육부터는 경로가 나뉘어서 단선형과 복선형이 일종의 포크와 같은 형태로 병존하는 '분지형(分肢型 : fork system)' 학제라고 보아야 한다"고 주장한다.

38 오성철(2014). 한국 교육법 제정의 특질 : 교육이념과 학교행정을 중심으로. **한국교육사학**, 36(4), 152~153쪽.

39 「소학교령 시행규칙」(1900. 8. 21. 문부성령 제14호) 제135조. [오성철(2014). 앞의 논문. 153쪽] 각주에서 재인용.

40 오성철(2014). 앞의 논문. 153쪽.

41 김운종(2018). 우리나라 중등교원 양성과정의 변천과정 고찰. **한국교원교육연구**, 35(1), 326~327쪽.

42 이 문제에 대한 교육학의 의미 있는 비판으로는 [엄태동(2003). **초등교육의 재개념화**. 학지사]를 참고하라.

43 이하 내용은 [Tucker, M.(2019). *Leading high-performance school systems: Lessons from the world's best*. Alexandria, VA : ASCD]의 제5장과 제6장을 주로 참고하였다.

44 Tucker, M.(2019). 앞의 책. p. 119.

45 김홍탁·강영아(2018). **공감 수업**. 맘에드림.

46 Ravitch, D(2010). *The death and life of the great American school system*. New York, NY: Basic Books. 윤재원 옮김, 김재웅 감수(2011). **미국의 공교육 개혁, 그 빛과 그림자**. 지식의날개(방송대출판문화원).

47 김홍탁·강영아(2018). 앞의 책. 추천사.

48 한태연·구병삭·이강혁·갈봉근(1991). **한국헌법사(하)**. 한국정신문화연구원. 302쪽.

49 법제처(1980). **헌법연구반 보고서**. 163쪽.

50 김동환(1992). 7.30 교육개혁 조치의 해석 문제. **한국교육사학**, 14, 261~279쪽; 최종철(1989). 교육제도의 개편과 국가의 사회통제 : 7.30 교육개혁조치를 중심으로. 교육출판기획실(편)(1989). **분단시대의 학교교육**. 도서출판 푸른나무. 389~411쪽.

51 김철수·정재황·김대환·이효원(2014). **세계비교헌법**. 박영사. 105~111쪽.

52 헌재 1991.7.22. 89헌가106; 헌재 1998.7.16. 96헌바33 등; 헌재 2003.12.18. 2002헌바14·32(병합); 헌재 2014.4.24. 2012헌바336. [김재윤(2018). 헌법상 교원 지위 법정주의(제31조 제6항)에 관한 비판적 연구. 울산대학교 대학원 법학 박사 학위 논문. 16쪽]에서 재인용.

53 www.law.go.kr/LSW/lsRvsRsnListP.do?lsId=000886&chrClsCd=010202&lsRvsGubun=all(국가법령정보센터)

54 김재윤(2018). 앞의 논문. 국문 요약.

55 헌재 1991.7.22. 89헌가106; 헌재 2006.5.25. 2004헌바72; 헌재 2014.4.24. 2012헌바336. [김재윤(2018). 앞의 논문. 38쪽]에서 재인용.

56 한국교원단체총연합회(2021). 2020년도 교권보호 및 교직상담 활동 지침서. 3쪽.

57 한국교원단체총연합회(2021). 앞의 보고서. 머리말.

58 한국교원단체총연합회(2020). 2019년도 교권보호 및 교직상담 활동 보고서. 머리말.

59 마르쿠스 베르센 인터뷰·글, 오연호 기획·번역(2020). **삶을 위한 수업 - 행복한 나라 덴마크의 교사들은 어떻게 가르치는가?**. 오마이북. 9~10쪽.

60 이성우(2015). **교사가 교사에게**. 우리교육. 5~6쪽.

61 이성우(2015). 앞의 책. 38~41쪽.

62 이성우(2015). 앞의 책. 44쪽.

63 김성천·홍섭근·김영인(2017). 교육공무원 인사제도 혁신방안 연구 : 경기도교육청 승진제도를 중심으로. **교육문화연구**, 23(3), 5~29쪽; 정상호(2018). 교원업적평가제도에 대한 초등교원 인식 연구. 고려대학교 교육대학원 석사 학위 논문.

64 엄문영(2018). 교원 승진제도에 대한 교사들의 경험이야기 : 행동적 의사결정론의 관점에서. **학습자중심교과교육연구**, 18(10), 713~743쪽.

65 전수빈·이효정·장환영(2019). 승진에 대한 교원의 인식과 교직문화 탐색. **한국교원교육연구**, 36(3), 1~26쪽.

66 수석교사제에 대한 자료로는 [국무총리실·교육과학기술부(2010). **수석교사제 도입을 위한 공개 전문가 토론회 자료집**; 한국교원단체총연합회(2010). **수석교사 법제화 및 역량강화 포럼 자료집**; 한국교원단체총연합회(2010). 입장문 : 수석교사제 법제화 방안] 등을 참고하라.

67 교장선출보직제에 대한 연구로는 [안승문(2003). 교장선출보직제 도입을 위한 기초 연구. 서강대학교 교육대학원 석사 학위 논문; 심기현(2003). 초등학교 교장 선출 보직제 시행에 대한 교사들의 인식. 건국대학교 교육대학원 석사 학위 논문; 김

왕준(2004). '교장선출보직제' 제안의 논리적 구조 분석. 서울대학교 교육대학원 석사 학위 논문; 이금혜(2004). 교장선출보직제 논의과정 분석. 서울교육대학교 교육대학원 석사 학위 논문; 전국교직원노동조합(2003). 학교자치와 교장선출보직제. **교원인사제도 혁신 사업 - 제1차 워크숍 자료집**] 등이 있다. 교장선출보직제에 대한 연구는 주로 이 시기에 수행되었고 그 후 별 진전된 논의는 이어지지 있고 않다.

68　내부형 공모제에 대한 자료로는 [교육부(2018). 보도자료 : 교장공모제 개선 방안 확정(2018. 3. 13.); 전수빈·이효정(2018). 교장 공모제 운영 현황과 개정안을 둘러싼 쟁점. **교육정치학연구**, 25(3), 107~128쪽; 이지영·김민조·이전이·신동섭(2019). 교장공모제도의 성과와 과제 : 구성원들의 인식을 중심으로. 경기도교육연구원; 채송화·김도기(2021). 교장공모제 정책집행과정에 대한 비판적 고찰 : 영향요인을 중심으로. **교육행정학연구**, 39(1), 31~35쪽] 등을 참고하라.

69　이와 관련하여서는 [김영인·홍기석·이문원·최병진·구순란·오재길·김성천·이인숙·박성하·한혜진·홍섭근(2016). **미래학교를 준비하는 교육공무원 인사제도 혁신방안 연구 : 교원승진제도를 중심으로**. 경기도교육청; 김성천·홍섭근·김영인(2017). 앞의 논문; 홍섭근·김민규·신범철·오수정·우영진(2020). **미래교육역량 강화를 위한 교원연수 및 자격제도 개선방안 연구**. 경기도교육연구원; 김성천·민윤·백철민·김혜리·이대성·한진숙·홍섭근·김민규·박세진·우영진·정미라·황의찬(2021). **미래교육을 펼쳐가는 교원 자격체제 다양화 방안 연구**. 경기도교육청] 등을 참고하라.

70　전국시도교육감협의회(2019). 지방교육자치발전 및 학교민주주의 실현을 위한 교원승진제도 개선안(2019. 11. 5.).

71　ncee.org/center-on-international-education-benchmarking/top-performing-countries/

72　Tucker, M.(2019). 앞의 책. pp. 196-202.

73　미국 국립교육경제센터(ncee.org/country/finland/)의 〈교사 승진(Teacher Career Progression)〉 부분을 번역한 내용이다.

74　미국 국립교육경제센터(ncee.org/country/singapore/)의 〈교사 승진(Teacher Career Progression)〉의 주요 부분을 발췌 번역한 내용이다.

75　이혁규·김남균·김민조·김병수·김정진·김향정(2017). **한국의 수업 혁신, 현황과 전망**. 전국시도교육감협의회. 69쪽.

76　김병찬·김영인·손동빈·우영진·윤태영·박성은(2019). **교사 생애주기별 성장체제 구축 연구**. 전국시도교육감협의회; 이동엽·박영숙·박희진·최수진·김혜진·이승호(2020). **미래교육환경 변화에 따른 교사자격제도개선 방안 연구**. 한국교육개발원; 김성천·민윤·백철민·김혜리·이대성·한진숙·홍섭근·김민규·박세진·우영진·정미라·황의찬

(2021). **미래교육을 펼쳐가는 교원 자격체제 다양화 방안 연구**. 경기도교육청.

77　Bregman, R.(2020). *Humankind: A hopeful history*. Bloomsbury Publishing. 조현욱 옮김(2021). **휴먼카인드**. 인플루엔셜. 113~115쪽.

78　Sünkel, W.(1996). *Phänomenlogie des unterrichts: Grundriss der theoretischen Didaktik*. Juventa-Verlag. 권민철 옮김(2005). **수업현상학**. 학지사. 47쪽.

79　Sünkel, W.(2005). 앞의 책. 51~54쪽.

80　Sünkel, W.(2005). 앞의 책. 52~53쪽.

81　Sünkel, W.(2005). 앞의 책. 66~67쪽.

82　[네이버 지식백과] 도제[徒弟, Apprenticeship](HRD 용어사전, 2010. 9. 6., (사)한국기업교육학회). terms.naver.com/entry.naver?docId=2178149&cid=51072&categoryId=51072.

83　[Robinson, W.(2017). Teacher education: A historical overview. Clandinin, D. J. & Husu, J.(eds)(2017). *The SAGE handbook of research on teacher education*. Thousand Oaks, CA: SAGE. pp. 53-55; en.wikipedia.org/wiki/Monitorial_System] 등을 참고함.

84　Ariès, P. (1960). *L'enfant et la vie familiale sous l'ancien regime*. Paris: Plon. 문지영 옮김(2003). **아동의 탄생**. 새물결. 299~318쪽.

85　[Labaree, D. F.(2005). Life on the margins. *Journal of Teacher Education*, 56(3), pp. 188-189; Loughran, J. & Hamilton, M. L.(2016) Developing an understanding of teacher education. Loughran, J. & Hamilton, M. L.(eds)(2016). 앞의 책. p. 18]에서 재인용함.

86　Sünkel, W.(2005). 앞의 책. 95쪽.

87　Sünkel, W.(2005). 앞의 책. 96쪽.

88　Sünkel, W.(2005). 앞의 책. 101~103쪽.

89　Goodson, I. F.(1983). *School subjects and curriculum change*. London: Croom Herm; Goodson, I. F.(1994). *Studying curriculum: Case and methods*. Buckingham: Open University Press; Goodson, I. F.(1997). *The changing curriculum: Studies in social construction*. New York, NY: Peter Lang.

90　교과에 대한 이해를 위해서는 [박인기 외(2011). **교과는 진화하는가**. 지식과 교양; 이혁규(2010). 교육과정 설계와 개발에서 기반 학문의 개념과 역할에 대한 성찰 : 비교교과교육학적 관점에서. **국어교육**, 133, 25~62쪽; 이혁규(2013). 교과는 고정불변의 가치인가? : 교과를 넘어서는 상상력. **수업, 누구나 경험하지만 누구도 잘 모르는**. 교육공동체 벗] 등을 참고하라.

91　이혁규(2010). 앞의 논문. 43쪽.
92　교과의 가치와 교육의 가치를 구분하는 문제는 [John Dewey(1938). *Experience and Education*. New York, NY: The Macmillan Company; John Dewey(1902). *The Child and The Curriculum*. Chicago, IL: The University of Chicago Press. 엄태동 옮김(2019). 교육의 가치와 교과의 가치에 대한 혼동. **존 듀이의 경험과 교육(제2판)**. 박영스토리]를 참고하라.
93　Sünkel, W.(2005). 앞의 책. 68~69쪽.
94　엄태동(2003). 앞의 책. 128~129쪽.
95　엄태동(2003). 앞의 책. 120~160쪽.
96　이혁규(2013). 앞의 책. 38쪽.
97　김홍탁·강영아(2018). 앞의 책. 추천사.
98　Susskind, R. & Susskind, D.(2015). *The future of the professions: How the technology transform the work of human experts*. Oxford: Oxford University Press. 위대선 옮김(2016). **4차 산업혁명 시대, 전문직의 미래**. 와이즈베리. 28~52쪽.
99　박선형·김혜숙·함승환·권도희(2019). **미래사회 교원양성기관 질 제고를 위한 국제 비교 연구**. 한국교육개발원. p.ⅱ.
100　Tucker, M.(2019). 앞의 책. pp. 36-37, 131-133.
101　이혁규(2001). 제7차 사회과 교육과정 개정과정에 대한 문화기술적 연구. **시민교육연구**, 32, 252쪽.
102　두 편의 논문은 [이혁규(2000). 제7차 사회과 교육과정 개정 과정에 대한 문화기술적 연구. **교육인류학연구**, 3(3), 89~139쪽; 이혁규(2001). 앞의 논문. 249~292쪽]을 말한다.
103　이혁규(2005). 교과서 쓰기 체험에 대한 현상학적 연구. **교육인류학연구**, 8(1), 91~124쪽.
104　조난심·김재춘·박순경·소경희·조덕주·홍후조(1999). **국가수준 교육과정 개발 및 적용 체제 개선을 위한 기초연구**. 한국교육과정평가원; 홍후조(1999). 국가 수준 교육과정 개발 패러다임의 전환(Ⅰ) : 전면 개정형에서 점진 개선형으로. **교육과정연구**, 17(2), 209~234쪽; 이혁규(2003a). 사회과 교육과정 개발체제의 문제점과 대안에 대한 논의. **청주교육대학교 논문집**, 40, 147~172쪽; 이혁규(2003b). 사회과 교육과정 개정방식의 개선방안 탐색. **교육과정연구**, 21(3), 109~118쪽; 김왕근(2003). 국가수준의 교육과정 개정 방안 개선안. 미발표 논문; 허경철(2003). 국가수준 교육과정 개정방식의 개선방안 탐색. **교육과정연구**, 21(3), 1~25쪽.
105　김재춘(2003). 국가수준 교육과정의 부분·수시 개정 담론에 대한 비판적 분석. **교

육과정연구, 21(3), 303~320쪽.
106 김재춘(2002). 국가교육과정 연구·개발 체제의 문제점과 개선방향 : 제7차 교육과정 연구·개발 체계를 중심으로. **교육과정연구**, 20(3), 77~99쪽.
107 www.teachtci.com/social-studies
108 양미경(2007). 국가 수준 교육과정 개정 담론에 대한 비판적 고찰 : 2007 개정안을 중심으로. **교육원리연구**, 12(2), 22쪽; 수시 부분 개정 방식에 대한 비판과 관련하여서는 이 논문을 참조하라.
109 김종건(2007). 국가 수준 교육과정 개정 과정에 대한 비판적 성찰. **통합교육과정연구**, 1(1), 141~158쪽.
110 이혁규(2003b). 앞의 논문. 114~115쪽.
111 허경철(2003). 앞의 논문. 18쪽.
112 Schwab, J. J. (1969). The practical: A language for curriculum. *The school review*, 78(1), pp. 1-23; Reid, W. A.(1979). Practical reasoning and curriculum theory: In search of new paradigm. *Curriculum inquiry*, 9(3), pp. 187-207; Pinar, W.(1975). *Curriculum theorizing: The reconceptualists*. Berkeley. CA.: McCutchan; Goodson, F. I.(1993). *School subjects and curriculum change: Studies in curriculum history*. London: The Falmer Press; Goodson, F. I.(1994). *Studying curriculum*. New York, NY: Teacher College Press.
113 Pinar, W. F., Reynolds, W. M., Taubman, P. M. & Slattery, P.(1995). *Understanding curriculum: An introduction to the study of historical and contemporary curriculum discourses*(Vol. 17). Peter Lang.
114 佐藤 学(사토 마나부)(2010). 『教育の方法』. 左右社. 박찬영 옮김(2011). **아이들을 어떻게 가르칠 것인가**. 살림터. 172~175쪽.
115 사토 마나부(2011). 앞의 책. 174쪽.
116 사토 마나부(2011). 앞의 책. 175쪽.
117 Ben-Peretz, M.(1990). *The teacher-curriculum encounter: Freeing teachers from the tyranny of texts*. New York, NY: State University of New York Press. pp. 57-58.
118 서경혜(2015). 교육과정 재구성 논쟁. **교육과정 연구**, 34(3), 209~235쪽.
119 정광순(2012). 교사의 교육과정에 대한 문해력. **통합교육과정연구**, 6(2), 109~132쪽; 백남진(2013). 교사의 교육과정 해석과 교육과정 잠재력. **교육과정연구**, 31(3), 201~225쪽; 백남진(2015). 과학적 소양에 기반한 과학과 성취기준의 개발 방향 탐색 : 캐나다, 호주, 싱가포르 과학 기준을 중심으로. **교육과학연구**, 46(2),

1~29쪽; 박윤경·김미혜·김병수(2017). 교육과정 문해력의 개념 정립을 위한 시론. **교육연구논총**, 38(4), 27~50쪽.
120 박윤경·김미혜·장지은(2018). 교사학습공동체를 위한 교육과정 문해력 프로토콜의 개발 및 적용 가능성 탐색. **교육문화연구**, 24(5), 34쪽.
121 박윤경·김미혜·장지은(2018). 앞의 논문. 34쪽.
122 교육과정 대강화 관련 연구로는 [강현석·이대일·유제순·이자현·김무정(2006). 국가 교육과정 대강화의 방향과 과제 : 교육과정 체제의 개정을 중심으로. **중등교육연구**, 54(1), 221~251쪽; 김민정(2014). 역사과 교육과정 내용체제의 대강화와 성취기준 제시 방식에 대한 재검토. **사회과교육연구**, 21(3), 1~13쪽; 임유나(2019). 국가 교육과정 문서의 대강화와 상세화에 관한 일고. **교육문제연구**, 32(3), 31~56쪽; 이승미·이병천·노은희·이근호·백경선·유창완·김현수·임윤진·안종제·김정윤·방은희(2018). **교육과정 대강화를 위한 교육과정 구성 방안 연구**. 한국교육과정평가원] 등이 있다. 아직도 대강화의 의미와 그 구체적인 진술 형태에 대한 논의는 초보 단계에 머물고 있다고 판단된다.
123 Engeström, Y.(1987). *Learning by expanding: An activity-theoretical approach to developmental research*. Helsinki: Orienta-Konsultit.
124 최진황(2003). 제7차 영어과 교육과정 개정. **2003년도 학술 세미나 자료집**. 한국교육과정평가원. 149쪽; [양미경(2007). 앞의 논문. 33쪽]에서 재인용.
125 양미경(2007). 앞의 논문. 33쪽.
126 교육부(2015). **사회과 교육과정**. 15쪽.
127 김영우(1987). **한국근대교원교육사 I - 초등학교 교원양성교육사**. 정민사. 19~23쪽.
128 임후남(2003). 한국 근대초등교원의 양성. **한국교원교육연구**, 20(1), 269쪽.
129 한용진(2006). 개화기 사범학교와 교원양성교육. **대학의 역사와 문화**, 3, 111쪽.
130 한용진(2006). 앞의 논문. 112~113쪽.
131 이 내용은 주로 [김영우(1987). 앞의 책]의 관련 부분을 요약 정리한 것이다.
132 청주교육대학교(2001). **청주교육대학교 60년사 : 1941~2001**. 29쪽.
133 송민영·신지원(2008). 전후 일본의 교원양성 교육과정에 관한 이론적 고찰 : '개방제 및 자격증주의' 원칙을 중심으로. **한국일본교육학연구**, 12(2), 55~78쪽.
134 청주교육대학교(2001). 앞의 책. 49쪽.
135 George Peabody College Korean Project Report, 1958-1959.(jstor.org/stable/10.2307/community.28629971)
136 청주교육대학교(2001). 앞의 책. 63쪽.
137 [청주교육대학교(2001). 앞의 책. 143~144쪽] 내용을 기반으로 작성하였다.

138 신현석(2003). 「국민의 정부」 교원정책의 분석과 진단. **한국교원교육연구**, 20(1), 221~244쪽.

139 이두휴(2012). 중초교사의 교직사회화과정 연구. **교육사회학연구**, 22(1), 144~145쪽.

140 최고봉(2001). 내릴 수 없는 우리의 깃발, 투쟁은 계속된다 - 올바른 교원양성 임용을 위한 예비교사들의 투쟁. **교육비평**, 6, 226~234쪽; 이 자료는 학술정보검색 사이트(RISS)에서 당시 사태와 관련하여 내가 찾을 수 있었던 유일한 자료이다. 이 사태에 대한 추가적인 자료를 얻으려면 당시 신문과 TV 등의 보도 자료와 교육부 문건 등을 검색해 보아야 한다. 향후 이 사태에 대한 깊이 있는 학술 연구가 이루어지기를 희망한다.

141 최고봉(2001). 앞의 글. 230~231쪽.

142 최고봉(2001). 앞의 글. 227쪽.

143 최고봉(2001). 앞의 글. 234쪽.

144 吉見後哉(요시미 순야)(2011). 『大学とは何か』. 岩波書店. 서재길 옮김(2014). **대학이란 무엇인가 - 대학이라는 '미디어'의 역사 그리고 재탄생**. 글항아리. 86~87쪽.

145 요시미 순야(2014). 앞의 책. 9쪽.

146 이진경(2020). **철학과 굴뚝 청소부**(개정 증보판). 그린비. 469쪽.

147 Marin, L. E. & Mulvihill, T.(2020). Voices in education: Professional development schools(PDS): in the rear-view mirror or still a promising model?. *The teacher educator*, 55(3), pp. 239-247.

148 [Placier, P. L., Letseka, M., Seroto, J., Loh, J., Montecinos, C., Vásquez, N. & Tirri, K.(2016). 앞의 논문. pp. 51-57]의 내용을 요약 정리함.

149 [Placier, P. L., Letseka, M., Seroto, J., Loh, J., Montecinos, C., Vásquez, N. & Tirri, K.(2016). 앞의 논문. pp. 44-50]의 내용을 요약 정리함.

150 Labaree, D. F.(2008). An uneasy relationship: The history of teacher education in the university. Cochran-Smith, M., Feiman-Nemser, S., McIntyre, D. J. & Demers, K. E.(eds)(2008). *Handbook of research on teacher education: Enduring questions in changing contexts*. New York, NY: Routledge. p. 295.

151 매일신보, 1945년 9월 31일; [박수정(2003). 한국 사범대학 제도의 형성. **한국교원교육연구**, 20(1), 140쪽]에서 재인용.

152 박수정(2003). 앞의 논문. 140쪽.

153 박수정(2003). 앞의 논문. 144~145쪽.

154 서울대학교 사범대학 교육학과 50년사 편찬위원회(1997). **서울대학교 사범대학 교**

육학과 50년사. 1~5쪽.

155 경북대학교(2006). **경북대학교 60년사**. 40~48쪽.
156 공주대학교(1998). **공주대학교 50년사**. 25~36쪽.
157 박상완(2000). 사범대학 교사교육 특성 분석 : 서울대학교 사례연구. 서울대 박사 학위 논문. 57쪽; [김병찬(2003). '사범대학 위기론'에 관한 고찰. **교육행정학연구**, 21(3), 38쪽]에서 재인용.
158 Placier, P. L., Letseka, M., Seroto, J., Loh, J., Montecinos, C., Vásquez, N. & Tirri, K.(2016). 앞의 논문. 55쪽; cf. 인용된 책들의 서지 정보는 [Herbst, J.(1989). *And sadly teach: Teacher education and professionalization in American culture*. Madison, WI: University of Wisconsin Press; Clifford, G. J. & Guthrie, J. W.(1988). *Ed school: A brief for professional education*. Chicago, IL: University of Chicago Press; Labaree, D. F.(2008). 앞의 논문. pp. 290-306]임.
159 서울대학교사범대학 30년사편찬위원회(1976). **민주교육의 요람 서울대학교사범대학30년사**. 16~17쪽; 경북대학교30년사편찬위원회(1977). **경북대학교30년사(1946-1977)**. 79~87쪽. [박수정(2003). 앞의 논문. 148쪽]에서 재인용.
160 박수정(2003). 앞의 논문. 148쪽.
161 박수정(2003). 앞의 논문. 148~149쪽.
162 교육공무원법 제11조 제1항에 대한 헌법소원(1990.10.8. 89헌마89 전원재판부).
163 김병찬(2003). 앞의 논문. 38쪽.
164 [사회교육과 50년사 편찬위원회(1997). **서울대학교 사범대학 사회교육과 50년사**; 서울대학교 사범대학 교육학과 50년사 편찬위원회(1997). 앞의 책; 공주대학교(1998). 앞의 책] 등을 참고하였다.
165 이계삼(2013). **삶을 위한 국어교육**. 교육공동체 벗. 6쪽.
166 박숙영(2014). **공동체가 새로워지는 회복적 생활교육을 만나다**. 앞날개.
167 최미선(2020). 배움의 공동체 철학을 적용한 나의 수업과 성장 이야기 : 중학교 사회·역사 수업을 중심으로. 청주교육대학교 교육대학원 교사전문성과 학교문화 전공 석사 학위 논문. 30~31쪽.
168 Sünkel, W.(2005). 앞의 책. 101~102쪽.
169 Sünkel, W.(2005). 앞의 책. 104~105쪽.
170 김혜진·박효원·박희진·이동엽·이승호·최인희·길혜지·김정현·이호준(2020). **교원 및 교직환경 국제비교 연구 : TALIS 2018 결과를 중심으로(Ⅱ)**. 한국교육개발원. 17~25쪽.
171 이동엽(2020). 국제 비교를 통해서 본 한국 중학교 교사의 자기효능감 : TALIS

2018 결과 분석. KEDI BRIEF, 5, 2~3쪽.
172 이동엽(2020). 앞의 글. 2~3쪽.
173 이동엽(2020). 앞의 글. 2쪽.
174 허주·최수진·김이경·김갑성·김용련·김서현(2015). **교원 및 교직환경 국제비교 연구 : TALIS 2주기 결과를 중심으로**. 한국교육개발원. 164쪽.
175 이동엽(2020). 앞의 글. 2~8쪽.
176 이혁규·김남균·김민조·김병수·김정진·김향정(2017). 앞의 보고서.
177 向山 洋一(무코야마 요이치), 한형식 옮김(2012). **아이들이 열중하는 수업에는 법칙이 있다**. 테크빌교육(즐거운학교). 76~83쪽.
178 Mehan, H.(1979). *Learning lessons: Social organization in the classroom*. Cambridge, MA: Harvard University Press.
179 김혜진·이동엽·최인희(2021). TALIS 2018 결과로 본 한국 중학교 교사의 협력 활동. KEDI BRIEF, 7.
180 이혁규·김남균·김민조·김병수·김정진·김향정(2017). 앞의 보고서. 69쪽; cf. 제시한 표는 원자료를 바탕으로 일부 정보를 추가한 것임.
181 대통령직속 국가교육회의(2020). 보도자료 : 「코로나 이후 학습자 중심 교육을 위한 학교의 역할 변화 : 교육과정·교원양성체제 방향을 중심으로」 사회적 협의 추진 (2020. 7. 30.).
182 대통령직속 국가교육회의(2020). 보도자료 : 「미래 학교와 교육과정에 적합한 교원양성체제 발전 방향」 정책 집중 숙의 결과 및 권고안 발표(2020. 12. 15.); 전체 숙의 진행 과정은 [대통령직속 국가교육회의(2020). **미래학교와 교육과정에 적합한 교원양성체제 발전방향 수립을 위한 조사·숙의 백서**]로 발간되었다.
183 [Labaree, D.(2008). 앞의 논문] 참조.
184 Loghran, J. & Hamiliton, M. L.(2016). Developing an understanding of teacher education. Loughran, J. & Hamilton, M. L.(eds)(2016). 앞의 책. pp. 3-22.
185 Kosnik, C., Beck, C. & Goodwin, A.(2016). Reform efforts in teacher education. Loughran, J. & Hamilton, M. L.(eds)(2016). 앞의 책. pp. 294-302.
186 Melief, K., Van Rijswijk, M., & Tiggchelaar, A.(2012). Beroepsstandaard voor lerarenopleiders: referentiekader voor de beroepsgroep.(www.lerarenopleider.nl/velon/wp-content/uploads/2013/09/brochure_beroepsstandaard_web.pdf); [조상식·김왕준·최의창·전수빈(2019). **미래사회 대비를 위한 교원양성기관 교육과정 연구 : 교직과정을 중심으로**. 한국교육개발원. 46~47쪽]에서 재인용.
187 대통령직속 국가교육회의(2020). 앞의 백서. 540쪽.

188 한 예로 ["현직 로스쿨 교수의 분노 "엉터리 제도가 학생들 허송세월하게 만들어"", 경향신문, 2021년 5월 30일]를 참고해 보라.
189 Kitchen, J. & Petrarca, D.(2016). Approaches to teacher education. Loughran, J. & Hamilton, M. L.(eds)(2016). 앞의 책. pp. 137-186.
190 Kitchen, J. & Petrarca, D.(2016). 앞의 논문. 140쪽.
191 Dewey, J. (1904). *The relation of theory to practice in education*. Chicago, IL: The University of Chicago Press; White, S. & Forgasz, R.(2016). The practicum: the place of experience? Loughran, J. & Hamilton, M. L.(eds)(2016). 앞의 책. p. 233]에서 재인용.
192 "'핀란드 교육모델' 세운 에르키 아호 – "교육은 배움과 돌봄…경쟁 줄이는 방향으로 개혁을"", 한겨레, 2012년 3월 26일.
193 Hargreaves, A. & Braun, H.(2010). *Leading for All*. Council of Ontario Directors of Education.(www.ontariodirectors.ca/downloads/Essential_FullReport_Final.pdf)
194 scale.stanford.edu/teaching/edtpa
195 ncee.org/country/korea
196 한국교육학회(2020). **교원양성체제, 어떻게 개편할 것인가? - 한국교육학회·한국교원대학교 공동주최 2020년 특별포럼 자료집**. 한국교육학회·한국교원대학교.
197 이돈희 외(1998). **대학원 수준에 있어서의 교원양성 방안**. 한국교육개발원; 황규호(1999). 대학원 수준에서의 교원양성 방안. **교육과학연구**, 30, 33~49쪽; 김갑성·박영숙·정광희·김기수·김재춘·김병찬(2009). **교원양성체제 개편 방안 연구**. 한국교육개발원; 김정원·김기수·정미경·홍인기(2012). **미래형 교사교육체제 구안 연구**. 한국교육개발원; 박영숙·양승실·황은희·허은정·김갑성·김이경·전제상·정바울·황지원(2017). **교직 환경 변화에 따른 교원 정책 혁신 과제(I) : 교원 양성 및 채용 정책의 혁신 과제**. 한국교육개발원; 김병찬·김갑성·박상완·송경오·이기영(2018). **교원 양성 및 임용 체제 개편 방안**. 대통령직속 국가교육회의; 김병찬(2019). 2030 교육체제 구축을 위한 교원양성체제 개편 논의 : 교육전문대학원 설치를 중심으로. **2019 한국교원교육학회 제75차 춘계학술대회 자료집**. 75~118쪽.
198 황규호(1999). 앞의 논문. 46쪽.
199 이 부분은 [서혁준·남태우·정주용(2015). 앞의 논문. 187~214쪽; 송석윤(2015). 앞의 논문. 23~62쪽; 강보경·문승민(2018). 앞의 논문. 301~328쪽; 서영인 외(2017). **약학대학 학제개편의 쟁점 분석과 방향 탐색**. 한국교육개발원] 등을 참고하여 작성하였다.

200   Tucker, M.(2019). 앞의 책. 119쪽.
201   Placier, P. L., Letseka, M., Seroto, J., Loh, J., Montecinos, C., Vásquez, N. & Tirri, K.(2016). 앞의 논문. p. 35.
202   Placier, P. L., Letseka, M., Seroto, J., Loh, J., Montecinos, C., Vásquez, N. & Tirri, K.(2016). 앞의 논문. p. 34.
203   Kosnik, C., Beck, C. & Goodwin, A.(2016). 앞의 논문. pp. 294-302.
204   송호근(2015). **나는 시민인가**. 문학동네. 363~364쪽.
205   이혁규(2013). **한국의 교육 생태계**. 교육공동체 벗. 13쪽.
206   김구, 도진순 주해(2002). **백범일지**. 돌베개. 426쪽.
207   www.youtube.com/watch?v=4HkkHyUDTqw

교육공동체 벗

교육공동체 벗은 협동조합을 모델로 하는 작은 지식공동체입니다.
협동조합은 공통의 목적을 가진 사람들이 모여서 만든
권력과 자본으로부터 독립된 경제조직입니다.
교육공동체 벗의 모든 사업은 조합원들이 내는 출자금과 조합비로 운영됩니다.
수익을 목적으로 하지 않기에 이윤을 좇기보다
조합원들의 삶과 성장에 필요한 일들과
교육운동에 보탬이 될 수 있는 사업들을 먼저 생각합니다.
정론직필의 교육전문지, 시류에 휩쓸리지 않는 정직한 책들,
함께 배우고 나누며 성장하는 배움 공간 등
우리 교육 현실에 필요한 것들을 우리 힘으로 만들고 함께 나누고 있습니다.

조합원 참여 안내

출자금(1구좌 일반 : 2만 원, 터잡기 : 50만 원)을 낸 후 조합비(월 1만 5천 원 이상)를 약정해 주시면 됩니다. 조합원으로 참여하시면 교육공동체 벗에서 내는 격월간 교육전문지 《오늘의 교육》과 조합통신을 받아 보실 수 있습니다. 출자금은 종잣돈으로 가입할 때 한 번만 내시면 됩니다. 조합을 탈퇴하거나 조합 해산 시 정관에 따라 반환합니다. 터잡기 조합원은 벗의 터전을 함께 다지는 데 의미와 보람을 두며 권리와 의무에서 일반 조합원과 차이는 없습니다. 아래 홈페이지나 카페에서 조합 가입 신청서를 내려받아 작성하신 후 메일이나 팩스로 보내 주세요.

홈페이지 communebut.com
카페 cafe.daum.net/communebut
이메일 communebut@hanmail.net
전화 02-332-0712
팩스 0505-115-0712

교육공동체 벗을 만드는 사람들

※ 하파타순

후쿠시마 미노리, 황지영, 황정일, 황정원, 황이경, 황윤호성, 황영수, 황봉희, 황규선, 황고운, 홍지영, 홍정인, 홍순성, 홍세화, 홍성구, 현복실, 현미열, 허장수, 허윤영, 허성실, 허성균, 허보영, 허광영, 함점순, 함영기, 한학범, 한채민, 한지혜, 한은옥, 한송희, 한소영, 한성찬, 한석주, 한민혁, 한만중, 한날, 한길수, 한경희, 하주현, 하정호, 하정필, 하인호, 하승우, 하승수, 하순배, 탁동철, 최희성, 최현숙, 최진규, 최주연, 최정윤, 최정아, 최은정, 최은숙, 최은경, 최윤미, 최원혜, 최연희, 최연정, 최승훈, 최승복, 최수옥, 최선영, 최선경, 최봉선, 최보람, 최병우, 최미영, 최류미, 최대현, 최기호, 최광용, 최경미, 최경련, 최강토, 채효정, 채종민, 채민정, 차종숙, 차용훈, 진현, 진주형, 진용용, 진영준, 진냥, 지정순, 지수연, 주순영, 조희정, 조희식, 조현민, 조향미, 조해수, 조진희, 조지연, 조준역, 조주원, 조정희, 조웅현, 조윤성, 조원희, 조원배, 조용진, 조영현, 조영옥, 조영실, 조영선, 조여은, 조여경, 조성희, 조성실, 조성배, 조성대, 조석현, 조석영, 조남규, 조경애, 조경아, 조경삼, 조경미, 제남모, 정희영, 정홍윤, 정혜령, 정현숙, 정혜레나, 정춘수, 정진영a, 정진영b, 정진규, 정종헌, 정종민, 정재학, 정이든, 정은희, 정은주, 정은균, 정유진a, 정유진b, 정유숙, 정유섭, 정원탁, 정원숙, 정용주, 정예순, 정보라, 정미숙a, 정미숙b, 정명옥, 정명역, 정득년, 정대수, 정남주, 정광호, 정광원, 정광일, 정관모, 정경원, 전혜원, 전정희, 전유미, 전세란, 전보애, 전병기, 전민기, 전미영, 전명훈, 전난희, 장현주, 장주연, 장인하, 장은정, 장유영, 장원영, 장시준, 장상옥, 장병훈, 장병학, 장병순, 장근영, 장군, 장경훈, 임혜정, 임향신, 임한철, 임지영, 임중혁, 임종길, 임정은, 임전수, 임수진, 임성빈, 임선영, 임상진, 임민자, 임덕연, 임경환, 이희옥, 이희연, 이효진, 이호진, 이혜정, 이혜린, 이현, 이혁규, 이향숙, 이한진, 이태영, 이충근, 이진혜, 이진주, 이지혜, 이지향, 이지영, 이지연, 이중석, 이주희, 이주영, 이종은, 이정희a, 이정희b, 이재역, 이재은, 이재영, 이재숙, 이재두, 이임순, 이인사, 이은희a, 이은희b, 이은향, 이은진, 이은주, 이은영, 이은숙, 이윤열, 이윤승, 이윤선, 이윤경, 이유진a, 이유진b, 이원님, 이용환, 이용석, 이용기, 이영화, 이영해, 이영주, 이영아, 이연진, 이연주, 이연숙, 이연수, 이승헌, 이승태, 이승아, 이슬기a, 이슬기b, 이수정a, 이수정b, 이수연, 이수미, 이성희, 이성호, 이성채, 이성숙, 이성수, 이설희, 이선표, 이선영, 이선애a, 이선애b, 이선미, 이상훈, 이상화, 이상식, 이상미, 이상대, 이병준, 이범희, 이민아, 이미옥, 이미숙, 이미라, 이문영, 이명훈, 이명형, 이동철, 이동준, 이덕주, 이다연, 이남숙, 이난영, 이나경, 이기규, 이근희, 이근철, 이근영, 이광연, 이계삼, 이경화, 이경은, 이경옥, 이경연, 이경렴, 이건희, 이건진, 윤홍은, 윤지형, 윤종원, 윤우람, 윤영훈, 윤영백, 윤수진, 윤상혁, 윤병일, 윤규식, 유효성, 유재을, 유영길, 유수연, 유병은, 위양자, 원지영, 원윤희, 원성제, 우창숙, 우지영, 우완, 우수경, 우새롬, 오중근, 오재호, 오은정, 오은정, 오유진, 오수진, 오세희, 오진식, 오명환, 오동석, 엽정신, 여희영, 여태진, 엄창호, 엄재홍, 엄기옥, 양해준, 양지선, 양은주, 양은숙, 양영회, 양애정, 양선형, 양선아, 양서영, 양상진, 안효빈, 안찬원, 안지윤, 안준철, 안정선, 안옥수, 안영신, 안영빈, 안순억, 심은보, 심우향, 심소희, 심수환, 심동우, 심나은, 심경일, 신혜선, 신충일, 신창호, 신창복, 신중휘, 신중식, 신은정, 신유준, 신소희, 신성연, 신미정, 신미옥, 송호영, 송환별, 송주현, 송정은, 송경은, 송근희, 송경화, 송근희, 송경화, 송원민, 손진근, 손정란, 손은경, 손성연, 손민정, 손미숙, 소수영, 성현석, 성유진, 성용혜, 성열란, 설은주, 설원민, 선휘성, 선미라, 석옥자, 석경순, 서혜진, 서태성, 서시년, 서정오, 시민신, 시은지, 서우원, 서혜원, 서명수, 서강선, 샹혁규, 변현숙, 변나은, 백현희, 백승범, 배희철, 배주영, 배정현, 배이상헌, 배영진, 배아영, 배성연, 배경내, 방득일, 방경내, 반영진, 박희진, 박희영, 박효정, 박효수, 박환조, 박혁일, 박혜린, 박형일, 박형철, 박현숙, 박춘배, 박치영, 박진환, 박진수, 박진교, 박지희, 박지홍, 박지인, 박지원, 박중구, 박정석, 박재선, 박은하, 박은아, 박은정, 박용비, 박옥수, 박옥균, 박영실, 박연지, 박신자, 박수진, 박수경, 박성규, 박복선, 박미희, 박미옥, 박명진, 박명숙, 박동혁, 박도정, 박대성, 박노해, 박내현, 박나실, 박기웅, 박고영준, 박경화, 박경이, 박건형, 박건진, 민병성, 문용석, 문영주, 문순옥, 문수현, 문수영, 문수경, 문성철, 문정숙, 문정희, 모은정, 맹수용, 마승희, 류창도, 류재민, 류봉우, 류우종, 류대현, 류경원, 도정splash, 도방주, 데와 타카유키, 노영현, 노경미, 남효숙, 남정민, 남은경, 남윤희, 남원호, 남예린, 남미자, 남궁역, 나규환, 김희정, 김희옥, 김홍규, 김훈태, 김효미, 김후규, 김해영, 김혜림, 김형렬, 김현진a, 김현진b, 김현주a, 김현주b, 김현영, 김현실, 김현정, 김현택, 김현용, 김해경, 김팔인, 김태호, 김태원, 김찬우, 김찬영, 김찬, 김진희, 김진, 김지훈, 김지숙, 김지연a, 김지연b, 김지영, 김지미, 김준호, 김준영, 김종열, 김종욱, 김종성, 김종석, 김정식, 김정상, 김재황, 김재현, 김재미, 김일규, 김인순, 김이은, 김이민정, 김은해, 김은파, 김은식, 김은숙, 김윤주, 김윤우, 김원예, 김원석, 김용훈, 김용양, 김용만, 김요한, 김영희, 김영진a, 김영진b, 김영주a, 김영주b, 김영아, 김영삼, 김영모, 김연정a, 김연정b, 김연일, 김연미, 김아현, 김순천, 김수현, 김수진a, 김수진b, 김수정a, 김수정b, 김수연, 김수경, 김소희, 김소혜, 김소영, 김세호, 김성탁, 김성숙, 김선희, 김선화, 김선우, 김선미, 김선구, 김석규, 김서화, 김수영, 우새롬, 김상호, 김상윤, 김보정, 김병훈, 김병기, 김민영, 김민식, 김민희, 김민곤, 김민결, 김미향, 김미진, 김미숙, 김미선, 김문옥, 김무영, 김묘선, 김명희, 김명섭, 김동현, 김동일, 김동원, 김도석, 김다희, 김다영, 김남철, 김나혜, 김기훈, 김기웅, 김기연, 김규태, 김규빛, 김광민, 김종호, 김경일, 김경미, 김가연, 기세라, 금현숙, 금명순, 권혜영, 권혁천, 권태윤, 권자영, 권미지, 국찬석, 구자숙, 구원회, 구완회, 구수연, 구본희, 구미숙, 땡이눈, 광훔, 곽혜영, 곽현주, 곽진경, 곽노현, 곽노근, 공현, 공영아, 고순식, 고진선, 고윤정, 고영주, 고영실, 고병헌, 고병선, 고민정, 강화정, 강현주, 강현정, 강한아, 강태식, 강준희, 강인성, 강이진, 강은영, 강윤진, 강영일, 강영구, 강수미, 강수돌, 강성규, 강석도, 강서형, 강미정, 강경모

※ 2023년 6월 12일 기준 722명